本书列入

2017年国家社会科学基金重大委托项目

“十三五”国家重点图书出版规划项目

中华传统文化百部经典

淮南子（节选）

刘安 著
陈静 解读

国家图书馆出版社

图书在版编目（CIP）数据

淮南子：节选 /（汉）刘安著；陈静解读. — 北京：国家图书馆出版社，2021.6（2025.9 重印）
（中华传统文化百部经典 / 袁行霈主编）
ISBN 978-7-5013-6944-7

Ⅰ.①淮… Ⅱ.①刘… ②陈… Ⅲ.①杂家－中国－西汉时代 ②《淮南子》－注释 Ⅳ.① B234.42

中国版本图书馆 CIP 数据核字 (2020) 第 018007 号

国家图书馆出版社官方微信

书　　名　淮南子（节选）
著　　者　（汉）刘　安　著　陈　静　解读
责任编辑　潘肖蔷
重印编辑　赵　嫄
特约编辑　马庆洲
封面设计　敬人设计工作室

出版发行　国家图书馆出版社（北京市西城区文津街 7 号　100034）
　　　　　010-66114536　63802249　nlcpress@nlc.cn（邮购）
网　　址　http://www.nlcpress.com
印　　装　北京科信印刷有限公司
版次印次　2021 年 6 月第 1 版　2025 年 9 月第 2 次印刷

开　　本　710×1000　1/16
印　　张　27.25
字　　数　349 千字
书　　号　ISBN 978-7-5013-6944-7
定　　价　84.00 元（精装）

本册审订

王天海　马庆洲　梁　涛

中华传统文化百部经典

编纂办公室

张　洁　　梁葆莉　　张毕晓　　马　超　　华鑫文

编纂缘起

文化是民族的血脉，是人民的精神家园。党的十八大以来，围绕传承发展中华优秀传统文化，习近平总书记发表了一系列重要讲话，深刻揭示出中华优秀传统文化的地位和作用，梳理概括了中华优秀传统文化的历史源流、思想精神和鲜明特质，集中阐明了我们党对待传统文化的立场态度，这是中华民族继往开来、实现伟大复兴的重要文化方略。2017 年初，中共中央办公厅、国务院办公厅印发《关于实施中华优秀传统文化传承发展工程的意见》，从国家战略层面对中华优秀传统文化传承发展工作作出部署。

我国古代留下浩如烟海的典籍，其中的精华是培育民族精神和时代精神的文化基础。激活经典，熔古铸今，是增强文化自觉和文化自信的重要途径。多年来，学术界潜心研究，钩沉发覆、辨伪存真、提炼精华，做了许多有益工作。编纂《中华传统文化百部经典》（简称《百部经典》），就是在汲取已有成果基础上，力求编出一套兼具思想性、学术性和大众性的读本，使之成为广泛认同、传之久远的范本。《百部经典》所选图书上起先秦，下至辛亥革命，包括哲学、文学、历史、艺术、科技等领域的重要典籍。萃取其精华，加以解读，旨在搭建传统典籍与大众之间的桥梁，激活中华优秀传统文化，用优秀传统文化滋养当代中国人的精神世界，提振当代中国人的文化自信。

这套书采取导读、原典、注释、点评相结合的编纂体例，寻求优秀传统文化与社会主义核心价值观之间的深度契合点；以当代眼光审视和解读古代典籍，启发读者从中汲取古人的智慧和历史的经验，借以育人、资政，更好地为今人所取、为今人所用；力求深入浅出、明白晓畅地介绍古代经典，让优秀传统文化贴近现实生活，融入课堂教育，走进人们心中，最大限度地发挥以文化人的作用。

《百部经典》的编纂是一项重大文化工程。在中宣部等部门的指导和大力支持下，国家图书馆做了大量组织工作，得到学术界的积极响应和参与。由专家组成的编纂委员会，职责是作出总体规划，选定书目，制订体例，掌握进度；并延请德高望重的大家耆宿担当顾问，聘请对各书有深入研究的学者承担注释和解读，邀请相关领域的知名专家负责审订。先后约有 500 位专家参与工作。在此，向他们表示由衷的谢意。

书中疏漏不当之处，诚请读者批评指正。

2017 年 9 月 21 日

凡　例

一、《中华传统文化百部经典》的选书范围，上起先秦，下迄辛亥革命。选择在哲学、文学、历史、艺术、科技等各个领域具有重大思想价值、社会价值、历史价值和学术价值的一百部经典著作。

二、对于入选典籍，视具体情况确定节选或全录，并慎重选择底本。

三、对每部典籍，均设“导读”“注释”“点评”三个栏目加以诠释。导读居一书之首，主要介绍作者生平、成书过程、主要内容、历史地位、时代价值等，行文力求准确平实。注释部分解释字词、注明难字读音，串讲句子大意，务求简明扼要。点评包括篇末评和旁批两种形式。篇末评撮述原典要旨，标以“点评”，旁批萃取思想精华，印于书页一侧，力求要言不烦，雅俗共赏。

四、原文中的古今字、假借字一般不做改动，唯对异体字根据现行标准做适当转换。

五、每书附入相关善本书影，以期展现典籍的历史形态。

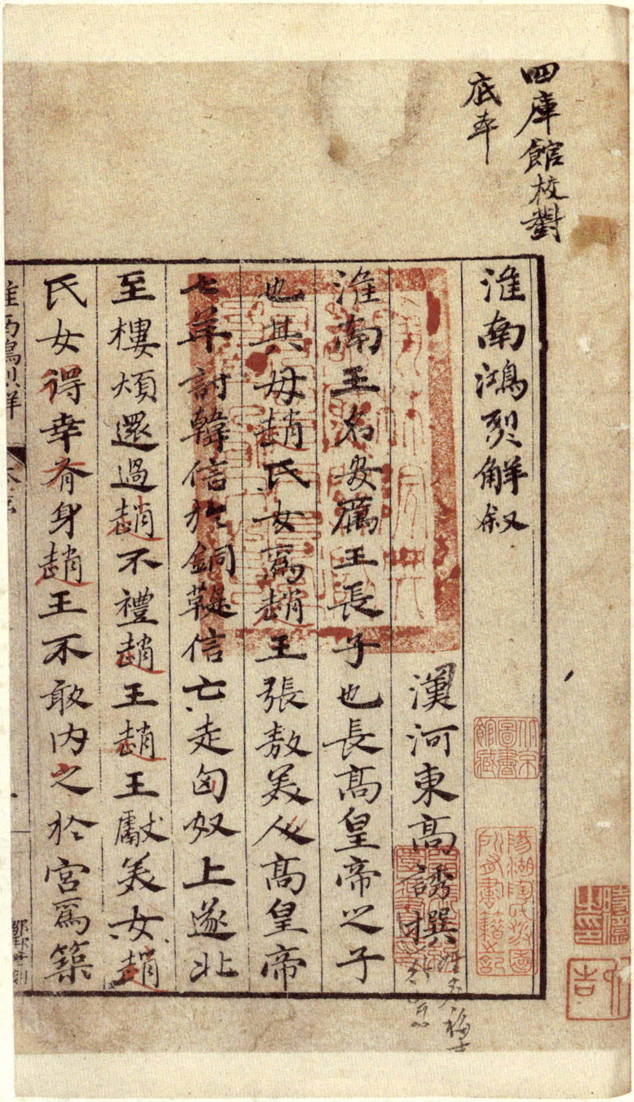

淮南鸿烈解二十一卷 （汉）许慎、高诱撰

明万历八年（1580）茅一桂刻本 国家图书馆藏

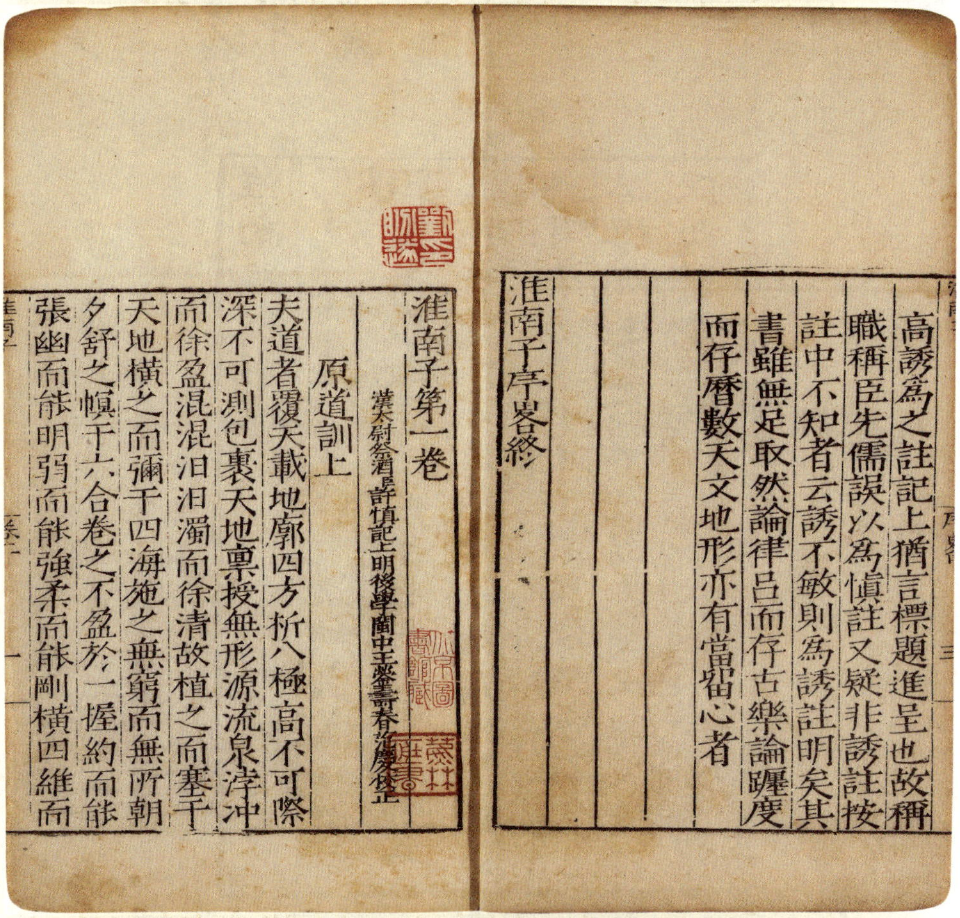
高誘爲之註記上猶言標題進呈也故稱
職稱臣先儒誤以爲愼註又疑非誘註按
註中不知者云誘不敏則爲誘註明矣其
書雖無足取然論律吕而存古樂論躔度
而存曆數天文地形亦有當留心者

淮南子序畧終

淮南子第一卷
漢太尉祭酒臣許慎記上 明後學閩中王鎣壽春校正

原道訓上

夫道者覆天載地廓四方柝八極高不可際
深不可測包裹天地稟授無形源流泉浡冲
而徐盈混混汩汩濁而徐清故植之而塞于
天地横之而彌于四海施之無窮而無所朝
夕舒之幎于六合卷之不盈於一握約而能
張幽而能明弱而能強柔而能剛横四維而

淮南子二十八卷　（汉）刘安撰
明嘉靖九年（1530）王鎣刻本　国家图书馆藏

目　录

导　读

淮南子

导 读

《淮南子》是淮南王刘安和他的门人宾客共同撰著的一部著作，成书于西汉初期的景帝时代（前 156—前 141 年），距今已经二千多年。这是一部内容丰富的著作，既保存了先秦以来的许多思想材料，又有汉初思想综合的时代风貌，显示了其作者试图“牢笼天地”的雄心。但是由于雄心太大，也由于时代转型和作者众多的缘故，《淮南子》的整体风格显得芜杂，充满了思想矛盾，所以历代的图书著录，都把它归于“杂家”。这部丰富而芜杂的著作之所以在两千多年后仍然值得阅读，是因为它有助于我们理解那个遥远的转型时代，并对我们理解当下的社会变化发展有所启发。

一、淮南王刘安与《淮南子》

《汉书·艺文志》著录《淮南子》为“淮南内”，著者为“王安”。“王”

指淮南王的王者身份，“安”即刘安，“王安”乃淮南王刘安的略称。洋洋大观的《淮南子》当然不可能完全出自刘安笔下，但是，这部在刘安主持下成书的著作，反映的应当是刘安的思想立场和思想眼界。知人论世是阅读中国古书的一种方法，对于《淮南子》，这样的背景尤其需要。只有懂了淮南王在汉初政治格局中的尴尬处境，它的一些思想矛盾才好解释。因为淮南王关怀天下的普遍性论说与他作为封王的身份之间，确实有扞格之处。

淮南王刘安是汉高祖的孙子，汉武帝的叔父，在汉初大一统政治建立的过程中，他尊贵的“王”位，也是他陷入悲剧结局的原因。研究汉代思想大有成绩的徐复观说，刘安家族在汉皇室中是“两世（高祖、文帝）含冤的一系”①，指的是刘安的祖母在汉高祖时代自杀身亡，他的父亲老淮南王刘长在汉文帝时代以谋反的罪名死在流放蜀地的途中。刘安承受家族的命运，也死于谋反的罪名。汉武帝元狩元年（前 122），刘安在朝廷大军压境的讨伐中自杀身亡，“列侯、二千石、豪桀数千人，皆以罪轻重受诛”②，“坐死者数万人”③，“党与死者数万人”④，“王后荼、太子迁诸所与谋反者皆族。……国除为九江郡”⑤。

这是一个大悲剧。一个“坐死者数万人”的事件，即使过去了二千多年，仍然让人心惊。问题是，为什么尊贵的王难逃死路？这个问题的解答与秦汉之际的制度转型有关。在先秦，中国政治制度的基本形态是分封制，天子把土地分封给诸侯，诸侯再把土地分封给卿大夫，这样层层分封，形成了大大小小的封国和封邑。春秋以后，周天子日益丧失影响，诸侯们凭借实力进行兼并，经过数百年的相互征战，最终是秦国胜出。秦始皇在公元前 221 年统一中国，开启了中国的大一统政治时代。

秦王朝废分封而立郡县，分全国为 36 郡，郡下设县，由朝廷派官员统一管理。这个制度被称为“郡县制”，郡县制让最高统治者能够直接掌控整个国家，所以又可以称为“大一统专制制度”。

秦王朝是一个短命的王朝，仅仅存在了15年。但是“汉承秦制”，大一统的政治方向并没有因为改朝换代而改变，汉王朝走的仍然是大一统的政治之路。不过新旧制度的更替总有一个新旧杂混的过渡，汉初还是有许多封王的。开初是汉高祖在楚汉相争中为了笼络各路英雄裂地而封，分封了许多异姓王。后来因为异姓王反叛，汉高祖又剪除异姓王，改封刘氏家族成员取而代之，称同姓王。刘邦还与大臣立“非刘氏不王”的白马盟誓，希望以一姓掌权来安定天下。但是，皇权与王权本身是矛盾的，这一矛盾并不会因为姓氏的异同而改变，所以封王与朝廷的矛盾很快就在刘氏家族内部展露出来。文帝时代有济北王的反叛，汉文帝诛杀了自己的侄子济北王刘兴居；老淮南王刘长是文帝的兄弟，也死于谋反的罪名。景帝时代有七国之乱，汉景帝杀死了叔伯弟兄楚王刘戊、赵王刘遂等人，也杀死了叔父吴王刘濞。淮南王刘安是以谋反罪死在了侄子汉武帝刘彻的手中。这里只是举其大者，汉初的谋反事件并不止这些。

因此，汉初的政治格局有两个基本矛盾。一个是新建的大一统政治制度与沿袭的分封制度之间的矛盾。这是一个此消彼长的矛盾：大一统政治制度所具有的集权本性，必定压迫封王收缩势力或者分散权力；而封王势力的膨胀，必定威胁大一统政治制度的稳定。汉初政治格局的另一个矛盾是朝廷的最高权力归属于谁的矛盾，虽然“非刘氏不王”，但姓刘的不止一个，谁有资格入主朝廷，在汉初是非常微妙的。皇位的争夺是你死我活的，无论谁当皇帝，都要排斥其他的所有人，父子兄弟概莫能外。在汉初，制度之争和权力之争往往纠缠在一起，具体表现为皇权与王权的冲突。

淮南王刘安是这两个矛盾下的牺牲品，他虽然死于谋反的罪名，但是直到现在，仍然有人替他辩诬，说他没有谋反，死得冤枉[⑥]。问题是，为什么淮南王会遭到朝廷怀疑，最终被朝廷讨伐而被迫自杀？追问刘安之死的原因，时代因素是首先要提到的。在汉初，皇权和王权还没有决出胜负，动辄谋反或者讨伐，是当时的客观形势。刘安因为父亲死于谋反，还未成年就被怀疑是潜在的反叛者[7]，淮南王的身份决定了他逃不出皇权与王权的对抗。其次，淮南王也有可疑之处。贾谊曾经向汉文帝进献“众建诸侯而少其力”的治安策，表面理由是“推恩”，让更多的家族成员受封，分享先祖打天下的恩泽，实际目的却是分散封王实力，使任何一个封王都不具有挑战朝廷的力量。刘安有两个儿子，却不愿意封侯，原因是他独爱太子，不爱庶出的长子，而无论真实原因为何，这种不分地不分权的做法，也让朝廷疑心。后来，刘安的家族矛盾也确实成为引爆淮南王国谋反事件的重要原因。第三，淮南王兄弟有联手的迹象。淮南王兄弟四人，除东城侯刘良未及成年而薨，其余三人封王，刘安最长，袭封淮南王，刘勃为衡山王，刘赐为庐江王，封地就是“淮南故地”一分为三。淮南王兄弟三人封王，虽然外人一视他们为“三淮南”，其实他们之间长期不和，《汉书》称“淮南、衡山相责望礼节，间不相能。衡山王闻淮南王作为畔逆具，亦心结宾客以应之，恐为所并”，“衡山王……畏淮南起并其国”[8]，他们亲兄弟之间，也是互相防范的。但是在元朔年间，他们的关系改善了，根据《史记》的记载，“元朔五年秋，衡山王当朝，（六年）过淮南，淮南王乃昆弟语，除前郤，约束反具。衡山王即上书谢病，上赐书不朝”[9]。在朝廷耳目遍布的情况下，这些情况朝廷不可能不知道。淮南王兄弟在元朔五年（前124）和好，淮南王的厄运从元朔五年开始，其间的时间重合当不是偶然的。至于其他原因，例如从淮南王国“索得反具”，当年就觊觎过皇位，七国之乱时也有不轨行为等等，正如辩诬者所说，“是后来武帝陷害他的方法”[10]。

两代淮南王都是因为谋反罪而自杀身亡，但是，他们的谋反与景帝时代的七国之乱完全不同。七国之乱是诸侯王率领军队在战场上与朝廷对决，而淮南王的所谓谋反，只有怀疑，是在怀疑的基础上凑合各种因素，酿成了谋反事件。这说明，时代的客观形势才是最根本的原因，朝廷还没有真正掌控天下，诸侯王还拥有反叛的力量，这种相互的警惕，酿成了汉初频发的谋反事件。苏轼在《论封建》中说："至汉以来，君臣父子相贼虐者，皆诸侯王子孙。……近世无复封建，则此祸几绝。"⑪一语中的。

根据《史记》《汉书》的记载，淮南王刘安是一个品行高洁的人，"安为人好书，鼓琴，不喜弋猎狗马驰骋"⑫，他热衷学术，淮南王国在当时已经是一个颇具规模的学术中心。在那里，淮南王刘安和他的宾客门人不仅撰著了《淮南子》，还撰著了《淮南外书》《淮南中篇》，其他歌赋作品，也很丰富。就是这样一个人，却死于谋反的罪名。淮南王确实是时代的牺牲品。

这样说并不只是对刘安遥寄一份后世的同情，而是更希望揭示淮南王刘安的身份与他的论说之间的紧张。《淮南子》以"道"为根本观念，对宇宙进行根源性探究，以"天"为重要观念，对人间世的政治和社会原则进行普遍性论说，而淮南王的封王身份，又让他不得不时时表白，说这样的普遍性论说并不包含拥有天下的野心。来自朝廷的严控给淮南王君臣带来了束缚和压制，不自由的生存体验使淮南王君臣强烈向往自由，对来自《庄子》的自由思想情有独钟，而作为渴望自由的个人和作为拥有王国的封王，刘安基于不同的身份所表明的思想立场是不一致的。《淮南子》推崇政治治理上的无为、精神修养上的清净，但现实的不安又让他们忍不住要抱怨时命。以上这些内容都并存于《淮南子》中，彼此并不协调。所以，叙述淮南王刘安的生平并不是热衷于遥远的皇室恩仇，而是要为阅读《淮南子》提供知人论世的必要背景。

二、《淮南子》其书

《淮南子》有正文二十篇，最后还有一篇题名《要略》的自序，一共二十一篇。《要略》交代了《淮南子》的规模：

> 著二十篇，有《原道》，有《俶真》，有《天文》，有《地形》，有《时则》，有《览冥》，有《精神》，有《本经》，有《主术》，有《缪称》，有《齐俗》，有《道应》，有《泛论》，有《诠言》，有《兵略》，有《说山》，有《说林》，有《人间》，有《修务》，有《泰族》也。

今天我们读到的《淮南子》，仍然是这样的规模和这样的篇目次序。也就是说，《淮南子》在流传了二千多年之后，仍然保持着它问世时的基本样态。这应当归功于《要略》，因为《要略》明确交代了本书的规模和篇目的排列顺序，才使它在流传的过程中不容易发生错乱。

就《淮南子》二十篇的篇名来看，它的论域非常广阔，而《淮南子》的实际内容，更远远超过了篇目的指称。《淮南子》自诩的“牢笼天地”，并非虚言。下面逐篇概述大意，希望有助于读者的阅读。

《原道训》开篇论“道”，第一句话就是“夫道者，覆天载地，廓四方，柝八极。高不可际，深不可测。包裹天地，禀授无形”，肯定“道”是宇宙的总根据。然后又以追溯远古的历史眼光，把“泰古二皇”树立为今人的榜样，说“泰古二皇，得道之柄，立于中央，神与化游，以抚四方”，他们“无为为之而合于道，无为言之而通乎德”，以符合“道”的“无为”行为方式，造就了自然而和谐的世界。再往下，《原道训》开始论说“大丈夫”，“大丈夫”一方面以“道”为根据，一方面以“泰古二皇”为榜样，“恬然无思，澹然无虑”，“刘览偏照，复守以全。经营四隅，还反于枢”，姿态从容却实现了对于天下的良好管理。显然，“大丈夫”的描写表达了淮南王刘安的精神向往和价值立场。而从论说的结构上看，《原道训》以“道”为根据，以“古”为榜样，以大丈夫为理想人格，为“人之当然”奠定基础，全篇就在这个基本逻辑上反复论说以至于啰嗦絮叨。

这个基本逻辑不只见于《原道训》，还见于《淮南子》的其他篇章。

《俶真训》是《淮南子》的第二篇，这一篇开始了宇宙生成的具体论说。通过诠释《庄子·齐物论》关于“有始”“有无”的一段拗口引文，《俶真训》描述了宇宙如何从最初的“天地未剖，阴阳未判，四时未分，万物未生，汪然平静，寂然清澄”，经过分化和演变之后，成为一个“根茎枝叶，青葱苓茏，……蠉飞蠕动，蚑行哙息”的生动世界。以宇宙生成论为基础，《俶真训》论说了人性从“真”而“伪”的改变，认为人性原本“真清”，如同清澈的水，但是杂质混入，水就浑了，人的知欲情就如同水中的杂质，使人性不再纯粹。而人间世的各种“人为”即“伪”的造作，也会改变“真性”，使之由“真”而“伪”。

《天文训》是《淮南子》的第三篇，这一篇保存了中国古代天文学等诸多科技领域的思想材料，非常珍贵。最值一提的是，二十四节气的名称就完整地出现在《天文训》里，与今名完全一样。这证明，二十四节气的名称至少在汉初就已经定型，并一直使用至今。从理论上看，《天文训》里出现了一个四方五行的空间结构，这是它论说天文、历法、音律、度量衡、数学计算以及地表测量的基本框架，而这个结构展示了《淮南子》对于宇宙生成之后具有何种形态的理解。《天文训》以宇宙生成论开篇，认为四方的宇宙结构是经过了一分为二、二分为四的演化历程后才形成的。

《地形训》是《淮南子》的第四篇，讨论了大地的形貌和山川河流的分布等问题。《地形训》也有一个四方（扩展为八方）结构，不同的方位同时指称不同地域，而各地的出产和人物又各因区域的不同而被认为具有不同的面貌和品质。就此而言，四方五行的结构在《地形训》里又发挥了分类的作用。

《时则训》是《淮南子》的第五篇，这一篇以一年四季十二个月为顺序，逐月描述星象、物候、音律、数位等各种现象，把它们纳入一个四季五行的配伍系统中，作为统治者行政的依据。因为四季具有方位特点，所以，四季五行也是四方五行，由此可见四方五行作为《淮南子》的一个基本的分类结构在《时则训》中的作用。

《览冥训》是《淮南子》的第六篇，这一篇探讨的是超越阴阳五行的分类而达致“精通”。在《览冥训》的笔下，阴阳五行的分类固然重要，但是超越“分类”的“太和”更根本，也更有价值。达致“太和”要靠“精通”，这就需要超越“类应”。分类与太和相对而言的模式对应于历史叙述，就是指出黄帝时代的秩序井然固然美好，但是，秩序建立之前的伏羲时代“侗然皆得其和”，才是更有价值的。所以，《览冥训》最终以“修伏羲氏之迹，而反五帝之道”作为目标，表达了道家的社会理想。

《精神训》是《淮南子》的第七篇，是中国古代第一篇也是唯一一篇以“精神”为标题的专论，主要探讨生命的起源和构成以及修养生命应当遵循的原则。《精神训》认为，人的精神来自天，骨骸来自地，人死则“精神入其门，而骨骸反其根”，各自回归来处。人应当修养生命，而修养生命最重要的方面，是以“清净”为原则修养精神。

《本经训》是《淮南子》的第八篇，主要探讨理想的政治秩序。它认为远古的“太清之治”体现了理想的政治，但是随着时代的改变，这种理想已经丧失了。所以《本经训》通篇以“太清之治”与“末世之政”相对照，以“古时”与“晚世”相比较，以现实的不幸来映照理想的美好，并呼吁返朴归真。

《主术训》是《淮南子》的第九篇，论述了君主的统治原则和具体方法。它以鼓吹道家的无为学说为主，也在无为的框架之下纳入儒家的仁义思想和修身原则，具有综合道家和儒家的明显特征。就修身而言，《主术训》非常强调君主的示范作用，而这一点在道家和儒家是共同的。

《缪称训》是《淮南子》的第十篇，这一篇从命篇之义来看，是解释称名的奥妙：缪，深奥；称，名也。但实际内容比较杂乱，主题也分散。

《要略》说："缪称者，破碎道德之论，差次仁义之分。"对此有所提点。传统研究认为，此篇保留了子思学派的思想资料。但是，开篇关于"道"和"体道者"的论说，显然是道家立场的。这种以道家开篇而容纳儒家内容的论说方式，显示了《淮南子》作者对于道家的偏爱。

《齐俗训》是《淮南子》的第十一篇，讨论风俗礼义的时代差别和地区差异，认为儒家强调"礼义足以治天下"，而不考虑风俗和礼义的顺时而变、因地不同，是很大的失误。本篇反复论说应当以"道德"来治理天下，因为"道"才能够包容全体，"德"才能够体现本性。

《道应训》是《淮南子》的第十二篇，汇集了五十六个故事。在这五十六个故事中，除了三个分别引用《庄子》《慎子》和《管子》来解释，其余五十三个都是引《老子》。在形式上是先叙述一个故事，然后以"故《老子》曰"为引导，引出《老子》的某句话，来揭示这个故事所蕴含的道理和教训。这也是《道应训》的命篇之义：故事蕴含的教训，被认为是"道"的具体应用。

《泛论训》是《淮南子》的第十三篇，正如篇名所称，它广泛议论了许多问题，主题比较分散。其中比较重要的话题是文明的起源和意义，在此话题之下，《泛论训》认为没有不可改变的法则，应该根据时代的变迁而改变具体的措施。但是，道是至高无上的，千变万化，终究还是要回归于"道"。

《诠言训》是《淮南子》的第十四篇，开篇就以"太一"和"分物"相对照，强调万物以"太一"为共同来源，但是因为"所为各异，有鸟、有鱼、有兽"，所以在现实中表现为"分物"。《诠言训》以复归"太冲"终篇，表达了道家"复归于朴"的思路。而文中的许多话题，例如虚己、循性、反身、治心、适情等等，也都具有浓重的道家气质。

《兵略训》是《淮南子》的第十五篇，论述用兵的谋略和法则。本篇是一篇军事专论，广泛论述了战争的性质、用兵的战略战术、将帅的精神品质和行为原则以及军队内部的管理等诸多问题。虽然重点是用兵的战略战术，但是,《兵略训》对于战争与政治治乱的关系、人心向背对于战争胜负的影响，也都有深刻论说。

《淮南子》的第十六篇和第十七篇，是《说山训》和《说林训》，这两篇的内容非常零散，很像是剩余的写作材料不忍丢弃而汇集在一起，而所谓《说山》《说林》，就是指堆积如山、如林，多而分散的意思。《要略》逐篇归纳篇章大意，唯独把《说山》《说林》合并总结，大概也是因为此两篇实在难以归纳篇旨的缘故。

《人间训》是《淮南子》的第十八篇，顾名思义，是论说人间的各种事情。此篇与《道应训》类似，也是以讲故事来讲道理。但是《人间训》讲故事多是成对的，讲一个"损之而益"的故事，就会接着讲一个"益之而损"的故事；讲一个"欲以利之，适足以害之"的故事，就会再讲一个"或欲害之，乃反以利之"的故事。通过这种方式,《人间训》揭示现象的似是而非，告诫人们必须学会透过现象去把握事情的本质。

《修务训》是《淮南子》的第十九篇，本篇以神农、尧、舜、禹、汤的事迹为根据，强调"圣人忧民，如此其明也，而称以无为，岂不悖哉"，对"无为"进行了批评。然后以儒家劝学的立场，论说人应该以圣人为榜样，通过学习来修养人格和获得技能，继承和延续圣人创造的文明，成为圣人那样的人。

《泰族训》是《淮南子》的第二十篇，也是正文的最后一篇。泰，总也，最也。族，聚合。泰族犹言总结。本篇以总结的姿态调和儒家和道家，一方面承认道家的"因顺"，一方面推重儒家的"作为"，实际上是以道家的话语，来肯定儒家的价值。所以，本篇在理论上是以"天"为根据，在价值上则崇尚仁义礼乐，终篇更是断定仁义是治世的根本原则，表现出儒家的价值立场。

《要略》是《淮南子》的最后一篇，是《淮南子》的自序。汉代书籍的通例是序文后置，《要略》正是如此。《要略》是一篇非常重要的文字，首先，它顺序列举了全书的篇目，正如前文所说，这有利于《淮南子》在漫长的流传过程中保持自身规模。第二，《要略》对正文二十篇逐篇进行了内容提要，这在当时的书籍中，是一个创造。《要略》提要的形式是："《原道》者……""《俶真》者……"如何如何，一篇一篇说下来，直到最后一篇"《泰族》者……"如何如何。这样，《淮南子》的每一篇，在《要略》里都有一个概略的重述，相当于《淮南子》的作者在亲自指点我们，应当如何去阅读和理解这些篇目的内容。这听起来不错。但是，正如徐复观先生所言，我们并不能完全相信《要略》的概括。考其原委，一是因为《淮南子》文风繁复，主题杂多，内容概括并不容易；二是因为撰写《要略》的人，明显持有道家立场的先见，所以提要内容难免偏颇，因此更难准确。总之，通过篇目提要我们可以看到《要略》作者的眼光，但是两相对照也很容易发现提要与实际内容的距离。也许，任何概括《淮南子》篇章大意的意图终究都要失败，因为《淮南子》的内容实在太过繁杂，任何概括都难以全面。第三，《要略》还是一篇重要的学术史文献，它梳理了先秦学术，对先秦以来最有影响的思想流派进行了概述和评论。《要略》论及的学术派别有太公之谋、儒者之学、墨子之学、管子之书、晏子之谏、纵横之术、刑名之书和商鞅之法，每论述一个派别，《要略》都强调，是时代的某个需要催生了这个学派，因此，这些思想的出现都是回应时代的需要。学术梳理使《要略》成为一篇与《庄子·天下》篇同等重要的学术史文献。第四，《要略》暴露了《淮南子》论说立场的虚化。《要略》声称，《淮南子》的著述宗旨是"纪纲道德，经纬人事，上考之天，下揆之地，中通诸理"，既要言"道"，又要言"事"，是本末兼顾，"繁然足以观终始"的。在篇末又自我夸赞说，"若刘氏之书，观天地之象，通古今之事，权事而立制，度形而施宜"，具有"统天下，理万物，应变化，通殊类"的巨大功能，正因为不是"循一迹之路，守一隅之指"，所以他们撰著的“刘氏之书”（即《淮南子》）能够“置之寻常而不塞，布之天下而不窕”。这是《要略》最后的话，《淮南子》全书也就终结在这段颇为自得的自我夸赞之中。但是，恰好是这个自我夸赞，暴露了《淮南子》立场的虚化，它夸赞自己拥有整个宇宙，适用于整个宇宙，却也透露出它没有一个切实稳定的一贯立场。《淮南子》时而以道家的“无为”立论，时而以儒家的“有为”成说，它也想贯通“无为”与“有为”，但终究没有成功。也就是说，《淮南子》希望的“繁然足以观终始”，并没有有效达到，尤其是未能逻辑一贯地达到。论说立场的游移在《淮南子》里是明显的，它最终被称为“杂家”，何尝不是因为它变换论说立场而造成了思想的相互抵牾呢？

关于《淮南子》其书，还有一个学术公案值得一提，这就是《淮南子》与《文子》之间的文本关系。《淮南子》与《文子》有大量重合的内容，这一点早已被注意到。台湾学者丁原植教授通过文本对比，指出：“今本《淮南子》全文约 131324 字，其中有 30208 字见于《文子》。《文子》全书约 39228 字，其中有 30671 字见于《淮南子》，占全书的 78％。仅 8545 字不见于《淮南子》。”[13] 这些大量重合的文字究竟谁抄谁？研究者各执己见。1973 年在河北定县（今定州）八角廊村 40 号汉墓出土了竹简《文子》，不仅没有解决《淮南子》与《文子》谁抄谁的问题，反而让这一问题更加复杂。因为此墓墓主中山怀王刘修卒于汉宣帝五凤三年（前 55），比刘安撰著《淮南子》的时代晚了 100 多年，而且竹简《文子》只有 2790 字，其中只有 1000 余字与传世本《文子》的内容相同，“余者皆是今本《文子》中找不到的佚文”[14]。《淮南子》和《文子》究竟谁抄谁，仍然难有定论。目前学术界的主流看法是，今本《文子》是一个混合文本，既有《文子》早期文本的零星遗存，但大量内容还是抄自《淮南子》。这个看法虽然有各种文献分析为根据，毕竟缺乏文本实证。如果未来能够在先秦墓葬中出土一本《文子》，足证《淮南子》的资料来源是《文子》，否则，关于《淮南子》和《文子》究竟谁抄谁问题暂时只有推论的观点，难成定论。本书作为《淮南子》的一个读本，原本不必涉及这一问题，因为审稿专家的建议，故简要提示如上。

三、《淮南子》的思想

在《淮南子》的篇目结构中，有一个有趣现象一直没有引起注意，这就是《说山训》和《说林训》在全书中的位置。

正如上一节概述各篇大意时指出的，这两篇的内容非常零散，像是写作的剩余材料不肯舍弃而勉强杂凑起来的，就连《要略》的提要，都是两篇合说。如果要在《淮南子》的二十篇中分别价值分量，这两篇应该是最没有价值的。但是，这两篇却没有缀在全书之后，而是列为第十六和第十七篇。之后的三篇，都是儒家色彩浓重的篇目，尤其是《修务训》，开篇就直接批评“无为”，而《泰族训》更是以对仁义的推重而终篇。这样来看《说山训》和《说林训》的位置，可以说它们发挥了分隔的作用。

东汉末年，高诱为《淮南子》作注，在注本的《叙》里说，淮南王是与“苏飞、李尚、左吴、田由、雷被、毛被、伍被、晋昌等八人及诸儒大山、小山之徒，共讲论道德，总统仁义，而著此书”的。研究者认为，高诱提到的《淮南子》作者有两组，一组是苏飞等八人，他们是《淮南子》作者中的道家人物，而另一组就是“诸儒大山、小山之徒”的儒家人物。联系《淮南子》作者的分派来看《说山训》和《说林训》，可以说它们是道家作者组的写作剩余材料，它们被凑成《说山训》和《说林训》两篇，缀在道家组的作品之后，发挥了区隔两组不同作者的作用。而儒家组的作品被置于其后，则反映了《淮南子》作者中道家人物的强势。

确实，《淮南子》的思想虽然芜杂，但以道家主导却是明显的。同样明显的是，《淮南子》并没有把它的道家立场贯彻到底，它的论说发生了从道家到儒家的转移。这种转移在文本形式上的表现是，《淮南子》的第一篇《原道训》是以“夫道者……”开篇的，或者说《淮南子》是以论道开篇的，但是它的最后一篇《泰族训》却是以“仁莫大于爱人，知莫大于知人”终篇的，或者说是以推崇儒家的仁智终篇的。当然《淮南子》也试图调和道家与儒家的矛盾，贯通道家和儒家的思想，但是它确实没有做到。因此，在叙述《淮南子》的思想时，必须指出它的思想矛盾，指出它在道家和儒家的不同立场上展开的论说是相互抵牾的。忽视这一点，很容易陷入例举的散乱，无助于读者整体理解《淮南子》。下面从几个方面介绍《淮南子》的思想以及思想矛盾：

第一，对待仁义礼乐的不同态度。

《淮南子》论说仁义礼乐的内容很多，从文本现象来看，它对待仁义礼乐有三种态度，其一是“羞而不为”的不屑，甚至贬斥；其二是有保留的承认；其三是作为正面价值加以肯定，视为“当然”之准则。如果留意这三种态度的出处，又可以看到，《淮南子》前面的道家篇目，往往持第一种否定的态度，例如《俶真训》里多有贬斥仁义的说法，而《原道训》则完全漠视，甚至没有“仁义”二字。但是越往后，态度的改变越明显，不仅谈得多了，口吻也在改变，到了最后一篇《泰族训》，已经是全然赞美。下面先分类列举代表三种不同态度的引文：

（一）不屑的或贬斥的态度：

圣人内修道术，而不外饰仁义。《俶真训》

儒、墨……缘饰诗书，以买名誉于天下。……于是万民……各欲行其知伪，以求凿枘于世而错择名利。是故百姓曼衍于淫荒之陂，而失其大宗之本。《俶真训》

俗世之学，……擢消掉捎仁义礼乐，暴行越智于天下，以招号

名声于世。此我所羞而不为也。《俶真训》

孔墨之弟子，皆以仁义之术教导于世，然而不免于儡，身犹不能行也，又况所教乎！是何则？其道外也。《俶真训》

今夫儒者，不本其所以欲，而禁其所欲，不原其所以乐，而闭其所乐，是犹决江河之源而障之以手也。……岂可得乎？……故儒者非能使人弗欲，而能止之，非能使人勿乐，而能禁之。夫使天下畏刑而不敢盗，岂若能使无有盗心哉！《精神训》

立仁义，修礼乐，则德迁而为伪矣。《本经训》

曰“礼义足以治天下”，此未可与言术也。《齐俗训》

天下……不可以仁附也。《诠言训》

（二）有限度承认的态度。这个态度，其实是《淮南子》最常见的态度。老子说：“失道而后德，失德而后仁，失仁而后义，失义而后礼。夫礼者，忠信之薄，而乱之首。”（《老子》第三十八章）庄子把道德仁义礼的等而下衰与历史发展的过程联系在一起，认为历史的发展过程，就是道德的下衰过程。《淮南子》承接老庄的观念，认为仁义礼乐是在历史的发展过程中生成的人为价值，不具有终极意义，不是终极性的根本原则，用《淮南子》自己的话来说，就是“仁义礼乐者，可以救败，而非通治之至也”。《淮南子》不予仁义礼乐以终极价值的地位，但承认它们具有“救败”的作用，这种承认就是一种有限承认的态度：

逮至衰世，……忿争生，是以贵仁；仁鄙不齐……，是以贵义……性命之情，淫而相胁，以不得已则不和，是以贵乐。是故仁义礼乐者，可以救败，而非通治之至也。夫仁者所以救争也，义者所以救失也，礼者所以救淫也，乐者所以救忧也。

神明定于天下而心反其初，心反其初而民性善，……则仁义不

用矣。《本经训》

道灭而德用，德衰而仁义生。故上世体道而不德，中世守德而弗坏也，末世绳绳乎唯恐失仁义。《缪称训》

率性而行谓之道，得其天性谓之德。性失然后贵仁，道失然后贵义。是故仁义立而道德迁矣，礼乐饰则纯朴散矣，是非形则百姓眩矣，珠玉尊则天下争矣：凡此四者，衰世之造也，末世之用也。《齐俗训》

这种有限承认的态度可以有两个方向：一个是理想主义的方向：这个方向的态度倾向于贬低仁义礼乐，认为仁义礼乐不能够从根本上解决问题，不是根本性的原则，因此必须越过，去作更本源的探询。另一个是现实主义的方向：这个方向的态度倾向于接受仁义礼乐，原因是现实既已改变，在现状下亦可以用仁义礼乐来“救败”，否则现实将更加不堪。

（三）赞扬或视为正面价值的态度。从出处的多寡来看，《淮南子》谈到仁义礼乐而视为正面价值的地方是很多的，但是，这些赞美之词或者以之为正面价值的话多出于《淮南子》比较靠后的篇目：

凡人之性，莫贵于仁，……国之所以存者，仁义是也；人之所以生者，行善是也。《主术训》

仁以为经，义以为纪，此万世不更者也。《泛论训》

乱国之君务广其地而不务仁义，……其所以亡也。《泛论训》

仁者不以欲伤生，知者不以利害义。《人间训》

人之性有仁义之资，非圣人为之法度而教导之，则不可使乡方。《泰族训》

仁义者，治之本也。《泰族训》

仁知，人材之美者也。所谓仁者，爱人也；所谓知者，知人也。……故仁莫大于爱人，知莫大于知人。二者不立，虽察慧捷巧，

劬禄疾力，不免于乱也。《泰族训》

把《淮南子》关于仁义礼乐的三种论说放在一起，其间的矛盾是显然的。仁义究竟是不是根本性的普遍原则？仁义是否根植于人性？在三种不同的论说中显然有不同的理解。这个方面，下文还将讨论。这里先从思想的一般逻辑来看这三种不同态度的关系。第一种“羞而不为”的贬斥态度虽然显得极端，但是贯彻到底，倒也可以自成一说。第二种有限承认的态度虽然有所退让，但是在逻辑上与第一种态度是一致的。因为第二种态度仍然不承认儒家的仁义礼乐是终极性的原则，态度的退让，只是因为时代变了，仁义礼乐在一个已经浇薄败坏的社会里虽然不足以造就真正的理想社会，却可以发挥“救败”的作用，使社会不至于完全溃烂。“救败”说是《淮南子》的著名观点，出自《本经训》。

如果《淮南子》就止于“救败”说，也还说得过去，还没有造成它的逻辑矛盾。但是，《淮南子》还有第三种态度，这个态度，在逻辑上就与前面两种态度冲突了。按照第三种态度，仁义根植于人性，所以仁义礼乐不过是圣人因顺民性而制定的规范，《泰族训》云“先王之制法也，因民之所好而为之节文者也”，“此皆人之所有于性，而圣人之所匠成也”。“匠成”说预设了仁义礼乐有人性的基础，先王的制礼作乐，不过是顺因人性并且成就人性。这样，仁义礼乐就不只是救败的工具，而是人性的表达；倡导和应用仁义礼乐，就不仅具有方法手段的意义，还是发挥和成就人性。而说到“匠成”这一步，《淮南子》就陷入矛盾了。因为以大道纯粹因而人性纯朴的观点来看，仁义礼乐不是人性的内容，而是历史性的人为原则，是为了应对社会的历史变化而人为制定的。这些原则是外在于人性的，作用是范导和制约人性，对于纯朴人性是外在强制。因此，《淮南子》对待仁义礼乐的第三种态度，与前两种态度的论述逻辑是不同的。

这样，在《淮南子》对待仁义礼乐的三种态度之间，就出现了矛盾。为什么同一部书会如此前后不一，逻辑有异？联系上文所说，《淮南子》的作者有两组，一组是道家人物，一组是儒家人物，这个问题就有答案了。显然，前两种态度出自道家的立场，后一种态度出自儒家的立场。而道家和儒家各有自身的思想逻辑，价值立场难以调和，这种立场的对立通过《淮南子》的思想矛盾而清晰地表现出来了。

第二，对于人性的不同理解。

《淮南子》理解人性，也有两个不同的立场，一个是道家以“真伪”论人性的立场，一个是儒家以“善恶”论人性的立场，它们同时存在于《淮南子》中，彼此也有冲突。这两种不同的人性思想与对待仁义礼乐的不同态度是彼此匹配的。下面先看道家对人性的理解：

> 古之真人，立于天地之本，中至优游，抱德炀和而万物杂累焉，孰肯解构人间之事，以物烦其性命乎！……真人则动溶于至虚，而游于灭亡之野。《俶真训》
>
> 水之性真清而土汩之，人性安静而嗜欲乱之。《俶真训》
>
> 太清之始也，和顺以寂漠，质真而素朴。《本经训》
>
> 所谓真人者，性合于道也。故……治其内，不识其外，明白太素，无为复朴，体本抱神，以游于天地之樊，芒然仿佯于尘垢之外，而消摇于无事之业。《精神训》
>
> 真人者，未始分于太一者也。《诠言训》

按照道家以“真伪”论性的思路，人原本是“真人”，与道合一，未始分于太一。但是人的“知”萌动了，开始向外探求，在“看”世界的同时，也把自身从整体中分离出来，造成了自身与世界的对立和彼此之间的对立。人除了“知”，还有“情”。人的“情”外向，在“欲”求外物的同时，也被外物牵引和局限，从而失去了真我。人的“知”和“欲”及其外向的各种活动，就是人为，也就是“伪”。仁义礼乐作为历史的产物，也出于人为，也是“伪”的，《本经训》说“立仁义，修礼乐，则德迁而为伪矣”，就是这个意思。在真伪相对的观念下，“伪”被认为破坏了“真”，而人性之真的丧失，又是所有社会问题的根源。所以，《淮南子》在以真伪论性的同时，往往伴随着另外两个方面的思想，一是批判现实，即批判人文和人为出于人又反过来制约了人，仁义礼乐就是在这种思路之下被批判的；第二是呼吁返朴归真，认为只有重返淳朴，才能重建美好生活。这是《淮南子》以真伪讨论人性的大致思路。

“真”的观念出自《老子》，被庄子继承用以讨论人性，“真人”和“真性”的观念就出自《庄子》。《淮南子》没有使用“真性”，只使用了“真人”，但是它以真伪论人性的思想明显来自老庄。如果《淮南子》就在真伪的观念下理解人性，并以此不屑于仁义礼乐，虽然因为陈义过高而缺乏现实性，但思想的逻辑至少是内洽的。

但是，《淮南子》还有儒家作者，这些儒家作者也有自己的人性思想。儒家人性理论的特点，是以善恶论人性，其核心问题是承认不承认仁义礼智根植于人性，认为仁义礼智根植于人性的，是性善论；认为仁义礼智非性所有，是王教灌输给人的，是性恶论。《淮南子》里的儒家人性论，是性善论：

凡人之性，莫贵于仁。《主术训》

入学庠序以修人伦，此皆人之所有于性，而圣人之所匠成也。故无其性，不可教训；有其性，无其养，不能遵道。……人之性有仁义之资。《泰族训》

仁知，人材之美者也。《泰族训》

显然，这里的论说与上述道家以“真伪”论性的立场是不同的。按照《淮南子》儒家作者的性善论说，仁义礼智根植于人性，圣人的教化只是成就人性，所谓“匠成”是也。而按照《淮南子》道家作者的“真伪”论性，儒家作者认为是人性内容的仁义礼智不仅不是“真性”，还是对“真性”的破坏，因为它们是人为即“伪”的产物，虽然也有“救败”的意义，终究不是第一义的。由此可见，道家和儒家对待仁义礼乐的不同态度，就来自他们对于人性的不同理解。站在“真伪”论性的立场，一定会对仁义礼乐不以为然，就是承认，也只是让步式的有限承认。而以“善恶”论性又持性善立场的，则会在肯定人性的层次赞美仁义礼乐，因为它们本身就被认为是人性的内容。这样，《淮南子》里道家和儒家两组作者对于仁义礼乐的不同态度，又分别有了来自人性理论的支持。或者说，他们的分歧又在人性论的层次上展现出来了。

第三，宇宙论的生成与构成。

《淮南子》里有丰富的宇宙理论，值得分析。汉代思想的一个特点，是宇宙论。这是因为宇宙论的思维方式在当时已经成为理论的普遍要求：一切价值都要以宇宙论的形态来完成自身的普遍性证明，必须以“道理”或者“天理”的形态来呈明，而不能以一个学派的“意见”来表达。《淮南子》丰富的宇宙理论，也具有以宇宙论来支撑价值的作用。

从支撑价值的角度来看《淮南子》的宇宙论，可以看到一个现象，《淮南子》以宇宙生成论来支撑道家的价值立场，却让宇宙构成处于价值空悬的状态，不让儒家的价值有宇宙论的基础。在这个方面，《淮南子》又一次展示了道家作者的强势和他们对儒家论说的压制。下面先介绍《淮南子》的宇宙生成论，然后再解释宇宙构成的价值落空问题。

《淮南子》的宇宙论，主要是宇宙生成论。所谓宇宙生成论，是说宇宙从一个本源演变而来，这个演变的过程，就是宇宙生成的过程。《淮南子》的宇宙生成论说，主要见于《俶真训》《天文训》和《精神训》。

《俶真训》说：

有始者，有未始有有始者，有未始有夫未始有有始者。有有者，有无者，有未始有有无者，有未始有夫未始有有无者。

所谓有始者，繁愤，未发萌兆牙蘖，未有形埒垠堮，无无蠕蠕，将欲生兴而未成物类。

有未始有有始者，天气始下，地气始上，阴阳错合，相与优游竞畅于宇宙之间。被德含和，缤纷茏苁，欲与物接而未成兆朕。

有未始有夫未始有有始者，天含和而未降，地怀气而未扬，虚无寂寞，萧条霄雿，无有仿佛，气遂而大通冥冥者也。

有有者，言万物掺落，根茎枝叶，青葱苓茏，萑蔰炫煌；蠉飞蠕动，蚑行哙息，可切循把握而有数量。

有无者，视之不见其形，听之不闻其声，扪之不可得也，望之不可极也，储与扈冶，浩浩瀚瀚，不可隐仪揆度而通光耀者。

有未始有有无者，包裹天地，陶冶万物，大通混冥。深闳广大，不可为外，析毫剖芒，不可为内，无环堵之宇，而生有无之根。

有未始有夫未始有有无者，天地未剖，阴阳未判，四时未分，万物未生，汪然平静，寂然清澄，莫见其形。

《天文训》说：

天地未形，冯冯翼翼，洞洞灟灟，故曰太昭。道始于虚霩，虚霩生宇宙，宇宙生气，气有涯垠。清阳者薄靡而为天，重浊者凝滞而为地。……天地之袭精为阴阳，阴阳之专精为四时，四时之散精为万物。

道曰规始于一，一而不生，故分而为阴阳，阴阳合和而万物生。

故曰:“一生二,二生三,三生万物。”

《精神训》说:

> 古未有天地之时，惟像无形，窈窈冥冥，芒芠漠闵，澒蒙鸿洞，莫知其门。有二神混生，经天营地，孔乎莫知其所终极，滔乎莫知其所止息。于是乃别为阴阳，离为八极，刚柔相成，万物乃形，烦气为虫，精气为人。

除了以上引文，其他篇章也有零星论说，兹不具引。从以上引文的相关论说来看，有几点是值得注意的：第一，《俶真训》《天文训》和《精神训》关于宇宙生成的论说都处在各篇开篇的位置，因此，《淮南子》显然是以宇宙生成论作为各篇具体论说的基础；第二，《淮南子》设想的宇宙之初，是虚廓、宁静、整全而混一的，但是经过一个过程之后，宇宙就从“天地未剖，阴阳未判，四时未分，万物未生，汪然平静，寂然清澄”的最初状态，演变成为一个“根茎枝叶，青葱苓茏，……蠉飞蠕动，蚑行哙息”的生动世界了；第三，这个生成的过程是分化，具体而言，是一分为二、二分为四，也就是混成之气分为阴阳之气，阴阳之气再分为四时之气，而“四时之散精为万物”，一个万象并存的世界由此出现。

除了以上三点，还有一点需要特别注意，这就是《淮南子》把《老子》的一、二、三结构变成了一、二、四的结构。《淮南子》的宇宙生成论来自老庄，上引《俶真训》论说宇宙生成的第一段话就出自《庄子·齐物论》,《俶真训》以逐句解释《齐物论》这段话的方式，表达了自己的宇宙论说；而《天文训》引用了《老子》第四十二章。因此，说《淮南子》的宇宙思想来自老庄，是有文本根据的。当然《淮南子》也改变了老庄，这种改变可以从多方面展开分析，这里只强调一点，就是《淮南子》把

《老子》的一、二、三结构变成了一、二、四的结构。《老子》的“道生一，一生二,二生三,三生万物”，是一、二、三的结构。而《天文训》的“虚霩生宇宙”，是一、二、四的结构：道为一，阴阳为二,四时（往往又系连四方五行）是四，至于《精神训》说的“别为阴阳，离为八极”之“八”，不过是“四”的扩展。有了这个改变,《老子》的“三生万物”，就变成了《淮南子》的“四时之散精为万物”。

这一改变为什么要特别指出？是因为老子的一、二、三只解释了从纯一到杂多的改变，而《淮南子》的一、二、四不仅解释了从一到多，还呈明了宇宙生成后的宇宙形态。生成后的宇宙当然是“蠉飞蠕动，蚑行哙息”，生动丰富的，但是，这个丰富的宇宙不是杂乱的，而是有序的，因为生成后的宇宙拥有一个四方结构。四方加上中央而成“五方”，再加四隅而成“九方”，这样一个空间区分，是《淮南子》对于宇宙结构的基本想象。《天文训》里有一个五方或九方结构，天区的分野、五星与五行的对应、二绳四维的定位、二十四节气的变化、五行相生相胜的论说，都是以这个空间结构为基础的。《地形训》也是这样，六合四极的指称、九州八殡的区划、各地物产的描述和各处人物的特征，也都在五方或者九方的结构之下。《时则训》原本是以四季十二个月为顺序，来描述星象、物候、音律、数位等各种现象，但是因为要配合五行五方，特别把夏季的季夏独立出来，配合方位的中、五行的土。而这样一个五行五方五季的结构系连一切：五音、五色、五味、五畜……等等，凡是能够想到的,都可以“五”为类,安排在这个结构之下。在《淮南子》中，凡是涉及分类或者秩序安排，都可以看到这个结构在起作用。阴阳也发挥着“类别”的作用，同时，阴阳因为具有运动流转的功能，还给四方的宇宙空间带来了动力。

根据一、二、四的论说结构，宇宙生成的结果是生成出了一个四方空间的宇宙，因此,《淮南子》的宇宙论说就不仅有宇宙的生成过程，还有宇宙生成之结果即宇宙构成的描述，或者说，《淮南子》的宇宙论说不仅有宇宙生成论的内容，还有宇宙构成论的内容。但是，从宇宙论所具有的价值支撑作用来看，《淮南子》只让宇宙生成说发挥作用，却让宇宙构成的价值支撑作用虚悬了。

以宇宙生成的价值支撑作用而言，《淮南子》的历史观是以宇宙生成论为基础的。《俶真训》《览冥训》《本经训》《主术训》《泛论训》诸篇，都有一个古今对照的历史描述，言“古时”的“至德之世”如何，“逮至衰世”的“当今”又如何。各篇论说的详略不同，最详细的《俶真训》和《览冥训》是一程一程地描写至德之世、伏羲氏、神农黄帝、周室之衰直至当今之世的演变过程。这样一个过程与宇宙从原初的混沌同一逐渐分判离析而成万物，在形态上是一致的。通过这样的历史描述，《淮南子》提出了“返”的要求，它要返回的，是“至德之世”的淳朴，而不是像儒家那样，以黄帝和三代的秩序井然为皈依。

《淮南子》的道家人性论也是以宇宙生成论为基础的，因为由“真”而“伪”的人性改变也被认为是一个过程。这个过程的本质是淳朴消散，知伪出现，由此导致社会各方面的败坏以至混乱。《俶真训》对此有十分明确的论说：“施及周室之衰，浇淳散朴，杂道以伪，俭德以行，而巧故萌生。……于是万民乃始慲觟离跂，各欲行其知伪，以求凿枘于世而错择名利。……世之所以丧性命，有衰渐以然，所由来者久矣。”按照《俶真训》的描述，人在变化的过程中丧失了“真人”性合于道的真性，与太一分离了，开始“杂道以伪”“行其知伪”，从而坠入了“错择名利”的种种计较之中。社会的功利追求和种种混乱，也就由此而来。在描述了人性变化的社会恶果之后，《俶真训》也发出了“返性”的呼吁：“圣人之学也，欲以返性于初而游心于虚也。”这是《淮南子》真伪论性的通常套路：描述“失性”，然后呼吁“返性”。《淮南子》里有很多“反（返）”的论说，例如“反于朴”（《原道训》），“返性于初”（《俶真训》），

“抱素反真”（《齐俗训》），“反性之本”（《诠言训》）等等。

显然，在《淮南子》的宇宙生成论与它的历史观和真伪人性论之间，存在着一个相同的论说逻辑，这就是过程带来了改变，过程造就了现实。而《淮南子》的历史叙述和人性论说在言说了改变之后又都提出了“复归于初”的价值诉求。这样的诉求之所以可能并且合理，就是基于宇宙生成的论说。宇宙是“演变”成这样的，它是可变的。因此，如果“初”或者“古”才表达了人的理想，人就可以通过重新改变，再变回去。由此可见，《淮南子》的宇宙生成论支持了它的历史观和真伪人性论，支持了它基于历史观和真伪论性的价值诉求。《淮南子》让它的宇宙生成论发挥了支撑道家价值理念的作用。

但是，对于生成后的四方宇宙，也就是宇宙的构成，《淮南子》却让它处在价值空悬的状态。四方的宇宙模型对于《淮南子》是很重要的，《天文训》《地形训》和《时则训》的具体论说，都是以这样的宇宙模型来展开的，没有这样一个宇宙模型，其说不能成立。但是，《淮南子》让这个四方宇宙分门别类地安顿了一切，唯独不予它道德价值的含义。细读《淮南子》可以看到，《淮南子》的四方五行以及阴阳系连了万物，唯独与仁义礼智没有关系，《淮南子》的阴阳五行是没有道德含义的。这与汉代大儒董仲舒正好相反。董仲舒凭借把仁义礼智信系连于五行，把政治上的刑德和人性的善恶系连于阴阳而展开了一套论说，让儒家的基本价值获得宇宙的属性从而具有普遍而崇高的意义。而《淮南子》的道家认为仁义礼乐是历史产物，不是第一义的根本价值，最多具有“救败”的意义，怎么可能具有宇宙的属性，能够以“天理”的形态呈明从而具有普遍而崇高的意义呢？《淮南子》的宇宙是一个自然宇宙，阴阳五行在其中不具有道德含义早就被注意到了，但一直没有得到有效的解释，我认为，从道家立场出发不许儒家的价值理念获得宇宙意义，是根本的原因。

以上从三个方面介绍了《淮南子》的思想和它的思想矛盾。《淮南子》的思想内容非常丰富，并不是这里的简介能够说完的，读者诸君若有兴趣，自行阅读便是。《淮南子》是一部越读越有味道的书，值得我们沉下心来慢慢阅读，细细咀嚼。

四、《淮南子》思想矛盾的时代原因

上一节介绍了《淮南子》的思想也介绍了其中的矛盾，指出《淮南子》的思想矛盾具体表现为既贬低仁义又赞美仁义；既以真伪论性又以善恶论性；既遵从汉代的思维方式，以宇宙论来支撑价值，却又只让宇宙生成论发挥作用，而让宇宙构成处于价值虚悬的状态，让四方宇宙表现为一个自然的宇宙却不是一个有人文意义的宇宙。在客观介绍的同时，我们解释了造成矛盾的原因，是因为《淮南子》有道家和儒家两组作者，它的思想矛盾就来自两组作者的不同价值立场；而在这两种不同立场的冲突中，道家处于强势，不让宇宙构成支撑儒家价值并让儒家篇目置后，就说明了这一点。

问题是，《淮南子》是一部书，它为什么要同时容纳两种不同的立场？尤其是在两种立场如此冲突以至于难以调和的情况下，它为什么不能明确选定一个，以避免陷入论说的逻辑矛盾呢？

这就与淮南王刘安相关了。《淮南子》的作者虽然有两组，主编却只有一位，只有淮南王刘安才能决定《淮南子》的整体规模。而刘安不能放弃道家和儒家任何一方，除了他有"牢笼天地"的雄心，希望在一部书中把重要的思想尽数纳入，还有一个就是因为他是封王，他拥有大片封土，他要管理自己的王国，"为治"的需要使他不能忽视仁义礼乐在建立秩序方面的重大作用。但是，作为封王他又受到了朝廷的威胁和挤压，不自由的感受和"两世蒙冤"的阴影时刻伴随着他，也许还有淮南王的“文艺”气质，我们当记得他是“好书，鼓琴，不喜弋猎狗马驰骋”的，这样的气质和处境，都会推动淮南王走向道家，尤其是来自庄子的自由思想，对于淮南王是有巨大吸引力的。而且，汉初的流行思想是道家的清净无为，在淮南王编著《淮南子》的时候，社会的主导思想还是黄老道家，武帝时代的独尊儒术还没有到来。因此，虽然治理需要秩序，但是，如果能够以“无为而无不为”的方式去达致，也是很吸引人的。可以说，这几方面因素的交互作用，对于淮南王形成道家情怀，都有作用。这样，封王刘安和主编刘安就陷入矛盾了，他心仪道家却又不能放弃儒家，二者都要却又自相矛盾了。《淮南子》在历代史志的书录中都列名“杂家”，思想的自相矛盾应该是最根本的原因。

《淮南子》不能舍弃儒家，却又不许儒家的仁义礼乐获得宇宙论的支持从而具有普遍性和崇高性，这一特点与淮南王刘安的处境也有关系。按照《淮南子》的宇宙生成论，宇宙生成是生成了一个四方的空间结构，这个四方的宇宙以四方五行和阴阳为类目，把一切都纳入其下，是一个统一的宇宙。所谓统一的宇宙，是指一切存在都存在于宇宙之中，没有外在于宇宙的存在。这样的思想，与董仲舒描述的宇宙构成是同样的。但是，董仲舒让五行系连仁义礼智信，让阴阳系连刑德善恶，宇宙就具有了道德属性，就成为一个充满道德意义的宇宙了。董仲舒正是以这样的宇宙理论为大一统政治制度做论证的。而淮南王刘安是大一统政治制度的“他者”，是大一统政治制度终究要消灭的对象，因此，对于刘安和他的宾客门人来说，四方宇宙尽管是一个“真实的”宇宙，却不是一个“有意义的”宇宙。《淮南子》承认四方宇宙的结构，承认阴阳五行的分类作用，但是不承认它们具有道德含义，原因就在于此。《淮南子》作者们的他者身份，使他们只能把“意义”寄托在“他处”。这个“他处”，就是“道”“物”相对的“道”，“古”“今”映照的“古”。《淮南子》之所以让宇宙生成论来承载意义，强调返朴归真，原因也在于此。

《淮南子》也因此陷入了理论困难：宇宙有一个结构，这个结构却不能承载意义；宇宙有一个生成过程，这个过程却因为“其德下衰”而消解了意义，只有复归本初，才能重新获得意义。这个理论困难隐喻了《淮南子》作者的生存困境：他们不在朝廷之内，除非他们成为朝廷的臣民；他们成为朝廷的臣民，就是自我消灭。他们想走向“他处”，可是宇宙构成没有“他处”，因为一切都存在于宇宙之中。他们的现实出路，竟然只有死路了。

在汉初，封王是自己封地的全权主人，封国就是一个小号朝廷。封王在封国内收取赋税，任免官吏，甚至铸造钱币，自行纪年，《淮南子》就有“淮南元年”的纪年名号。封王作为朝廷之外的政治力量，从根本上否定和抗拒着大一统政治制度，所以，建构中的大一统政治制度必须消灭封王。封王问题是在汉武帝时代最终解决的，经过从汉初到汉武帝时代的抗争，封王终于被消灭了。消灭的方式各不相同：有的是在与朝廷的战场对决中被消灭的，例如七王之乱；有的是被怀疑谋反而自杀的，例如两代淮南王；也有小的封国放弃政治权力，演变成食取租税的大地主，虽然保持着封王的名号，但已经不是汉初拥有实权的封王了，例如长沙王。大一统政治制度在消灭了封王之后，宣告了自己的胜利。于是，淮南王死了。在“坐死者数万人”的清算中，《淮南子》的作者们——无论是道家组的，还是儒家组的——大概也都死了。

理论何尝玄远？凝结的都是真实的历史经验。

五、《淮南子》的版本及流传

《淮南子》完成于汉景帝时代，汉武帝（前140—前87年在位）继位，淮南王把它作为晋见的礼物送给了新皇帝刘彻。据说像淮南王一样爱好文艺的汉武帝非常欣赏，“爱秘之”。不过从汉武帝继位之初就向博士们发出的“天人三策”来看，汉武帝关心的是大一统秩序的建立和保持，更倾向于儒家。从汉初思想的发展趋势来看，汉武帝时代也是一个转折，此前是黄老道家占据主流，汉武帝“独尊儒术”之后，道家思想就逐渐边缘化了，儒家成了主流。所以汉武帝的“爱秘”，也是《淮南子》被束之高阁的写照。

或许是因为思想风尚的改变，更可能是因为淮南狱案的影响使淮南王及其著述在当时成为忌讳，在整个西汉，还看不到《淮南子》的传行，到了东汉，《淮南子》才成为通行典籍。王充曾经在洛阳书肆上读过《淮南子》，汉章帝赐书黄香，其中也有《淮南子》，这些事例都是《淮南子》在东汉初已经广泛流传的证据。到了东汉末年，许慎和高诱还分别注释了《淮南子》。

根据现存的许注八篇和高注十三篇来看，二家之注更侧重于名物训诂，思想的阐释比较弱，尤其是没有思想方面的系统阐释。高诱在《叙》中表扬《淮南子》，称“学者不论《淮南》，则不知大道之深也”，又称此书“旨近《老子》，淡泊无为，蹈虚守静，出入经道。……其义也著，其文也富，物事之类，无所不载，然其大较归之于道”，似乎有在道家的思想脉络上注解《淮南子》的意图，但是再往下说，却又只是“先贤通儒述作之士，莫不援采以验经传”，他本人的注释也没有显明《淮南子》的思想是如何“归之于道”的，这就使《叙》中“大道之深”的评介落了空，只剩下“援采以验经传”给出的功能定位。

“援采以验经传”是《淮南子》长期流传的实况。六朝以后，就不断有人援采《淮南子》为经传等作注解，例如《后汉书》注、《文选》注、《史记索隐》、《蒙求注》等等，都有引自《淮南子》的材料；类书如《北堂书钞》《艺文类聚》《太平御览》，也见得到《淮南子》的材料；还有《意林》一类的作品，对《淮南子》进行了摘抄。正是这些不断的援采，为《淮南子》的流传留下了诸多痕迹。

《淮南子》的流传，还可以从历代史志的著录中看到。《汉书·艺文志》最早著录了《淮南子》，但不是著录为《淮南子》，而是著录为“淮南内”。“内”相对于“外”而言，因为淮南王的著作，并非只有一部《淮南子》，《汉书·艺文志》的著录中，就还有“淮南外三十三篇”“淮南王赋八十二篇”和“淮南王群臣赋四十四篇”。所谓“淮南内”，就是相对于“淮南外”而言的。

《隋书·经籍志》是《汉书·艺文志》之后又一部重要的图书目录，也著录了《淮南子》，并且同时载录了两种注本，一为许慎注，一为高诱注。但是在宋代之后，许慎注和高诱注都不完整了，许注存八篇，高注存十三篇，混合成流传至今的注本。《缪称训》《齐俗训》《道应训》《诠言训》《兵略训》《人间训》《泰族训》和《要略》是许慎注，其余十三篇则是高诱注。

尽管《要略》保障了《淮南子》篇目不乱，但是在流传的过程中，错谬脱讹，鱼鲁之文，也渐渐累积，难以读通之处越来越多。明代的刘绩开始着手整理《淮南子》，他在《淮南鸿烈解》的“题识”里写道：“旧本残讹，自诱注时已不能辨，如以‘禁苛’为‘奈何’之类，甚多。”这个“题识”写于弘治辛酉年（十四年，1501），它指出了当时流传的《淮南子》存在着大量语词混乱的问题，也表明了刘绩进行整理工作的动机。

刘绩整理的本子被清代大学问家王念孙认为是仅次于道藏本的善本，而王念孙整理《淮南子》取得了更大的成绩。王念孙以坚实的小学功夫和丰富的材料考证《淮南子》的误文，并对许多难解之文的含义进行辨析，一共九百余条。他在这项工作上的成就，被认为是无与伦比的[15]。王念孙之后，还有人在继续这项工作，也成绩斐然，例如清人俞樾《诸子平议》的《淮南子》部分，今人杨树达的《淮南子证闻》等等，都是阅读《淮南子》的重要参考。但是就校订《淮南子》的整体成就而言，至今无出王念孙之右者。

《淮南子》现存的最早版本，是北宋的小字本，此外比较重要的版本还有道藏本、刘绩本、中立四子集本、茅一桂本和清代的庄逵吉本。

北宋小字本问世于北宋仁宗朝的1023—1064年之间，因为此本的避讳字最晚避到仁宗。这个本子曾经被清代著名藏书家黄丕烈（1763—1825）收藏，后归杨以增（1787—1856）的海源阁，它最后露面于满铁大连图书馆。二战之后，苏联红军接管了大连图书馆，其中的珍贵版本，可能也包括《淮南子》的北宋小字本原本，被运往苏联，此本从此渺无踪迹。目前对于北宋小字本的了解，来自此本的影写本。清代著名校勘学家顾广圻（1766—1835）曾经影抄了北宋小字本，后来，王念孙又委托他的学生陈奂影抄，陈奂则请好友金友梅完成了影抄。但是，这两个抄本都没有保存下来。现在能够看到的，是刘履芬（1827—1879，号泖生）影抄陈奂影本的影本，《四部丛刊》就是用刘履芬影本照相制版，重印了此书，使此本成为容易寻得的版本。

道藏本指明代《正统道藏》所收的《淮南子》，但《淮南子》何时入藏并不十分清楚。学者们根据道藏本《淮南子》保留了许多宋代的避讳字，倾向认为在《大宋天宫宝藏》收录的道书中，就有《淮南子》，因此道藏本《淮南子》是宋代旧本。

刘绩本出版于1501年，但是刘绩本所据为何却有争议。吴则虞认为“此书祖本，盖别一宋本，非出自《道藏》”，于大成则认为“确出藏本无疑”，罗浩（Harold D.Roth）根据刘绩补注引有旧本、一本、别本的异文，认为刘绩本是一个混合文本。

中立四子集本于1579年在凤阳出版。中立四子集，又称中都四子集，因合刻《老子》《庄子》《管子》和《淮南子》而得名。中立四子集本《淮南子》的祖本，于大成认为是刘绩本系列的王蓥本，罗浩认为是道藏本系列和刘绩系列的合成本。

茅一桂本大约印成于1580年，因为他序言的落款年份就是此年。至于茅一桂本的祖本，吴则虞认为出自某一宋本，于大成认为“盖出于藏本而略有校改”，罗浩则认为至少有两个祖本，一个是道藏本，另一个是刘绩本。茅一桂本是《淮南子》最重要的版本之一，《淮南子》二十一卷本的所有版本都受到了它的影响。

庄逵吉本于1788年刊行，在1804年和1876年又两次重刊。庄逵吉序称自己“读道藏于南山之说经台”，似乎暗示他的底本是道藏本。但学者们发现庄逵吉本与道藏本有差异，纷纷否定此本的道藏本来源。经过考校和对读，罗浩指出庄逵吉本主要依据茅坤本，而不是道藏本。

在“百部经典”编委会和样稿审稿专家的建议下，本书以何宁的《淮南子集释》为底本。何宁先生以光绪二年（1876）浙江书局刻庄逵吉校刊本为底本。庄逵吉的祖本是明代的茅坤本（1590），而茅坤本直接来自茅一桂本（1580）。何宁先生以庄逵吉本为底本，校以道藏本、道藏辑要本、中立四子集本、茅一桂本、景宋本、唐写本《兵略训》残卷以及唐宋类书，这使他的《淮南子集释》不仅版本可靠，还具有注释方面的参考价值。

关于《淮南子》的版本情况，罗浩著有 *The Textual History of the Huai-nan Tzu*（《淮南子版本史》），对于《淮南子》现存各本的文本特点、传承及相互关系有细致考订。惜此书尚无中译本，有兴趣的读者可寻读英文原本。

六、本书的编注原则

《淮南子》是一部大书，全文注释会大大超出“百部经典”计划的容量，所以只能选注。如何选？颇费思量。如果选择几个重要的篇目，选入的篇目倒是完整了，但是《淮南子》全书的丰富性却丧失了；如果都节选，把每一篇的骨干段落都选出来，这样可以不遗漏《淮南子》的重要思想，却又不能展示《淮南子》论说的繁复文风，不能带给读者关于《淮南子》一书的准确印象。经过反复讨论，最后决定采取全选和节选结合的方式。

本书全文选入了《原道训》，因为这是《淮南子》的第一篇，也是很重要的一篇。全选此篇，可以让读者了解《淮南子》出于道家立场的基本观点，同时领略《淮南子》繁复的文风。《淮南子》全书都是这样，语言华美，音节铿锵，反反复复，重重叠叠，修辞相当考究，文风十分繁复。显然，这样的文字风格，并不是表达思想的最佳方式。《淮南子》过于华丽的修辞很容易把读者引入美文的迷阵，使读者不得不时时掩卷细想，琢磨作者究竟想说什么，究竟在说什么。本书还全选了《要略》，因为《要略》不仅是《淮南子》的自序，还是一篇非常重要的学术史文献，全文选入，可以让读者看到《淮南子》自己宣称的著述宗旨，自己对每一篇做的内容提要，还有对先秦以来的学术流派进行的总结。除了《原道训》和《要略》，其余十九篇就都是节选了，根据内容的不同，选入篇幅的长短也不尽相同，总体考虑是尽可能提炼该篇主旨，不遗漏重要内容。《淮南子》有些篇目的内容极为零碎，例如《说山训》和《说林训》，仅就内容而言，这样的篇目不选也可以，但是为了全书的完整，每一篇也略选几则，以存篇目而已。

本书对《淮南子》的疑难字词做了注释和注音。古音的反切转写成现代读音，各家拟音并不完全一致。本书注音，基本以商务印书馆的《古代汉语词典》为准，《古代汉语词典》未收之字，则以王力《古汉语字典》和《中华字海》为序选定注音。例如，商务的《古代汉语词典》未收“蠉”字，“蠉”字的读音就根据王力的《古汉语字典》注音为 xuān。《淮南子》用字丰富，许多字几乎是独家专用，如霖（diào）、啳（quán）等等即是。这些字的字典释义，例句就来自《淮南子》。因为《淮南子》用字丰富，只用一部字典不可能完成对《淮南子》难字的注音。《中华字海》收字最丰富，但释义最简单，所以列在最后保底。

《淮南子》的文字繁复，导致了理解的困难。但《淮南子》之难读，还不仅仅在于语词，而在于语词隐喻的思想相当隐晦，很难仅仅从字面含义上加以把握。所以，在注释字词之后，本书还会疏通文义，甚至诠释文义和概述大意，以揭明字词文句的言外之意。

“点评”和“旁批”是“百部经典”的特殊体例，本书遵从体例，在各篇篇末以“点评”来揭明本篇的主旨和思想的逻辑关系，让《淮南子》被繁复文风掩盖的思考，能够显明出来。但是，《要略》的点评在体例上略有变通，不是在文后总评，而是随段点评，因为《要略》是《淮南子》自述宗旨、自我总结和对先秦学术的概述，仅在文后点评会疏离文本，所以改成随段点评。这是根据文本特点做出的调整，这里予以预先的说明。“旁批”的作用是随文提示思想精萃，有时候也补充一些相关的思想印证材料和文本信息。

如果这些方式对于读者理解文本能够小有助益，便是解读者莫大的喜悦。是所望也！

本书初稿完成于 2018 年孔学堂访学期间，值此出版之际，特向孔学堂提供的良好研究条件深致谢忱！

① 徐复观：《两汉思想史》（卷二），台湾学生书局，1976 年，第 178 页。
② （汉）班固撰，（唐）颜师古注：《汉书・淮南衡山济北王传》，中华书局，1962 年，第 2152 页。
③ 《汉书・五行志》，第 1424 页。
④ 《汉书・武帝纪》，第 174 页。
⑤ （汉）司马迁撰，（南朝宋）裴骃集解，（唐）司马贞索隐，（唐）张守节正义：《史记・淮南衡山列传》，中华书局，1982 年，第 3094 页。
⑥ 陈丽桂：《淮南王两世谋反研议》，台湾《书目季刊》第十八卷第二期，第 54—69 页。
⑦ 贾谊说：“淮南诸子，……，岂能忘其父哉？……虽割而为四，四子一心也。”（《汉书・贾谊传》，第 2263 页）吴王刘濞的谋士邹阳也说：“三淮南之心思坟墓。”（《汉书・贾邹枚路传》，第 2338 页）
⑧ 《汉书・淮南衡山济北王传》，第 2153、2155 页。

⑨ 《史记·淮南衡山列传》，第3097页。

⑩ 《两汉思想史》(卷二)，第178页。

⑪ 《苏东坡全集》，北京燕山出版社，1998年，第1892页。

⑫ 《汉书·淮南衡山济北王传》，第2145页。

⑬ 丁原植:《〈淮南子〉与〈文子〉考辨》，台湾万卷楼图书有限公司，1999年。

⑭ 张丰乾:《出土文献与文子公案》，社会科学文献出版社，2007年，第11页。

⑮ 陈倬说："高邮王氏《读书杂志》精确不磨，于《淮南》尤邃密，盖以道藏本为主，参以群书所引，订正凡九百余条，末又附以元和顾氏参校宋本与藏本之不同及顾氏所订诸条，盖至是而搜剔靡遗，洵为《淮南》之善本矣。"见《淮南子》二十一卷庄逵吉刻本《跋》。吴承仕说："清儒治淮南书者，以高邮王氏为最。"见吴承仕:《淮南旧注校理序》。

淮南子

卷一　原道训

夫道者，覆天载地，廓四方[1]，柝八极[2]。高不可际，深不可测。包裹天地，禀授无形[3]。原流泉浡[4]，冲而徐盈；混混滑滑，浊而徐清。故植之而塞于天地[5]，横之而弥于四海，施之无穷而无所朝夕[6]，舒之幎于六合[7]，卷之不盈于一握。约而能张[8]，幽而能明，弱而能强，柔而能刚。横四维而含阴阳[9]，纮宇宙而章三光[10]。甚淖而滒[11]，甚纤而微。山以之高，渊以之深，

“道”被认为是宇宙的生成者。

兽以之走，鸟以之飞，日月以之明，星历以之行[12]，麟以之游，凤以之翔。

“推天道以明人事”是汉代的基本思维方式,《原道训》开篇论“道”,以“道”为“宇宙”“万物”以及“人事”的终极根据。

[注释]

[1] 廓：张开。 [2] 柝（tuò）：通“拓”，开拓。八极：八方至远之地。 [3] 禀授无形：指道蕴育万物，万物于无形中获得来自于道的自身禀赋。禀授，给予。 [4]“原流泉浡（bó）”以下四句：（道）像水从源头流出，泉从泉眼涌出，似乎空虚，却渐渐充盈；滚滚奔流，却渐渐澄清。原，同“源”，源头。浡，水涌出。冲，虚。盈，充满。混（gǔn）混，大水奔流。滑（gǔ）滑，同“汩汩”，水涌流不断。 [5]“故植之而塞于天地”二句：从空间方面形容道的廓大。植，树立。塞，与下文“弥”均意为充满。横，平放。 [6] 施之无穷而无所朝夕：从时间方面表示道的恒久。施，延伸。无穷，没有穷尽。 [7] 舒：展开。幎（mì）：同“幂（mì）”，覆盖。六合：上下四方。 [8] 约：捆束。 [9] 横：贯通。四维：四角。《天文训》：“东北为报德之维也，西南为背阳之维，东南为常羊之维，西北为蹄通之维。”高诱注：“四角为维。” [10] 纮（hóng）：维系。宇宙：指空间和时间。上下四方曰宇，古往今来曰宙。章：同“彰”，显明。三光：日月星。 [11] 甚淖（nào）而滒（gē）：以软泥和稀粥的物象，形容道柔软而无定形。淖，烂泥。滒，稀粥。 [12] 星历：星辰。

泰古二皇[1]，得道之柄，立于中央，神与化游，以抚四方。是故能天运地滞[2]，轮转而无废，水流而不止，与万物终始。风兴云蒸，事无不应；雷声雨降，并应无穷。鬼出电入[3]，龙兴鸾集[4]；

钧旋毂转[5]，周而复匝。已雕已琢，还反于朴。无为为之而合于道，无为言之而通乎德，恬愉无矜而得于和[6]，有万不同而便于性。神托于秋毫之末[7]，而大宇宙之总。其德优天地而和阴阳[8]，节四时而调五行。呴谕覆育[9]，万物群生，润于草木，浸于金石，禽兽硕大，毫毛润泽，羽翼奋也[10]，角觡生也[11]，兽胎不𧕳[12]，鸟卵不㲉[13]，父无丧子之忧，兄无哭弟之哀，童子不孤[14]，妇人不孀[15]，虹蜺不出[16]，贼星不行[17]。含德之所致也[18]。

上一段说宇宙根据道而“生成”，这里说造成之物还应该“返朴归真”。

[注释]

[1]“泰古二皇”以下五句：伏羲、神农掌握了道的关键，立身于天地中央，精神顺随自然的生化，安抚着天下四方。泰古，远古。泰，极。二皇，传说中的古帝王，指伏羲和神农。神，指二皇的精神。化，指天地阴阳的造化。　[2]“是故能天运地滞”二句：表达了天动地静的观念，运动不止的观念。运，行。滞，止。废，休。　[3] 鬼出：行不留迹。电入：动作迅速，如电光一闪而过。　[4] 龙兴鸾（luán）集：这里用龙的腾飞、凤的栖集描绘远古的美好。鸾，凤鸟。　[5]“钧旋毂（gǔ）转”以下六句：（二皇助成的世界）像转轮、车轴的运转，周而复始。已经雕刻成形，琢磨出光了，还要复归于朴。（二帝）不刻意做，却做成了，并且符合道；不刻意说，却流传了，并且深入人心。钧，制陶的转

轮。毂，车轮中间插车轴的圆木。匝（zā），环绕一周。朴，未经加工的木料。德，人物的内在属性。 [6]“恬愉无矜而得于和”二句：二皇对外物没有好憎的倾向和矜持的态度，所以关系和谐，接触的事物虽然各种各样，但都适宜于自己的本性。恬愉，无所好憎。无矜，不自大。便（pián），安适。 [7]“神托于秋毫之末”二句：（二皇的）精神可以寄托在秋毫之末（这样的细微之处），却与整个宇宙同样大。大，像……一样大。宇宙之总，指整个宇宙。 [8]“其德优天地而和阴阳”二句：（二皇的）品德使天地柔顺，阴阳和谐，四时合节，五行协调。优天地，使天地柔和平顺。优，柔。和，使和谐。 [9]“呴谕（xǔ yú）覆育”二句：这是说二皇对待万物的态度以及二皇之德的效果。呴谕，关怀爱抚。覆育，母鸡张开翅膀保护幼雏。 [10] 奋：展翅。 [11] 角：鹿角。觡（gé）：麋角，即带分叉的角。 [12] 殰（dú）：幼兽胎死腹中。 [13] 毈（duàn）：鸟卵孵化不成。 [14] 孤：幼而失父。 [15] 孀（shuāng）：寡妇。 [16] 虹蜺（ní）：具有长宽尾巴的彗星。古人认为是灾异之象。 [17] 贼星：失去正常轨道的怪星，如彗星、陨星之类。古人亦认为是灾异之象。 [18] 含德：内蕴道德。

道聚之不加多，散之不减少。

夫太上之道[1]，生万物而不有，成化像而弗宰。跂行喙息[2]，蠉飞蠕动[3]，待而后生[4]，莫之知德；待之后死，莫之能怨。得以利者不能誉，用而败者不能非。收聚畜积而不加富[5]，布施禀授而不益贫。旋县而不可究[6]，纤微而不可勤。累之而不高，堕之而不下，益之而不众，损之而不寡，斫之而不薄[7]，杀之而不残[8]，凿之而不深，填之而不浅。忽兮恍兮[9]，不可为象兮；恍兮忽兮，用不屈兮。幽兮冥兮，应无形兮；遂兮洞兮，不虚动兮。与刚柔卷舒兮[10]，与阴阳俯仰兮。

"忽兮恍兮，不可为象兮；恍兮忽兮，用不屈兮"，化用《老子》文句，形容太上之道混沌微妙却功能无限。

道与乾坤、阴阳一起活动。

[注释]

[1]"夫太上之道"以下三句：最高妙的道造就大千世界却不据为己有，让万象自然而然而不掌控。太上，最上。不有，不据为己有。成化像，生成造就各种物像。宰，掌控。　[2]跂行：爬动。喙（huì）息：用嘴呼吸。喙，特指鸟兽的嘴。　[3]蠉（xuān）飞：昆虫爬行、飞翔的样子。　[4]待：通"持"，依持。　[5]畜：积聚。　[6]"旋县而不可究"二句：道循环往复却无端可寻，精细微妙却不可竭尽。旋县，旋转。勤，穷尽。　[7]斫（zhuó）：砍、削。　[8]杀：减少。残：毁坏。　[9]"忽兮恍兮"以下八句：（道）忽忽恍恍，没有具体形象；恍恍忽忽，拥有无尽功用。深远幽暗，回应万物却不露行迹；深邃通透，所有运动都有效验。遂，通"邃"，深邃。洞，通透。　[10]"与刚柔卷舒兮"二句：道与乾坤一起舒卷，与阴阳一起升降。刚柔，指乾坤。卷舒，屈伸。俯仰，升降。

昔者[1]，冯夷、大丙之御也，乘云车，入云蜺，游微雾，骛恍忽，历远弥高以极往。经霜雪而无迹[2]，照日光而无景[3]，扶摇抮抱羊角而上[4]，经纪山川[5]，蹈腾昆仑[6]，排阊阖[7]，沦

此处描绘冯夷、大丙之御升高的状貌，取像于《庄子·逍遥游》："抟扶摇羊角而上者九万里。"

天门[8]。末世之御，虽有轻车良马，劲策利锻[9]，不能与之争先。

［注释］

[1]“昔者”以下七句：从前冯夷、大丙驾驭，乘坐雷车，驾驭云蜺，周游在蒙蒙雾气中，奔驰在恍忽世界里，越远越高，朝向极远之地。冯夷、大丙，传说中的得道之人，能驾驭阴阳。云车，当为“雷车”。入，“六”字之误。六云蜺，驾驭云蜺如同驾驭六马。骛，奔驰。历，经过。弥，越。极往，去往极远处。 [2]经：经过。 [3]照日光：被日光照。景（yǐng）：同“影”。 [4]扶摇：盘旋而上的风。抮（zhěn）抱：环抱旋转。抮，转。羊角：旋转向上而弯曲的风。 [5]经纪：通行。 [6]蹈腾：跨越。昆仑：昆仑山。古代神话中的神山，西王母的居所。《地形训》对昆仑山有生动描述。 [7]排阊阖（chāng hé）：把升天的大门抛在后面。排，斥。阊阖，开始升天的大门。 [8]沦：入。天门：上帝所居紫微宫门。 [9]劲策：力道强劲的马鞭。锻：“錣（zhuì）”字之误。錣，马刺。

大丈夫是《原道训》塑造的理想人格。本段以驾驭为意象，描述“大丈夫”周游宇宙的从容潇洒和收放自如。

是故大丈夫恬然无思[1]，澹然无虑[2]；以天为盖[3]，以地为舆，四时为马，阴阳为御[4]；乘云陵霄[5]，与造化者俱。纵志舒节[6]，以驰大区[7]。可以步而步[8]，可以骤而骤；令雨师洒道，使风伯扫尘，电以为鞭策，雷以为车轮；上游于霄雿之野，下出于无垠之门。刘览偏照[9]，复守以全[10]。经营四隅[11]，还反于枢[12]。故以天为盖则无不覆也，以地为舆则无不载也，四时为马则无不使也，阴阳为御则无不备也。是故疾而不摇，远而不劳，四支不动[13]，聪明不损，而知八纮九野之形埒者[14]，何也？执道要之柄[15]，而游于无穷之地。是故天下之事，不可为也[16]，因其自然而推之[17]，万物之变，不可究也，秉其要归之趣[18]。夫镜水之与形接也[19]，不设智故而方圆曲直弗能逃也。是故响不肆应[20]，而景不一设[21]，叫呼仿佛[22]，默然自得。

“执道要之柄”，意为把握整体，把握关键。告诫人不要迷失在枝微末节之中。

“自然”的观念来自《老子》，《原道训》用“自然”对事物的自身属性加以肯定。

[注释]

[1] 大丈夫：领悟了道的人。 [2] 澹（dàn）然：不在意。 [3]“以天为盖”二句：中国古代有盖天说，认为天像一把无柄大伞遮蔽大地。这里因天似车盖，想象大地像一辆大车承载万物。盖，车盖，古代车上用来遮阳避雨的伞。舆，车厢，这里指车。 [4] 御：车夫。 [5]“乘云陵霄”二句：（大丈夫）乘云气，越云霄，与造物者一道行动。造化者，指“道”。俱，在一起。 [6] 纵志：放逸心志。舒节：放缓节奏。 [7] 大区：广阔天空。 [8]“可以步而步”以下八句：（大丈夫在世间活动就像驾驭车马）该缓行就缓行，该猛跑就猛跑；命令雨师清洗道路，要求风伯扫除灰尘，用电做马鞭，用雷做车轮；向上游览于虚无寂寞的原野，往下出入于没有界限的大门。骤，（马）奔跑。霄雿（diào），虚无寂寞。 [9] 刘：通“浏”。偏：通“遍”。遍照，无处不看。 [10] 全：整体。 [11] 隅：角落。 [12] 枢：中

枢。 [13] 支：通“肢”。 [14] 八纮（hóng）：八方之宏阔，指整个大地。纮，通“宏”。九野：中国古代天文学把天分为九个区域，称九野。形埒（liè）：界域。埒，场地四周围墙，转义为界限。 [15] 要：俞樾认为衍误。 [16] 为：人为。 [17] 因：顺随。自然：事物自身的状态。推：助成。 [18] 秉其要归之趣：王念孙认为，此句当作“秉其要趣而归之”，意为“以把握根本道理为目的”。秉，执。要趣，重要旨意。 [19] “夫镜水之与形接也”二句：镜子和水面映照形象，并无自己的意向，但方圆曲直都会如实地反映出来。 [20] 响不肆应：回声并不任意反应声音。响，回声。肆，任意。应，反应。 [21] 景（yǐng）不一设：意思是影子不会单独出现。景，同“影”。一设，单独出现。 [22] “叫呼仿佛”二句：声源和回声，影像和形貌，默默地相互匹配。叫呼是就声源和回声而言，仿佛是就影像和形貌而言。

《原道训》认为人的天性是安静的，但是人不得不回应外物，这就容易被外物牵引，导致天性受损。这里提出“外与物化而内不失其情”，意在协调“守性”与“应物”的矛盾。

人生而静，天之性也。感而后动[1]，性之害也[2]。物至而神应[3]，知之动也。知与物接而好憎生焉[4]，好憎成形而知诱于外，不能反己，而天理灭矣。故达于道者[5]，不以人易天，外与物化而内不失其情。至无而供其求[6]，时骋而要其宿。小大修短，各有其具[7]，万物之至[8]，腾踊肴乱而不失其数。是以处上而民弗重，居前而众弗害，天下归之，奸邪畏之。以其无争于万物也，故莫敢与之争。夫临江而钓，旷日而不能盈罗[9]，虽有钩箴芒距[10]，微纶芳饵[11]，加之以詹何、娟嬛之数[12]，犹不能与网罟争得也；射者扜乌号之弓[13]，弯棋卫之箭[14]，重之羿、逄蒙子之巧[15]，以要飞鸟[16]，犹不能与罗者竞多[17]。何则？以所持之小也。张天下以为之笼，因江海以为罟，又何亡鱼失鸟之有乎？故矢不若缴[18]，缴不若无形之像[19]。夫释大道而任小数[20]，无以异于使蟹捕鼠，蟾蠩捕蚤[21]，不足以禁奸塞邪[22]，乱乃逾滋[23]。

这里以钓鱼不如撒网，射鸟不如网捕为例，展示"达于道"的意义。

"大道"与"小数"对举，强调的仍然是"达于道"的重要性。

[注释]

[1]感：与外部事物接触。动：被触动。 [2]害："容"字之误。容，性动而外现。 [3]"物至而神应"二句：精神回应外物，心智就开始活动。物，外部事物。神，内在精神。 [4]"知与物接而好憎生焉"以下四句：人的认知能力与外物接触，就有了好恶的偏向，好恶固定了，心智再受到外物的引诱，不能返回本性，天赋的本性就泯灭了。己，这里指人的本性。 [5]"故达于道者"以下三句：懂得道的人，不会以人为取代天性，虽然外表与外物一起变化，内心却不失去真实的自己。情，实，这里指真实本性。 [6]"至无而供其求"二句：（达于道者像道一样）保持着完全的空虚，却能够满足一切要求，应对时变而迅速改变，却能够以道为归宿。至无，极度的虚无。时骋，应时而迅变。 [7]具：指万物各具相貌。 [8]"万物之至"二句：万物奔腾踊跃，似乎乱乱纷纷，其实有内在规律。肴，通"淆（xiáo）"，混乱。数，规律。 [9]罗：箩筐。 [10]钩箴：鱼钩。芒距：鱼钩的倒刺。 [11]微纶（lún）：纤细的渔线。 [12]詹何、娟嬛：传说中的善钓者。数：

技艺。 [13] 扞（hàn）：张开。乌号：木名，即桑柘。此木材质坚韧，所制之弓有弹劲。 [14] 弯：拉弓。棋卫：竹箭名。一说“棋”当作“淇”，是卫国盛产美竹之地。 [15] 重：加上。羿：古代神话中的神箭手。逄蒙子：传说是羿的弟子。 [16] 要：求。 [17] 罗：网罗。 [18] 矢：箭。缴（zhuó）：系在箭上便于收回的生丝绳。 [19] 无形之像：指无形的罗网。 [20] 大道：根本的道理。数：具体的方法。 [21] 蟾蠩（chú）：同“蟾蜍”。 [22] 塞：杜绝。 [23] 滋：增加。

昔者，夏鲧作三仞之城[1]，诸侯背之[2]，海外有狡心[3]。禹知天下之叛也[4]，乃坏城平池[5]，散财物，焚甲兵[6]，施之以德，海外宾伏[7]，四夷纳职[8]，合诸侯于涂山[9]，执玉帛者万国[10]。故机械之心藏于胸中[11]，则纯白不粹[12]，神德不全[13]。在身者不知[14]，何远之所能怀[15]？是故革坚则兵利[16]，城成则冲生[17]，若以汤沃沸[18]，乱乃逾甚。是故鞭噬狗、策蹄马而欲教之[19]，虽伊尹、造父弗能化[20]；欲害之心亡于中，则饥虎可尾[21]，何况狗马之类乎？故体道者逸而不穷[22]，任数者劳而无功。

这里的驯服狗马，实指对人的教化，所以以传说中的商代贤相伊尹与善于驾车的造父并说。

“体道者”和“任数者”对举，与“大道”和“小数”的对举是相应的。

[注释]

[1] 鲧（gǔn）：相传是禹的父亲，治水失败，被舜诛杀。仞：

古代的长度单位，八尺或七尺为一仞。 [2] 背：背叛。 [3] 狡心：狡诈之心。 [4] 叛：乱。 [5] 坏：拆毁。平：填平。 [6] 甲兵：铠甲和兵器。 [7] 宾伏：归顺臣服。 [8] 四夷：古代对中原华夏族之外各族的统称，按方位又分别称为东夷、西戎、南蛮、北狄，是带贬义的称谓。纳职：诸侯向天子进献地方特产，汇报当地情况，称纳职。 [9] 合：召集。涂山：在九江当涂县。 [10] 执玉帛者：带着玉器和丝帛作为礼品参加会盟的诸侯。万国：指参加会盟的诸侯众多。 [11] 机械之心：机巧计算之心。 [12] 纯白：没有疵斑的精白素丝。这里喻指内心纯粹。 [13] 神德不全：人的精神和本性不再完整。 [14] 在身者：自己本身所具有的。 [15] 怀：关心，安抚。 [16] 革：兽皮制成的甲胄。兵：兵器。 [17] 冲：冲撞城墙的战车。 [18] 汤：热水。这里指滚烫的水。沃（wò）：浇。沸：开水。 [19] 噬狗：咬人的狗。蹄马：踢人的烈马。蹄，通“踶（dì）”，踢。教：调教。 [20] 伊尹：商汤之臣，佐汤伐桀灭夏。造父：传说是西周时的善御者，为周穆王驾御，见西王母。 [21] 尾：尾随。 [22] 逸：从容。穷：走投无路。

夫峭法刻诛者[1]，非霸王之业也；棰策繁用者[2]，非致远之术也。离朱之明[3]，察箴末于百步之外[4]，不能见渊中之鱼；师旷之聪[5]，合八风之调[6]，而不能听十里之外。故任一人之能，不足以治三亩之宅也；修道里之数[7]，因天地之自然，则六合不足均也。是故禹之决渎也[8]，因水以为师[9]；神农之播谷也，因苗以为教[10]。

与“因”相对的，是“为”。《原道训》倡导“因”，反对“为”。

[注释]

[1] 峭法刻诛：严刑峻法。峭，高而陡，比喻严峻。 [2] 棰（chuí）策：马鞭。 [3] 离朱：传说是黄帝时人，视力特别好。明：视力好。 [4] 察：看见。 [5] 师旷：春秋时晋平公的乐师，听力超人，善辨音律。 [6] 合八风之调：指师旷能够协调不同的音调。合，和。八风，八音。 [7] “修道里之数”以下三句：遵循道的规律，顺从天地自然，就是安顿天地四方也绰绰有余。修，循。道里，道理。数，规律。六合，天地四方。均，相当。 [8] 禹：古史传说中的治水英雄。其父鲧用堵塞的方法治水失败，禹改用疏导的方法，获得成功。决：打开缺口，引导水流。渎：大河。 [9] 因水以为师：顺随水势下流的规律引导水流。 [10] 因苗以为教：按照禾苗的生长规律教人种庄稼。

夫萍树根于水，木树根于土。鸟排虚而飞[1]，兽跖实而走[2]，蛟龙水居，虎豹山处，天地之性也。两木相摩而然[3]，金火相守而流[4]，员者常转[5]，窾者主浮[6]，自然之势也。是故春风至则甘雨降，生育万物，羽者妪伏[7]，毛者孕育[8]，草木荣华，鸟兽卵胎[9]，莫见其为者，而功既成矣。秋风下霜[10]，倒生挫伤，鹰雕搏鸷[11]，昆虫蛰藏，草木注根[12]，鱼鳖凑渊[13]，莫见其为者，灭而无形[14]。木处榛巢[15]，水居窟穴，禽兽有芄[16]，人民有室，陆处宜牛马，舟行宜多水，匈奴出秽裘[17]，于越生葛絺[18]，各生所急，以备燥湿，各因所处，以御寒暑，并得其宜，物便其所。由此观之，万物固以自然，圣人又何事焉[19]！

“因”和“为”是两种不同的行为方式，“因”承认万物各有“自然”并强调顺应万物之自然，而“为”则可能妨碍万物的自然。

[注释]

[1] 排虚：凌空。虚，空。　[2] 跖（zhí）：踩。实：坚实的大地。走：奔跑。　[3] 摩：摩擦。然：“燃”的本字，燃烧。　[4] 金火相守而流：金属经火而融化成能够流动的液体。　[5] 员：同“圆”。　[6] 窾（kuǎn）：中空。　[7] 羽者：鸟类。妪（yǔ）伏：母鸟伏卵孵化。　[8] 毛者：兽类。孕育：怀胎产仔。　[9] 鸟兽卵胎：指鸟类卵生，兽类胎生。　[10] “秋风下霜”二句：秋风起，霜下降，草木就凋零了。倒生，草木。草木皆头朝下，故曰倒生。　[11] 搏鸷：指鹰、雕等猛禽相互搏击。鸷，凶猛。　[12] 注根：草叶枯黄，只有根保持生气。　[13] 鱼鳖凑渊：鱼鳖潜入深水过冬。　[14] 灭而无形：意思是使草木枯黄、鱼鳖深潜因而消失的力量是无形的。灭，消失。　[15] 木处：居住在树上。榛巢：架木成巢。　[16] 芄（wán）：“艽（qiú）”之误字。艽，鸟兽巢穴中的垫草。　[17] 匈奴：中国古代北方游牧民族。裘：皮衣。　[18] 于越：南方的吴国和越国。于，“干”之误字。葛絺（chī）：细葛布。　[19] 事：刻意做事。

九疑之南[1]，陆事寡而水事众，于是民人被发文身[2]，以像鳞虫[3]；短绻不绔[4]，以便涉游；短袂攘卷[5]，以便刺舟[6]，因之也。雁门之北[7]，狄不谷食[8]，贱长贵壮[9]，俗尚气力，人不弛本段以不同地区各有风俗和大禹顺应风俗的故事，为“因”的行为原则提供事例，结论是“达于道者，反于清净；究于物者，终于无为”。

弓[10]，马不解勒[11]，便之也。故禹之裸国[12]，解衣而入，衣带而出，因之也。今夫徙树者[13]，失其阴阳之性，则莫不枯槁。故橘树之江北[14]，则化而为枳，鸲鹆不过济[15]，貈渡汶而死[16]，形性不可易[17]，势居不可移也。是故达于道者，反于清净；究于物者[18]，终于无为[19]。

[注释]

[1] 九疑：山名，即“九疑山”，在今湖南宁远南。 [2] 被（pī）：披散。 [3] 以像鳞虫：模仿鱼的样子。 [4] 绻：读作“裈（kūn）”，有裆短裤。绔（kù）：同“裤”，这里指裤腿。 [5] 袂（mèi）：袖子。攘卷：捋起袖子。 [6] 刺舟：撑船。 [7] 雁门：山名，在今山西代县西北。 [8] 狄：古代北方少数民族的泛称。不谷食：不以谷物为主食。 [9] “贱长贵壮”二句：轻视年老体弱的人，看重年轻力壮的人，风俗是崇尚气力。 [10] 弛：放松弓弦。 [11] 勒：马络头。 [12] “故禹之裸国”以下三句：传说大禹去裸国，也脱了衣服进城，出城再穿上衣服，系好腰带。之，去往。衣、带，并做动词。 [13] 徙树：移植树木。 [14] 之：本义“去”，这里转义为“移植”。江：淮河。 [15] 鸲鹆（qú yù）：鸟名，俗称八哥。济：济水。 [16] 貈（hé）：同“貉”，形似狐狸而较小的动物。汶（wèn）：汶水，在鲁国境内。 [17] “形性不可易”二句：事物的形貌、本性不可改变，生活的环境也不能随意变换。形性，外在的形貌和内在的本性。势居，客观的居住条件和环境。 [18] 究：研究，转义为“真正懂得”。 [19] 终：归结。

以恬养性[1]，以漠处神，则入于天门。所谓天者[2]，纯粹朴素，质直皓白，未始有与杂糅者也。所谓人者，偶䁟智故[3]，曲巧伪诈，所以俯仰于世人而与俗交者也[4]。故牛岐蹄而戴角[5]，马被髦而全足者，天也；络马之口，穿牛之鼻者，人也。循天者，与道游者也；随人者，与俗交者也。夫井鱼不可与语大，拘于隘也；夏虫不可与语寒，笃于时也[6]；曲士不可与语至道[7]，拘于俗，束于教也。故圣人不以人滑天[8]，不以欲乱情，不谋而当，不言而信，不虑而得，不为而成，精通于灵府[9]，与造化者为人[10]。

井鱼、夏虫、曲士，都意味着狭隘，是《原道训》批评的对象。此段来自《庄子·秋水》中河伯与海若的对话，可参看。

“与造化者为人”与前文“（大丈夫）与造化者俱”同义。《俶真训》言“与造化者为人”，《本经训》言“与造化者相雌雄”，也是相同的意思。

[注释]

[1]“以恬养性”以下三句：以恬静涵养本性，以闲淡调理精神，就进入了“天”的门径。天门，自然的门径。 [2]“所谓天者”以下四句：所谓“天”，就是纯粹、朴素、正直、洁净，没有掺入杂质。 [3]偶䁟（chá）：通“隅差”，斜角。指偏邪不正。智故：巧诈。智就心机而言，故就目的而言。 [4]俯仰：顾倾周旋的样子。 [5]“故牛岐蹄而戴角”以下六句：牛蹄开裂头上长角，马有鬃毛蹄足完整，这是“天性”；给马套上笼头，给牛穿上鼻绳，则是“人为”。岐蹄，偶蹄，即蹄中间分开。岐，通“歧”，分岔。戴角，头上长角。被（pī），披。髦，马颈项上的长毛。 [6]笃于时：被时令局限。笃，局限。 [7]曲士：见识短

浅的读书人。 [8] 滑（gǔ）：乱。 [9] 精：精神，这里指圣人的精神。灵府：心。 [10] 与造化者为人：（圣人的精神）与造化万物的道相伴随。为人，相偶，相伴随。

夫善游者溺，善骑者堕，各以其所好，反自为祸。是故好事者未尝不中[1]，争利者未尝不穷也[2]。昔共工之力[3]，触不周之山[4]，使地东南倾，与高辛争为帝[5]，遂潜于渊[6]，宗族残灭[7]，继嗣绝祀。越王翳逃山穴[8]，越人熏而出之，遂不得已[9]。由此观之，得在时，不在争，治在道[10]，不在圣。土处下，不在高，故安而不危；水下流，不争先，故疾而不迟。昔舜耕于历山，期年而田者争处墝埆[11]，以封壤肥饶相让[12]；钓于河滨，期年而渔者争处湍濑[13]，以曲隈深潭相予[14]。当此之时，口不设言[15]，手不指麾[16]，执玄德于心[17]，而化驰若神[18]。使舜无其志，虽口辩而户说之[19]，不能化一人。是故不道之道[20]，莽乎大哉[21]！夫能理三苗[22]，朝羽民[23]，徙裸国[24]，纳肃慎[25]，未发号施令而移风易俗者[26]，其唯心行者乎[27]！法度刑罚何足以致之也[28]？

不道之道，指真正的大道。

法度刑罚相对于心行，指外力的强制，《原道训》认为法度刑罚不能造就良善社会。

[注释]

[1] 中（zhòng）：被外物伤害。　[2] 穷：走投无路。　[3] 共工：氏族名。神话传说中的水神。之力：任用武力。　[4] 触：以头撞击。不周之山：即不周山，在昆仑西北。　[5] 高辛：帝喾。古史中的五帝之一。争为帝：指共工与帝喾竞争“帝”的名号和地位。　[6] 潜于渊：指共工族远逃隐遁。　[7] “宗族残灭”二句：因为共工的宗族灭绝，所以也没有人祭祀祖先了。继嗣，后代。绝祀，祭祀断绝。　[8] 翳（yì）：越太子名。高诱注：“翳，越太子也，贤不欲为王，逃于山穴之中，越人以火熏出而立之。”越太子的故事又见于《庄子》和《吕氏春秋》。　[9] 遂不得已：最终不得不当了国君。已，止。　[10] 道：与下文“圣”的含义都很丰富，此处“道”“圣”相对，道指客观形势，圣指主观努力。　[11] 期（jī）年：一周年。田者：种田人。垮埆（qiāo què）：土地贫瘠。[12] 封：赐予的土地，转义为熟耕的肥土。[13] 湍濑（tuān lài）：激流。　[14] 隈（wēi）：山水弯曲处。相予：互相让给对方。　[15] 设言：发表言论。　[16] 指麾（huī）：指挥。　[17] 玄德：内在的美好品质。[18] 化驰若神：指感化的效果神速。化，感化。驰，马飞奔。　[19] 户说（shuì）之：挨家挨户劝说。说，劝说。　[20] 不道之道：不靠嘴说的道。　[21] 莽：宽广。　[22] 理三苗：治理三苗。三苗，古代部落名，曾经叛舜，后又臣服于舜。[23] 朝：使前来朝拜。羽民：古代传说中的国名。　[24] 徙：迁移，这里指感化。　[25] 纳：入贡。肃慎：古族名。　[26] 发号施令：底本作“发号施生”，据道藏本改。　[27] 心行：以内德感化他人。　[28] 致：达到。

是故圣人内修其本[1]，而不外饰其末。保其精神，偃其智故[2]，漠然无为而无不为也，澹然无治而无不治也。所谓无为者，不先物为也；所谓无不为者，因物之所为[3]。所谓无治者，不易自然也[4]；所谓无不治者，因物之相然也[5]。万物有所生[6]，而独知守其根；百事有所出，而独知守其门。故穷无穷，极无极，照物而不眩[7]，响应而不乏[8]，此之谓天解[9]。

[注释]

[1] 本：与下文的“末”原指树干和树梢，这里指根本道理和具体方法，即前文的“大道”和“小数”。 [2] 偃：停息。 [3] 因物之所为：顺从外物自身的作为。 [4] 不易自然：不改变事物自身的属性。易，改变。 [5] 因物之相然：顺从事物自身的样子。然，适宜。 [6]“万物有所生”以下四句：万物都有产生的根源，只有圣人能够抓住根本；各种事情都有发生的原因，只有圣人能够把握关键。所生，指万物产生的原因。所出，指事情发生的原因。 [7] 照物：观看事物。眩（xuàn）：迷惑。 [8] 响应：回应声响。 [9] 天解：通晓大道。

故得道者，志弱而事强[1]，心虚而应当[2]。所谓志弱而事强者[3]，柔毳安静，藏于不敢，行于不能，恬然无虑，动不失时，与万物回周旋转，不为先唱，感而应之。是故贵者必以贱为号[4]，而高者必以下为基。托小以包大[5]，在中以制外：行柔而刚[6]，用弱而强，转化推移，得一之道而以少正多[7]。所谓其事强者[8]，遭变应卒，排患扞难，力无不胜，敌无不凌，应化揆时，莫能害之。是故欲刚者必以柔守之，欲强者必以弱保之。积于柔则刚，积于弱则强，观其所积，以知祸福之乡[9]。强胜不若己者，至于若己者而同；柔胜出于己者[10]，其力不可量。故兵强则灭，木强则折，革固则裂[11]，齿坚于舌而先之敝[12]，是故柔弱者生之干也[13]，而坚强者死之徒也[14]。

这里表达了老子柔弱胜刚强的思想。

[注释]

[1]志弱：心志柔韧。事：用作动词，指处理事务。 [2]心虚：不存成见。应当：回应准确。 [3]“所谓志弱而事强者”以下九句：所谓志向柔弱，就是像鸟兽新生的细毛那样柔软安静，以不敢采取行动的姿态隐藏自身，以不能有所作为的态度为人处事，恬淡而不思虑，举动不失时宜，与万物周旋，不倡导什么，只是感受并且回应。而事强，宋本、道藏本无此三字。柔毳（cuì），柔弱。毳，鸟兽的细毛。安静，无所作为。唱，倡导。 [4]贵者必以贱为号：古时候王多自称孤、寡、不穀，认为尊贵者一定要用卑贱的名称。 [5]“托小以包大”二句：寄居小处，包容大物，以内在精神把握外在事物。托，寄居。中，内心。 [6]“行柔而刚”以下三句：行为柔和但蕴含坚硬，方式柔弱却不失刚强，刚柔强弱不断转化。 [7]得一之道：获得把握整体的道理。一，整全。而：通“能”，能够。正：统帅。 [8]“所谓其事强者”以下七句：所谓处事果断，是指在遭到突发事变、应对意外事件，需

要排除灾祸、抵御危难的时候，拥有取胜的力量，具有压制的优势，能够根据具体情况应对时局变化，这样就没有什么能够伤害自己了。卒，仓猝，这里指突发事变。扞，同“捍”，抵御。揆（kuí）时，审时度势。揆，度（duó）。 [9] 乡：处所。 [10] 出于己：超过自己。 [11] 革固：皮革干硬。 [12] 之敝：坏掉。之，去往。 [13] 干：草木的主干，泛指根本。 [14] 徒：同类。

蘧伯玉的故事出自《庄子·则阳》，《原道训》用来表达“后比先更有优势”的思想，不同于《庄子》“今是昨非”的寓义。

先唱者穷之路也，后动者达之原也[1]。何以知其然也？凡人中寿七十岁[2]，然而趋舍指凑，日以月悔也，以至于死。故蘧伯玉年五十而有四十九年非[3]。何者？先者难为知[4]，而后者易为攻也。先者上高，则后者攀之；先者逾下[5]，则后者蹶之[6]；先者隤陷[7]，则后者以谋；先者败绩[8]，则后者违之[9]。由此观之，先者则后者之弓矢质的也[10]。犹錞之与刃[11]，刃犯难而錞无患者[12]，何也？以其托于后位也。此俗世庸民之所公见也[13]，而贤知者弗能避也[14]。

[注释]

[1] 原：出发点。 [2] “凡人中寿七十岁”以下四句：人的中等寿命大概七十岁，然而在人生的追求和舍弃等问题上，人总是不断后悔，一直到死都是这样。指凑，行止。 [3] 蘧伯玉：春秋

时卫国人，当时著名的贤大夫。 [4]“先者难为知”二句：率先很难了解情况，跟在后面却容易取得成效。攻，读为“功”，功效。 [5] 逾（yú）：越过。 [6] 蹍（zhǎn）：踏。 [7] 隤（tuí）陷：落入陷阱。隤，跌倒。陷，捕捉野兽的陷阱。 [8] 败绩：失败。 [9] 违之：避免先者的失败。 [10] 先者则后者之弓矢质的也：先行者是后随者的弓箭和靶子。弓矢，弓箭，喻手段。质的，箭靶，喻目标。 [11] 錞（duì）：矛戟柄末的金属套。 [12] 刃犯难而錞无患：位置在前的刀刃才需要发挥砍杀的功能，因此会被砍坏，而刀把末端的套子没有危险。犯，遭遇。 [13] 庸民：普通人。公见：共见。 [14] 避：回避，指不能不承认大家都懂道理。

所谓后者[1]，非谓其底滞而不发，凝结而不流，贵其周于数而合于时也。夫执道理以耦变[2]，先亦制后，后亦制先。是何则？不失其所以制人[3]，人不能制也。时之反侧[4]，间不容息[5]，先之则太过，后之则不逮[6]。夫日回而月周[7]，时不与人游，故圣人不贵尺之璧，而重寸之阴[8]，时难得而易失也。禹之趋时也[9]，履遗而弗取[10]，冠挂而弗顾，非争其先也，而争其得时也。是故圣人守清道而抱雌节[11]，因循应变，常后而不先。柔弱以静，舒安以定，攻大礳坚[12]，莫能与之争。

[注释]

[1]“所谓后者”以下四句：所谓后，并不是停止不动，凝固不流，后的可贵在于符合道理又把握了时机。底滞，停滞。发，活动。周，合。数，道理。时，时机。 [2] 耦变：应对变化。耦，合。 [3]“不失其所以制人”二句：不丧失制约他人的条件，他人就不能控制自己。 [4] 反侧：翻身。 [5] 间：间隔。息：一呼一吸为息。皆形容时间短暂。 [6] 逮：及。 [7]“夫日回而月周”二句：时间自有周期，并不迁就人的活动。日回，每天一个来回。月周，每月一个周期。 [8] 阴：光阴，引申为时间。 [9] 趋时：抢时间。 [10] 履（lǚ）：鞋。 [11] 清道：清净之道。雌节：守柔的行为方式。 [12] 礲坚：碾碎坚硬的东西。礲，同“磨”。

这一段的字面含义是描述水之德，实际上是以水德的“大包群生”，隐喻君德的“富赡天下”和“德施百姓”。

天下之物，莫柔弱于水，然而大不可极，深不可测，修极于无穷[1]，远沦于无涯[2]，息耗减益[3]，通于不訾，上天则为雨露，下地则为润泽，万物弗得不生，百事不得不成，大包群生而无好憎[4]，泽及跂蛲而不求报[5]，富赡天下而不既[6]，德施百姓而不费[7]，行而不可得穷极也，微而不可得把握也，击之无创，刺之不伤，斩之不断，焚之不然[8]，淖溺流遁[9]，错缪相纷[10]，而不可靡散[11]，利贯金石，强济天下，动溶无形之域[12]，而翱翔忽区之上[13]，邅回川谷之间[14]，而滔腾大荒之野[15]，有余不足与天地取与[16]，授万物而无所前后，是故无所私而无所公，靡滥振荡[17]，与天地鸿洞[18]，无所左而无所右，蟠委错紾[19]，与万物始终，是谓至德。夫水所以能成其至德于天下者，以其淖溺润滑也。故老聃之言曰："天下至柔[20]，驰骋天下之至坚。出于无有，入于无间，吾是以知无为之有益。"夫无形者物之大祖也[21]，无音者声之大宗也。其子为光，其孙为水，皆生于无形乎！夫光可见而不可握，水可循而不可毁，故有像之类莫尊于水。出生入死[22]，自无蹠有[23]，自有蹠无，而以衰贱矣[24]。

[注释]

[1] 修：远。这里指水流长远。 [2] 沦：没。 [3]"息耗减益"二句：(水的)上涨、下降、增加、减少，都会达到不可计量的程度。息，繁殖，这里指水的增加。耗，消耗。訾(zī)，估量。 [4] 大包群生：普惠所有生物。 [5] 跂蛲(náo)：爬虫。跂，通"蚑(qí)"，爬行。蛲，人体内的一种寄生虫。 [6] 赡：供给财物。既：尽。 [7] 费：支付钱财。 [8] 然：通"燃"。 [9] 淖(nào)溺：柔软。流遁：流向远方。 [10] 错缪相纷：水流飞溅的样子。 [11] 靡(mí)散：消散。 [12] 动溶：摇荡。无形之域：指太空。 [13] 翱翔：原指鸟飞，这里形容水汽在忽兮恍兮的无形区域浮动。忽区：忽兮恍兮的区域。 [14] 邅(zhān)回：回转。指水流在川谷之间迂回流转。 [15] 滔腾大荒之野：描写洪水泛滥，奔流原野之上。 [16] 有余不足与天地取与：水多了

就返还天地，不足了从天地取得。 [17] 靡滥振荡：水流滔滔的样子。 [18] 鸿洞：漫无涯际。 [19] 蟠委错紾（zhěn）：缠绞的样子。 [20]“天下至柔”以下五句：语见《老子》第四十三章。 [21]“夫无形者物之大祖也”以下八句：无形的，才是万物的源头；无音的，才是声响的宗主。它们的儿子是光，孙子是水，都产生于无形！光看得见，但是不能攥住，水可以因循，但是不能切割。所以，有形体的事物，没有比水更尊贵的了。其子为光，其孙为水，指光、水更接近有形有音。有像之类，有形象可以视见的东西。 [22] 出生：从母体产出，即自无跖有。入死：生物死而消散，复归元气，即自有跖无。 [23] 跖：往。 [24] 以衰贱：以衰为贱。

是故清静者德之至也[1]，而柔弱者道之要也，虚无恬愉者万物之用也。肃然应感[2]，殷然反本，则沦于无形矣。所谓无形者，一之谓也。所谓一者，无匹合于天下者也[3]。卓然独立，块然独处，上通九天[4]，下贯九野[5]，员不中规[6]，方不中矩[7]，大浑而为一[8]，叶累而无根[9]，怀囊天地[10]，为道关门[11]，穆忞隐闵[12]，纯德独存，布施而不既[13]，用之而不勤[14]。是故视之不见其形，听之不闻其声，循之不得其身，无形而有形生焉[15]，无声而五音鸣焉，无味而五味形焉[16]，无色而五色成焉[17]。是故有生于无，

这里关于无形、无声、无味、无色的论说，是道家“无中生有”的具体表达。道家认为任何表现为“有”的物像，都以“无”为根据。

实出于虚，天下为之圈[18]，则名实同居。音之数不过五，而五音之变不可胜听也；味之和不过五，而五味之化不可胜尝也；色之数不过五，而五色之变不可胜观也[19]。故音者，宫立而五音形矣[20]；味者，甘立而五味亭矣[21]；色者，白立而五色成矣；道者，一立而万物生矣。

[注释]

[1]“是故清静者德之至也”以下三句：清静是最高的德，柔弱是道的关键，虚无恬愉是万物的存在方式。用，应用，指万物以虚无恬愉的方式存在。 [2]“肃然应感”以下三句：认真回应外物的影响，切实复归自身的本性，这样就混同于无形之中了。肃然，严肃的样子。应感，对外物的触动做出反应。殷然，饱满的样子。反本，返回根本。反，同“返”。沦，沉入。 [3]匹合：配对。 [4]九天：古称天有九重，这里泛指天空。 [5]九野：指中央及四方四隅，泛指大地。 [6]员：同“圆”。规：圆规，这里指标准圆。 [7]矩：画方形的曲尺，这里指标准方形。 [8]浑：混同。为一：成为一个整体。 [9]叶累：枝叶繁茂。无根：指成就枝叶繁茂的深根并非可以眼见。高诱注：“言微妙也。” [10]怀囊：怀抱。囊，装物的袋子，这里用作动词，指把天地揽入怀中，就像装进袋子一样。 [11]为道关门：是与道相通的关口和门径。 [12]穆忞隐闵：高诱注：“皆无形之类。” [13]既：终了。 [14]勤：枯竭。 [15]“无形而有形生焉”二句：（道）没有形状，但是有形的东西由此产生，（道）没有声音，但是有声的东西由此产生。五音，古以宫、商、角、徵

（zhǐ）、羽为五声。 [16] 五味：酸、甜、苦、辣、咸五种味道。形：形成。 [17] 五色：青、红、黄、白、黑五种颜色。成：成为真实。 [18]“天下为之圈”二句：天下是一个整体，就会有一致的标准，事物（实）与事物的表达（名）之间就是匹配的，不会因为立场不同、看法不一而造成名实之间的混乱。圈，整体。同居，相称。 [19] 胜（shēng）观：尽观。胜，尽。 [20] 宫立而五音形矣：古人认为宫声为五音之主，其他音调都要参照宫声来定音。下句论“味”“色”，是同样的原理。 [21] 亭：定。

至人是道家政治理想的人格体现。

“放准循绳”与“一度循轨”同义，皆强调遵循客观标准，放弃一己偏私。

是故一之理[1]，施四海；一之解，际天地。其全也，纯兮若朴[2]；其散也[3]，混兮若浊。浊而徐清，冲而徐盈[4]，澹兮其若深渊[5]，泛兮其若浮云[6]，若无而有，若亡而存。万物之总[7]，皆阅一孔；百事之根，皆出一门。其动无形，变化若神；其行无迹，常后而先。是故至人之治也，掩其聪明[8]，灭其文章[9]，依道废智[10]，与民同出于公。约其所守[11]，寡其所求，去其诱慕[12]，除其嗜欲[13]，损其思虑。约其所守则察，寡其所求则得。夫任耳目以听视者，劳形而不明；以知虑为治者[14]，苦心而无功。是故圣人一度循轨[15]，不变其宜，不易其常，故准循绳[16]，曲因其当[17]。

[注释]

[1]“是故一之理”以下四句：“一”的原理，可以应用到四海之外；“一”的解释，可以适用于天地之内。解，解释。际，达到。 [2]朴：未砍凿的原木，故称为全。 [3]散：分散。但“混兮若浊”强调了分而不散的状态。 [4]冲：虚。 [5]澹（dàn）：恬静。 [6]泛：漂浮。 [7]“万物之总”以下四句：万物聚合到一个中心，百事出于一个门径。总，聚合。阅，汇集。孔，洞，这里指一个中心。门，门径。 [8]聪：听觉。明：视觉。指向外求知的取向。 [9]文章：错综华美的花纹。青赤相配为文，赤白相配为章。这里指过度繁华，例如令人目盲的五色之类。 [10]“依道废智”二句：依据大道而行，绝不玩弄心机，与人民一起走正路。 [11]约：简化。 [12]诱慕：被外物引诱而追逐不止。 [13]嗜欲：内在的欲望。 [14]知：通“智”。 [15]一度：统一标准。循轨：遵循制度。“轨”原指两轮之间的距离。古代车轨有定制，故引申指法则、制度。 [16]故：当作“放”，形近而误。放，仿。准：测量平面的量器。绳：木匠用来取直的墨线。 [17]曲因其当：完全按照规矩办事。曲，周遍。

夫喜怒者[1]，道之邪也；忧悲者，德之失也；好憎者，心之过也；嗜欲者，性之累也。人大怒破阴[2]，大喜坠阳，薄气发瘖，惊怖为狂，忧悲多恚，病乃成积，好憎繁多，祸乃相随。故心不忧乐，德之至也；通而不变，静之至也；嗜欲不载[3]，虚之至也；无所好憎，平之至也；不与物散，粹之至也。能此五者，则通于神明[4]。通于神明者[5]，得其内者也。

古人认为愤怒的情感属于阴，喜悦的情感属于阳。阴阳平衡相交是良好状态，身体因此健康。但是，过度的愤怒和喜悦使阴气上扬，阳气下坠，造成阴阳不相交不平衡，因此损害身体健康。

[注释]

[1]“夫喜怒者”以下八句：喜悦愤怒的感情，是对道的偏离；忧伤悲恸的感情，是对德的损害；爱好憎恶的感情，是心灵的过失；偏好贪恋的情感，是本性的负担。邪，偏。累，负担。 [2]“人大怒破阴”以下八句：人过于愤怒，会破坏阴气，过于喜悦，会损伤阳气，被过度的气息逼迫，人会说不出话，甚至惊恐发狂。忧愁悲伤，经常发怒，疾病便积累起来了。好恶（wù）太多，灾祸就跟来了。破阴，耗费阴气。坠阳，阳气下坠。薄气，对身体造成压迫的阴阳之气。薄，迫。瘖（yīn），同“喑”，嗓子哑。恚（huì），恨，怒。 [3] 载：拥有。 [4] 神明：精神爽朗而清明的状态。 [5]“通于神明者”二句：精神爽朗而清醒明白的人，是能够把握内心的人。

是故以中制外[1]，百事不废；中能得之，则外能收之[2]。中之得则五藏宁[3]，思虑平，筋力劲强，耳目聪明，疏达而不悖[4]，坚强而不鞼[5]，无所大过[6]，而无所不逮[7]，处小而不逼，处大而不窕[8]，其魂不躁，其神不娆[9]，湫漻寂寞[10]，为天下枭[11]。大道坦坦，去身不远，求之近者[12]，往而复反。迫则能应[13]，感则能动，物穆无穷[14]，变无形像，优游委纵[15]，如响之与景[16]，登高临下，无失所秉[17]，履危行险，无忘玄伏[18]。能存之此[19]，其德不亏[20]，万物纷糅，与之转化，以听天下，若背风而驰[21]，是谓至德。至德则乐矣。古之人有居岩穴而神不遗者[22]，末世有势为万乘而日忧悲者[23]。由此观之，圣亡乎治人而在于得道[24]；乐亡乎富贵而在于德和。知大己而小天下，则几于道矣。

对举“古之人”与“末世”，表现了《淮南子》古今对比的言说模式。

本节以“中”“外”相对，强调“圣”不是向外治理他人，而是内心明了道理，而能够懂得“大己而小天下，则几于道矣”。这种“内圣”的思想来自庄子。

[注释]

[1]中：内心。外：外在事物。　[2]收：取。　[3]中之得则五藏宁：内心平和，五脏就安宁。五藏，心、肝、脾、肺、肾。藏，内脏，后作“脏”。　[4]疏达：心胸开阔。悖：乱。　[5]䫥（guì）：折断。　[6]大：太。　[7]逮：及。　[8]窕（tiǎo）：有间隙。　[9]娆（rǎo）：烦忧。　[10]湫漻（qiū liáo）：潭水清澈，这里比喻人的气质清朗。　[11]枭：雄杰。　[12]求之近者：指反身自省。　[13]“迫则能应”二句：当作“感则能应，迫则能动”。迫，逼近。　[14]“物穆无穷”二句：深微而没有穷尽，变幻却没有形象。物穆，当作“沕（wù）穆”，深微的样子。　[15]优游：悠然自得。委纵：任意而行。　[16]响之与景：回声呼应声音，影子跟随形体。响，回声。景，影子。　[17]所秉：指道。秉，持。　[18]玄伏：微妙地隐藏。这里指道。　[19]存：保持。　[20]亏：损失。　[21]背风而驰：顺风奔跑。意思是借助风力，使奔跑变得容易且快速。背风，背向风，即顺风。　[22]神：精神。遗：丧失。　[23]万乘：一万辆兵车。万乘是天子拥有兵车的规模，故万乘指代天子。　[24]亡：不。

所谓乐者，岂必处京台、章华[1]，游云梦、沙丘[2]，耳听《九韶》《六莹》[3]，口味煎熬芬芳[4]，驰骋夷道[5]，钓射鹔鹴之谓乐乎[6]？吾所谓乐者，人得其得者也。夫得其得者，不以奢为乐，不以廉为悲[7]，与阴俱闭[8]，与阳俱开。故子夏心战而臞[9]，得道而肥。圣人不以身役物[10]，不以欲滑和[11]。是故其为欢不忻忻[12]，其为悲不惙惙[13]。万方百变[14]，消摇而无所定，吾独慷慨遗物，而与道同出。是故有以自得之也，乔木之下，空穴之中，足以适情[15]；无以自得也，虽以天下为家，万民为臣妾，不足以养生也。能至于无乐者[16]，则无不乐，无不乐则至极乐矣。

按照汉代的阴阳观念，阴主闭藏，阳主开放。

子夏的故事参见本书《精神训》："子夏见曾子，一臞一肥，曾子问其故，曰：'出见富贵之乐而欲之，入见先王之道又说之，两者心战，故臞；先王之道胜，故肥。'"

[注释]

[1] 京台、章华：皆楚国高台。 [2] 云梦：古代楚地的大泽，是楚王游猎的主要场所。沙丘：楚国的一座高山。一说是纣的宫台。 [3]《九韶》：古乐名，相传为舜所作。《六莹》：相传是颛顼时的乐曲。 [4] 味：品尝。煎熬芬芳：指精心烹调的美味食品。煎熬，皆烹调方法。 [5] 夷：平坦。 [6] 鹔鹴（sù shuāng）：一种水鸟，羽毛可以制裘。 [7] 廉：俭朴。 [8]"与阴俱闭"二句：随同阴气闭合，随同阳气开放。 [9] 子夏：孔子弟子，姓卜名商。心战：内心冲突。臞（qú）：瘦。 [10] 役物：被物役使。 [11] 滑（gǔ）和：搅乱内心平静。滑，乱。 [12] 忻（xīn）忻：得意忘

形的样子。　[13] 惙（chuò）惙：忧愁失意的样子。　[14]“万方百变”以下四句：各种事物千变万化，动荡而难以确定，我独能毅然抛开外物，与道同行。方，类。消摇，动荡不定。遗物，放弃外物，指不受外物限制。　[15] 适情：心情舒适。　[16]“能至于无乐者”以下三句：能够不在乎世俗乐趣的人，就能够无所不乐，能够无所不乐，就达到了最大的快乐。无乐，此乐，指世俗的乐趣。无不乐，此乐，指内心的愉悦。

夫建钟鼓[1]，列管弦[2]，席旃茵[3]，傅旄象[4]，耳听朝歌北鄙靡靡之乐[5]，齐靡曼之色[6]，陈酒行觞[7]，夜以继日，强弩弋高鸟[8]，走犬逐狡兔[9]，此其为乐也，炎炎赫赫[10]，怵然若有所诱慕[11]。解车休马[12]，罢酒彻乐，而心忽然若有所丧，怅然若有所亡也。是何则？不以内乐外，而以外乐内，乐作而喜，曲终而悲，悲喜转而相生，精神乱营[13]，不得须臾平。察其所以不得其形[14]，而日以伤生，失其得者也。是故内不得于中[15]，禀授于外而以自饰也，不浸于肌肤，不浃于骨髓，不留于心志，不滞于五藏，故从外入者[16]，无主于中不止；从中出者，无应于外不行。

[注释]

[1] 建：设置。钟鼓：编钟和皮鼓，古代贵族使用的乐器。 [2] 列：排列。管：管乐，如箫、笛之类。弦：弦乐，如琴、瑟之类。 [3] 席：铺设。旃（zhān）茵：毛织坐垫。旃，通“毡”。 [4] 傅旄（máo）象：用旄牛尾巴和象牙来装饰旗杆。傅，加上。旄，旄牛尾。古代挂旄牛尾于旗杆顶部，作为装饰。 [5] 朝歌：商朝都城，在今河南淇县。鄙：郊外。靡靡之乐：轻柔放荡的乐曲。 [6] 齐：排列。靡曼：柔美。色：女色。 [7] 陈：陈列。行觞：依次敬酒。觞，酒杯。 [8] 弩：古代用机械发射的弓。弋（yì）：用绳系箭而射，可以收回箭支。 [9] 走犬：善于奔跑的猎狗。 [10] 炎炎赫赫：盛大热闹的场面。 [11] 怵（xù）然若有所诱慕：被引诱着去追逐外物。怵，诱惑。 [12] “解车休马”以下四句：一旦车辆歇下来，马匹休息了，酒宴结束，乐舞撤去，心里就空荡荡的，好像少了什么，迷迷茫茫，好像丢了什么。彻，撤除。 [13] “精神乱营”二句：精神混乱，没有片刻宁静。营，通“荧”，迷惑。须臾，片刻。 [14] “察其所以不得其形”以下三句：考察他们不能理解乐的含义的原因，是因为他们每天都在损害本性，丧失了应该保持的东西。形，外现的样子，这里指乐的含义。 [15] “是故内不得于中”以下六句：内心没有持守，只凭外物来修饰自己，而外在的修饰不能滋润皮肤，不能渗透骨髓，不能保留于心中，不能停留于五脏。浸，浸润。浃（jiā），浸透。滞，停留。 [16] “故从外入者”以下四句：外物的影响如果不能在内心发生作用，便不能留存下来；内心的想法如果不能与外物呼应，便不能推行。主于中，内心有定见。止，保存。

故听善言便计[1]，虽愚者知说之[2]；称至德高行[3]，虽不肖者知慕之[4]。说之者众而用之者鲜，慕之者多而行之者寡。所以然者，何也？不能反诸性也[5]。夫内不开于中而强学问者[6]，不入于耳而不著于心。此何以异于聋者之歌也，效人为之而无以自乐也，声出于口则越而散矣[7]。夫心者，五藏之主也，所以制使四支[8]，流行血气，驰骋于是非之境，而出入于百事之门户者也[9]。是故不得于心而有经天下之气[10]，是犹无耳而欲调钟鼓，无目而欲喜文章也，亦必不胜其任矣。

《原道训》以“中”“外”相对而重视“中”，所以强调“心”的主宰作用。

[注释]

[1]善言：好话。便计：有效的主意。 [2]说（yuè）：通“悦”。 [3]称：称誉。 [4]不肖者：原义是外貌不像父母，转义为品行不端。 [5]反诸性：回到自己的本性。 [6]“夫内不开于中而强学问者”二句：内心不敞开，勉强去学习，耳朵听不进，心里也记不住。不开于中，内心不开窍。 [7]越：消散。 [8]制使：控制和支配。四支：四肢。支，同“肢”。 [9]百事之门户：各种事务的不同领域。 [10]“是故不得于心而有经天下之气”以下四句：心中没有持守，却有治理天下的气概，就像没有耳朵却想为钟鼓调音，没有眼睛却喜爱斑斓色彩，必定不能胜任。经，经营，治理。气，气概。

故天下神器[1]，不可为也，为者败之，执者失之。夫许由小天下而不以己易尧者[2]，志遗于天下也[3]。所以然者，何也？因天下而为天下

根据《庄子·逍遥游》的描写，尧请许由代替他掌管天下，许由拒绝了。

也[4]。天下之要，不在于彼而在于我，不在于人而在于我身，身得则万物备矣。彻于心术之论[5]，则嗜欲好憎外矣[6]。是故无所喜而无所怒[7]，无所乐而无所苦，万物玄同也。无非无是，化育玄耀，生而如死。夫天下者亦吾有也，吾亦天下之有也，天下之与我，岂有间哉[8]！夫有天下者，岂必摄权持势[9]，操杀生之柄，而以行其号令邪？吾所谓有天下者，非谓此也，自得而已。自得，则天下亦得我矣。吾与天下相得[10]，则常相有已，又焉有不得容其间者乎？所谓自得者[11]，全其身者也。全其身，则与道为一矣。

[注释]

[1] 神器：伟大而神奇的东西，喻指拥有天下的中央政权。 [2] 许由：传说中的高尚隐士。以己易尧：取代尧的位置。 [3] 志遗于天下：志向不是掌控天下。 [4] 因天下而为天下也：许由以顺随天下的方式来成就天下。 [5] 彻：通透。心术之论：关于精神世界的各种探讨。 [6] 外：不在考虑之列。 [7]"是故无所喜而无所怒"以下六句：没有喜欢的，也就没有值得发怒的，没有喜欢的，也就没有值得痛苦的，万物都没有分别。没有错也没有对，万物的化育体现了道的玄妙，它们的生死没有什么不同。玄同，指万物混同的玄妙状态。玄耀，指道化育万物的玄妙功能。 [8] 间：隔阂。 [9] 摄：取。 [10]"吾与天下相得"以下三句：我与天下和睦，就永远相互拥有，又何愁不能容身于

天下呢？相有，相互拥有。已，矣。 [11]“所谓自得者”以下四句：所谓自得，就是保全自身，保全自身，就与道一致了。

故虽游于江浔海裔[1]，驰要袅[2]，建翠盖[3]，目观《掉羽》《武象》之乐[4]，耳听《滔朗》《奇丽》《激抮》之音[5]，扬郑卫之浩乐[6]，结《激楚》之遗风[7]，射沼滨之高鸟[8]，逐苑囿之走兽[9]，此齐民之所以淫泆流湎[10]，圣人处之，不足以营其精神[11]，乱其气志，使心怵然失其情性[12]。处穷僻之乡，侧溪谷之间，隐于榛薄之中[13]，环堵之室[14]，茨之以生茅[15]，蓬户瓮牖[16]，揉桑为枢[17]，上漏下湿，润浸北房，雪霜滖灖[18]，浸潭苽蒋[19]，逍遥于广泽之中，而仿洋于山峡之旁[20]，此齐民之所为形植黎累忧悲而不得志也[21]，圣人处之[22]，不为愁悴怨怼而不失其所以自乐也。是何也？则内有以通于天机[23]，而不以贵贱贫富劳逸失其志德者也。故夫乌之哑哑[24]，鹊之唶唶，岂尝为寒暑燥湿变其声哉！

[注释]

[1] 浔（xún）：水边。裔：边远的地方。 [2] 要袅（niǎo）：马

名，日行千里。[3]翠盖：用翠鸟羽毛装饰的华丽车盖。[4]《掉羽》《武象》：皆乐舞名。[5]《滔朗》《奇丽》《激抮》：皆乐曲名。也指雄浑、明朗、激昂的声音。[6]郑卫之浩乐：郑、卫地区的俗乐。[7]结：聚集。《激楚》：乐曲名。[8]沼滨：池塘边。[9]苑囿：古代放养禽兽以供狩猎的园林。[10]齐民：平民。淫泆流湎：沉溺放纵。[11]营：惑乱。[12]怵然：紧张害怕的样子。[13]隐：不为人知。榛薄：丛生的稀疏草木。[14]环堵之室：四面皆长高各一丈，形容居室狭小。堵，长高各一丈的墙。[15]茨：用茅或者苇盖房子。生茅：刚刚割下来的茅草。[16]蓬户：用草编成的门。瓮牖：用破瓦罐当窗户。[17]揉桑为枢：把桑条揉软，捆扎门扇，代替门臼。枢，门的转轴或承重之臼。[18]滚瀰（suī mǐ）：雪霜满地。[19]浸潭苽蒋（gū jiāng）：潮湿的地方生长茭白。浸潭，潮湿。苽蒋，茭白。苽，同"菰"，俗称茭白。蒋，即"菰"。[20]仿洋：徜徉。[21]形植黎累：相貌黑瘦。形植，人站立的样子，转义为人的形体。黎，黑。累，通"羸"，羸弱。[22]"圣人处之"二句：圣人不会因为环境恶劣而忧愁怨恨，不会失去内心的和乐。愁悴（cuì），忧愁憔悴。怨怼（duì），怨恨。[23]"则内有以通于天机"二句：（圣人的）内心能够领会造化的奥秘，不会因为贵贱贫富辛劳闲适而丧失自己的志向和品德。天机，造化的奥秘。志德，内在的意志和德性。[24]哑哑：与下文"唶（jí）唶"皆鸟鸣声。

是故夫得道已定[1]，而不待万物之推移也，非以一时之变化而定吾所以自得也。吾所谓得者[2]，性命之情处其所安也。夫性命者[3]，与形俱出其宗，形备而性命成，性命成而好憎生矣。

故士有一定之论[4]，女有不易之行，规矩不能方圆，钩绳不能曲直[5]，天地之永[6]，登丘不可为修[7]，居卑不可为短[8]。是故得道者，穷而不慑[9]，达而不荣[10]，处高而不机[11]，持盈而不倾[12]，新而不朗[13]，久而不渝[14]，入火不焦，入水不濡[15]。是故不待势而尊，不待财而富，不待力而强，平虚下流[16]，与化翱翔[17]。若然者，藏金于山[18]，藏珠于渊，不利货财，不贪势名。是故不以康为乐[19]，不以慊为悲[20]，不以贵为安，不以贱为危，形神气志[21]，各居其宜，以随天地之所为。

规矩钩绳指客观标准，而男子的“一定之论”和女子的“不易之行”被认为是出于性命，不是来自外在规范的塑造。

丘之高，卑之低，是相对而言的，若以天地的高远恒久为参照，则丘卑的高低，都失去了意义。

[注释]

[1]“是故夫得道已定”以下三句：真正领悟了道，就不再受万物态势的影响，也不会按照一时的变化来确定自得的标准。万物之推移，万物的相互影响和作用。　[2]“吾所谓得者”二句：我所谓的“得”，指本真的性命处于安适状态。性命之情，生命的内在本质。　[3]“夫性命者”以下四句：性命与形体出自同一个本源，形体具备了，性命就形成了，性命形成了，喜好和憎恶的感情就产生了。宗，根本，这里指道。　[4]士：男子。一定之论：与下文“不易之行”皆指不变的准则。　[5]钩：画曲线的工具。绳：弹直线的墨绳。　[6]永：久长。　[7]登丘：登上小土山。　[8]居卑：站在低洼处。　[9]穷：走投无路。慑：恐

惧。 [10] 达：功成名就。 [11] 机：通“几”，危殆。 [12] 盈：满。倾：倒。 [13] 朗：鲜亮。 [14] 渝：变污。 [15] 濡（rú）：湿。 [16] 下流：《四库全书》本作“不流”，四库义胜。平虚强调无高低、无阻塞，与下流之义不合。 [17] 与化翱翔：指与造化一起遨游。 [18]“藏金于山”二句：金出于山，珠来自渊，藏则让它们留在原处，不占有它们。意思是不占有财物。 [19] 康：安宁。 [20] 慊（qiǎn）：遗憾。 [21] 形：形体。神：精神。气：气质。志：心志。

形、气、神被认为是生命三要素。

夫形者生之舍也[1]，气者生之充也，神者生之制也，一失位则三者伤矣。是故圣人使人各处其位[2]，守其职，而不得相干也[3]。故夫形者[4]，非其所安也而处之则废，气不当其所充而用之则泄[5]，神非其所宜而行之则昧[6]。此三者，不可不慎守也。

[注释]

[1]“夫形者生之舍也”以下三句：形体是生命存在的躯壳，气息是充实生命的能量，精神是主宰生命的关键。生，生命。舍，住宿的空间，这里指人的躯壳。制，宰制。 [2] 各处其位：让形、气、神各自发挥作用。 [3] 干：犯，相互妨碍。 [4]“故夫形者”二句：形体在不合适的地方停留会造成损害。废，瘫痪。 [5] 当：相当。进气少而出气多，则“气不当其所充”。以“不当”的方式用气，气就流失了。泄：气的排出。 [6] 神非其所宜而行之则昧：精神的不恰当使用会造成昏乱。昧，昏暗不明。

夫举天下万物[1]，蚑蛲贞虫[2]，蠕动蚑作，皆知其所喜憎利害者何也？以其性之在焉而不离也，忽去之则骨肉无伦矣[3]。今人之所以眭然能视[4]，营然能听[5]，形体能抗[6]，而百节可屈伸[7]，察能分白黑，视丑美，而知能别同异，明是非者，何也？气为之充而神为之使也[8]。何以知其然也？凡人之志各有所在，而神有所系者[9]，其行也，足蹪趎埳[10]，头抵植木[11]，而不自知也。招之而不能见也，呼之而不能闻也，耳目非去之也，然而不能应者，何也？神失其守也[12]。故在于小则忘于大[13]，在于中则忘于外，在于上则忘于下，在于左则忘于右。无所不充则无所不在[14]。是故贵虚者[15]，以豪末为宅也。

虚与实相对。实是具体的，占据一定空间，拥有切实内容；虚则无处不在，无物不可。

[注释]

[1]举：遍举。总括之词。　[2]“蚑（qí）蛲（náo）贞虫”以下四句：即使是低等虫物也各具本性，正是本性让它们知道趋利避害。蚑，（虫子）爬动。蛲，蛲虫。贞虫，小虫。　[3]忽去之：突然丧失本性。骨肉无伦：形体不复存在。伦，类。　[4]眭（huī）：凝视的样子。　[5]营（yíng）：目光清亮的样子。　[6]抗：做出各种动作。　[7]百节：身体的各个关节。　[8]气为之充而神为之使：是因为有气息充实形体，有精神驱使形体。　[9]系：

专注于。 [10] 足蹪（tuí）趎（zhū）埳：被树桩绊倒。蹪，跌倒。趎，树桩。 [11] 头抵植木：头撞上木柱。抵，当作“牴（dǐ）”，触。植，木柱。 [12] 神失其守：精神不发挥作用。 [13]“故在于小则忘于大”以下四句：指精神有所偏差，就有所遗失。 [14] 无所不充则无所不在：处处都能寄托精神气志，自己也就无处不在。 [15]“是故贵虚者”二句：以虚静为贵的人不局限于任何特定的方面，毫毛之末的微小之处也能居处。豪，通“毫”，毫毛。

《原道训》虽然形神气三者同说，但更强调神的主导作用。

今夫狂者之不能避水火之难，而越沟渎之险者，岂无形神气志哉！然而用之异也[1]。失其所守之位[2]，而离其外内之舍，是故举错不能当，动静不能中，终身运枯形于连嵝列埒之门[3]，而蹪蹈于污壑阱陷之中[4]。虽生俱与人钧[5]，然而不免为人戮笑者[6]，何也？形神相失也。故以神为主者，形从而利；以形为制者[7]，神从而害。贪饕多欲之人[8]，漠睧于势利[9]，诱慕于名位[10]，冀以过人之智，植于高世[11]，则精神日耗而弥远[12]，久淫而不还，形闭中距，则神无由入矣。是以天下时有盲妄自失之患[13]。此膏烛之类也[14]，火逾然而消逾亟。

[注释]

[1] 用之异：指形神志气不能正常发挥作用。 [2]“失其所守之位”以下四句：狂者的内心和行为都陷入了混乱，所以行为举止失常，动静都不恰当。外内之舍，外舍指形体，内舍指内心。当，恰当。中，合度。 [3] 终身运枯形于连嵝（lǒu）列埒（liè）之门：狂者一辈子都拖着枯萎的病体，在墙院里挣扎。枯形，没有生气的形体。连嵝，房屋后墙。列埒，矮墙。 [4] 蹪蹈于污壑阱陷之中：跌入深沟陷阱之中。污，凹陷。 [5] 钧：通“均”，相等。 [6] 戮笑：耻笑。 [7] 制：主导。 [8] 饕（tāo）：贪。 [9] 漠睧（mín）：迷惑。 [10] 诱慕：被引诱去追求。 [11] 植于高世：当作“植高于世”，取得社会高位。植，立，这里指立身。 [12]“则精神日耗而弥远”以下四句：精神向外追逐，身心陷入封闭的状态，精神不再能回归本来的位置。形闭，不接受外部信息。中距，内心封闭。中，内心，与外形相对。距，抗拒。 [13] 盲妄：盲目而狂妄。 [14]“此膏烛之类也”二句：精神向外追逐就如同燃烧火把，火越大，就越快燃完。膏烛，树枝等浸油后点燃以照明。然，“燃”的本字。

夫精神气志者，静而日充者以壮[1]，躁而日耗者以老[2]。是故圣人将养其神[3]，和弱其气[4]，平夷其形[5]，而与道沈浮俯仰[6]。恬然则纵之[7]，迫则用之。其纵之也若委衣[8]；其用之也若发机[9]。如是[10]，则万物之化无不遇，而百事之变无不应。

这里把精神修养与“道”相关联，呼应了开篇的道论，表达了《原道训》以“道”贯通全篇的论说意图。

[注释]

[1] 静而日充：在恬静的状态下而一天天充盈。 [2] 日秏：一天天消耗。秏，同“耗”。老：衰老，朽坏。 [3] 将养：调养。 [4] 和弱：柔和。 [5] 平夷：平和、安定。 [6] 沈（chén）浮：沉浮。沈，同“沉”。 [7]“恬然则纵之”二句：悠闲时放松自己，危急时从容应对。纵之，随意自在。迫，逼迫。 [8] 委衣：衣服下垂。形容精神处于自然放松对待状态。委，坠，下垂。 [9] 发机：用弩机射箭，形容迅猛。机，弩机。 [10]“如是”以下三句：如果做到了，就能够吻合万物的变化，应对百事的变迁。遇，相吻合。应，对，这里指妥善处理。

[点评]

《原道训》是《淮南子》的第一篇。所谓“原道”，指溯源“道”之究竟，以作为宇宙、万物和人事之所以然的根据。所以《原道训》开篇，就以“夫道者”发语，描述“道”笼罩天地并展开宇宙的作用，指出一切都必须以“道”为根据，才能具有自身的属性，发挥自己的功能。《原道训》开篇就建立了一个以“道”为基础的简明宇宙观，在对形色世界进行具体描述之后，结论也是“道者，一立而万物生矣”。由此可见“道”在《原道训》以至于整部《淮南子》中的重要作用。

论“道”之后，《原道训》以“泰古二皇”为历史榜样，以“大丈夫”为当然人格，具体展示“人”应当有的行为原则。在《原道训》看来，人应该以“无为为之”作为行为原则，以“因其自然而推之”的方式应对外部世界和处理人间事务。这是因为“无为为之而合于道，无为言之而通乎德”，无为是至上之“道”和内在之“德”的品质，是人一定要效法的。《原道训》对“无为”“自然”“因循”“弱志”的丰富论说，都是对这个主题的具体阐释。

《原道训》还有一个重要的主题，就是对“天之性”的讨论。《原道训》所说的“天之性”，是就“人”的天性而言的。在这个主题之下，《原道训》把对外部世界的掌控，收归到“人”对自身的把握，认为“天下之要，不在于彼而在于我，不在于人而在于我身，身得则万物备矣”。《原道训》提出，“圣”体现在内心对“道”的领悟，真正的“乐”，不是外在的管弦歌舞，而是内心的“自得”。这种内外对举而以内统外的思想来自庄子，《原道训》更强化了这一思想与“天之性”的关系。

由于淮南王的封王身份，《原道训》还提出，向内的“自得”和向外的“无为”，能够达到“万物之化无不遇，而百事之变无不应”的效果，《原道训》就结束在这个比较抽象的虚说之上。虽然是虚说，也表现了《淮南子》“务为治”的用世宗旨。毕竟，淮南王是拥有封土的封王，必须治理他的王国，他还要应对朝廷的控制，处理与朝廷的关系。这种现实的处境决定了淮南王不是庄子，不可能远离人间世，在无何有之乡作精神的逍遥。淮南王必须面对现实，这种处境使《淮南子》的作者们必须考虑理论学说的实际功用，由此造就了《淮南子》“为治”的现实取向。

《原道训》有许多精萃妙思，对于今天仍然不失其意义。倡导“因循”的行为方式是《原道训》的重要思想，这个主张的含义并不是过去贬义理解的因循守旧，而是强调外在事物各具自身属性，自有运行理则，不能忽视，如果忽视“他者”，只强调一己之意愿，必将导致“我”与“他”的相互对抗而最终两败俱伤。所以《原道训》“因其自然而推之”的思想，同时顾及了“他”的理则和“我”的意愿，把客观条件和主观努力统一到了一个原则之下。这种让“己”退隐而让“外物”充分显现然后再“因而推之”的思想，是非常智慧的。在“天之性”的主题下强调“自得”，似乎与“己”的退让有所不同，但其实是一致的。因为“自得”是强调“自己”的“内”不被“外物”的“他”所掌控，不由“外物”的“他”来决定，不被“外物”的“他”所诱导，而是要自我把握，自作主张。要做到这一点，仍然要求人从向外的求取中退让，内返于“自己”。我与他如何能够相宜？内与外如何可能兼得？这些问题至今仍然是人要面对的根本性问题。《原道训》在两千多年以前就有这样的问题意识并有深入的思考，这就是经典的魅力，也是今人阅读《淮南子》的意义所在。

卷二　俶真训

有始者，有未始有有始者，有未始有夫未始有有始者。有有者，有无者，有未始有有无者，有未始有夫未始有有无者。

所谓有始者[1]，繁愤，未发萌兆牙蘖，未有形埒垠堮，无无蠕蠕，将欲生兴而未成物类。

这一段话来自《庄子·齐物论》，本义是质疑历时性追溯能否确定最初的源头。《淮南子》却以宇宙生成的思路来诠释这几句拗口的话。

这里以苞蕾饱满尚未破芽的意象，形容万物即将生成的样态。

[注释]

[1]“所谓有始者”以下六句：所谓“有开始”，是说苞蕾充盈饱满，尚未破芽绽放，（万物）尚无形貌，没有形成相互区分的界线，生命之质蠢蠢蠕动，即将生长出来，但还没有形成不同种类的事物。繁愤，苞蕾饱满。繁，众多。愤，饱满。萌兆，事物开始。牙蘖（niè），植物刚长出的枝芽。牙，通“芽”。形埒（liè），界线。垠，边界。堮，边际。无无蠕蠕，万物将成而未成的样子。

生兴，产生和出现。

中国古代思想认为，天气为阳，地气属阴，所以天地之气的交合被认为是“阴阳错合”。

有未始有有始者[1]，天气始下，地气始上，阴阳错合，相与优游竞畅于宇宙之间。被德含和，缤纷茏苁，欲与物接而未成兆朕。

[注释]

[1]“有未始有有始者”以下八句：所谓“有还没有开始”的时候，是说天气刚刚开始下降，地气刚刚开始升扬，阴阳之气交错混合，互相涵泳，自由地飘动在宇宙之间。蕴育着生命，蕴含着和谐，缤纷丛聚，将要进入生命的具体形态但还没有明显的征兆。优游，自然而自在的样子。竞畅，竞相畅游的状态。被（pī）德含和，指阴阳之气赋予万物本质，使万物拥有自身的内在属性。被，散开。德，与下文“和”皆指事物的内在本质。茏苁（lóng cóng），丛聚的样子，这里形容阴阳二气即将凝聚成物。兆朕，事物的征兆。兆，占卜时以火灼龟甲产生的裂纹，占卜者据此断定吉凶。朕，预兆。

有未始有夫未始有有始者[1]，天含和而未降，地怀气而未扬，虚无寂寞，萧条霄雿，无有仿佛，气遂而大通冥冥者也。

[注释]

[1]“有未始有夫未始有有始者”以下七句：所谓“有还没有那还没有开始”的时候，是说天蕴涵的气还没有下降，地内藏的

气还没有发扬，虚无寂寞，冷冷清清，空空荡荡，似有似无，已经有气生成，通畅在混沌之中。萧条，冷落寂静。霄雿（diào），清寂幽深。无有仿佛，似有似无的样子。遂，顺。冥冥，宇宙未生成的混沌状态。

有有者[1]，言万物掺落，根茎枝叶，青葱苓茏，萑蔰炫煌；蠉飞蠕动，蚑行哙息，可切循把握而有数量。

《俶真训》用"可切循把握而有数量"来定义"有"的世界，认为"有"是可以感知、可以计量的。这是一个高度凝练的概括。

[注释]

[1]"有有者"以下八句：所谓有"有"，是说万物错落杂处，根茎枝叶，郁郁葱葱，色彩斑斓；昆虫飞行蠕动，鸟兽用足行走，用嘴呼吸，这些都可以感觉和把握，有数量可以计算。掺落，参差错落。苓茏，繁盛的样子。萑蔰（huán hù），色彩绚烂。炫煌，光彩明亮。蠉（xuān）飞，虫飞动的样子。蠕动，虫爬行的样子。蚑（qí）行哙（kuài）息，泛指生物的生命活动。蚑，一种小虫。哙，鸟兽的嘴。切循，触摸。有数量，可以用点数计量的方式来进行统计和加以区分。

有无者[1]，视之不见其形，听之不闻其声，扪之不可得也，望之不可极也，储与扈冶，浩浩瀚瀚，不可隐仪揆度而通光耀者。

《俶真训》用"不可隐仪揆度而通光耀"来定义"无"的世界，认为"无"就是不可感知、不可测量，是一个暗的世界。这个定义，也是高度凝练的。

[注释]

[1]“有无者”以下八句：所谓有“无”，是说察看却看不到形体，倾听却听不见声音，触摸却碰不到东西，张望却望不见尽头，广大而丰富，浩淼而宽阔，不可能丈量计算，没有光亮。扪（mén），摸，按。储与扈冶，广大而内涵丰富。隐仪揆度，量度。于省吾云：“《尔雅·释言》注：‘隐，度。’《广雅·释诂》：‘隐，度也。’《说文》：‘仪，度也。’是隐仪揆度四字叠义。”

有未始有有无者[1]，包裹天地，陶冶万物，大通混冥。深闳广大，不可为外，析豪剖芒，不可为内，无环堵之宇，而生有无之根。

[注释]

[1]“有未始有有无者”以下十句：所谓“有还没有有和无”的时候，是说元气包裹着天地，陶冶着万物，在混沌与黑暗中畅通流行。深厚广大，一切都在它之中；细如毫毛，它在一切之中，没有边界，却是产生有和无的根源。大通混冥，元气混沌流行的状态。闳（hóng），宏大。豪，通“毫”，毫毛。芒，草尖。环堵，四周有墙。堵，土墙。

与改造“有始”“无始”一样，《俶真训》把有有、有无、未始有有无、未始有夫未始有有无，描述为宇宙生成的四个阶段。

有未始有夫未始有有无者[1]，天地未剖，阴阳未判，四时未分，万物未生，汪然平静，寂然清澄，莫见其形。

[注释]

[1]“有未始有夫未始有有无者”以下八句：所谓“有尚没有那还没有有和无”的时候，是说天地还没有分开，阴阳还没有区别，四时还不分明，万物尚未产生，广阔而宁静，无声而清澈，有形的物体还没有显形。汪然，宽阔而平静。寂然，无声而宁静。

古之人[1]，有处混冥之中，神气不荡于外，万物恬漠以愉静，摓抢衡杓之气莫不弥靡，而不能为害。当此之时，万民猖狂[2]，不知东西[3]，含哺而游[4]，鼓腹而熙[5]，交被天和[6]，食于地德，不以曲故是非相尤[7]，茫茫沈沈[8]，是谓大治。于是在上位者[9]，左右而使之，毋淫其性，镇抚而有之，毋迁其德。是故仁义不布而万物蕃殖[10]；赏罚不施而天下宾服[11]。其道可以大美兴[12]，而难以算计举也。

[注释]

[1]“古之人”以下六句：古时的人处于蒙昧状态，精神气志不受外物的影响，恬淡平静地面对外部世界，彗星贯北斗的妖气时有弥漫，但不会造成危害。混冥，蒙昧状态。荡，被外物牵引而不能自主。摓抢衡杓（biāo），彗星贯北斗，被认为是不祥之兆。摓抢，彗星的别名。衡，通“横”，横贯。杓，北斗第五、六、七颗星的名称，又称斗柄。弥靡，弥漫，充满。 [2]猖狂：任意

作为，不受规矩约束。 [3] 东西：方位。亦指规范。 [4] 哺：咀嚼。 [5] 鼓腹：挺着肚子。熙：通“嬉”，嬉戏。 [6]“交被天和”二句：（古之人）承受上天的和气，享用大地的恩惠。交，俱，都。地德，大地的恩惠。 [7] 曲故：不正当的智巧。尤：怨恨。 [8] 茫茫沈沈：茫然而不分彼此。 [9]“于是在上位者”以下五句：在上位的人指使他们，却不扰乱他们的本性；用压制和安抚来管理他们，却不改变他们的天德。左右，使之向左或者向右，意为任意支配。淫，惑乱。镇抚，压制和安抚。有，拥有。迁，改变。 [10] 蕃殖：繁殖。 [11] 宾服：服从，归顺。 [12]“其道可以大美兴”二句：这种道德无比美好，能使万物繁盛，却很难用列举的方式来说明。

真人的名称出自《庄子》。本书《精神训》说：“所谓真人者，性合于道也。”

古之真人[1]，立于天地之本，中至优游，抱德炀和而万物杂累焉，孰肯解构人间之事，以物烦其性命乎！……是故目观玉辂琬象之状[2]，耳听《白雪》清角之声，不能以乱其神；登千仞之溪，临蝯眩之岸，不足以滑其和。譬若钟山之玉，炊以炉炭，三日三夜而色泽不变。则至德天地之精也[3]。是故生不足以使之，利何足以动之；死不足以禁之，害何足以恐之。明于死生之分[4]，达于利害之变[5]，虽以天下之大，易骭之一毛[6]，无所概于志也[7]。……是故与至人居[8]，使家忘贫，使王公简其富贵而乐卑贱，勇者衰

生，以许诺美好生活来诱导。死，以褫夺生命相威胁。

其气[9]，贪者消其欲[10]，坐而不教，立而不议，虚而往者实而归，故不言而能饮人以和[11]。是故至道无为[12]，一龙一蛇，盈缩卷舒，与时变化。外从其风[13]，内守其性，耳目不耀[14]，思虑不营[15]。

至人能够让内心空虚惶惑的人获得充实和安定。

[注释]

[1]“古之真人”以下六句：古代的真人，立身于天地的根本，平和而逍遥，德厚而温暖，面对万物的繁乱，怎么肯去整顿条理，让外物来烦扰自己的本性呢！真人，得道的人。得道的人被认为体现了人的真实本性，所以称为真人。中至，中和。优游，逍遥自在。炀（yáng）和，就着和气取暖。炀，烘烤。杂累，聚合繁乱。烦，乱。　[2]“是故目观玉辂（lù）琬（wǎn）象之状”以下九句：眼睛看见玉辂、琬象的形状，耳朵听到《白雪》高亢的乐曲，并不会使他的精神惑乱；登上千仞悬崖，立足陡峭绝壁，并不能扰乱他内在的平和。就像钟山的玉石，用炭火灼烧三天三夜，色泽也不会改变。玉辂，王者所乘之车。琬象，美玉与象牙。琬，琬圭，一种玉制礼器。《白雪》，据说是师旷演奏的琴曲。清角，商声。蝯眩，善于攀援的猿都会头昏眼花，形容险峻陡峭。滑（gǔ），扰乱。炊，王念孙认为，“炊”当作“灼”，烧。　[3]则至德天地之精也：拥有最高品质是获得了天地之精华。　[4]死生之分：死生有命。分，定数。　[5]利害之变：利害由客观情势决定。　[6]骭（gàn）：小腿。　[7]概（kǎi）于志：使（人）动心。概，情绪激动。　[8]至人：达到了人的极致，指具有最高道德修养的人。　[9]衰：弱化。　[10]消：灭除。　[11]饮人以和：使人心

里充满和顺之气。饮，给人饮食。[12]“是故至道无为”以下四句：最高的道无所作为，变化无穷，充盈、收缩、卷起，展开，随顺时势而变化。一龙一蛇，龙飞在天，蛇行于地，龙蛇形容随处变化。[13]风：风俗，指外部环境。[14]耀：迷乱。[15]营：惑乱。

道不是有形有象的“实物”，所以是“虚无”的。因其“虚无”，故而“寂漠”：听不到也看不见。

道出一原[1]，通九门，散六衢，设于无垓坫之宇，寂漠以虚无。非有为于物也[2]，物以有为于己也。是故举事而顺于道者，非道之所为也[3]，道之所施也[4]。夫天之所覆[5]，地之所载，六合所包，阴阳所呴，雨露所濡，道德所扶，此皆生一父母而阅一和也。是故槐榆与橘柚合而为兄弟，有苗与三危通为一家[6]。夫目视鸿鹄之飞，耳听琴瑟之声，而心在雁门之间，一身之中[7]，神之分离剖判六合之内，一举而千万里。是故自其异者视之，肝胆胡、越[8]；自其同者视之，万物一圈也[9]。

[注释]

[1]“道出一原”以下五句：道出自一个源头，通达九天，分散各处，分布于无边无际的空间，却因为虚无而是寂漠的。一原，一个源头。九门，传说天门九重，所以九门指有九重门。六衢（qú），通往四面八方。衢，四通八达的大路。设，施，分布。垓

坫（gāi diàn），边际。垓，极远之地，引申为边际。坫，堂中两楹间的土台，引申为屏障。宇，空间。　[2]“非有为于物也”二句：道并没有对万物做什么，万物却感到了它的作用。　[3]所为：指有意的作为。　[4]所施：指自然的作用。施，作用。　[5]“夫天之所覆”以下七句：天覆盖的，地承载的，天地四方所容纳的，阴阳所抚育的，雨露滋润的，道德扶持的，都产生于同一个来源，总汇在和气之中。呴（xǔ），吐气。濡，滋润。生一父母，产生于一个根源。阅一和，总汇于和气。　[6]有苗：即三苗，古代南方部落。三危：古代部落，在西方，其地有三危山，故名。具体位置说法不一。　[7]“一身之中”以下三句：人的心神被外物牵引，分散在天地四方的各处，甚至飞到千万里之外。　[8]胡、越：比喻相距遥远。胡，古代北方民族的泛称。越，南方的越国。　[9]一圈：同一范围。

百家异说[1]，各有所出。若夫墨、杨、申、商之于治道[2]，犹盖之无一橑[3]，而轮之无一辐[4]，有之可以备数，无之未有害于用也。己自以为独擅之[5]，不通之于天地之情也。今夫冶工之铸器[6]，金踊跃于炉中，必有波溢而播弃者，其中地而凝滞，亦有以象于物者矣。其形虽有所小用哉，然未可以保于周室之九鼎也，又况比于规形者乎！其与道相去亦远矣。

“百家异说”与上文“道出一原”形成了对照，《俶真训》对于“百家”的不屑，表明《淮南子》的作者们持守“天下一体”的观念。

[注释]

[1]“百家异说”二句：百家各有主张。 [2]墨：墨子，墨家学派创始人。杨：杨朱，战国初期思想家。申：申不害，战国中期思想家，属于早期法家。商：商鞅，战国法家代表人物。 [3]盖：车盖。橑（lǎo）：车盖的骨架。一个车盖有橑二十八根。 [4]辐：车轮上连接轴心和轮圈的直木条。一个车轮有辐条三十根。 [5]独擅之：只有自己掌握了终极真理。 [6]“今夫冶工之铸器”以下九句：工匠在铸造器物的时候，金属溶液在炉中翻滚，一定会漫溢抛洒出来一些，溅落地上凝固了，也有形状。这样的东西虽然也有点用处，但是不可能像周王室的九鼎那样宝贵，更不用说与创造万物的造物者相比了，（百家）与道的距离太远了。波溢，金属液体沸腾而漫溢出来。播弃，撒落地上。中地，掉在地上。凝滞，冷却成形。象于物，具有某种东西的形状。保，通“宝”。九鼎，相传夏禹收天下之金铸造了九只大鼎，后来成为国家政权的象征。比，对照于。规形者，使之成形的，这里指道。

“初”在《淮南子》中有独特的价值意义，不仅指事物的本真状态，而且指事物的当然状态。

是故圣人托其神于灵府[1]，而归于万物之初。视于冥冥，听于无声。冥冥之中，独见晓焉；寂漠之中，独有照焉。其用之也以不用[2]，其不用也而后能用之；其知也乃不知，其不知也而后能知之也。夫天不定，日月无所载；地不定，草木无所植；所立于身者不宁[3]，是非无所形。是故有真人然后有真知。其所持者不明，庸讵知吾所谓知之非不知欤？

《俶真训》所谓“知”“真知”，不是指平常知识，而是指洞彻的智慧。这里的反问，就是提示知识与智慧的不同。

[注释]

[1]“是故圣人托其神于灵府”以下八句：圣人将精神寄托在内心，复归万物本来的纯朴。在无光之处看，在无声之处听。黑暗之中，只有他看到了光明；寂静之中，只有他听到了声音。托，寄居。灵府，心。万物之初，万物初生时混沌的状态。晓，明。照，观照，看清楚。这里转义为听清楚。 [2]“其用之也以不用”二句：圣人以不用的方式用，正因为他不用，所以才能够用。下句言“知”，同样句式。 [3]“所立于身者不宁”以下五句：立身的根本不稳，不能分辨是非。所以有真人才能有真知。基本立场都不清楚，怎么知道我所说的“知”不是“不知”呢？形，显现。庸讵（jù），何以。

今夫积惠重厚[1]，累爱袭恩，以声华呕苻妪掩万民百姓，使知之欣欣然人乐其性者，仁也。举大功[2]，立显名，体君臣，正上下，明亲疏，等贵贱[3]，存危国[4]，继绝世[5]，决挐治烦[6]，兴毁宗[7]，立无后者，义也。闭九窍[8]，藏心志[9]，弃聪明，反无识[10]，芒然仿佯于尘埃之外[11]，而消摇于无事之业[12]，含阴吐阳[13]，而万物和同者，德也。是故道散而为德，德溢而为仁义，仁义立而道德废矣[14]。……是故圣人内

庄子的逍遥游思想，被《俶真训》认定为“德”的内涵。

《老子》第三十八章："失道而后德，失德而后仁，失仁而后义，失义而后礼。夫礼者，忠信之薄，而乱之首。"《俶真训》关于道德仁义的排列次序来自《老子》，它推重道德而贬低仁义的态度，表明了它的道家立场。

修道术，而不外饰仁义，不知耳目之宣[15]，而游于精神之和。若然者[16]，下揆三泉，上寻九天，横廓六合，揲贯万物，此圣人之游也。

[注释]

[1]"今夫积惠重厚"以下五句：不断施与恩惠，一再给予好处，凭借自己的声誉和荣耀来关怀和养育百姓，使他们身心愉悦，这就叫仁。积惠，积累恩惠。重厚，一再给予好处。袭恩，积累恩情。袭，重。声华，声誉和荣耀。呕苻，抚养。妪掩，爱抚养育。 [2]"举大功"以下三句：推举有大功劳的人，推重有广泛声誉的人，建立君臣关系的制度。体，体制，这里做动词，建立体制。 [3]等贵贱：分别贵贱，使各有等列。 [4]存危国：让濒临亡国的国家能够保存。 [5]继绝世：为没有继承人的家族安排继承人。 [6]决挐（rú）治烦：让杂乱纷繁的事务变得有条理。挐，纷乱。 [7]兴毁宗：恢复被毁坏的宗庙。宗，祖庙。 [8]九窍：口耳眼鼻七窍加前阴后阴。这里以九窍表示对外的感知。 [9]心志：人的认识能力。 [10]反：同"返"，返回。无识：没有知识的纯朴。 [11]仿佯：徜徉。 [12]消摇：即逍遥。无事之业：无所事事。 [13]"含阴吐阳"二句：人顺应阴气内敛而阳气发抒的属性，与万物和谐相处。含阴吐阳，阴收敛，故曰"含"，阳发抒，故曰"吐"。 [14]道德：这里的道德，是道家含义的，道指终极根源，德指内在本质。 [15]不知耳目之宣：字面含义是不知道耳目的用处，实际意思是不用耳目追逐外物。宣，俞樾云当作"宜"，字之误也。 [16]"若然者"以下六句：描写圣人的境界，认为圣人能够以其作为而下探三泉，上达九天，拓展到上下四方，贯彻到天下万物，这是圣人的逍遥。揆（kuí），度量。

寻，长度单位，转义为度量，这里指达到。横廓，在广度上展拓。揲（shé）贯，一再通贯。揲，积。

至德之世[1]，甘瞑于溷澖之域，而徙倚于汗漫之宇，提挈天地而委万物，以鸿蒙为景柱，而浮扬乎无畛崖之际。是故圣人呼吸阴阳之气[2]，而群生莫不颙颙然仰其德以和顺。当此之时[3]，莫之领理决离，隐密而自成，浑浑苍苍，纯朴未散，旁薄为一[4]，而万物大优[5]。是故虽有羿之知而无所用之[6]。

“至德之世”是《俶真训》想象的远古美好时代。这个时代的特点，是圣人无所作为而百姓以及万物群生都自在自足、安宁美好。在《俶真训》的论述下，这样的时代在历史的过程中逐渐消失了，所以《俶真训》下文一程一程地论说历史如何改变了“至德之世”，让现实变得越来越混乱。这是《淮南子》古今对照的典型方式。

[注释]

[1]“至德之世”以下六句：道德最纯粹的时代，人们在混沌中甜睡，在空旷中随意走走停停，扶持天地而委弃万物，任时光流逝，漫游在没有界线的区域。至德之世，道德最纯粹完美的时代。甘瞑（mián），甜睡。瞑，通“眠”。溷澖（hùn xián），无限虚空之貌。溷，混杂。澖，无边无际。徙倚，或走或停。汗漫，浑茫无边之貌。提挈，扶持。委，委弃。以鸿蒙为景（yǐng）柱，任由时间流逝，不人为地测定划分。鸿蒙，混沌。景柱，测日影用的圭表。景，“影”的古字。浮扬，漂浮。畛（zhěn）崖，界线。畛，分界。 [2]“是故圣人呼吸阴阳之气”二句：圣人让阴阳之气保持均衡，百姓仰慕圣人之德，平和而逊顺。颙（yóng）颙，景仰的样子。 [3]“当此之时”以下三句：那时没人治理，没人分辨，不经意间成就了一切。领理，治理。决离，断开。隐密，

不显现。 [4] 旁薄：混同。 [5] 优：美好。 [6] 羿：传说的善射者。知（zhì）：聪明。后作“智”。

及世之衰也[1]，至伏羲氏，其道昧昧芒芒然，吟德怀和，被施颇烈，而知乃始昧昧晽晽，皆欲离其童蒙之心，而觉视于天地之间，是故其德烦而不能一。

[注释]

[1] “及世之衰也”以下九句：世道逐渐衰败，到了伏羲时代，人们仍然朴厚，拥有道德和和气，获得和施予都很丰厚，但是知觉开始萌动，虽然蒙昧却想要知道，都想离开童蒙状态，看清天地之间的事物，所以内心杂乱，不再纯粹。伏羲氏，传说中上古部落首领。昧昧芒芒然，朴厚而无知无识的样子。吟德，含德。被施，蒙受和施予。颇烈，力度很大。晽（lín）晽，想要知道的样子。晽，“楙”之误字。觉视，睁开眼睛看。烦，乱。一，不杂。

黄帝时代在儒家笔下是秩序井然的美好时代，《俶真训》却认为秩序建立在有分别、有对待的基础上，脱离了和谐且埋下失序的危机。

乃至神农黄帝[1]，剖判大宗，窍领天地，袭九窾，重九熟，提挈阴阳，娗捖刚柔，枝解叶贯万物百族，使各有经纪条贯。于此万民睢睢盱盱然[2]，莫不竦身而载听视，是故治而不能和。下栖迟至于昆吾、夏后之世[3]，嗜欲连于物，聪明诱于外，而性命失其得。

[注释]

[1] “乃至神农黄帝”以下九句：到了神农黄帝时代，事物从根本上被分割了，天地被纳入管理，设置了众多规则，划定出各种界域，扶助阴阳，协调刚柔，像树枝分叉，树叶各在枝干，各种事物各有秩序条理。神农，传说中的古帝王，又称炎帝，是农耕文明的创造者。黄帝，传说中的古帝王，称轩辕氏，是人文规制的创始者。大宗，事物的本源。窍领，疏通治理。窾（kuǎn），空隙。埶，“垠”的讹字，界域。提挈，扶助。婔捖（zhuān wán），调和。枝解，分散。百族，众多种类。经纪条贯，有条有理。 [2]“于此万民睢（huī）睢盱（xū）盱然”以下三句：在这个时代，万民或向上仰视，或左顾右盼，都规规矩矩，听从神农黄帝的安排，所以神农黄帝能够治理天下却不能造就和谐。睢睢，仰视的样子。盱盱，直视的样子。竦（sǒng）身，身姿恭敬。竦，恭敬，肃静。载听视，听从神农黄帝。载，通“戴”，尊奉。治，治理。和，和谐。 [3]“下栖迟至于昆吾、夏后之世”以下四句：到了昆吾和夏后的时代，嗜欲被外物牵引，聪明被外界引诱，性命因此丧失了内在的本质。栖迟，延续。昆吾，古部落名。夏后，夏后氏，古部落名，相传大禹为首领，其子启建立了夏朝。得，通“德”。

施及周室之衰，浇淳散朴[1]，杂道以伪[2]，俭德以行[3]，而巧故萌生[4]。周室衰而王道废，儒、墨乃始列道而议[5]，分徒而讼[6]。于是博学以疑圣[7]，华诬以胁众[8]。弦歌鼓舞，缘饰诗书，以买名誉于天下。繁登降之礼[9]，饰绂冕之服。聚众不足以极其变[10]，积财不足以赡其费。

孔子曰“吾从周”，认为三代文明于周为盛。《俶真训》却认为周文以人为（伪）取代大道，造成了后来的道德滑坡。

于是万民乃始慲觟离跂[11]，各欲行其知伪，以求凿枘于世而错择名利。是故百姓曼衍于淫荒之陂[12]，而失其大宗之本。夫世之所以丧性命[13]，有衰渐以然，所由来者久矣。

[注释]

[1] 浇淳：使淳厚变淡薄。散朴：原木被分解。指原有的纯朴被破坏。 [2] 杂道以伪：以人为取代大道。王念孙认为，“杂”当为“离”，字之误也。伪，人为。 [3] 俭：通“险”。 [4] 巧故：伪诈。 [5] 列道：分裂大道。列，分裂。 [6] 讼：争辩是非。 [7] 疑圣：假装圣人。疑，通“拟”，比拟。 [8] 华诬：华丽不实。胁：胁迫。 [9]“繁登降之礼”二句：礼节越来越复杂，礼服越来越繁琐。登降之礼，宾主相见之礼，泛指礼节。登，登上台阶，这里指上堂觐见。降，走下台阶，这里指觐见后退下。绂（fú）冕，泛指礼服。绂，祭服的装饰。冕，礼帽。 [10]“聚众不足以极其变”二句：聚集众人也不能穷尽所有变化，积累财富也不足以满足其开销。赡，供给。 [11]“于是万民乃始慲觟（mán xié）离跂”以下三句：百姓各怀心思开始争斗，各使各的手段，以迎合世俗来追逐种种名利。慲觟，自异于众。慲，糊涂。离跂，各怀心思。跂，通“歧”，分歧。凿枘，形容彼此投合。凿，卯眼。枘，榫头。错择，一再选择。错，交替。 [12]“是故百姓曼衍于淫荒之陂（bēi）”二句：字面意思是百姓流连于荒淫之坡，实际含义是百姓处于道德滑坡的状态，因此丧失了立身的根本。曼衍，流连。陂，山坡，比喻滑坡。 [13]“夫世之所以丧性命”以下三句：世人之所以丧失了本真的性命，是道德衰败造成的，是长期演变而逐渐形成的。

是故圣人之学也，欲以返性于初而游心于虚也[1]。达人之学也[2]，欲以通性于辽廓而觉于寂漠也。若夫俗世之学也则不然，擢德攓性[3]，内愁五藏，外劳耳目。乃始招蛲振缱物之豪芒[4]，摇消掉捎仁义礼乐[5]，暴行越智于天下[6]，以招号名声于世[7]。此我所羞而不为也[8]。是故与其有天下也，不若有说也[9]；与其有说也，不若尚羊物之终始也而条达有无之际[10]。是故举世而誉之不加劝[11]，举世而非之不加沮，定于死生之境，而通于荣辱之理，虽有炎火洪水弥靡于天下[12]，神无亏缺于胸臆之中矣。若然者，视天下之间犹飞羽浮芥也[13]，孰肯分分然以物为事也[14]！

《俶真训》叙述历史，“衰”的描述一再出现，正是在道德随历史日益衰败的观念下，它发出了“返性于初”的呼吁。

《俶真训》把“学”分为“圣人之学”“达人之学”和“俗世之学”，把仁义礼乐贬为“俗世之学”的内容，以“羞而不为”表达不屑的态度。

[注释]

[1] 返性：复归纯朴真性。初：本性没有被文明扰乱的时候。虚：心灵没有欲望的状态。 [2]“达人之学也”二句：达人追求的，是让本性进入混一状态，领会虚无寂寥的意义。达人，通达道德的人。辽廓，混一无形。 [3] 擢（zhuó）德攓性：拔高德性。擢，拔。攓，同“搴（qiān）”，拔取。 [4] 招蛲（náo）振缱物之豪芒：在细微末节上下功夫。招蛲，有所动作。蛲，虫类动。振缱，积极活动。 [5] 摇消：与下文“掉捎”都是振奋激动的意思。指积

极鼓吹仁义礼乐。 [6]暴(pù)行：表现自己行为高尚。暴，显露。越智：显扬自己过人才智。 [7]招号名声：求取名声。 [8]羞：惭愧。 [9]说：通“悦”。 [10]尚羊：即“徜徉”，徘徊。条达：畅达。 [11]“是故举世而誉之不加劝”以下四句：《庄子》的名句，见于《庄子·逍遥游》。劝，勉励。沮，沮丧。 [12]弥靡：弥漫。 [13]飞羽浮芥：被风扬起的羽毛，漂浮水面的芥子，形容微不足道。 [14]分分：“介介”之误。介介，耿耿。

水之性真清而土汩之[1]，人性安静而嗜欲乱之。夫人之所受于天者，耳目之于声色也，口鼻之于芳臭也[2]，肌肤之于寒燠[3]，其情一也[4]。或通于神明，或不免于痴狂者，何也？其所为制者异也[5]。是故神者智之渊也[6]，渊清则智明矣；智者心之府也[7]，智公则心平矣[8]。人莫鉴于流沫而鉴于止水者[9]，以其静也；莫窥形于生铁，而窥于明镜者，以睹其易也[10]。夫唯易且静[11]，形物之性也。由此观之，用也必假之于弗用也[12]。是故虚室生白[13]，吉祥止也[14]。

[注释]

[1]真清：水原本是清澈的。汩：扰乱。 [2]臭(xiù)：气味。 [3]燠(yù)：暖。 [4]情：实。一：没有区别。 [5]所为制者：所施加的控制。 [6]神：精神。渊：深渊，这里指智慧的源泉。 [7]府：古代国家收藏财物和文书的地方。这里指心的安

放之处。 [8] 公：平正。 [9] 鉴：铜镜，这里指照镜。 [10] 易：平。 [11]“夫唯易且静”二句：只有平和静，才能让事物的本性显现出来。形，使显形。 [12] 假：凭借。 [13] 虚室：清明的心境。 [14] 止：停止，留驻。

静漠恬澹[1]，所以养性也[2]；和愉虚无，所以养德也。外不滑内[3]，则性得其宜；性不动和[4]，则德安其位[5]。养生以经世[6]，抱德以终年，可谓能体道矣。若然者，血脉无郁滞[7]，五藏无蔚气[8]，祸福弗能挠滑[9]，非誉弗能尘垢[10]，故能致其极[11]。

“静漠恬澹”“和愉虚无”是修养精神的基本原则。

[注释]

[1] 恬澹（dàn）：恬淡。澹，平静。 [2] 养：涵养。 [3] 滑（gǔ）：扰乱。内：内心。 [4] 动：使不安。 [5] 德安其位：内在德性不被外物引诱而走失。 [6]“养生以经世”以下三句：保养生命，洞察世事，持守道德，颐养天年，可以说就是践行道。经世，阅历世事。终年，度过一生。 [7] 郁滞：气不通畅。 [8] 蔚气：病气。 [9] 挠滑（gǔ）：扰乱。 [10] 非誉：批评和赞誉。尘垢：蒙上尘垢，比喻被非誉影响。 [11] 致其极：获得最高道德。

外物的影响、世事的搅扰和人心容易被感动，都是《俶真训》叹息精神修养难有成就的因素。

非有其世[1]，孰能济焉[2]？有其人[3]，不遇其时，身犹不能脱[4]，又况无道乎[5]！且人之情，耳目应感动[6]，心志知忧乐，手足之摔疾蠡[7]，辟寒暑[8]，所以与物接也。蜂虿螫指而神不能憺[9]，蚊虻噆肤而知不能平[10]。夫忧患之来撄人心也[11]，非直蜂虿之螫毒而蚊虻之惨怛也[12]，而欲静漠虚无，奈之何哉！夫目察秋豪之末，耳不闻雷霆之声；耳调玉石之声[13]，目不见太山之高[14]。何则？小有所志[15]，而大有所忘也。今万物之来擢拔吾性[16]，攓取吾情[17]，有若泉源，虽欲勿禀[18]，其可得邪！今夫树木者，灌以瀿水[19]，畴以肥壤[20]，一人养之，十人拔之，则必无余栓[21]，又况与一国同伐之哉！虽欲久生，岂可得乎？今盆水在庭，清之终日，未能见眉睫[22]；浊之不过一挠，而不察方员[23]。人神易浊而难清，犹盆水之类也，况一世而挠滑之[24]，曷得须臾平乎[25]！

［注释］

[1] 世：时代。 [2] 济：渡，这里指平安度日。 [3] 有其人：有愿意践行大道的人。 [4] 身犹不能脱：不能逃避遭遇的迫害。 [5] 无道：指没有道德。 [6] 应感动：回应外部影响。感动，被感而动。 [7] 摔（fèi）疾蠡：挠伤痛痒处。摔，搔，挠。

蠚，同“痒”。 [8] 辟：躲避。 [9] 虿（chài）：蝎子一类的毒虫。螫（shì）：毒虫刺人。憺（dàn）：安适。 [10] 噆（zǎn）：嘬，指蚊子吸血。知：感觉。 [11] 撄：扰乱。 [12] 直：表示完全不可比较的程度。惨怛：伤痛。 [13] 玉石：代指磬一类的乐器。 [14] 太山：即泰山。 [15] 志：用心之处。 [16] 擢（zhuó）：拔，抽。 [17] 攓（qiān）：同“搴（qiān）”，拔取。 [18] 禀：受。 [19] 灌以瀿（fán）水：充分浇灌。瀿，水暴溢。 [20] 畴（chóu）：培土。 [21] 栓：同“蘖（niè）”，草木嫩芽。 [22] 见（xiàn）：使显形，这里指照出眉眼。 [23] 员：同“圆”。 [24] 挠滑：搅扰。 [25] 须臾：片刻。

古者，至德之世，贾便其肆[1]，农乐其业，大夫安其职，而处士修其道[2]。当此之时，风雨不毁折[3]，草木不夭，九鼎重味[4]，珠玉润泽，洛出丹书[5]，河出绿图[6]。故许由、方回、善卷、披衣得达其道[7]。何则？世之主有欲利天下之心，是以人得自乐其间。四子之才[8]，非能尽善盖今之世也。然莫能与之同光者[9]，遇唐虞之时[10]。

古者至德之世与下文的夏桀、殷纣之时，再次形成古今对照。

宋人以黑白点图（双数为黑点，单数为白点）解释河图洛书：河图是一至九的点数排列为相加成十的图形；洛书是排列为相加成十五的图形。宋人认为圣人睹图、书而作易，因此河图洛书展示了易数，蕴含着易理。

[注释]

[1] 贾（gǔ）：做买卖。便：利。肆：店铺。 [2] 处士：隐居不仕的士人。修其道：修养自己的道德。 [3]“风雨不毁折”二句：王念孙认为，“风雨不毁折，草木不夭死”，相对为文。“草木不夭”

当作“草木不夭死”。毁折，风雨吹倒树木或者刮断树枝。夭死，没有长成就死掉。 [4]“九鼎重味”二句：何宁认为“九鼎重味，珠玉润泽”当为“九鼎重，珠玉润”。 [5]洛：洛水。丹书：红色字迹。洛水显现丹书，被认为是盛世祥瑞。 [6]河：黄河。绿图：与丹书相应，亦为祥瑞。 [7]许由、方回、善卷、披衣：都是传说中的隐士。达其道：实现自己的追求。 [8]“四子之才”二句：四子之才，并没有极尽其善，高出今世之人。尽善，极尽其善。盖，盖过，超过。 [9]同光：获得相同的荣耀。 [10]唐虞之时：尧舜时代。唐，陶唐氏，即尧。虞，有虞氏，即舜。

逮至夏桀、殷纣[1]，燔生人[2]，辜谏者[3]，为炮烙[4]，铸金柱[5]，剖贤人之心[6]，析才士之胫[7]，醢鬼侯之女[8]，菹梅伯之骸。当此之时，峣山崩[9]，三川涸[10]。飞鸟铩翼[11]，走兽挤脚[12]。当此之时，岂独无圣人哉[13]？然而不能通其道者，不遇其世。夫鸟飞千仞之上，兽走丛薄之中[14]，祸犹及之，又况编户齐民乎[15]？由此观之，体道者，不专在于我，亦有系于世矣。

[注释]

[1]夏桀：夏代最后一位君主，被汤推翻。殷纣：商代最后一位君主，为周武王所败，自焚而死。 [2]燔：烧。生人：活

人。[3] 辜：一种分裂肢体的酷刑。谏者：提意见的人。[4] 炮烙：殷纣所用的酷刑，用火烧铜柱，令犯人爬行其上，被烤死或坠入炭火中烧死。[5] 金柱：即炮烙所用的铜柱。[6] 剖贤人之心：《史记》记载，比干谏纣，“纣怒曰：‘吾闻圣人心有七窍。’剖比干，观其心”。[7] 析：劈开，这里指折断。才士：有才华的知识分子。士是最低等级的贵族，后来指读书人。胫（jìng）：小腿。[8] 醢（hǎi）：与下文“菹”均为肉酱之意，这里用作动词，剁成肉酱。鬼侯：与下文“梅伯”均为商纣王时诸侯。据说，梅伯说鬼侯之女美好，劝纣娶她为妻。纣见到鬼侯之女，认为不好，所以把鬼侯之女和梅伯剁成肉酱。[9] 峣（yáo）山：山名，在今陕西。崩：崩塌。[10] 三川：泾水、渭水和汧（qiān）水，皆在今陕西境内。[11] 铩（shā）翼：折翅。[12] 挤：损伤。[13] 独：唯独。[14] 丛薄：密林茂草。聚木曰丛，草深曰薄。[15] 编户：编入户籍的人家，指普通百姓。齐民：平民。

故世治则愚者不能独乱，世乱则智者不能独治。身蹈于浊世之中[1]，而责道之不行也，是犹两绊骐骥而求其致千里也[2]。置猿槛中[3]，则与豚同[4]，非不巧捷也，无所肆其能也[5]。舜之耕陶也[6]，不能利其里[7]，南面王则德施乎四海[8]。仁非能益也[9]，处便而势利也。古之圣人[10]，其和愉宁静，性也；其志得道行，命也。是故性遭命而后能行，命得性而后能明。……今矰缴机而在上[11]，网罟张而在下，虽欲翱翔，其势焉

性，指人的内在本质，命，指人的外在际遇。性与命的关系，是中国古代思想讨论热烈的重大理论问题。

得？故《诗》曰："采采卷耳，不盈倾筐，嗟我怀人，置彼周行。"以言慕远世也。

引自《诗经·周南·卷耳》。《俶真训》把缅怀远人的诗歌，改变成对于远古时代的追慕。

[注释]

[1] 蹈：踩踏。意谓在浊世中生活。 [2] 两绊：重复捆绑。骐骥（qí jì）：千里马。 [3] 槛：关牲畜的栅栏。 [4] 豚：小猪，也泛指猪。 [5] 肆：放纵，这里指任意发挥才能。 [6] 舜之耕陶也：传说舜曾在历山耕作，在河滨制作陶器。这里用耕陶表示舜当初的普通人身份。陶，制作陶器。 [7] 利其里：造福乡里。里，乡里，聚居之处。 [8] 南面王：南面称王。君王在殿堂的位置，是坐北朝南。与此相对，是北面为臣。 [9] "仁非能益也"二句：舜的仁德没有增加，是他所处地位方便了，形势有利了。益，增加。 [10] "古之圣人"以下七句：古代圣人，能够内心恬静，是出于本性；能否得志行道，则要看命运了。所以，本性依靠命运才能施行，命运通过本性才能表现。 [11]"今矰缴（zēng zhuó）机而在上"以下十句：现在，上面架设了矰缴，下面张开了网罟，即使有心翱翔，形势哪里允许？所以《诗经》这样唱道："采呀采呀卷耳菜，不满小小一浅筐，思念我那心上人，浅筐丢在大道上。"这是说思慕那久远的清平时代呀。矰缴，猎取飞鸟的射具，引申为迫害人的手段。缴，系在箭上的丝绳。机，弩机，引申为架设弩机。网罟（gǔ），网捕兽，罟捕鱼。卷耳，植物名。倾筐，浅底的筐。置，放下。周行，大道。慕远世，思慕远古时代。

[点评]

《俶真训》是《淮南子》的第二篇，也是《淮南子》最重要的篇章之一。俶：溯源。真：本真。《俶真训》的主旨，就是追问终极性的本真究竟是什么。这种追问从宇宙起源的问题开始。《俶真训》开篇引用了《庄子·齐物论》对于“有始”和“有无”的溯源性追问，但是改变了庄子的意趣，把庄子对“始”的质疑，变成了对于“始”的确认。

庄子关于“开始”的思辨原本是：如果说“有开始”，那么，“就有还没有开始”的时候，继续前溯，“就有还没有那个还没有开始”的时候。由于“就有还没有”在逻辑上是可以无限添加的，这样的追溯就可以一直进行下去，因此最初的“始”是不可能落实的。庄子对“有无”的思辨，与对“始”的思辨是一样的，同样用了追问初始的方式，来强调有、无的相对同样难以确认最初的源头。

但是《俶真训》改造了《庄子》，把《齐物论》所说的“始”“未始有始”“未始有夫未始有始”与汉代的气化理论结合起来，从气化生物回溯到“气遂而大通冥冥”即元气尚未呈明和分化的状态。这样，《齐物论》的“始”“未始有始”“未始有夫未始有始”就成为宇宙生成的三个阶段，而气的大通冥冥就被认为是宇宙的初始。《俶真训》论说“有无”，与论说“有始”的方式是同样的。所不同处，是把宇宙生成描述成了“有有”“有无”“未始有有无”“未始有夫未始有有无”的四个阶段。之所以是四段，是因为“有”描绘了已然生成的世界：一个充满生意，可以感知和计量的世界。而在“有始”的描述中，因为没有涉及这个世界，所以宇宙生成只有三段。无论是三阶段还是四阶段，《俶真训》描述的都是宇宙如何从最初的混沌同一演变成后来的纷繁杂多，呈现了一个从

“初”到“今”的演变过程以及“古今相对”的映照模式。

这个演变过程和映照模式也是《俶真训》理解社会演变和人性迁变的基本模式。《俶真训》笔下的“古之人”是混沌而纯真的，“古时至德之世”是“浑浑苍苍，纯朴未散，旁薄为一”的，这样的人和社会与宇宙之初的寂寞虚无显然有着同质的对应。然而世道如同宇宙一样也在改变，这个改变被描述为“世之衰”，即世道在历史的过程中变得一天不如一天，一代不如一代。从“至德之世”到伏羲、神农、黄帝，再到夏、商、周三代，一直发展到了“周室衰而王道废，儒、墨乃始列道而议，分徒而讼”的价值混乱状态，再发展到“百姓曼衍于淫荒之陂，而失其大宗之本”的道德失落状态，《俶真训》因此发出了“世之所以丧性命，有衰渐以然，所由来者久矣”的感慨，同时也在“古今相对”的映照之下，提出了“返性于初而游心于虚”的主张。因为“初”才是宇宙、人类和万物的“本真”，“今”则是出于人为的复杂和巧伪，所以应该返璞归真，复归于“初”。

就人而言，复初就是复归真性。如何返性？《俶真训》在这个问题之下开始讨论人的精神修养。而这方面的讨论，明显表现出理想与现实的冲突。一方面，《俶真训》把“静漠恬澹”“和愉虚无”建立为精神修养的基本原则，大谈践行这种原则可以获得身心康泰的效果，摆脱社会毁誉的影响。另一方面，《俶真训》也清醒地认识到，“体道者，不专在于我，亦有系于世矣”，而他们面临的，是一个备受搅扰的时代。在“一国同伐之”“一世而挠滑之”的境况下，即使有心清静，“曷得须臾平乎！”“虽欲久生，岂可得乎？”这样的感慨在《俶真训》中一再出现，而这样的感慨显然带入了淮南王君臣对于时代环境的切身疼感。在清楚意识到理想与现实的冲突之后，《俶真训》把问题归纳到了“性”与“命”能否达成一致，说“古之圣人，其和愉宁静，性也；其志得道行，命也。是故性遭命而后能行，命得性而后能明”。这个说法暗示，他们像古之圣人一样具有和愉宁静的本性，但似乎没有赶上能够行道得志的际遇，他们的“命”不那么好。这种对时代和际遇的感慨，使《俶真训》最后引用《诗经·周南·卷耳》怀念远人的诗句，来表达对于远古美好世界的追慕。它呼吁返璞归真，却又欲归不能的惆怅，也因此表达得淋漓尽致。

卷三　天文训

天地未形[1]，冯冯翼翼，洞洞灟灟，故曰太昭。道始于虚霩，虚霩生宇宙，宇宙生气，气有涯垠。清阳者薄靡而为天[2]，重浊者凝滞而为地[3]。清妙之合专易[4]，重浊之凝竭难[5]，故天先成而地后定。天地之袭精为阴阳[6]，阴阳之专精为四时[7]，四时之散精为万物[8]。积阳之热气生火[9]，火气之精者为日；积阴之寒气为水，水气之精者为月。日月之淫为精者为星辰[10]。天受日月星辰[11]，地受水潦尘埃[12]。

《天文训》以气的分化论说天地的形成，然后以阴阳之抟精形成四时，四时之散精形成万物。这样的论说蕴含着一个一分为二，二分为四的过程，而过程的终点是形成了一个四方的宇宙结构。四方宇宙图景是《天文训》解释天文现象和其他现象的基础框架。

[注释]

[1]“天地未形”以下八句：天地还未形成之时，饱满充盈

又空濛无边，所以叫作太始。道从清虚开始，产生出了空间和时间，时空中渐渐生出气来，气开始分化，有了界线。冯（píng）冯，众盛貌。翼翼，繁盛貌，指天地尚未形成之时混沌却又饱满充盈的样子。洞洞灟灟，天地混沌未形的样子。洞洞，无形的样子。灟灟，混沌无形的样子。太昭，王引之说："书传无言天地未形名曰太昭者，冯翼洞灟，亦非昭明之貌。'太昭'当作'太始'，字之误也。"太始，天地开辟之前的初始混沌状态。虚霩（kuò），空旷清虚的状态。霩，同"廓"，空旷。宇宙，空间和时间。气，元气。涯垠，边际，界线。 [2] 清阳者：指气的清轻部分。薄靡：轻气飞扬的样子。 [3] 重浊者：指气中质量厚重的部分。凝滞：凝结不动。 [4] 清妙：即清轻之气。合专：抟合成一个整体。专，通"抟（tuán）"。 [5] 凝竭：聚合干结。竭，通"涸"，干结。 [6] 天地之袭精：天地合和产生的精气。袭，合和。 [7] 专精：抟精，指阴阳二气的不同抟合产生了四时之气。 [8] 散精：与专精相对而言，指四时之气的散布。 [9] 积：积累。 [10] 淫为精者：溢出之气中的精华。淫，溢出。 [11] 受：接受，承受。 [12] 水潦：积水。

昔者，共工与颛顼争为帝[1]，怒而触不周之山[2]，天柱折[3]，地维绝[4]。天倾西北[5]，故日月星辰移焉；地不满东南[6]，故水潦尘埃归焉。

共工神话被用来解释日月星辰西落的天文现象和中国地理西北高东南低的地势面貌。

[注释]

[1] 颛顼：传说中的古帝。 [2] 触：指共工用头撞山。不周之山：神话传说中的山名，在昆仑西北。 [3] 天柱：支撑天的柱子。盖天说认为，天像一个锅盖，笼罩大地，天盖由八根柱子支

撑，称天柱。[4]地维：盖天说认为天圆地方，地的四角用大绳维系，维系大地的绳子，称地维。[5]“天倾西北”二句：因为西北的天柱被撞断，天向西北倾斜，所以日月星辰都向西移动。[6]“地不满东南”二句：因为地维断绝，地就陷落了，东南地势低矮，所以水向东流，泥沙积累成为平原。

此节参见《大戴礼记·曾子天圆》。注曰：“外景者，阳道吐施也”，“内景者，阴道含藏也。”

天道曰圆，地道曰方。方者主幽[1]，圆者主明[2]。明者吐气者也，是故火曰外景[3]；幽者含气者也[4]，是故水曰内景[5]。吐气者施[6]，含气者化[7]，是故阳施阴化。

[注释]

[1]主幽：主管幽暗。[2]主明：主管明朗。[3]外景：向外吐施。景，同“影”。[4]含气：蕴涵能量。[5]内景：内敛含藏。[6]施：给予。[7]化：生。

天之偏气怒者为风[1]；地之含气和者为雨[2]。阴阳相薄[3]，感而为雷[4]，激而为霆[5]，乱而为雾[6]。阳气胜则散而为雨露[7]，阴气胜则凝而为霜雪。

[注释]

[1]偏气：主流之外旁溢的气。怒者：被鼓动起来。[2]含气：大地蕴涵的水气。和者：与天气交合。[3]相薄：相迫，相撞击。

薄，迫。 [4] 感：彼此影响。 [5] 激：猛撞。霆：挟带闪电的迅雷。 [6] 乱：散乱弥漫。 [7] 胜：旺盛。

毛羽者[1]，飞行之类也，故属于阳；介鳞者[2]，蛰伏之类也，故属于阴。日者阳之主也，是故春夏则群兽除[3]，日至而麋鹿解[4]；月者阴之宗也[5]，是以月虚而鱼脑减[6]，月死而蠃蛖膲[7]。火上荨[8]，水下流，故鸟飞而高，鱼动而下。物类相动[9]，本标相应。故阳燧见日则燃而为火[10]，方诸见月则津而为水[11]。虎啸而谷风至[12]，龙举而景云属[13]，麒麟斗而日月食[14]，鲸鱼死而彗星出[15]，蚕珥丝而商弦绝[16]，贲星坠而勃海决[17]。

《天文训》以阴阳为类目进行分类，把往上飞翔的鸟类归属于阳，把水中潜游的鱼鳖归属于阴。

同类事物之间被认为存在着“同类相动”的关系：当某一事物处于某种状态或者出现某种现象时，与它同类的事物也会出现相应的联动，例如“麒麟斗而日月食，鲸鱼死而彗星出”之类。这里列举的事例，在《天文训》笔下都是“同类相动”的例证。

[注释]

[1]“毛羽者”以下三句：鸟类向上飞翔，被认为属于天而归类为阳。 [2]“介鳞者”以下三句：龟钻地而鱼游水，所以归类为阴。介鳞，长甲鳞的龟类和鱼类。介，甲。 [3] 除：兽类旧毛脱落，长出新毛。 [4] 日至：夏至和冬至。解：脱落。古人认为，夏至时鹿脱去旧角，冬至时麋脱去旧角。 [5] 宗：主。 [6] 月虚：月亮由圆变缺，逐渐亏损。鱼脑减：古人认为鱼脑会随着月亮变缺而减少。 [7] 月死：没有月亮的时候。蠃蛖（luó bàng）：螺蚌。蠃，螺。蛖，同“蚌”，蚌蛤。膲（jiāo）：肉不满，指蠃蚌

瘪缩。 [8] 蕁（tán）：火势上腾。 [9]“物类相动”二句：事物根据类别相互影响，树干和树梢会相互呼应。本，树干。标，树梢。 [10] 阳燧：聚日光取火的凹面金属镜。见（xiàn）日：放置在阳光下。见，同“现”。 [11] 方诸：在月光下承露取水的器具。津：湿润。 [12] 谷风：山谷之风。 [13] 举：飞升。景云：祥云。属（zhǔ）：跟随。 [14] 麒麟：古代传说中的祥瑞动物，形状似鹿。一说雄为麒，雌为麟。传说麒麟是天庭使者，如有争斗，是上天失序的表现，日食和月食因此出现。 [15] 鲸鱼：古人认为鲸鱼是海中之王，而彗星出现是除旧布新之兆，所以鲸鱼死会有彗星出现的先兆。 [16] 珥（èr）丝：吐丝。商弦：演奏商音的弦。古人以商音属秋。蚕在秋天吐丝，商弦在秋天易断，二者被认为有同类相应的关系。商，五音之一。五音，宫、商、角、徵、羽。 [17] 贲（bēn）星：流星。流星坠地则为陨星，此处即指陨星。决：海水涨溢。

君主被认为是“人”的代表，能够与上天发生相互的感应。

天人之间的“同类相动”即天人感应。

人主之情，上通于天。故诛暴则多飘风[1]，枉法令则多虫螟[2]，杀不辜则国赤地[3]，令不收则多淫雨[4]。

[注释]

[1] 诛暴：刑法严酷。飘风：狂风。 [2] 枉法令：曲解法令，或不遵守法令。螟（míng）：一种蛀食稻心的害虫。 [3] 赤地：不毛之地。多指严重旱灾造成草木不生。 [4] 令不收：何宁曰：“《意林》引作‘杀不辜则多赤地，令不时则多淫雨’，当据改。”令不时，政令不合时节，例如农忙时节征调民力等等。淫雨：雨水过多。

天有九野[1]，九千九百九十九隅[2]，去地五亿万里[3]。五星[4]，八风[5]，二十八宿[6]，五官[7]，六府[8]，紫宫、太微、轩辕、咸池、四守、天阿[9]。

[注释]

[1] 九野：九个区域，即以北极天顶为中央，逆时针顺序分天空为东、东北、北、西北、西、西南、南、东南，共九个分区。 [2] 隅：角。 [3] 去地：距离地面。 [4] 五星：木、火、土、金、水五大行星。 [5] 八风：八种风，指条风、明庶风、清明风、景风、凉风、阊阖风、不周风和广莫风。《天文训》说，冬至后四十五日，开始刮条风，此后，每四十五日换一种风。 [6] 二十八宿（xiù）：古代天文学家将黄道（想象中太阳周年运行的轨道）附近的恒星分为二十八个星座，称二十八宿。 [7] 五官：五方之官，东方为田，南方为司马，西方为理，北方为司空，中央为都。 [8] 六府：指子午、丑未、寅申、卯酉、辰戌、巳亥，一年十二辰中互相呼应配合的六组时令。 [9] 紫宫、太微、轩辕、咸池、四守、天阿：星名。星象家认为，紫宫、太微是太一的居所，是天上的皇宫；轩辕是上天的后宫；咸池是上天的鱼池；四守，在上天管理赏罚；天阿，是群神宫殿的阙门。

日冬至则斗北中绳[1]，阴气极[2]，阳气萌。故曰冬至为德。日夏至则斗南中绳[3]，阳气极[4]，阴气萌。故曰夏至为刑。……阴阳相德则刑德合门[5]。八月、二月，阴阳气均，日夜分平，故曰刑德合门。德南则生[6]，刑南则杀。故曰二月会

阳气滋养生长，所以为德。

阴气导致肃杀，所以为刑。

而万物生[7]，八月会而草木死[8]。

[注释]

[1] 斗北中（zhòng）绳：北斗指向北，与子午线相合。中，符合。绳，直线。《天文训》以子午为北南直线，与卯酉的东西直线相交，称“二绳”。 [2]“阴气极”以下三句：阴气达到极致，然后阴气衰减，阳气萌生，万物生长，所以以冬至为德。德，恩惠。 [3] 斗南中绳：北斗指向南，与子午线相合。 [4]“阳气极”以下三句：阳气达到极致，然后阳气减弱，阴气萌生，万物肃杀，所以以夏至为刑。刑，肃杀。 [5] 相德：相合。刑德合门：阴气和阳气均衡发挥作用。 [6]“德南则生”二句：阳气向南则生，阴气向南则杀。 [7] 二月会：刑德在二月合门。 [8] 八月会：刑德在八月合门。

这是二十四节气的名称第一次在典籍里完整出现，已经与今名完全一致。

节气的形成，与阴阳之气的运行相关。阳气从东北方萌生，到南方达到极盛，阴气从西南方萌生，到北方达到极盛。节气由阴阳之兴衰造成。

两维之间[1]，九十一度十六分度之五，而升日行一度[2]，十五日为一节，以生二十四时之变[3]。斗指子则冬至[4]，音比黄钟[5]；加十五日指癸则小寒，音比应钟；加十五日指丑则大寒，音比无射；加十五日指报德之维[6]，则越阴在地[7]。故曰距日冬至四十六日而立春，阳气冻解，音比南吕；加十五日指寅则雨水，音比夷则；加十五日指甲则雷惊蛰，音比林钟；加十五日指卯中绳[8]，故曰春分，则雷行，音比蕤宾；

加十五日指乙则清明风至，音比仲吕；加十五日指辰则谷雨，音比姑洗；加十五日指常羊之维[9]，则春分尽，故曰有四十六日而立夏，大风济[10]，音比夹钟；加十五日指巳则小满，音比太蔟；加十五日指丙则芒种，音比大吕；加十五日指午则阳气极[11]，故曰有四十六日而夏至，音比黄钟；加十五日指丁则小暑，音比大吕；加十五日指未则大暑，音比太蔟；加十五日指背阳之维[12]，则夏分尽，故曰有四十六日而立秋，凉风至，音比夹钟；加十五日指申则处暑，音比姑洗；加十五日指庚则白露降，音比仲吕；加十五日指酉中绳[13]，故曰秋分雷戒[14]，蛰虫北乡[15]，音比蕤宾；加十五日指辛则寒露，音比林钟；加十五日指戌则霜降，音比夷则；加十五日指蹏通之维[16]，则秋分尽，故曰有四十六日而立冬，草木毕死，音比南吕；加十五日指亥则小雪，音比无射；加十五日指壬则大雪，音比应钟；加十五日指子。故曰，阳生于子[17]，阴生于午[18]。阳生于子，故十一月日冬至，鹊始加巢[19]，人气钟首[20]。阴生于午，故五月为小刑。荠、麦、亭历枯[21]，冬生草木必死[22]。

[注释]

[1] 两维之间：子午绳与卯酉绳相交，将周天分为四个维度，两维之间即四分之一周天。周天 365.25 度，两维之间为 91.3125 度。 [2] 升：当为斗。斗日行一度，指斗柄左旋，日行一度。 [3] 二十四时：二十四节气。每十五日为一个节气，一年共二十四节气。 [4] 斗指子则冬至：斗柄指向子，就是冬至。 [5] 音比黄钟：音律从属黄钟。比，从属。黄钟，十二律的第一律。十二律是古代乐律，其名称，从最长管算起，依次是：黄钟、大吕、太蔟、夹钟、姑洗、仲吕、蕤（ruí）宾、林钟、夷则、南吕、无射、应钟。古人将乐律与阴阳五行、历法等配合，这里是将二十四节气与十二律相配。 [6] 报德之维：东北方位。北是阴气之极，东是阳气始发处，东北位于由阴复为阳的转折处，所以称为报德之维。报，复。 [7] 越阴在地：大地度过了阴气控制期，由阴转阳。越，跨过。 [8] 中绳：与东西向的卯酉绳重合。 [9] 常羊之维：东南方位。五行说认为东南为纯阳发挥作用，不盛不衰，所以叫常羊之维。常羊，徜徉，徘徊。 [10] 济：过。这里指大风停刮。 [11] 午：正南方，故称阳气极。 [12] 背阳之维：西南方位。南为阳气之极，西为阴气始发处，西南乃自南而西，背离阳气而去，所以称为背阳之维。 [13] 指酉中绳：与东西向的卯酉绳再次重合。 [14] 雷戒：雷声不能出现，指秋季不打雷。戒，禁。 [15] 蛰虫北乡（xiàng）：蛰虫北向钻穴伏藏。乡，同“向”，面向。 [16] 蹄通之维：西北方位。五行说认为西北是纯阴发挥作用，但阳气即将萌发，需要阳气的呼号才能打通阴气的闭结，所以称为蹄通之维。蹄，通“号”。 [17] 阳生于子：子为正北，阴气最盛，同时由盛而衰，阳气发生，所以说“阳生

于子”。 [18] 阴生于午：午为正南，阳气最盛，同时由盛而衰，阴气发生，所以说“阴生于午”。 [19] 加巢：筑巢。 [20] 人气：气在人体内的运行。钟首：会聚于头部。 [21] 荠：荠菜。亭历：一年生草本植物名。 [22] 冬生草木：冬天生长的草木。

道曰规始于一[1]，一而不生，故分而为阴阳，阴阳合和而万物生。故曰：“一生二[2]，二生三，三生万物。”……天地以设[3]，分而为阴阳，阳生于阴，阴生于阳。阴阳相错[4]，四维乃通[5]。或死或生[6]，万物乃成。蚑行喙息[7]，莫贵于人，孔窍肢体，皆通于天。天有九重，人亦有九窍[8]。天有四时以制十二月，人亦有四肢以使十二节[9]。天有十二月以制三百六十日，人亦有十二肢以使三百六十节[10]。故举事而不顺天者，逆其生者也[11]。

这里以阴阳对应于二，阴阳和合而生万物对应于三，展示了《淮南子》诠释此章的宇宙生成视野。

[注释]

[1] 道曰规始于一：王念孙认为，“曰规”二字与上下文义不相属，因误衍而掺入。道始于一，即开篇“道始于虚霩”之意。一，天地未分的混沌状态。 [2]“一生二”以下三句：此下引文参见《老子》第四十二章。 [3] 天地以设：指清轻之气上升形成天，重浊之气下降形成地，构成了天上地下的宇宙模式。 [4] 阴阳相错：指阴阳相互混合，同时发挥作用。 [5] 四

维：一周天。这里泛指天地。 [6]“或死或生”二句：有死有生，万物才成形。 [7]“蚑行喙息”以下四句：一切生物，没有比人更尊贵的，人的孔窍肢体，都与天相通。蚑行喙息，泛指一切生物的活动。蚑行，虫行貌，这里指用足行走。喙息，用嘴呼吸。喙，鸟嘴。 [8]九窍：眼耳鼻口七窍加前阴后阴，一共九个对外的孔窍。 [9]使：支使。十二节：古人认为人有十二条经脉。 [10]十二肢：人的四肢各有三节，合称十二肢。三百六十节：古人认为人有三百六十关节。 [11]逆其生：违背了生命的规律。

[点评]

《天文训》是《淮南子》的第三篇，是一篇包含天文、历法、节气、音律、度量衡、天象的分度计算以及地表测量等丰富内容的古代科技文献，非常珍贵。

《天文训》开篇即论说宇宙生成，认为“道始于虚霩”，而道的运行产生了宇宙，即空间和时间，时空中渐渐有气产生出来，然后气开始分化，清轻之气上升，形成为天，重浊之气下降，凝结成地。天地再释放各自的气，天地之气就是阴阳之气，阴阳之气抟合，产生了四时，四时之气散开，出现了万物。至此，一个由四时定位、有万物活动的宇宙就形成了。《天文训》随后的论说表明，这样一个四方的宇宙图式是《天文训》解释天文现象和其他现象的基础框架。

然后，《天文训》以共工神话来解释日月星辰西落的天文现象，认为共工撞折了天柱，使天向西北倾斜，所以天上的日月星辰向西滑落，形成了日月星辰西落的现象。这个描述表明，《天文训》秉持的是盖天说。河水东流的现象，也是以共工神话进行解释的：因为天柱折断，天倾西北，地陷东南，所以河水东流。虽然混杂着神话，但是，《天文训》的描述也表明，当时人对于天象的观察已经有整体概括，对于中国地理西北高东南低的整体地势，有了清晰认识。

《天文训》还提出了两个重要思想：一个是以阴阳五行为类目，对事物进行分类；一个是在分类的基础上建立“同类相动”的原则。

《天文训》以及整部《淮南子》都有丰富的分类思想，阴阳五行作为基本类目，统纳了大到天地、小到虫鱼的宇宙万象，保障了宇宙的秩序。正是根据阴阳五行进行分类，《天文训》把往上飞翔的鸟类归属于阳，把水中潜游的鱼鳖归属于阴。又认为同类事物之间存在着“同类相动”的关系，当某一事物处于某种状态或者出现某种现象时，与它同类的事物也会相应联动。《天文训》在“同类相动”原则下列举了很多事例，例如“蚕珥丝而商弦绝”之类，作为证明“同类相动”的例证。站在今天的认识立场，这样的分类体系当然是过于粗略了，同类相动的事例也多有勉强。但是，在距今两千多年之前，中国古人就已经用“分类”来为事物安排秩序，用“同类事物会相互影响”的观念来解释事物之间的关联，还是很了不起的。天人感应被认为是天与人之间的“同类相动”，由于“人主”代表着“人”，所以天人感应被认为发生在“人主”和“上天”之间，人间政治的各种举措，因此被纳入了宇宙的整体运行之中。

二十四节气名称的完整出现，是《天文训》的一大亮点。这是二十四节气的名称第一次在典籍里完整出现，已经与今名完全一致。说明二十四节气的名称至少从汉初以来，就没有改变。阴阳之气的运行，被用来解释节气的变化：阳气在东北方萌生，流转到南方达到极盛，阴气在西南方萌生，流转到北方达到极盛，阴阳的兴衰就造成了节气的兴替。节气与方位、干支和音律之间，也有相互配合的关系。地支的子，正指北方，午正指南方，子午形成北南向的子午线。卯正指东方，酉正指西方，卯酉形成东西向的卯酉线，这两条线称二绳，把周天分成了四维：东北的报德之维、东南的常羊之维、西南的背阳之维、西北的蹄通之维。四维与十二地支，再加上十天干中除去戊、己的其他八个，分别担当表达二十四节气名称的方位，这些方位又与十二音律一一相配，形成了一个相互配合的大系统。这个系统说明，《天文训》所谓的“天文”，并不仅仅是天文现象，还包括更多的复杂内容。

因此，《天文训》虽然论说了天文，但是与现代天文学又有本质差异，属于不同的知识类型。现代天文学是纯粹的天文知识，虽然也有宇宙假说，但只是以客观观察的现象来证实或证伪相关假说，建立在客观观察的基础之上。而《天文训》的各种描述虽然也有观察的基础，却蕴含着大量非客观知识的内容。这些内容，有些具有价值含义，例如把反常的天象视为人间事务失序的表征；有的具有神话色彩，例如以共工神话来解释日月的东升西降和河水东流的现象，以扶桑神话来描述太阳在一天之中的视运动等等。这是以自然力量之外的想象，来解释天文和地理的现象。除了这些不同,《天文训》的内容还不只是天文，而是以日月星辰的运行为纲，广泛探讨天人以及万物之间彼此感应的道理和原则，涉及历法、节气、音律、度量衡、天象的分度计算等各方面知识，是一套非常庞杂而丰富的系统。

本篇是节选，且选择有限。《天文训》的内容是非常丰富的，例如，在“天有九野”之后列举了五星、八风、二十八宿、五官、六府等等，然后以“何谓九野”“何谓五星”为提示，逐一进行细致的解释和描述。这些内容以及更多的细致内容之所以没有选入，是因为过于专门，并不适合普通读者。对《天文训》持有科技兴趣的读者，可以进一步阅读全文，并参考陈遵妫、席宗泽、冯时、江晓原、陶磊等学者的相关研究。

卷四　地形训

开篇即划定了《地形训》的论述范围。

地形之所载[1]，六合之间[2]，四极之内[3]，照之以日月，经之以星辰[4]，纪之以四时[5]，要之以太岁[6]。天地之间，九州八极[7]，土有九山，山有九塞[8]，泽有九薮[9]，风有八等[10]，水有六品。

[注释]

[1] 王念孙认为，“地”下不当有“形”字。地之所载，指地表的各种地貌以及人物地产。　[2] 六合：天地四方。　[3] 四极：四方之极。　[4] 经之以星辰：指以星辰划分天区，古人以天宇分区对应地上的分野，参见《天文训》。经，纵线为经。　[5] 纪：条理。　[6] 要：约束。太岁：古代天文学家假设的星宿，与岁星作反方向运动。　[7] 九州：按照《尚书·禹贡》，九州是冀州、兖州、青州、徐州、扬州、荆州、豫州、梁州和雍州。这是中国汉族先民对自身原居地进行的地域区划。但是《地形训》的九州

有不同的名称，下文有具体解释。八极：东南西北四方，加东北、东南、西南、西北四隅，合称八极。　[8] 塞：要塞，地势险要处。　[9] 薮（sǒu）：湖泽。　[10] 等：与下文“品”都是种类的意思。

何谓九州[1]？东南神州曰农土，正南次州曰沃土，西南戎州曰滔土，正西弇州曰并土[2]，正中冀州曰中土，西北台州曰肥土，正北泲州曰成土[3]，东北薄州曰隐土，正东阳州曰申土。

《地形训》的九州，是“九方之州”：八方加中央即成九州。

《地形训》的九州划分，是建构大地图景的观念性规范，虽然含有地理经验，但并非出自实际，更不是出自实测。

［注释］

[1] 九州：《地形训》把整个中国分为九个区域，称九州。以神州、次州等名称指称不同方位的区域，称某土。例如神州表示东南方，称农土；次州表示正南方，称沃土等等。高诱注释了肥土和成土之外的各土，例如次州沃土，高诱注曰：“沃，盛也。五月建午，稼穑盛张，故曰沃土也。”可以参考。　[2] 弇（yān）：山名。　[3] 泲（jǐ）：古地名。《诗经·邶风·泉水》：“出宿于泲。”或以为泲是卫国地名，一说是济水。

何谓九山？会稽、泰山、王屋、首山、太华、岐山、太行、羊肠、孟门[1]。

从《地形训》的记载，可知中国许多地名相当古老。但是《地形训》既有实际地名的记载，也有许多出于想象的地名和描写。

［注释］

[1] 会（kuài）稽：山名，在今浙江绍兴东南，相传大禹在此大会诸侯，故名。泰山：山名，在今山东泰安。为古代五岳之一，

称东岳。王屋：山名，在今山西垣曲与河南济源之间。首山：山名，在今山西永济南。太华：山名，即华山，在今陕西华阴南。为古代五岳之一，称西岳。岐山：山名，在今陕西岐山县东北，山形状如柱，故又称天柱山。太行：山名，位于山西、河南、河北交界处。羊肠：其地说法不一，高诱注认为在太原晋阳西北。孟门：山名，在今山西吉县西，绵亘黄河两岸。

何谓九塞？曰：太汾、渑阨、荆阮、方城、殽阪、井陉、令疵、句注、居庸[1]。

[注释]

[1] 太汾：古要塞名，位置不详，大约在山西境内。渑（miǎn）阨：古要塞名，其地一说在今河南渑池附近，一说即河南信阳西南平靖关。荆阮：古要塞名，在楚国。方城：春秋时楚国所筑长城，在今河南邓州北至泌阳一带。殽阪：古代著名要塞，在今陕西潼关至河南新安一带。井陉（xíng）：古要塞名，在今河北井陉西北井陉山上。令疵：古要塞名，在今河北迁安西南。句注：古要塞名，也叫句望，在今山西代县西北。居庸：古要塞名，亦称居庸关，在今北京昌平西北。

何谓九薮？曰：越之具区、楚之云梦、秦之阳纡、晋之大陆、郑之圃田、宋之孟诸、齐之海隅、赵之钜鹿、燕之昭余[1]。

[注释]

[1] 具区：古泽薮名，又名震泽，即今江苏太湖。云梦：古代楚地著名大泽，其地大致在今湖北江陵至武汉一带。阳纡：古泽薮名，地在今陕西境内。大陆：古泽薮名，也叫钜鹿泽、广阿泽，地在今河北巨鹿一带。圃田：古泽薮名，地在今河南中牟西。孟诸：古泽薮名，又名孟猪、望诸，地在今河南商丘东北。海隅：古泽薮名，在古齐地，位置不详。钜鹿：古泽薮名，即上文的大陆。昭余：古泽薮名，在今山西祁县西南。

何谓八风？东北曰炎风，东方曰条风，东南曰景风，南方曰巨风，西南曰凉风，西方曰飂风[1]，西北曰丽风[2]，北方曰寒风。

何谓六水？曰：河水、赤水、辽水、黑水、江水、淮水[3]。

[注释]

[1] 飂（liú）风：西风。 [2] 丽风：厉风。丽，通“厉”。 [3] 河水：即黄河。赤水：古水流名，所指不明。《庄子·天地》：“黄帝游乎赤水之北。”大概是神话传说中的水名。辽水：古分大辽水、小辽水。大辽水即今辽河，小辽水即今浑河。黑水：古水流名，所指众说纷纭，唐以前多以昆仑山东北地区河流为黑水，唐以后多以西南地区河流为黑水。一说即甘肃张掖黑河。江水：即长江。淮水：即淮河。

《地形训》和《天文训》都说“八风”，所不同者，《地形训》之“八风”，是“八方之风”，《天文训》之“八风”，是“八节之风”。所谓八节，是以冬至日为起点，每四十五日为一节，吹一种风。具体名称是：条风、明庶风、清明风、景风、凉风、阊阖风、不周风和广莫风。与《地形训》的风名不同。

《地形训》的这一段来自《山海经》。这里的步数从形式上看是出自实测，实际上是古代先民对于大地的想象，并不是真正的实测知识。

阖四海之内[1]，东西二万八千里[2]，南北二万六千里[3]，水道八千里[4]，通谷其名川六百[5]，陆径三千里[6]。禹乃使太章步自东极至于西极[7]，二亿三万三千五百里七十五步。使竖亥步自北极至于南极[8]，二亿三万三千五百里七十五步。

[注释]

[1] 阖：总，全。 [2] 东西：指大地的东西直径。 [3] 南北：指大地的南北直径。 [4] 水道：河流。 [5] 通谷：河流流过的峡谷。其："六"字之误。名川：有名称的河流。 [6] 陆径：平地上的道路。 [7] 太章：与下文的"竖亥"都是传说中的大禹之臣，善走。 [8] 北极至于南极：高诱注："海内东西长，南北短，极内等也。"

省略号代表的未选内容，是对八殡、八纮和八极的具体描写，多是想象的地名，没有实指的意义。

九州之大，纯方千里[1]。九州之外，乃有八殡[2]，亦方千里。……八殡之外，而有八纮[3]，亦方千里。……八纮之外，乃有八极[4]。……凡八极之云[5]，是雨天下。八门之风，是节寒暑。八纮、八殡、八泽之云，以雨九州而和中土[6]。

[注释]

[1] 纯：全。 [2] 八殡（yín）：八个方位的远地。殡，荒远之

地。 [3] 八纮（hóng）：传说中维系大地的八根大绳，这里转义为大地边缘。纮，大绳。 [4] 八极：八方极远之处。 [5]“凡八极之云”以下四句：八极上空的云，凝结为雨，滋润了整个天下。八方吹来的风，调节着寒暑的变化。是，代词，分别指代“八极之云”“八门之风”。 [6] 雨九州：像雨一样滋润九州。和中土：使中原和谐。中土，中原区域。

东方之美者，有医毋闾之珣玗琪焉[1]。

东南方之美者，有会稽之竹箭焉[2]。

南方之美者，有梁山之犀象焉[3]。

西南方之美者，有华山之金石焉[4]。

西方之美者，有霍山之珠玉焉[5]。

西北方之美者，有昆仑之球琳、琅玕焉[6]。

北方之美者，有幽都之筋角焉[7]。

东北方之美者，有斥山之文皮焉[8]。

中央之美者，有岱岳以生五谷桑麻[9]，鱼盐出焉。

本段从东方开始，顺时针顺序描述八方美物，最后收结到中央，呈现出一个八方围绕中央的方位框架。八方美物皆是奇珍异物，只有中央之物是日常用品。表明《地形训》是以中央之地为立足点，对远方进行了美好想象。

[注释]

[1] 医毋闾：山名，在今辽宁西部。珣玗琪（xún yú qí）：玉石名。 [2] 会（kuài）稽：会稽山，在今浙江绍兴。 [3] 梁山：山名，一说即湖南衡山。犀象：犀牛和大象。 [4] 华山：山名，在今陕西华阴南。金石：黄金、玉石之类。 [5] 霍山：山名，在今山西

霍县东南。一说是传说中的山名，见《山海经》。珠玉：宝珠、玉石之类。 [6] 球琳、琅玕：皆指美玉。 [7] 幽都：雁门以北的区域。筋角：牛马等牲畜的筋角，可以制弓弩。 [8] 斥山：山名，所在不详。文皮：有花纹的毛皮。 [9] 岱岳：即泰山。

《淮南子》有丰富的分类思想，而类的划分，就以阴阳五行为模式。在《地形训》里，阴阳五行也发挥着分类的作用，是统领万物的基本类目。

凡地形东西为纬，南北为经，山为积德[1]，川为积刑；高者为生[2]，下者为死；丘陵为牡[3]，溪谷为牝；水圆折者有珠[4]，方折者有玉；清水有黄金，龙渊有玉英[5]。土地各以其类生[6]。是故山气多男[7]，泽气多女。……皆象其气[8]，皆应其类。……万物之生而各异类[9]。

[注释]

[1]“山为积德”二句：按照阴阳理论，山为阳，水为阴；阳为德，阴为刑。所以高山被认为是德的累积，河流被认为是刑的汇集。 [2]“高者为生”二句：按照阴阳理论，高为阳，下为阴，阳主生，阴主死，所以说高者为生，下者为死。 [3]“丘陵为牡”二句：雄为阳，雌为阴。丘陵为阳，所以被视为雄性的牡；溪谷为阴，被视为雌性的牝。牡，雄。牝（pìn），雌。 [4]“水圆折者有珠”二句：圆者主阳，珠是阴中之阳，按照同类相应的道理，圆折浪水下有珠；方者主阴，玉是阳中之阴，方折浪下有玉。圆折，与下文“方折”指水波浪的形状。圆折指波峰呈圆状之浪，方折指波峰呈锐状之浪。 [5] 龙渊：潜龙所在的深渊。玉英：玉石中的精华。 [6] 以其类生：指不同类型的土地有不同的出产。 [7]“是故山气多男”二句：山为阳，水为阴；男为阳，

女为阴。按照同类相应的原理，所以说山气重的地方多生男孩，水气重的地方多生女孩。 [8]“皆象其气”二句：出产与各地之气相似，有同类相应的关系。象，相似。 [9]万物之生而各异类：万物之所以能够区别开来，是因为它们分属不同的类别。

东方川谷之所注[1]，日月之所出。其人兑形小头[2]，隆鼻大口[3]，鸢肩企行[4]，窍通于目[5]，筋气属焉[6]，苍色主肝[7]，长大早知而不寿[8]；其地宜麦，多虎豹。

此段以方位划分土地类别，并解释不同地方之人在形貌和品性上的特点，以及各地的不同出产。

[注释]

[1]东方川谷之所注：中国地形西北高东南低，河水多东流，故以东方为川谷之所注。 [2]兑：同“锐”。 [3]隆：高。 [4]鸢（yuān）肩：肩膀高耸，如鸢鸟高耸翅膀。企行：踮起脚跟走路。 [5]窍：九窍。这里以九窍配五方，以目属木，属东方。 [6]筋气：与下文的“血脉”“肤肉”“皮革”“骨干”为人之五体，五行说将之分属五行，筋气属木，属东方。 [7]苍色：青色，五行说以五色配五方，青色属东。肝：五行说以五藏配五方，肝属东，所以以东方的苍色比配五脏的肝。 [8]长大：身材高大。知：同“智”。

南方阳气之所积，暑湿居之。其人修形兑上[1]，大口决眦[2]，窍通于耳[3]，血脉属焉[4]，赤色主心[5]，早壮而夭；其地宜稻，多兕象[6]。

[注释]

[1] 修形：身材修长。兑上：头尖。　[2] 决眦（zì）：眼角开裂。决，开裂。眦，眼眶。　[3] 窍通于耳：耳属火，故属南方。　[4] 血脉：人的五体之一，按照五行配比，血脉属火，故属南方。　[5] 赤色：属火，属南方。心：五行说以五藏配五方，心属南。　[6] 兕（sì）象：犀牛和大象。兕，独角犀牛。

西方高土，川谷出焉，日月入焉。其人面末偻[1]，修颈卬行[2]，窍通于鼻[3]，皮革属焉[4]，白色主肺[5]，勇敢不仁；其地宜黍，多旄犀[6]。

[注释]

[1] 面末偻：向宗鲁认为“面”上脱“毛”字。毛面，面部多毛。末，背脊。偻，曲背。　[2] 修颈：脖子长。卬行：昂头行走。卬，同“仰”。　[3] 窍通于鼻：以鼻属金，属西方。　[4] 皮革：人的五体之一，按照五行配比，皮革属金，属西方。　[5] 白色：属金，属西方。肺：五行说以五藏配五方，肺属西。　[6] 旄（máo）犀：旄牛和犀牛。

北方幽晦不明，天之所闭也，寒冰之所积也，蛰虫之所伏也。其人翕形短颈[1]，大肩下尻[2]，窍通于阴[3]，骨干属焉[4]，黑色主肾[5]，其人惷愚[6]，禽兽而寿；其地宜菽[7]，多犬马。

[注释]

[1]翕（xī）形：耸肩的样子。 [2]下尻（kāo）：屁股下坠。尻，屁股。 [3]窍通于阴：九窍配五行，二阴属水，属北方。 [4]骨干：人的五体之一，按照五行配比，骨干属水，属北方。 [5]黑色主肾：黑色属水，属北方。肾，五行说以五藏配五方，肾属北。 [6]“其人惷愚”二句：王念孙云：“‘惷愚’上不当更有‘其人’二字。”“‘禽兽’二字，妄人所加。”惷愚而寿，为人蠢笨，但是长寿。 [7]菽（shū）：豆类的总称。

中央四达，风气之所通，雨露之所会也。其人大面短颐[1]，美须恶肥[2]，窍通于口[3]，肤肉属焉[4]，黄色主胃[5]，慧圣而好治[6]；其地宜禾，多牛羊及六畜[7]。

以上几段以五方比配五行、五脏、五体等等，展示出一个以五行为类目的分类模式。同时以五方各有出产，不同区域的人各具相貌性格特点，来配合《地形训》的主题。

[注释]

[1]大面：脸宽。短颐：腮短。 [2]恶肥：体胖。恶，多。 [3]窍通于口：九窍配五行，口属土，属中央。 [4]肤肉：人的五体之一，按照五行配比，肤肉属土，属中央。 [5]黄色主胃：黄色属土，属中央。胃，五行说以五藏配五方，胃属中央。 [6]慧圣：聪明智慧。好治：追求秩序。 [7]六畜：泛指家畜。

凡海外三十六国[1]。自西北至西南方，有修股民、天民、肃慎民、白民、沃民、女子民、丈夫民、奇股民、一臂民、三身民[2]。

《地形训》叙述海外三十六国，按照方位分为四组，这里选入西北至西南方一组十个国名。内容基本来自《山海经》。

[注释]

[1] 海外三十六国：《地形训》叙述的海外三十六国，是传闻或想象中在中国九州之外的国家。 [2] 修股民：传说中的西方国名，其民腿长。《山海经·海外西经》："长股之国在雄常北，被发。一曰长脚。"天民：传说中的西方国名。《山海经·大荒西经》："西北海之外，赤水之西，有先民之国，食谷，使四鸟。"先民即天民。肃慎民：古部族名，在北方。白民：传说中的西方国名。《山海经·海外西经》："白民之国在龙鱼北，白身，被发。"沃民：传说中的西方国名。《山海经·大荒西经》："西有王母之山，壑山、海山，有沃之国，沃民是处。"女子民：传说中的西方国名，其国皆女无男。《山海经·海外西经》："女子国在巫咸北。"丈夫民：传说中的西方国名，其国皆男无女。《山海经·海外西经》："丈夫国在维鸟北，其为人衣冠带剑。"奇股民：传说中的西方国名，其国人皆单脚。奇，单。一臂民：传说中的西方国名，其民皆单臂。《山海经·大荒西经》："盖山之国……有一臂民。" 三身民：传说中的西方国名。《山海经·海外西经》："三身国在夏后启北，一首而三身。"

窔生海人[1]，海人生若菌，若菌生圣人，圣人生庶人，凡窔者生于庶人[2]。

羽嘉生飞龙[3]，飞龙生凤皇，凤皇生鸾鸟，鸾鸟生庶鸟，凡羽者生于庶鸟[4]。

毛犊生应龙[5]，应龙生建马，建马生麒麟，麒麟生庶兽，凡毛者生于庶兽[6]。

介鳞生蛟龙[7]，蛟龙生鲲鲠，鲲鲠生建邪，建邪生庶鱼，凡鳞者生于庶鱼[8]。

介潭生先龙[9]，先龙生玄鼋，玄鼋生灵龟，灵龟生庶龟，凡介者生于庶龟[10]。

暖湿生容[11]，暖湿生于毛风，毛风生于湿玄，湿玄生羽风，羽风生暖介，暖介生鳞薄，鳞薄生暖介。五类杂种兴乎外[12]，肖形而蕃[13]。

可见五行分类的潜在影响。

[注释]

[1] 窔（bá）：高诱注："人之先人。"海人：与下文"若菌"都是《地形训》想象中的早期人类。 [2] 窔者：一切具有人之形貌者。 [3] 羽嘉：高诱注："飞虫之先。"是想象中的鸟类最早形态。飞龙：鸟类中的神异者。 [4] 羽者：一切鸟类。 [5] 毛犊：想象中的兽类最早形态。应龙：与下文"建马""麒麟"都是作者想象的一般兽类之前的早期兽类。 [6] 毛者：一切兽类。 [7] 介鳞：想象中鳞类生物的最早形态。蛟龙：与下文"鲲鲠""建邪"都是作者想象的一般鳞类生物之前的早期鳞类生物。 [8] 鳞者：一切鳞类生物。 [9] 介潭：甲壳生物的早期形态。先龙：与下文"玄鼋""灵龟"，都是作者想象的一般甲类生物之前的早期甲壳类生物。鼋（yuán），大鳖。 [10] 介者：一切甲壳类生物。 [11] 暖湿：作者想象的产生生物的温湿之气。 [12] 五类：指人、鸟、兽、鱼、龟五类生物。杂种：各色物种。 [13] 肖形：外形相似。蕃：繁殖。

[**点评**]

如果说《天文训》描述了天空的图景，那么，《地形训》就描述了大地的图景。与《天文训》一样，《地形训》也不等于现代的地理学，它所描述的“地之所载”，并不止于大地的形貌，还包括大地承载的一切：人、物和大地的出产等等。

就大地形貌的描述而言，《地形训》不仅记载了当时人们已经具有的地理知识，如汉朝疆域内的名山大川、湖泊水域、关隘要塞等等，还有许多想象的地方和地名。因此，我们在《地形训》中既能看到许多古远而沿用至今的地理名称，例如泰山、王屋、太华、会稽、太行、井陉、（长）江、（黄）河等等，被这些古老地名唤起心中深沉的故园家国情怀，也能够看到昆仑山上有玉树琅玕、疏圃丹水的描写，读到许多明显出于神话想象的地名，例如桑野、都广、沙所、委羽等等，惊叹于古人绚丽而丰富的想象。当然，这些内容也提醒我们，《地形训》具有浓重的神话色彩，尽管它用了许多实证和量化的描述，例如大禹派善走的太章和竖亥步测从东到西、从南到北的距离，得到了精确到个位数的数值，但是，我们仍然只能把这些内容视为神话。《地形训》混合着真实的地理知识和神话地理，这是《地形训》的第一个特点。

《地形训》的第二个特点，是广泛采取了八方加中央的区划图式。《地形训》有九州之说，这个九州不同于《禹贡》九州，《禹贡》的九州是冀、兖、青、徐、扬、荆、豫、雍、梁，这些名称显然具有历史地理的实指内涵，而《地形训》的九州，却是九个方位：从东南开始，顺时针顺序出现的九州名称，是东南神州、正南次州、西南戎州、正西弇州、正中冀州、西北台州、正北泲州、东北薄州、正东阳州，这样的名称，显然不是实际的地理区划，而是《地形训》意图建构大地图景的一种规范化努力。《地形训》说"九州之大，纯方千里"，九州之外，还有"八殡""八纮"和"八极"，它们各自之下的地名，也都是方位的指称，由此可见八方—中央的模式，是《地形训》建构大地图景的基本模式。

根据"九州之外""八殡之外""八纮之外"的表述，可知"八殡""八纮"和"八极"是"纯方千里"之九州的不断外扩，而"八极"代表着整个天下。但是，《地形训》说"九州之外，乃有八殡，亦方千里。……八殡之外，而有八纮，亦方千里"，却暴露了它的描述不是真正知识的，因为一方比一方大的"八殡""八纮"，不可能是"亦方千里"的。因此，《地形训》的九州说只能说明它对于大地的想象是方形的，它构建的大地图景是宏大的，而不能把它的那些细节描述当成真实的古代地理知识。

八方模式也被用于描述"八风"。《天文训》出现过"八风"名称，那是"八节之风"，即每四十五天一变的时令之风。而《地形训》的"八风"，是八方之风，炎风、条风、景风等等名称，是按照方位，从东北开始，顺时针顺序排列的。八方美物的描写采用了同样的模式。各地人群之相貌品性的描写虽然只有东南西北中五方，但五方不过是八方—中央的简略版，模式却是一样的。

《地形训》最具有神话意味的内容，大概是关于“海外三十六国”的描述。所谓“海外三十六国”，是传闻或想象中在中国九州之外的国家。《地形训》的叙述仍然以方位为顺序，自西北至西南为一组，描述了十个国家，上文已有注释。自西南至东南为一组，描述了结胸民、羽民、讙头国民、裸国民、三苗民、交股民、不死民、穿胸民、反舌民、豕喙民、凿齿民、三头民、修臂民等十三个国家。自东南至东北方为一组，描述了大人国、君子国、黑齿民、玄股民、毛民、劳民等六个国家。自东北至西北方为一组，描述了跂踵民、句婴民、深目民、无肠民、柔利民、一目民、无继民等七个国家。一共三十六国。这些内容基本来自《山海经》。这里之所以列出这些国号，是为了展现古代先民的丰富想象，同时也显示出某些想象的荒诞不经，例如“无继民”，是说其人不能生育，故称“无继民”，可是，如果无继，又如何延续他们“无继民”的称呼和这个称号的国家呢？当然这是不能深究的。正是这些不能深究的内容，透露了《地形训》的神话色彩。

《地形训》“万物之生而各异类”的思想不应该被忽略，因为这个思想隐含着分类意识，而《地形训》的分类，又与五行密切相关。在对五方之民的描写中，就已经有五行、五方、五色、五窍、五谷、五兽相配属所显示出来的五行分类思想了。而在生物的分类问题上，五行分类的影响仍然可见：生物被分成人类、羽类、毛类、鳞类和介类五大类，它们分别繁衍，“肖形而蕃”。五类生物虽然没有比配五行，但是“五”这个数字，还是显示了五行思想对于分类的影响。《地形训》的分类思想是《淮南子》分类思想的重要组成部分，应该给予充分关注。

卷五　时则训

《时则训》从春季开始，逐月叙述一年十二个月的星相、方位及其与天干、五行、五虫、五数、音律、五味、五臭等现象的比配。以四季五行为框架统领一切，为事物建构了普遍联系的秩序。

孟春之月[1]：招摇指寅[2]，昏参中[3]，旦尾中。其位东方[4]。其日甲乙[5]，盛德在木[6]。其虫鳞[7]。其音角[8]。律中太蔟[9]。其数八[10]。其味酸[11]。其臭羶[12]。其祀户[13]。祭先脾[14]。东风解冻。蛰虫始振苏[15]，鱼上负冰[16]。獭祭鱼[17]。候雁北[18]。

[注释]

[1] 孟春：春季的第一个月。《时则训》分一年为春夏秋冬四季，一季又分为孟、仲、季三个月，所以孟、仲、季分别代表四季的第一、第二、第三个月。　[2] 招摇：星名。茅一桂本注："招摇，北斗第七星。"指寅：北斗斗柄指向东北方向。《天文训》："正月指寅。"还可参见《天文训》二十四节气的注释。　[3]"昏参

（shēn）中”二句：黄昏时，参宿位于正南方中天，清晨时，尾宿位于正南方中天。昏，黄昏时刻。参，星宿名，二十八宿之一，西方白虎之宿。中，古代天文学术语，指星宿出现在观测者子午圈的位置。旦，清晨时刻。尾，星宿名，二十八宿之一，东方苍龙之宿。　[4] 位：东南西北中与五行相配的方位。　[5] 其日甲乙：五行说将十天干分为甲乙、丙丁、戊己、庚辛、壬癸五组，与五行相配。春季配甲乙。　[6] 盛德在木：指旺盛之气在东方。盛德，旺盛之气。　[7] 虫：泛指动物。古代有五虫说，即《地形训》所谓鳞、羽、人（称裸虫）、毛、介五类生物，五行说以五虫与五行相配。春季配鳞虫。　[8] 其音角：五行说将宫、商、角、徵、羽五音与五行相配。春季配角。　[9] 太蔟（cù）：十二律之一。中国古代将十二律与一昼夜的十二时辰、一周年的十二个月相配。太蔟配寅，配正月，即孟春之月。　[10] 其数八：五行说以五、六、七、八、九五个数字为五数，与五行相配。春季配八。　[11] 其味酸：五行说将酸、苦、甘、辛、咸五味与五行相配。春季配酸。　[12] 其臭（xiù）羶（shān）：五行说以羶、焦、香、腥、朽五种气味为五臭，与五行相配。春季配羶。臭，气味的总称。羶，羊肉的气味，引申为臊气。　[13] 其祀户：中国古代有五祀说，春祀户，夏祀灶，季夏祀中霤（liù，屋檐），秋祀门，冬祀井。户，堂室之门，这里指户神。　[14] 祭先脾：五行说将动物的脾、肺、心、肝、肾五脏与五行相配，以脾属春属木，故春季祭祀的第一道祭品是脾脏。　[15] 振苏：冬眠的昆虫振动翅膀开始活动。苏，苏生。　[16] 鱼上负冰：初春解冻，鱼上游到浅水层，故云鱼上负冰。　[17] 獭（tǎ）祭鱼：水獭有将所捕之鱼陈列岸边的习性，古人以为这是水獭的祭祀活动，称为獭祭鱼。獭，水獭，一种生活在水中以捕鱼为食的小兽。春季水解冻，鱼上游，水獭开始活跃捕鱼，故以獭祭鱼为春季的一种现象。　[18] 候雁北：大雁秋天飞往南方过冬，春天又飞回北方繁殖后代，故以大雁北飞为春季的一种现象。候雁，大雁是候鸟，故称候雁。北，动词，向北迁徙。

天子衣青衣，乘苍龙[1]，服苍玉[2]，建青旗[3]，食麦与羊[4]，服八风水[5]，爨萁燧火[6]，东宫御女青色衣[7]，青采[8]，鼓琴瑟[9]。其兵矛[10]。其畜羊[11]。朝于青阳左个[12]，以出春令。布德施惠，行庆赏，省徭赋[13]。

此段言天子在孟春之月应该做什么。

[注释]

[1] 苍龙：青色骏马。古代马长八尺以上称为龙。春季色青，所以天子所用皆青色，以顺时宜。 [2] 服：穿戴，这里指佩用。 [3] 建：树立，插。 [4] 食麦与羊：五行说以五谷（麦菽稷麻黍）、五畜（羊鸡牛犬猪）配五行：麦羊属木，菽鸡属火，稷牛属土，麻犬属金，黍猪属水。所以春季食麦与羊。 [5] 服：服食。八风水：方诸（方形大盘）承接的露水。古人认为露水自天而降，受八风所吹，故称为八风水。 [6] 爨（cuàn）萁（jī）：烧萁木做饭。爨，烧火做饭。萁，木名。燧火：用阳燧取火。 [7] 御女：宫中侍女。 [8] 青采：绣青色花纹。 [9] 鼓：弹奏。 [10] 兵：兵器。 [11] 其畜羊：羊属木，所以畜用羊。参见注 [4]。 [12] 朝于青阳左个：天子春季在东宫的左侧室行政。朝，天子行政。青阳，古皇宫东宫的别名。个，正堂两旁的侧室。 [13] 省（shěng）：减免。徭：老百姓承担的无偿劳役。赋：田地税。

立春之日，天子亲率三公九卿大夫，以迎岁于东郊[1]。修除祠位[2]，币祷鬼神[3]，牺牲用牡[4]。禁伐木，毋覆巢杀胎夭[5]，毋麛[6]，毋卵[7]，毋聚众置城郭[8]，掩骼薶骴[9]。

春主生，所以人不能妨碍动植物的生长繁殖。

此段言人在孟春之月不能做什么。

[注释]

[1] 迎岁：迎接时令、季节。古时以立春、立夏、立秋、立冬之日分别到东南西北郊举行迎气仪式。岁，时。 [2] 修除祠位：整治神位。祠，春祭为祠，后泛指祭祀。位，受祭鬼神的灵位。 [3] 币祷鬼神：向鬼神献上玉帛祈祷福佑。币，祭祀时献给鬼神的玉帛等物。 [4] 牺牲：祭祀用的纯色牲畜。牡：雄性牲畜。 [5] 覆巢：捣毁禽兽的巢穴。胎：怀孕。夭（ǎo）：幼小的生命，这里指动物幼仔。 [6] 毋麛（mí）：不猎取幼兽。麛，幼鹿，泛指幼兽。 [7] 毋卵：不拾取禽卵。 [8] 毋聚众置城郭：不得在春季集合民众从事建筑工程。置，修建。 [9] 掩骼薶骴（cī）：收葬暴露于野的尸骨。骼，枯骨。薶，同“埋”。骴，肉未烂尽的骸骨。

孟春行夏令则风雨不时[1]，草木旱落[2]，国乃有恐[3]。行秋令则其民大疫[4]，飘风暴雨总至[5]，黎莠蓬蒿并兴[6]。行冬令则水潦为败[7]，雨霜大雹，首稼不入[8]。

正月，官司空[9]。其树杨[10]。

“孟春行夏令”一节说时令错乱的后果，不同的错乱带来不同的灾祸。

以上所选，是孟春之月的内容，《时则训》对全年十二个月都有同样格式的论说。与《时则训》相同性质的文献，还有《夏小正》《礼记·月令》和《吕氏春秋·十二纪》，它们的共同特点是，既指导农事，也指导政事。

[注释]

[1] 孟春行夏令：指孟春时节，气候却像夏天。不时：不按时节。意思是该下雨时不下，不该下时猛下，风也同样。 [2] 旱落：俞樾说，“旱”是“早”字之误。早落，则有违春季草叶新生的节令。 [3] 有恐：有恐慌气氛。 [4] 大疫：瘟疫广泛流行。 [5] 总至：一并到来。 [6] 黎莠（yǒu）蓬蒿并兴：各种杂草猛长，妨碍庄稼。黎，众多。莠，恶草的通称。蓬，与“蒿”皆为杂草名。并兴，一起猛长。 [7] 潦（lào）：同“涝”，积水成灾。为败：造成庄稼失收。 [8] 首稼：一年中最早收获的庄稼。入：收成入仓。 [9] 官司空：正月的当值官为司空。司空，古代官名。《时则训》每月有不同的当值官。 [10] 其树杨：正月的当值树是杨树。《时则训》每月有不同的当值树。

六合[1]：孟春与孟秋为合，仲春与仲秋为合，季春与季秋为合，孟夏与孟冬为合，仲夏与仲冬为合，季夏与季冬为合。

孟春始赢[2]，孟秋始缩[3]；仲春始出[4]，仲秋始内[5]；季春大出，季秋大内；孟夏始缓[6]，孟冬始急[7]；仲夏至修[8]，仲冬至短；季夏德毕[9]，季冬刑毕。

[注释]

[1] 六合：《时则训》把一年十二个月分成相互配合的六组。配合的原则是春与秋配，夏与冬配。相互比配的季节，发挥相

反相成的作用。[2] 赢：长。[3] 缩：短。[4] 出：播种出苗。[5] 内（nà）：同“纳”，收成入仓。[6] 缓：指四月阳春，气候安适。[7] 急：指十月天气转冷。[8]“仲夏至修”二句：五月夏至，白昼最长。十一月冬至，白昼最短。[9]“季夏德毕”二句：德属阳，刑属阴，季夏六月之后，进入秋季，阳气渐衰，所以说德毕。季冬十二月之后，进入春季，阳气生长，阴气收敛，所以说刑毕。毕，终结。刑毕，阴气不再发挥主导作用。

故正月失政[1]，七月凉风不至[2]；二月失政，八月雷不藏[3]；三月失政，九月不下霜[4]；四月失政，十月不冻；五月失政，十一月蛰虫冬出其乡[5]；六月失政，十二月草木不脱[6]；七月失政，正月大寒不解[7]；八月失政，二月雷不发[8]；九月失政，三月春风不济[9]；十月失政，四月草木不实[10]；十一月失政，五月下雹霜；十二月失政，六月五谷疾狂[11]。

按照《天文训》“八风”之说，凉风是秋季的风。《时则训》在孟秋之月的月令中，也有“行是月令，凉风至三旬”之说。故七月凉风不至被视为时令错乱的现象。

按照“六合”的月份比配，每个月份的失令，都会给相应的比配月份带来灾害。这里具体指明各月的灾害是什么。

[注释]

[1] 正月失政：违背了孟春之月的月令。以下各月皆同。失政，违背了月令的各项“应当”和“禁止”。[2] 七月凉风不至：七月不刮秋风。[3] 雷不藏：继续打雷。[4] 不下霜：九月当寒不寒，秋霜不降。[5] 蛰虫冬出其乡：冬眠的虫子在冬天爬出巢穴。[6] 不脱：不落叶。[7] 大寒不解：春风不解冻。[8] 雷不发：当打雷时不打雷。与“雷不藏”正相反。[9] 济：止。[10] 实：

灌浆充实。 [11] 五谷疾狂：五谷发生不开花而结实的怪异现象。

此节以季节为序说月令错乱的具体表现。

春行夏令泄[1]，行秋令水[2]，行冬令肃[3]。夏行春令风，行秋令芜[4]，行冬令格[5]。秋行夏令华[6]，行春令荣[7]，行冬令秏[8]。冬行春令泄[9]，行夏令旱，行秋令雾。

[注释]

[1] 春行夏令泄：春季行夏令，阳气过于强盛，发泄太多，超过了恰当的度。以下各句句式相同。泄，阳气太盛，发泄太过。 [2] 水：雨水太多。 [3] 肃：凋落。意思是春季原本应当草木生长、鲜花盛开，却像冬天一样萧条。 [4] 芜：杂草丛生而庄稼不成。 [5] 格：通“落”，草木零落。 [6] 华：鲜花盛开。 [7] 荣：繁荣。 [8] 秏：同“耗”，亏损。 [9] 泄：指地不上冻，地气外泄，冬藏不住。

制度。阴阳大制有六度[1]：天为绳[2]，地为准[3]，春为规[4]，夏为衡[5]，秋为矩[6]，冬为权[7]。绳者所以绳万物也，准者所以准万物也，规者所以员万物也[8]，衡者所以平万物也，矩者所以方万物也，权者所以权万物也。

[注释]

[1] 有六度：以阴阳制约万物的基本规则有六种。 [2] 绳：木

工取直用的墨线。[3] 准：水平仪，测定水平面的器具。[4] 规：圆规，画圆的工具。[5] 衡：秤杆。[6] 矩：画直角或方形用的曲尺。[7] 权：秤锤。[8] 员：同“圆”。这里用作动词，指测量物体是否周圆。

绳之为度也[1]，直而不争，修而不穷，久而不弊，远而不忘，与天合德[2]，与神合明，所欲则得，所恶则亡，自古及今，不可移匡[3]，厥德孔密[4]，广大以容[5]，是故上帝以为物宗[6]。

绳被赋予了许多德性，具有超过量具的意义。六度皆各有德性。

[注释]

[1]“绳之为度也”以下五句：绳作为基本法则，正直而不弯曲，延长而没有穷尽，恒久而不会朽坏，永远有效而没有遗漏。争，通“竫”，屈曲。修，长。穷，尽。弊，朽坏。忘，遗失，遗漏。[2]“与天合德”以下四句：大意是绳的品德与天相同，圣明与神相同。它赞许的，一定成功，厌恶的，一定灭亡。[3] 移匡：增减。[4] 厥：其。德：品质，这里指绳的品格和功能。孔：甚。密：严谨缜密。[5] 容：包容。[6] 上帝：宇宙的最高主宰者。以为物宗：作为衡量事物的标准。宗，根本。

准之为度也，平而不险[1]，巧而不阿[2]，广大以容，宽裕以和，柔而不刚，锐而不挫[3]，流而不滞，易而不秽[4]，发通而有纪[5]，周密而不泄[6]，准平而不失，万物皆平，民无险谋[7]，怨恶不生，是故上帝以为物平[8]。

[注释]

[1] 险：险要。 [2] 阿（ē）：偏袒。 [3] 锐：尖锐。挫：折断。 [4] 易而不秽：简易而不复杂。易，简易。秽，杂乱。 [5] 发通：开畅而通达。有纪：有条理。 [6] "周密而不泄"二句：周密而没有漏洞，平正而没有偏差。 [7] 险谋：铤而走险的计谋。 [8] 物平：事物平正的标准。

规之为度也[1]，转而不复，员而不垸，优而不纵[2]，广大以宽，感动有理[3]，发通有纪，优优简简[4]，百怨不起。规度不失[5]，生气乃理。

[注释]

[1] "规之为度也"以下三句：规作为基本法则，转动而不重复，周圆而不转动（指不重复转圈）。复，重复。员，圆。垸（huán），转动。 [2] 优而不纵：优裕而不放纵（指圆规画圈以半径为度）。 [3] 感动有理：被感而动，但不乱动，而是遵循一定的规则而动。 [4] 优优简简：宽舒之貌。 [5] "规度不失"二句：规度没有偏差，万物生长之气就有条理。生气，万物生长之气。理，有条理。

衡之为度也，缓而不后，平而不怨，施而不德[1]，吊而不责[2]，当平民禄[3]，以继不足[4]，勃勃阳阳[5]，唯德是行，养长化育，万物蕃昌[6]，以成五谷[7]，以实封疆，其政不失，天地乃明。

[注释]

[1] 施：给予。德：不自以为对人有恩。 [2] 吊而不责：关怀而不要求。吊，慰问。责，要求。 [3] 当：据道藏本、景宋本，“当”作“常”。何宁认为当据以改。常平民禄，经常均调人民的收入。禄，俸禄。 [4] 继：接济，救济。 [5] 勃勃：旺盛的样子。阳阳：明媚的样子。 [6] 蕃昌：繁殖而昌盛。 [7]“以成五谷”二句：使五谷丰登，国家富足。封疆，疆界，这里指全国范围。

矩之为度也[1]，肃而不悖，刚而不愦，取而无怨[2]，内而无害，威厉而不慑[3]，令行而不废[4]，杀伐既得[5]，仇敌乃克，矩正不失[6]，百诛乃服。

[注释]

[1]“矩之为度也”以下三句：矩作为基本法则，严肃却不违常情，刚正却不背常理。悖（bèi），悖谬。愦，昏乱。 [2]“取而无怨”二句：收取税赋不会引起怨恨，把财货纳入府库不会造成危害。内，同“纳”，纳入。 [3] 慑：恐惧。 [4] 废：终止。 [5]“杀伐既得”二句：杀戮征讨必定取得胜利，仇敌必定被战胜。既，最终。克，战胜。 [6]“矩正不失”二句：矩度平正而无偏差，实施各种惩罚都会使人信服。百诛，泛指各种惩罚。

权之为度也，急而不赢[1]，杀而不割[2]，充满以实[3]，周密而不泄，败物而弗取[4]，罪杀而不赦，诚信以必[5]，坚悫以固，粪除苛慝[6]，不可以曲，故冬正将行[7]，必弱以强，必柔以刚，权正而不失，万物乃藏。

绳、准、规、衡、矩、权六度，既是规范事物的准则，也是君主在施政中应当贯彻的德性。

[注释]

[1] 赢：星提前出现。这里指操之过急。 [2] 杀：诛杀。割：用刀截断。这里指残害。 [3]“充满以实”二句：完全遵照事实，周密而无疏漏。 [4]“败物而弗取”二句：摧毁事物，但不从中掠取，有罪必诛，决不轻易赦免。败物，使物毁坏。 [5]“诚信以必”二句：说到做到，坚定而稳沉。必，一定做到。坚悫（què），同“坚确”，坚定不移。 [6] 粪除：清除。苛慝（tè）：暴虐邪恶。 [7]“故冬正将行”以下五句：冬季政令实施时，万物一定从文弱趋向坚硬，从柔和趋向刚强，权度公平而无偏私，万物就能闭藏。冬正，冬季政令。

明堂之制[1]，静而法准[2]，动而法绳，春治以规[3]，秋治以矩，冬治以权，夏治以衡，是故燥湿寒暑以节至[4]，甘雨膏露以时降[5]。

[注释]

[1] 明堂之制：古代学者理想的礼仪制度，各家说法不同。《淮南子》的明堂之制就是《时则训》所说的月令、五位、六合、制度等内容。 [2]“静而法准”二句：《时则训》言“天为绳，地

为准”，因此法绳就是法天，法准就是法地。“静而法准，动而法绳”还蕴含着天动地静的观念，是以静法地、以动法天的另一种表达。 [3] 春治以规：春天以规为原则进行治理。其他季节同理。 [4] 燥湿寒暑以节至：燥湿寒暑按照节气到来。节，节气。 [5] 甘雨膏露以时降：甘雨膏露按照时令下降。甘雨，适时适量的降雨。时，时令。

[点评]

《时则训》是《淮南子》的第五篇，时，时令；则，规则。《时则训》以一年四季十二个月为次序和统领，逐月描述当月的星象、物候、音律、数位、声色臭味等各种现象，把它们纳入一个四季五行的配伍系统之中，建构了一个彼此关联又彼此相应的世界图景。本篇只选了春季第一个月即孟春之月作为样本，来展示《时则训》月令配伍的基本规模。

《时则训》认为，月令是统治者行政的依据。因此，天子在每一个月都有相应的服色、礼仪，甚至处理朝政的宫室也要按照方位与月令配合，施政的具体内容更要与月令或时令保持一致。例如，春季是生长繁衍的季节，在这个季节天子要布德施惠，抚恤孤独，行庆赏，省徭赋，并对伐木、覆巢、杀死幼兽或怀孕母兽的行为加以禁止；而“断罚刑，杀当罪”等等与杀伐相关的事务，则要等到冬季到来才能实施，因为冬季由阴气主导，按照阳德阴刑的原则，冬季才是与刑罚匹配的时节。人必须顺应时令而行事，这是《时则训》的基本观点，因为天子被认为是“人”的代表，所以一切“应当”和“禁止”

首先针对天子而言。

《时则训》的重点，是不断申说违背月令的恶果。每个月的月令配比之后，都有本月如果不行本季月令，而行其他三季的月令，将会有何种灾祸。例如“孟春之月”不行春令，“行夏令则风雨不时”，“行秋令则其民大疫，飘风暴雨总至”，“行冬令则水潦为败”。其他月份也是同样，只是灾祸的具体内容有所不同。

在十二月令之后，《时则训》又提出了“六合”说，把一年十二个月按照春配秋、夏配冬的原则，每隔六个月两两相配，例如“孟春与孟秋为合”，“孟夏与孟冬为合”，组成了六对相互配合的月份。这样的配合与阴阳二气的运行有关，孟春之所以与孟秋为合，是因为孟春阳气生长，而孟秋阳气收缩，于是相反而相应。其他配合，也都如此。以“六合”为根据，《时则训》再一次强调了错误行令的恶果，这样，时令错乱就不仅如十二月令所言，会给当下带来灾祸，还会给六个月之后的相合月份造成灾祸，例如“正月失政，七月凉风不至；二月失政，八月雷不藏”等等。这里所谓“失政”，既指月令错乱，更指人违反月令的行为是导致月令错乱的原因，这样，《时则训》通过“六合”解释月令禁忌，就具有了道德规劝的意味。

这种道德劝勉也反映在《时则训》对“六度”的论说之中。所谓“六度”，是指绳、准、规、衡、矩、权六种度量工具：绳测量物体的曲直，准测量物体的水平，规测量物体的周圆，衡测量物体的平衡，矩测量物体是否方正，权称重物体的分量。但是，在《时则训》笔下，绳、准、规、衡、矩、权“六度”绝不仅仅是度量工具，还是与天地四季相关的“阴阳大制”：天为绳，地为准，春为规，夏为衡，秋为矩，冬为权。因此，“六度”分别具有体现着天地四季之属性的德性，而君主运用绳、准、规、衡、矩、权，也就不仅仅是执行衡量事物的客观准则，还是应用这些德性于其施政的措施之中，而只要按照时令效法“六度”，就能够取得“燥湿寒暑以节至，甘雨膏露以时降”的良好效果。《时则训》全篇就终结于这个美好的允诺。

卷六　览冥训

昔者，师旷奏《白雪》之音[1]，而神物为之下降[2]，风雨暴至，平公癃病[3]，晋国赤地[4]。庶女叫天[5]，雷电下击，景公台陨[6]，支体伤折[7]，海水大出。夫瞽师庶女[8]，位贱尚葈，权轻飞羽，然而，专精厉意[9]，委务积神，上通九天，激厉至精。由此观之，上天之诛也[10]，虽在圹虚幽闲，辽远隐匿，重袭石室，界障险阻，其无所逃之亦明矣。

[注释]

[1] 师旷：春秋时晋国著名盲乐师。《白雪》：古曲名。高诱注：太乙五十弦琴瑟乐名。　[2] 神物：据高诱注，为神化之物，指玄

鹤之属来至，无头鬼类操戈以舞等等。 [3] 平公：晋平公，前557—前532年在位。癃（lóng）：手足麻痹之病。 [4] 赤地：旱灾。 [5] 庶女：平民妇女。叫：呼。据高诱注："齐之寡妇，无子不嫁，事姑谨敬。姑无男有女，女利母财，令母嫁妇，妇益不肯。女杀母以诬寡妇，妇不能自明，冤结叫天，天为作雷电，下击景公之台。" [6] 景公：齐景公，前547—前490年在位。台陨：高台坍塌。 [7] 支体：肢体。支，同"肢"。 [8]"夫瞽师庶女"以下三句：瞽师地位低下，庶女只会渍麻，都是毫无权力之人。尚，掌管。枲（xǐ），同"枲"，麻。飞羽，飞扬的羽毛，极言其轻。 [9]"专精厉意"以下四句：瞽师庶女心志专一，抛开具体事务，集中全副精神，也能够上通九天，感动神物。专精，集中精神。专，专一。厉意，心意专一。厉，同"砺"，砥砺。委务，丢开该做的事情。委，丢弃。积神，使精神集中。九天，古代认为天有九重。这里指瞽师庶女的心志达到了高远的天庭。至精，这里指神物。 [10]"上天之诛也"以下六句：上天的诛罚，即使躲在空旷无人之处，逃到辽远隐蔽之地，用层层石室、道道关隘来阻隔，也逃不过，这一点十分清楚。圹（kuàng）虚幽闲，空旷偏远之地。圹，同"旷"，荒废。幽闲，无人之处。重袭，多层衣服，这里指一层套一层的石头房子。袭，加在衣外之衣，重衣。界障，界线形成屏障。例如长城，就是界障。

"真"是道家的重要观念，这里指人性之本然状态。

"真"有整全之义，故"全性保真"与"不亏其身"相通。"身"不仅仅指身体，还具有"身体"所表征的生命、生活、生存等诸多含义。

武王伐纣，渡于孟津[1]，阳侯之波[2]，逆流而击，疾风晦冥，人马不相见。于是武王左操黄钺[3]，右秉白旄[4]，瞋目而扮之曰[5]："余任天下谁敢害吾意者[6]！"于是风济而波罢[7]。鲁阳公与韩构难[8]，战酣日暮，援戈而扮之，日为之反三舍[9]。夫全性保真[10]，不亏其身[11]，遭急迫难，精通于天。若乃未始出其宗者[12]，何为而不成？夫死生同域[13]，不可胁陵，勇武一人，为三军雄。彼直求名耳[14]，而能自要者尚犹若此。又况夫宫天地[15]，怀万物，而友造化，含至和，直偶于人形，观九钻，一知之所不知，而心未尝死者乎！

[注释]

[1]孟津：古黄河津渡名，在今河南孟津东北。 [2]阳侯：传说中的波涛之神，原为陵阳国侯，溺水而死，遂为神。 [3]黄钺（yuè）：黄金装饰的钺。与下文“白旄”都是古代王者使用的仪仗，这里指王者的权力。钺，古兵器名，状如大斧。 [4]旄（máo）：旄牛尾。 [5]瞋（chēn）目：瞪大眼睛。抁：同“挥”。 [6]任天下：负责治理天下。任，担负。害：妨碍。 [7]济：与下文“罢”皆停止之意。 [8]鲁阳公：楚平王之孙，受封为鲁阳县公，即《国语·楚语》提到的鲁阳文子。构难：交战。 [9]反：同“返”，倒退。三舍：三个不同的停留位置。舍，天体运行天空的位置。 [10]全性保真：完整地保持着生命和本性的本然状态。 [11]不亏其身：不让生命丧失完整。 [12]若乃：至于。未始出其宗者：没有背离生命本源的人。出，离开。宗，本，指人受之于天的真性。 [13]“夫死生同域”二句：如果生死没有区别，以死威胁就没有意义。死生同域，死生在同一个领域。胁陵，胁迫。 [14]“彼直求名耳”二句：那些不过是追求名声的人，都能够这样要求自己。直，不过。自要，自我要求。 [15]“又况夫宫天地”以下八句：能够包裹天地，胸怀万物，与造化为友，

含至和之气的人也有人的形貌外观，但他们用智慧洞识一切，心灵保持勃勃生机。宫天地，包裹天地。宫，圈围。怀万物，怀抱万物。友造化，与造化为友，指与造化在一起。至和，最和顺的状态，指没有任何隔阂障碍。直偶（yù）于人形，不过寄寓于人的形貌而已。偶，通“寓”，寄托。观九钻，以九窍为外观。观，通“官”。九钻，九窍。一知，智慧。

昔雍门子以哭见于孟尝君[1]，已而陈辞通意[2]，抚心发声[3]，孟尝君为之增欷歍唈[4]，流涕狼戾不可止[5]。精神形于内[6]，而外谕哀于人心，此不传之道。使俗人不得其君形者而效其容[7]，必为人笑。故蒲且子之连鸟于百仞之上[8]，而詹何之骛鱼于大渊之中[9]，此皆得清净之道，太浩之和也[10]。

孟尝君与楚国春申君、魏国信陵君、赵国平原君并称战国四大公子。

“太浩之和”形容太和无所不容的浩淼样态，指无所分别的整体和谐状态。

[注释]

[1] 雍门子：战国时齐人，名周，住在雍门，故名。孟尝君：即田文，战国时齐国贵族，被齐湣王任命为相国，门下有食客数千，号孟尝君。 [2] 已而：然后。陈辞通意：用言辞表达心意。 [3] 抚心发声：手抚着胸口说话。 [4] 增欷（xī）歍唈（wū yì）：一再抽泣呜咽。欷，抽泣。歍，同“呜”，呜咽。唈，呼吸不畅。 [5] 狼戾：纵横。 [6]“精神形于内”以下三句：精神凝聚于内心，又能表现出来，引动人的悲情，这是教不会的。形于内，在内心凝聚。谕，使理解。 [7] 君形者：形体的主宰，指内

在精神。效其容：表面模仿。 [8] 蒲且（jū）子：楚人，传说中的善射者。连鸟：射猎飞鸟。 [9] 詹何：传说中的善钓者。骛鱼：捕鱼。 [10] 太浩之和：即太和。

汉代流行同类相动的思想，而以阴阳五行为框架划分类别。

因外形相似而具有同类相应的关系，《淮南子》称为“形类”。形类是《淮南子》理解“类”和解释“类应”的重要观念。

《览冥训》以“引类”解释阳燧取火、方诸取水的工作原理是阴阳同气相动。

夫物类之相应[1]，玄妙深微，知不能论[2]，辩不能解。……故山云草莽[3]，水云鱼鳞，旱云烟火，涔云波水，各象其形类所以感之[4]。夫阳燧取火于日[5]，方诸取露于月[6]，……引类于太极之上[7]，而水火可立致者，阴阳同气相动也[8]。

[注释]

[1] 物类之相应：同类事物之间的相互影响。 [2] 知：知识。 [3]“故山云草莽”以下四句：山间升起的云像草丛，水面升起的云像鱼鳞，旱地的云像烟火，涝地的云像波纹。涔（cén），连续下雨，积雨成涝。 [4] 形类：因外形相似而同类。感之：相互影响。 [5] 阳燧：古代照日取火所用的凹面铜镜。 [6] 方诸：古代月下承露的方形大盘。 [7] 引类：招引同类。太极：最根本处，最本源处。 [8] 阴阳同气相动：因为同样具有阴阳的性质而相互影响或相互作用。

今夫调弦者[1]，叩宫宫应[2]，弹角角动，此同声相和者也。夫有改调一弦[3]，其于五音无所比，鼓之而二十五弦皆应，此未始异于声而音之君已形也。故通于太和者[4]，惛若纯醉，而甘卧以游其中，而不知其所由至也。纯温以沦，钝闷以终，若未始出其宗，是谓大通。

《览冥训》一再言说“未始出其宗”，表明它在言说分类和类应的同时，也强调“太极”和“太和”超越分类的本原性。

[注释]

[1] 调弦：杨树达认为当是调瑟，瑟才有二十五弦。 [2]“叩宫宫应”二句：用同音相和来表达同类相动的道理。 [3]“夫有改调一弦”以下四句：如果重新调一根弦，它不同于五音的任何一个音，弹拨它却能使二十五根弦共鸣，这根弦发出的声音也是声音，与五音作为声音没有不同，但是这个音才是音乐的主宰。五音，宫、商、角、徵、羽五音。无所比，与五音皆不同类。比，合。音之君，音乐的主宰。 [4]“故通于太和者”以下八句：与太和相通的人，迷迷蒙蒙，如同深醉，甜美酣睡一般，漫游于太和之中，不知道一切是如何到来的。淳厚而温和，随波逐流，蒙昧而纯朴，任其终了，就像从来没有离开生命的本源，这就叫大通。太和，即上文的“太浩之和”，指无分别之大全，即道。惛（hūn），神志不清。纯醉，大醉。纯温，淳厚温和。沦，沉没，这里指生命终结。钝闷，蒙昧纯朴。终，亦指生命终结。大通，与本原相通。

今夫赤螭、青虬之游冀州也[1]，天清地定，毒兽不作，飞鸟不骇[2]，……而蛇鳝轻之，以为不能与之争于江海之中；若乃至于玄云之素朝[3]，阴阳交争[4]，降扶风[5]，杂冻雨，扶摇而登之[6]，威动天地，声震海内，蛇鳝著泥百仞之中[7]，熊

《庄子·逍遥游》：“鹏之徙于南冥也，水击三千里，抟扶摇而上者九万里。”抟扶摇是大鹏乘风高飞的姿态，《览冥训》用以描写赤螭、青虬的威猛。

罴匍匐丘山磛岩[8]，虎豹袭穴而不敢咆[9]，猨狖颠蹶而失木枝[10]，又况直蛇鳝之类乎[11]？

[注释]

[1] 螭（chī）：与下文“虬（qiú）”均为传说中的无角龙。冀州：九州之一，这里作中原的泛称。 [2] 骇：惊。 [3] 若乃至于：到……之时。玄云：黑云。素朝：清晨。素，白。 [4] 阴阳交争：夜属阴，昼属阳，这里指夜昼交替的时刻。 [5] 扶风：疾风。 [6] 扶摇：龙卷风。 [7] 著泥：钻入泥中。百仞：形容其入泥之深。 [8] 罴（pí）：熊的一种。匍匐：伏地而行。磛（chán）岩：山势高险。磛，同“巉（chán）”。 [9] 袭穴：层层洞穴，指深藏洞穴之中。 [10] 猨狖（yòu）：猿猴。狖，黑色长尾猴。颠蹶：跌落。 [11] 况直：何况只是。

凤凰来翔被认为是祥瑞，是至德之世才有的现象。

凤皇之翔至德也[1]，雷霆不作，风雨不兴，川谷不澹[2]，草木不摇，而燕雀佼之[3]，以为不能与之争于宇宙之间[4]。还至其曾逝万仞之上[5]，翱翔四海之外，过昆仑之疏圃[6]，饮砥柱之湍濑[7]，……当此之时，鸿鹄鸧鹤[8]，莫不惮惊伏窜[9]，注喙江裔[10]，又况直燕雀之类乎！

[注释]

[1] 至德：这里指至德之世，即体现着最高道德的时代。 [2] 澹（dàn）：水波起伏。 [3] 佼：通“姣（jiāo）”，轻侮。 [4] 宇宙：

何宁认为当作“宇栋”。 [5] 还至：及至。曾（zēng）：高。 [6] 昆仑之疏圃：传说中昆仑山上的园圃。 [7] 砥柱：山名，在今河南三门峡，当黄河中流。此指代中流。湍濑（tuān lài）：水流迅激之处。 [8] 鸧（cāng）：即鸧鹒。 [9] 惮惊：惧怕受惊。伏窜：藏匿逃窜。 [10] 注喙：鸟把嘴插入地里不敢动。江裔：江边。

昔者黄帝治天下，而力牧、太山稽辅之[1]，以治日月之行[2]，律治阴阳之气[3]，节四时之度[4]，正律历之数[5]；别男女，异雌雄，明上下，等贵贱；使强不掩弱[6]，众不暴寡，人民保命而不夭，岁时孰而不凶[7]，百官正而无私，上下调而无尤[8]，法令明而不暗[9]，辅佐公而不阿[10]，田者不侵畔[11]，渔者不争隈[12]，道不拾遗，市不豫贾[13]，城郭不关[14]，邑无盗贼，鄙旅之人[15]，相让以财，狗彘吐菽粟于路[16]，而无忿争之心；于是日月精明，星辰不失其行，风雨时节[17]，五谷登孰[18]，……诸北儋耳之国[19]，莫不献其贡职[20]。

此段描述黄帝治下的井然秩序。

“鄙旅之人，相让以财”言文明的秩序普遍存在，偏远地区的人也懂得礼让，并非如高诱注文“言所有余”之说，仅仅是因为富足有余。

[注释]

[1] 力牧、太山稽：传说是黄帝臣，黄帝尊之为师。 [2] 治：理。 [3] 律治阴阳之气：陈观楼认为“治”字衍。律阴阳之气，使阴阳之气有条理。 [4] 节四时之度：分别四时节气的变

化。 [5] 正律历之数：调正音律历法的节度。 [6] “使强不掩弱”二句：使得不以强凌弱，不以众欺少。掩，袭击。暴，损害。 [7] 岁时孰而不凶：庄稼按季节成熟而没有饥荒。岁，一年的收成。时孰，按季节成熟。孰，同“熟”。凶，饥荒。 [8] 调：协调，调和。尤：怨恨，归咎。 [9] 暗（àn）：昏暗。 [10] 阿（ē）：徇私。 [11] 畔：田界。 [12] 隈（wēi）：水流拐弯多鱼处。 [13] 豫贾（jià）：虚定高价欺骗顾客。王引之云：“《周官·司市》注曰：‘使定物价，防诳豫’是也。”豫，欺骗。贾，同“价”。 [14] 郭：同“廓”，外城。不关：不设关卡。 [15] 鄙旅之人：远行之人。鄙，边远之处。旅，道路。 [16] 狗彘吐菽粟于路：猪狗的吃食丰足，随便就把嘴里的菽粟吐在地上。 [17] 时节：风雨按照时令到来。 [18] 登孰：成熟。 [19] 诸北：北方各国。儋（dān）耳：古代北方国名。 [20] 贡职：方国按照职责向天子贡奉物品。

《览冥训》认为，黄帝时代的秩序井然固然美好，但“犹未及虙戏氏之道也”，因为黄帝的秩序是人为秩序，而伏羲时代则展现了自然的完美。

然犹未及虙戏氏之道也[1]。往古之时，四极废[2]，九州裂，天不兼覆[3]，地不周载，火爁炎而不灭[4]，水浩洋而不息[5]，猛兽食颛民[6]，鸷鸟攫老弱[7]。于是女娲炼五色石以补苍天[8]，断鳌足以立四极[9]，杀黑龙以济冀州[10]，积芦灰以止淫水[11]。苍天补，四极正，淫水涸[12]，冀州平，狡虫死，颛民生。……当此之时，卧倨倨[13]，兴眄眄，一自以为马，一自以为牛，其行蹎蹎[14]，其视瞑瞑[15]，侗然皆得其和[16]，莫知所由生。浮游不知所求[17]，魍魉不知所往[18]。……然而不彰其功，不扬其声，隐真人之道[19]，以从天地之固然[20]。何则？道德上通而智故消灭也[21]。

《老子》第三十八章："失道而后德，失德而后仁，失仁而后义，失义而后礼。"是言道德下衰。《览冥训》的"道德上通"正相反，言道德上合于自然，而不是下败于人为规范。

[注释]

[1] 虙戏（fú xī）氏：即伏羲氏，传说中的上古帝王。 [2] 四极废：四方天柱折断。 [3] 兼：与下文"周"均意为全部，完整。 [4] 爁（làn）炎：火势蔓延。爁，火延烧。 [5] 息：消。 [6] 颛（zhuān）民：善良的人们。颛，善良。 [7] 鸷（zhì）：凶猛的鸟。攫（jué）：用爪抓取。 [8] 女娲（wā）：传说中的女神，其事迹除了炼石补天，还有抟土造人。 [9] 鳌（áo）：传说中海里的大龟。四极：东南西北四方之尽头。 [10] 济：救助，这里指使泛滥的洪水消退。 [11] 淫水：泛滥的洪水。 [12] 涸（hé）：水干枯，这里指洪水消退。 [13] "卧倨（jù）倨"二句：睡觉时无忧无虑，醒来时浑浑噩噩。倨倨，无思无虑的样子。眄（miǎn）眄，茫然无知的样子。眄，斜视。 [14] 蹎（diān）蹎：安详缓慢貌。 [15] 瞑（míng）瞑：迷蒙不清貌。 [16] 侗（tǒng）然：通达无挂碍的样子。 [17] 浮游：漫无目的地闲逛。 [18] 魍魉：茫然无依的样子。 [19] 隐：藏，这里指怀揣。真人：得道之人。 [20] 固然：本来的样子。 [21] 智故：狡诈，巧伪。智，有心机。故，有目的。

逮至夏桀之时[1]，主暗晦而不明[2]，道澜漫而不修[3]，弃捐五帝之恩刑[4]，推蹶三王之法籍[5]。是以至德灭而不扬[6]，帝道掩而不兴[7]。举事戾

这里以"三王之法籍"作为保持秩序的准则，与夏桀所象征的无序混乱相对照。

苍天[8]，发号逆四时，春秋缩其和[9]，天地除其德[10]；仁君处位而不安[11]，大夫隐道而不言，群臣准上意而怀当[12]，疏骨肉而自容[13]，邪人参耦比周而阴谋[14]，居君臣父子之间而竞载[15]，骄主而像其意[16]，乱人以成其事。是故君臣乖而不亲[17]，骨肉疏而不附[18]。

[注释]

[1]夏桀：夏代最后一位王。 [2]主：君上。暗晦：昏暗。 [3]澜漫：纷繁杂乱的样子。 [4]五帝：传说中上古的五位帝王，说法不一，通常认为是黄帝、颛顼、喾、尧、舜。恩刑：恩典和刑法。 [5]蹶（jué）：倒，颠仆。三王：指夏、商、周三代开国君主。法籍：法典，法则。 [6]至德：最高的道德。 [7]掩：遮蔽。 [8]"举事戾苍天"二句：这里指严重违背当然的原则。戾，乖张，暴戾。 [9]春秋缩其和：这里指季节错乱。春秋，指四时节气。缩，减缩。 [10]天地除其德：天地失去了本来的作用。除，去掉。 [11]"仁君处位而不安"二句：仁慈的君王在位，却不得安宁；士大夫退出政治，不发表意见。处位，在位。隐道，隐身于道，保持名节的处世态度。 [12]群臣准上意而怀当：群臣揣测君主心意，来决定自己的立场。准，揣度。当，吻合。 [13]疏骨肉而自容：疏远亲人以保全自己。容，容身。 [14]参耦比周：相互勾结，结党营私。参耦，相互勾结。耦，并耕，这里引申为结伙。比周，紧密连接。 [15]居君臣父子之间而竞载：邪人在君臣父子之间竞相生事。载，事。 [16]"骄主而像其意"二句：喜欢生事的人往往藐视君主，让事情符合自己的心意，搅乱别人以达到自己的目的。骄主，对君主傲慢。像，合。乱人，使人乱。 [17]乖：背离，这里指君臣离

心离德。 [18] 附：依附，指亲人彼此亲爱。

晚世之时[1]，七国异族[2]，诸侯制法[3]，各殊习俗，纵横间之[4]，举兵而相角[5]。攻城滥杀，覆高危安[6]，掘坟墓，扬人骸，大冲车[7]，高重京[8]，除战道[9]，便死路，犯严敌[10]，残不义[11]，百往一反[12]，名声苟盛也[13]。是故质壮轻足者为甲卒千里之外[14]，家老羸弱，凄怆于内。厮徒马圉[15]，軵车奉饷[16]，道路辽远，霜雪亟集，短褐不完[17]，人羸车弊，泥涂至膝，相携于道，奋首于路[18]，身枕格而死[19]。所谓兼国有地者[20]，伏尸数十万[21]，破车以千百数[22]，伤弓弩矛戟矢石之创者扶举于路[23]，故世至于枕人头，食人肉，菹人肝[24]，饮人血，甘之刍豢[25]。故自三代以后者[26]，天下未尝得安其情性而乐其习俗，保其修命天而不夭于人虐也。所以然者何也？诸侯力征[27]，天下合而为一家。

《论语》："孔子曰：天下有道，则礼乐征伐自天子出；天下无道，则礼乐征伐自诸侯出。"因此，诸侯制法被认为是天下失序的体现。

古代兵制，在车曰士，步行曰卒。

[注释]

[1] 晚世：指战国时代。 [2] 七国：战国时期的七个大诸侯国：齐、楚、燕、秦、赵、魏、韩。异族：分属不同族群。 [3] 制

法：颁布法令。因为诸侯各有其国，所以不同的诸侯国各有不同的法令。 [4] 纵横：合纵连横，战国时纵横家的两种对立的政治主张。合纵派以苏秦为代表，主张六国联合抗秦。连横派以张仪为代表，主张秦与六国分别结盟，使之尊秦。间：离间。 [5] 相角：相斗。 [6] 覆高危安：使处于高位的人倾覆，使安全的人危险。 [7] 大：使动用法，意思是冲车越造越大。冲车：古代用来冲撞城墙的战车。 [8] 高：使动用法，意思是重垒越筑越高。重京：人工筑垒的高丘。 [9] “除战道”二句：修整交战的通道，死亡的道路也因此畅通。除，修整。便，使方便。 [10] 犯：攻击。严敌：劲敌。 [11] 残不义：残害不应该被害的人。义，宜。 [12] 百往一反：一百个人前往参战，只有一个人回来。 [13] 苟盛：用不正当的手段谋求名声。 [14] 甲卒：披甲的士卒。泛指战士。甲，铠甲。卒，步兵。 [15] 厮徒：服劳役的人。马圉（yǔ）：养马的人。 [16] 䡎（rǒng）车：推车。䡎，推。奉饷：运送军粮。 [17] 短褐不完：粗布短衣破旧不完整。褐，兽毛或粗麻制成的短衣。 [18] 奋首：拉车时头前伸用力的模样。 [19] 枕格而死：靠在车架子上死去。格，同“辂”，安装在车辕上用以拉车的横木。 [20] 兼国：兼并别人的国家。 [21] 伏尸：横陈的尸体。这里指杀人致死。 [22] 破车：使车破。 [23] 伤弓弩矛戟矢石之创者扶举于路：受弓弩、矛戟、箭石创伤的人，搀扶着、抬运着，沿路可见。弓弩矛戟矢石，皆指交战的武器。扶举，相互扶持。 [24] 菹（zū）：剁成肉酱。 [25] 刍豢：指牛羊猪狗等牲畜。 [26] “故自三代以后者”以下三句：三代以后，天下的人不再能安顿自己的本性，享受自己的生活，保持长寿、享有天年而不夭折于虐待。三代，指夏、商、周三代。修命，长命。夭，短命。人虐，人为的伤害。 [27] “诸侯力征”二句：因为诸侯依仗武力彼此征伐，天下不能融合为一家。力征，以武力彼此征伐。天下合，当作“天下不合”。

逮至当今之时[1]，天子在上位，持以道德，辅以仁义，近者献其智，远者怀其德[2]，拱揖指麾而四海宾服[3]，春秋冬夏皆献其贡职[4]，天下混而为一，子孙相代[5]，此五帝之所以迎天德也[6]。夫圣人者[7]，不能生时，时至而弗失也。……使万物各复归其根，则是所修伏牺氏之迹[8]，而反五帝之道也[9]。

《览冥训》的理想是伏羲时代的太和，而不是三代的秩序。因为秩序以分类为前提，太和才是整全的和谐。

[注释]

[1] 当今之时：指刘安所处的时代。　[2] 怀其德：感念天子的盛德。　[3] 拱揖指麾：形容悠闲安适而指挥若定。拱，抱拳。揖，拱手礼。指麾，指挥。宾服：归顺。　[4] 贡职：附属国按照身份缴纳贡品。　[5] 相代：指帝位传承。　[6] 迎天德：指接受天命。　[7] “夫圣人者”以下三句：圣人不能制造机会，但机遇到来却不放过。　[8] 伏牺：即伏羲。　[9] 反：返回。五帝：何宁本作“五常”，据道藏本改正。

夫钳且、大丙不施辔衔[1]，而以善御闻于天下，伏戏、女娲不设法度[2]，而以至德遗于后世，何则？至虚无纯一，而不喱喋苛事也[3]。《周书》曰：“掩雉不得[4]，更顺其风。”今若夫申、韩、商鞅之为治也[5]，捽拔其根[6]，芜弃其本[7]，而不穷究其所由生。何以至此也？凿五刑[8]，为刻削[9]，乃背道德之本，而争于锥刀之末[10]，斩艾百姓[11]，殚尽太半[12]，而忻忻然常自以为治[13]，是犹抱薪而救火[14]，凿窦而出水。夫井植生梓而不容瓮[15]，沟植生条而不容舟，不过三月必死。所以然者何也？皆狂生而无其本者也[16]。河九折注于海而流不绝者[17]，昆仑之输也[18]。潦水不泄[19]，瀇瀁极望[20]，旬月不雨，则涸而枯泽，受瀷而无源者[21]。譬若羿请不死之药于西王母[22]，姮娥窃以奔月[23]，怅然有丧[24]，无以续之[25]。何则？不知不死之药所由生也。是故乞火不若取燧[26]，寄汲不若凿井[27]。

[注释]

[1] 钳且、大丙：传说中的善御之人。辔（pèi）：驾驭牲口的缰绳。衔（xián）：马嚼子。 [2] 伏戏：即伏羲。 [3] 噆喋（zá dié）：水鸟或者鱼成群抢食的样子。苛事：繁琐的事务。 [4] “掩雉不得”二句：野鸡抓不到，换个位置，到顺风的地方去。掩，扑捉。 [5] 申：申不害，战国时郑国人。韩：韩非，战国末韩国人。商鞅：战国时卫国人。此三人是战国时法家代表人物。 [6] 挬（bó）：拔。根：与下文“本”均指治国的基本原则。 [7] 芜弃：荒废抛弃。 [8] 凿：造。五刑：五种刑罚。说法不一，或以墨（面部刺字）、劓（yì，割鼻）、剕（fèi，断足）、宫（男子去势，女子

幽闭)、大辟(死刑)为五刑。[9]刻削：刻薄残忍。[10]锥刀之末：锥刀刻削出的细小木屑。这里指小利。[11]斩艾(yì)：杀戮。艾，通“刈(yì)”，割。[12]殚(dān)尽：竭尽。太半：过半。[13]忻：同“欣”。[14]“是犹抱薪而救火”二句：这就像靠添柴来救火，打通水道来蓄水，完全是背道而驰。凿窦，开孔。出水，当作“止水”。[15]“夫井植生梓而不容瓮”二句：井壁生出梓树，妨碍瓦瓮下井取水；沟边的树横长，会妨碍小船通行。[16]狂生：乱长。无其本：背离了生长的道理。[17]九折：多次弯曲。[18]昆仑之输：来自昆仑山源头的不断输送。[19]潦水：积水。泄：排泄。[20]沆漭(wǎng yǎng)：汪洋。极望：望不到边。[21]瀷(yì)：雨后地面的积水。[22]羿：神话中的善射者。西王母：神话传说中的女神，居昆仑山。[23]姮娥：即嫦娥。[24]怅然有丧：因为失去嫦娥而失意懊恼。[25]续：跟随。指羿无法重新获得不死之药，服用后追随嫦娥去往月亮。[26]燧：即阳燧，取火的工具。[27]寄汲：在别人的水井打水。

[点评]

初读《览冥训》会感到头绪纷乱，它的主旨究竟是什么？开篇讲述的各种故事，与它后半部的历史叙述有什么关系？它的终篇，为什么要收结在“乞火不若取燧，寄汲不若凿井”上？这些问题都需要追问。当然熟读之后也可以看到，《览冥训》虽然语言繁复，内在思路却是清晰的。它要显明的，是超越“类应”的“精通”；对应于历史，则是要在三代的秩序之上，提出一个时代更早也更加高妙的新理想，这就是伏羲时代的“太和”。《览冥训》认为，只有实现太和，才是从根本上解决问题，满足于三代秩序，不过是乞火寄汲而已，远未达到真正的理想，当然也就没有真正解决重建美好时代的问题。

《览冥训》开篇讲述了许多不同的故事：师旷奏乐、庶女叫天、武王伐纣、鲁阳公反日，还有雍门子的哭诉和詹何钓鱼等等，这些故事涉猎的人物各不相同，内容也各有特点，但是对于《览冥训》来说，却都是“精通”的具体事例。所谓“精通”，是指某个特别的人与宇宙本源（太极）或者整全的宇宙（太和）抑或上天发生直接的感通。这种感通往往被表达为“精诚动天”“精通于天”“上通九天”和“谕于人心”等等，意思都是一个专注的、激切的、悲愤的、无比强烈的精神或呼吁，对于上天或被呼吁者的感动，这种感动超越了“类应”，不可能在“类应”的模式下理解和解释。

何为“类应”？前几篇的注释和点评已经指出，《天文训》《地形训》和《时则训》中有一个以阴阳五行为基本架构的分类模式，宇宙万物都以各自的属性，被分别划归于阴阳五行的某个类别之下，而所谓“类应”，就是具有相同属性的事物之间所发生的相互影响，这种影响也被称为“同类相动”。《览冥训》承认事物之间的“类应”，同时强调还有超越“类应”的“精通”在，而“精通”比“类应”微妙，指示着更加高妙的境界。

“精通”之所以可能，是因为在“分类”之上还有“太和”和“太极”，而“太和”和“太极”超越了阴阳。按照“类应”的原则，阳燧和日都属于阳，所以阳燧可以引火于日，方诸和月都属于阴，所以方诸可以引水于月。但是，《览冥训》又说阳燧和方诸不仅可以分别从日月处获得火水，还可以同时从太极处获得火水。这种说法表明，太极不在阴阳的分类之下，而是在阴阳之上，比阴阳更加根本。调音的论说也是一样，“叩宫宫应，弹角角动”，这是“类应”，但同时又有“鼓之而二十五弦皆应”的“音之君”存在，这个“音之君”超越了“五音”，与“太和”一样，因为超越了分类的具象而成为“音之君”。《览冥训》说，“精通”和“太和”都是微妙的。《览冥训》之“览”，是观览、察知；而“冥”，意指幽暗、微妙。《览冥训》篇名的含义，就是对幽微境况的察知。《览冥训》认为，分类和类应是清楚明白的，容易理解，但是精通和太和却是幽微的，需要深切洞察，才能有所领会。

铺垫了“分类”和“太和”的基本结构之后，《览冥训》进入到对人类历史的叙述。它从黄帝时代讲起，黄帝时代“别男女，异雌雄，明上下，等贵贱”，社会因为男女、雌雄、上下、贵贱各安其位而秩序井然。《览冥训》认为，黄帝时代的有序固然美好，但还是不如伏羲时代，因为黄帝时代的秩序是以分类为前提，而伏羲时代“侗然皆得其和”，没有彼此的分别，一切都自足完满。比较了黄帝和伏羲时代之后，《览冥训》开始描述“失序”，夏桀时代的暴虐和混乱被认为是“失序”的具体表现。并且，失序似乎是越演越烈的，到了战国时代，乱象已经丛生，甚至出现了“枕人头，食人肉，菹人肝，饮人血”的惨况。这种让人心惊的描写所隐含的价值立场，是指出有序必然面临失序，因此恢复秩序并不是最高理想，还应该寻找更加根本的解决之道，追求更加高妙的理想。《览冥训》找到的理想是“修伏牺氏之迹，而反五帝之道”，这个理想超越了三王的美俗良序，如同“太和”超越了“分类”，“精通”超越了“类应”。因此，《览冥训》一方面赞颂汉王朝恢复了秩序，另一方面也指出，还应该探问更具本源意义的价值根据，追求更高的理想。在“分类”与“太和”的模式之下，就是要超越分类前提之下的秩序，实现太和。正是这样的理想让《览冥训》终篇于“乞火不若取燧，寄汲不若凿井”的比喻，这个比喻的言外之意是，只有更具本源价值含义的太和，才是真正的理想，才能够保障现实不坠入“有序”与“失序”的可悲循环。

卷七 精神训

古未有天地之时，惟像无形[1]，窈窈冥冥[2]，芒芠漠闵[3]，澒蒙鸿洞，莫知其门。有二神混生[4]，经天营地，孔乎莫知其所终极[5]，滔乎莫知其所止息。于是乃别为阴阳，离为八极[6]，刚柔相成[7]，万物乃形，烦气为虫[8]，精气为人[9]。是故精神天之有也[10]，而骨骸者地之有也；精神入其门[11]，而骨骸反其根，我尚何存？

“莫知其门”以“门”为意象又予以否定，来强化天地未形之前的混沌。

“别”“离”，意味着阴阳五行的分类来自统一本源，同时也是对统一本源的割裂。

与骨骸相对的精神是一个复合词，指称与外在形体不同的内在生命力。但是，《精神训》有时也区别精神，与气并列而称精、气、神。

[注释]

[1] 惟像无形：只有朦胧影像，没有具体的形体。 [2] 窈窈冥冥：晦暗的样子。 [3]“芒芠（wén）漠闵（mǐn）”二句：形容天地未成之前混沌不分的状态。 [4] 二神：指阴阳二气具有开天辟地的神力。 [5]“孔乎莫知其所终极”二句：指神力开天

辟地的作用深广。孔，深。滔，广阔。 [6] 离为八极：八极从四方扩展而来，而四方加中央是与五行对应的，所以，“离为八极”就是分为五行。 [7]“刚柔相成”二句：按照阴阳理论，阳刚阴柔，刚柔相成也就是阴阳相互作用。此二句大意为阴阳相互作用，才使万物具有形貌，成为自己。 [8] 烦气：杂芜之气。 [9] 精气：精粹之气。 [10]“是故精神天之有也”二句：人由精粹之气构成，但是就人本身而言，又分为清轻的精神和重浊的形体（即骨骸），分别来自天和地。 [11]“精神入其门”以下三句：人死后精神和骨骸分别回归天地，被称为“我”的，留下了什么呢？

《精神训》理解人的生命有两个基本的观念，一是逐渐生成，一是天人相应。在生成的观念下，生命的生成与宇宙的生成有着相同的过程：从虚无中逐渐成形。在天人相应的观念下，人与宇宙有同类相应的关系，因此，人是一个小宇宙。

夫精神者，所受于天也，而形体者，所禀于地也。故曰：“一生二[1]，二生三，三生万物。万物背阴而抱阳[2]，冲气以为和[3]。”故曰：一月而膏[4]，二月而胅[5]，三月而胎，四月而肌，五月而筋，六月而骨，七月而成，八月而动，九月而躁[6]，十月而生。形体以成[7]，五藏乃形，是故肺主目[8]，肾主鼻，胆主口，肝主耳，外为表而内为里[9]，开闭张歙[10]，各有经纪[11]。故头之圆也象天[12]，足之方也象地。天有四时、五行、九解、三百六十六日[13]，人亦有四支、五藏、九窍、三百六十六节[14]。天有风雨寒暑，人亦有取与喜怒。故胆为云[15]，肺为气，肝为风，肾为雨，脾为雷，以与天地相参也[16]，而心为之主[17]。

[注释]

[1]“一生二”以下三句：语出《老子》第四十二章。《精神训》将之发挥成宇宙生成的次序：一指混沌元气，二指阴阳二气，三指阴阳合和产生万物。 [2]万物背阴而抱阳：指万物的背面为阴，正面为阳。 [3]冲气：阴阳之气相互激荡。 [4]膏：形成膏状胎体。这里的“一月”“二月”等，皆指胎儿孕育的月份。 [5]胅（dié）：隆起，指胎体渐大而隆起。 [6]躁：胎动频繁。 [7]以：通“已”，已经。 [8]“是故肺主目”以下四句：五行说以五脏配五官，具体配法不尽相同，这里是《淮南子》的配法。 [9]外：指外表的五官。内：指内在的五脏。 [10]张歙（xī）：开合。歙，收缩。 [11]经纪：有管理且有条理。 [12]“故头之圆也象天”二句：中国古代有天圆地方的观念，天人相副，则以头圆是天圆之象，足方是地方之象。 [13]九解：把天分为九个区域，与《天文训》的九野同义。 [14]四支：四肢。九窍：眼耳鼻口七窍加前阴后阴。三百六十六节：古人误以为人有366个骨节，以此与一年366日的日数相配。 [15]“故胆为云”以下五句：五行说以五脏配天气。 [16]参：参验。古人认为人体是一个小宇宙，五脏六腑皆可与天象参验。 [17]主：主导，主宰。

是故耳目者日月也[1]，血气者风雨也。日中有踆乌[2]，而月中有蟾蜍[3]，日月失其行[4]，薄蚀无光[5]；风雨非其时，毁折生灾[6]；五星失其行，州国受殃[7]。夫天地之道，至纮以大[8]，尚犹节其章光[9]，爱其神明，人之耳目，曷能久熏劳而不息乎[10]？精神何能久驰骋而不既乎[11]？

“日月失其行”及下文的“五星失其行”，指日月五星脱离正常轨道。这被认为是灾异，会给人的生活造成危害。

保养精神以静为原则。

[注释]

[1]“是故耳目者日月也”二句：这是天人相类观念下的比类。 [2]踆（cūn）乌：传说中太阳里的三足乌鸦。后因以踆乌指代太阳。踆，蹲。 [3]蟾蜍（chán chú）：神话传说月中有蟾蜍，后因以蟾蜍指代月亮。 [4]失其行：偏离正常轨道。 [5]薄蚀：日食或者月食。薄，日月暗淡无光。 [6]毁折：风雨刮断树木、摧毁庄稼等。 [7]州国受殃：按照星象分野，天上的星象对应于地上的分区，所以从相应星象的失行，可以推知灾祸将在哪个区域发生。州国，郡国。汉初既有朝廷设置的郡县，也有封国，并称州国。 [8]纮（hóng）：通“宏”，大。 [9]章光：与下文“神明”皆指灿烂光明。 [10]熏劳：辛劳。熏，火灼为熏。息：停歇，休息。 [11]驰骋：策马快跑，这里形容精神动荡不宁。既：停止。

此段论说深受《老子》抟气致柔思想的影响。

是故血气者，人之华也[1]，而五藏者，人之精也。夫血气能专于五藏而不外越[2]，则胸腹充而嗜欲省矣。胸腹充而嗜欲省，则耳目清，听视达矣[3]。耳目清听视达谓之明。五藏能属于心而无乖[4]，则教志胜而行不僻矣[5]。教志胜而行之不僻，则精神盛而气不散矣[6]。精神盛而气不散则理[7]，理则均[8]，均则通，通则神[9]。神则以视无不见[10]，以听无不闻也，以为无不成也。

[注释]

[1]华：外貌的表现，与内在之精相对。 [2]“夫血气能专

(tuán)于五藏而不外越”二句：血气能抟聚在五脏之内，不向外散逸，就能胸腹充实，嗜欲减少。专，通“抟”，抟合。越，消散。充，充实。省，减少。[3]达：达到。指听得清楚，看得分明。[4]属于心：五脏由心主导，即上文“心为之主”。乖：悖逆。[5]教(bèi)志胜：惑乱之心被克服掉。教志，惑乱之心。教，通“悖”，惑乱。胜，克制。僻：邪。[6]气不散：即上文的“血气能专于五藏而不外越”。[7]理：顺畅。[8]均：均衡。[9]神：灵而明。[10]“神则以视无不见”以下三句：达到了神明，就没有什么看不见，没有什么听不见，没有什么做不成。以为，凭借……去做。

夫孔窍者，精神之户牖也[1]，而气志者，五藏之使候也[2]。耳目淫于声色之乐[3]，则五藏摇动而不定矣；五藏摇动而不定，则血气滔荡而不休矣[4]；血气滔荡而不休，则精神驰骋于外而不守矣[5]；精神驰骋于外而不守，则祸福之至虽如丘山，无由识之矣[6]。使耳目精明玄达而无诱慕[7]，气志虚静恬愉而省嗜欲，五藏定宁充盈而不泄，精神内守形骸而不外越[8]，则望于往世之前，而视于来事之后，犹未足为也，岂直祸福之间哉！故曰：“其出弥远者[9]，其知弥少。”以言乎精神之不可使外淫也[10]。

前言以静保养精神，此言精神内守而不外越的意义。

[注释]

[1]户牖：门窗。[2]使候：使者。[3]淫：沉溺。[4]滔

荡：形容血气像波浪一样动荡不安。 [5] 不守：精神不能内守而向外耗散。 [6] 识：辨识。 [7] 玄达：通达。诱慕：被外物引动而产生羡慕之心。 [8] “精神内守形骸而不外越”以下五句：如果精神内守形骸而不向外散溢，那么，就是洞察往古、预知未来也不在话下，更何况只是看清祸福呢！ [9] “其出弥远者”二句：语出《老子》第四十七章，此处用以强调内守精神而不使外散。 [10] 淫：过度。这里指精神过度外倾。

是故五色乱目[1]，使目不明；五声哗耳[2]，使耳不聪；五味乱口[3]，使口爽伤[4]；趣舍滑心[5]，使行飞扬[6]：此四者，天下之所养性也[7]，然皆人累也[8]。故曰：嗜欲者使人之气越[9]，而好憎者使人之心劳，弗疾去则志气日耗[10]。夫人之所以不能终其寿命，而中道夭于形戮者[11]，何也？以其生生之厚[12]。夫惟能无以生为者[13]，则所以修得生也。

这里的形戮与刑法无关，而指违反养生之道，使身体受到损伤。

[注释]

[1] 五色：青、赤、黄、白、黑五种颜色。泛指各种色彩。 [2] 五声：宫、商、角、徵、羽五音。泛指各种音响。哗：喧哗。 [3] 五味：酸、苦、甘、辛、咸五味。泛指各种味道。 [4] 爽伤：伤害败坏。 [5] 趣舍滑心：取舍的计较使心混乱。趣舍，即取舍。滑，乱。 [6] 飞扬：形容行为轻薄，不在正道。 [7] 养性：养生。 [8] 人累：给人带来负担。累，累赘。 [9] 气越：血气散失。 [10] 日耗：一天天被消耗。 [11] 形戮：形体受伤害。 [12] 生生之厚：滋养

生命的东西过于丰厚。 [13]“夫惟能无以生为者”二句：只有不刻意养生的人，才可以长久地拥有生命。修得生，得长生。修，长。

真人最早见于《庄子·大宗师》篇。《庄子》多有对“真人”的描述，但没有“真人”的定义。此篇则以“性合于道”来定义“真人”，相近定义见于《诠言训》：“真人者，未始分于太一者也。”据此可知，《淮南子》的“真人”是本相之人，本相之人不与外物对待，也不被外物牵引和限制。

所谓真人者[1]，性合于道也。故有而若无，实而若虚，处其一[2]，不知其二[3]，治其内[4]，不识其外[5]，明白太素[6]，无为复朴[7]，体本抱神[8]，以游于天地之樊[9]，芒然仿佯于尘垢之外[10]，而消摇于无事之业[11]，浩浩荡荡乎[12]，机械知巧弗载于心[13]。是故死生亦大矣[14]，而不为变；虽天地覆育，亦不与之抮抱矣。……同精于太清之本[15]，而游于忽区之旁[16]，有精而不使，有神而不行，契大浑之朴[17]，而立至清之中[18]。是故其寝不梦，其智不萌，其魄不抑，其魂不腾。反复终始，不知其端绪，……此精神之所以能登假于道也[19]，是故真人之所游[20]。

《庄子·德充符》：“死生亦大矣，而不得与之变，虽天地覆坠，亦将不与之遗。”当为《淮南子》所本。

[注释]

[1]“所谓真人者”二句：所谓真人，是本性与道合一（的人）。 [2]处其一：是其自身。一，指自身。 [3]不知其二：不与外物相对，更不对外物加以分别。二，指与自己相对应的外物。 [4]内：内心。 [5]外：外物。 [6]明白：纯粹。太素：纯白。 [7]复朴：复归纯朴。 [8]体本：体现本性。抱

神：持守精神。 [9] 天地之樊：天地之间。樊，篱笆，引申为范围。 [10] 芒然：没有目的。仿佯（páng yáng）：游荡无定。尘垢：尘世。 [11] 消摇：即"逍遥"。业：事务。 [12] 浩浩荡荡：水势盛大。这里形容真人气魄宏大。 [13] 机械：机巧。弗载于心：不考虑。 [14]"是故死生亦大矣"以下四句：真人即使经历生死，也不会改变脸色；即使天翻地覆，也不会受到影响，卷入其中。覆育，当作"覆坠"。抮（zhěn）抱，互相纠缠转动。抮，旋，转。 [15] 同精于太清之本：指真人的精气与最纯粹的本源是一样的。 [16] 忽区：恍惚无形的区域。指天地未分的状态。 [17] 契：相合。大浑：天地未分时的混沌。 [18] 至清：太清。 [19] 登假：登上，达到。假，通"格"，至，达到。 [20] 真人之所游：指真人的精神上合于道，这是真人的境界。

衰世凑学[1]，不知原心反本[2]，直雕琢其性[3]，矫拂其情，以与世交；故目虽欲之[4]，禁之以度，心虽乐之，节之以礼，趋翔周旋[5]，诎节卑拜[6]，肉凝而不食[7]，酒澄而不饮：外束其形[8]，内总其德，钳阴阳之和[9]，而迫性命之情，故终身为悲人。

[注释]

[1] 凑学：趋附流行学说。凑，趋附。 [2] 原心反本：追溯本心，复归本性。 [3]"直雕琢其性"二句：不过是修饰自己的本性，扭曲了真情。矫，纠正。拂，违逆。 [4]"故目虽欲之"以下四句：用外在的礼节法度，约束内心的真情实感。 [5] 趋

翔：趋附。周旋：礼节性交际。　[6] 诎（qū）节卑拜：卑躬屈膝的样子。诎，屈。　[7]“肉凝而不食”二句：意思是拘守虚礼的人，肉都放冷了，酒都澄清了，还端坐着不敢吃喝。肉凝，肉或肉汤冷却后成冻的样子。酒澄，指酒在杯中的时间太长，都澄清了。　[8]“外束其形”二句：在外约束举止，在内束缚本性。总，捆索。　[9]“钳阴阳之和”以下三句：那些人钳制阴阳和气，压制性命真情，所以终身是个可悲的人。迫，压迫。

达至道者则不然[1]：理情性，治心术，养以和，持以适，乐道而忘贱，安德而忘贫，性有不欲，无欲而不得，心有不乐，无乐而不为，无益情者[2]，不以累德，而便性者[3]，不以滑和，故纵体肆意[4]，而度制可以为天下仪。

“至道”相对于“俗世”，展示了一个不同于俗的高妙境界。

[注释]

[1]“达至道者则不然”以下十一句：达道之人本性安静，没有欲求，他们没有得到俗世认为的那些好处，是因为他们并不追求那些东西；他们的内心平和，没有喜好，他们不去作乐，是因为他们并不爱好那些乐事。至道，最高妙的道。持以适，指达到至道境界的人，能够理顺自己的性情，安顿内在的精神，用和气来调养身心，以恰当的分寸把握自己。贱，地位低下。贫，财用不足。　[2]“无益情者”二句：对真情实感没有意义的事情，不会去参与，使之成为本性的累赘。益，有帮助。情，人的真实感情。德，人的内在本性。　[3]“而便性者”二句：而便性者，据考当作“不便于性者”。不便于性者，不以滑和，与本性不相适宜的，

不让它搅乱内心的平和。滑（gǔ），扰乱。 [4]“故纵体肆意”二句：达道之人在行为和心志上都随心所欲，用制度来衡量，却又是天下的表率。故纵体肆意，在行为和心志上都随心所欲。体，外在容貌。意，内在心志。度制，用制度来衡量。仪，法度，标准。

本节以孔门弟子与至人对照，展示不同的价值准则和人生境界，以儒家为俗世代表而加以批判。

今夫儒者，不本其所以欲[1]，而禁其所欲，不原其所以乐[2]，而闭其所乐，是犹决江河之源而障之以手也。夫牧民者[3]，犹畜禽兽也，不塞其囿垣[4]，使有野心[5]，系绊其足，以禁其动，而欲修生寿终，岂可得乎？夫颜回、季路、子夏、冉伯牛[6]，孔子之通学也[7]。然颜渊夭死[8]，季路菹于卫[9]，子夏失明[10]，冉伯牛为厉[11]：此皆迫性拂情[12]，而不得其和也。……若夫至人，量腹而食，度形而衣[13]，容身而游，适情而行，余天下而不贪[14]，委万物而不利[15]，处大廓之宇[16]，游无极之野，登太皇[17]，冯太一，玩天地于掌握之中[18]，夫岂为贫富肥臞哉[19]！故儒者非能使人弗欲，而能止之，非能使人勿乐，而能禁之。夫使天下畏刑而不敢盗[20]，岂若能使无有盗心哉！

[注释]

[1] 本：追踪本源。 [2] 原：追问原因。 [3] 牧民：管理百姓。 [4] 囿垣：园林围栏。囿，古代帝王畜养禽兽的园林。垣，

矮墙。[5]野心：不驯服。[6]颜回、季路、子夏、冉伯牛：都是孔子的弟子。[7]通学：尽得孔子之学。[8]颜渊：颜回字子渊，又称颜渊。[9]季路菹（zū）于卫：季路，即子路。子路长于政事，后为卫大夫孔悝邑宰，因不从孔悝迎立蒯聩为卫公，被杀。菹，剁成肉酱。[10]子夏失明：子夏因为爱子去世，痛哭失明。[11]为厉（lài）：身患恶疾。厉，生癞疮。[12]迫：压制。拂：违背。[13]度：度量。[14]余天下：意动用法，以天下为余，即视天下为多余之物。[15]委万物而不利：放任万物，不从中取利。委，丢弃。[16]大廓：与下文"无极"皆指空间广阔，同时喻指境界阔大。[17]"登太皇"二句：上达皇天，依凭太一。太皇，指天。冯（píng），依凭。太一，大全。[18]玩：把玩。掌握：手心。[19]臞（qú）：瘦。[20]"夫使天下畏刑而不敢盗"二句：让天下的人畏惧刑罚而不敢偷盗，哪里比得上让他们没有偷盗之心呢！

越人得髯蛇以为上肴[1]，中国得而弃之无用，故知其无所用，贪者能辞之；不知其无所用，廉者不能让也。夫人主之所以残亡其国家[2]，损弃其社稷[3]，身死于人手，为天下笑，未尝非为非欲也[4]。夫仇由贪大钟之赂而亡其国[5]，虞君利垂棘之璧而禽其身[6]，献公艳骊姬之美而乱四世[7]，桓公甘易牙之和而不以时葬[8]，胡王淫女乐之娱而亡上地[9]。使此五君者[10]，适情辞余，以己为度，不随物而动，岂有此大患哉？……知冬日之箑[11]，夏日之裘[12]，无用于己，则万物之变为尘埃矣[13]。故以汤止沸[14]，沸乃不止，诚知其本，则去火而已矣。

[注释]

[1] 髯（rán）蛇：大蛇。上肴：上等菜肴，佳肴。 [2] 残亡其国家：使国家遭到摧残以至于亡国。 [3] 损弃其社稷：使社稷遭到破坏以至于放弃。 [4] 未尝非为非欲：没有不是因为非分的欲望。意思是非分的欲望带来了国家残亡、社稷损弃的后果。非欲，非分的欲望。 [5] 仇由：春秋时国名，位于今山西省盂县，与晋国相邻。晋国的智伯想灭仇由，苦于道路不通，于是铸造大钟，用两辆并列的车拉着送给仇由之君。仇由君长开路迎钟，晋国军队利用这条路，伐灭仇由。赂（lù）：赠送礼物。 [6] 虞：春秋时国名，位于今山西省平陆县东北。晋国用垂棘之璧向虞君借道伐虢，灭虢后回程顺便灭了虞。唇亡齿寒的成语就出自这段故事。垂棘之璧：美玉所制之璧。垂棘，地名，产美玉。 [7] 献公艳骊姬之美而乱四世：献公宠爱骊姬，导致太子被杀，王室内乱，王位四次换人之后，在晋文公时才结束了内乱。献公，晋献公，前 677—前 651 在位。骊姬，春秋时狄人，骊戎首领之女，前 672 年，被晋献公虏入晋国，成为妃子。她离间了献公与申生、重耳、夷吾父子兄弟之间的感情，设计杀死太子申生。艳，喜爱。 [8] 桓公：齐桓公。易牙：齐桓公宠臣。易牙听齐桓公说没有尝过蒸婴儿，就把自己的儿子蒸熟献给桓公品尝。桓公晚年专任易牙，死后王室内乱，桓公停尸床上以致尸体腐烂，尸虫爬出户外。不以时葬：不能按时埋葬。 [9] 胡王：春秋时西戎国君。上地：上好的土地。秦穆公送女乐给胡王，离间其君

臣，后来顺利征伐，获得大片土地。 [10]“使此五君者”以下五句：假如这五位国君能够适当满足自己，放弃过分的欲望，以自己的需要为限度，不被外物的诱惑所牵引，哪里会有这些灾祸呢！ [11] 箑（shà）：扇子。 [12] 裘：皮衣。 [13] 变为尘埃：指微不足道。 [14]“故以汤止沸”以下四句：添加热水来制止水沸腾，沸腾不会停止，真正明白水沸腾的原因，撤去柴火就是了。汤，热水。沸，开水。

［点评］

《精神训》是《淮南子》的第七篇，是中国古代最早一篇以“精神”为标题的论文，也是中国古代唯一一篇以“精神”为题目的论文。

“精神”在先秦已经成为复合词。刘笑敢教授研究《庄子》文本的年代，指出《庄子》内篇有“精”“神”尚无“精神”，但是外篇已经出现了“精神”，他以复合词晚于独立词的汉语发展规律，证明《庄子》的内篇早于外篇。这里借用刘教授的研究，是要说明，从战国后期以来，精神已经成为一个广泛使用的语词。例如宋玉的《神女赋》：“精神恍惚，若有所喜。”《荀子·成相》：“精神相反，一而不二为圣人。”《吕氏春秋·尽数》：“精神安乎形，而年寿得长焉。”《韩非子·解老》也多次使用了“精神”，等等。但是，在《淮南子》之前和之后，都没有以“精神”为题目的论文，《淮南子·精神训》作为中国古代唯一一篇以“精神”标题的论文，其独特价值由此可见。

但是，《精神训》所说的“精神”，与现代所谓的“精神”，含义并不等同。当然，无论是古代还是现代，“精神”都是一个含义复杂的语词，很难单一论之，因此这里的古今之别，只是就最一般的含义而言。简言之，现代所谓的“精神”往往与物质相对，指向主体之心灵和理智的活动；而《精神训》所说的“精神”，往往与“骨骸”或者“形貌”相对，指称与外在形体不同的内在生命力。并且，《精神训》也延续先秦“精”“神”二分的传统，在具体的论说中往往把“精”“神”与“气”并说，形成精、气、神三者的并称。

那么，《精神训》讨论的问题究竟是什么？整体地看，《精神训》主要讨论了精神的产生、作用和保养等问题。就精神的来源而言，《精神训》认为人的精神来自于天，骨骸来自地，人死精神不灭，形体则复归无形之气。在精神和骨骸之间，精神是主导，是骨骸即形体的主宰者。因此，人的修养首先应该内养精神，而不是外修形体，而保养精神的关键，是节省精气，爱惜精神，不使精神外溢，更不能使精神向外追逐，被嗜欲控制，陷溺于外物的纠缠。

《精神训》认为“精神”展示了至道的境界，领略这种境界并达到这种境界的人是“至人”。至人也被称为“真人”：真正的人。“真人”的名号出自《庄子》，《淮南子》承用了这个名称，并且给予了明确的定义。《精神训》说：“所谓真人者，性合于道也。”相似的定义还见于《诠言训》：“真人者，未始分于太一者也。”《淮南子》的宇宙论，描述了混沌之气分化为天地万物的过程；《淮南子》的历史观，描述了纯朴未散的古人在“伪”即人为的影响下日渐丧失纯粹而落入俗伪的过程。显然,《精神训》的“真人”,是对真正的人应当如何的肯定,是《淮南子》人性观的表达。而“真人者,性合于道”的定义,则清楚展示了《淮南子》的宇宙论、历史观和人性论之间具有相同的理论结构。按照《精神训》的论说,只有真人才能真正领略“精神”,而“精神”所展示的至道境界,是人本来如此也应当如此的境界。

与之相对,则是所谓的“俗世”,儒家被视为是俗世的代表。《精神训》专门列举了孔门高弟颜回、子路等人的故事,说明儒家的价值不能够让人保养精神,只能作为形式规范发挥外在钳制的作用,因而最终会伤害生命。《精神训》的结论是,不可能靠添加热水来阻止开水沸腾,要水不开,必须“去火”。这个沸水和柴火的比喻,表达的意思与前一篇《览冥训》终篇所谓“乞火不若取燧,寄汲不若凿井”是一样的,都是强调要从根本上解决问题。显然,《精神训》秉持道家的立场,认为儒家的理想和原则远不足以造就真正的和乐社会,真正安顿人的性命,只有道家的理想才能做到这一点,因而是更有价值的。

卷八　本经训

“真”出自《老子》，含义是“物之实在”和“质之纯朴”。前一层意思，后来构词为“真实”，后一层意思，后来构词为“纯真”。“真”是道家的重要观念，儒家不言“真”。

伪，与“真”相对，指“人为”。

《庄子·天地》：“有机械者，必有机事，有机事者，必有机心。机心存于胸中，则纯白不备。”道家崇尚淳朴，所以对“机械”必定导致“机心”十分警惕。

太清之治也[1]，和顺以寂漠[2]，质真而素朴[3]，闲静而不躁，推而无故[4]，在内而合乎道[5]，出外而调于义，发动而成于文[6]，行快而便于物，其言略而循理，其行侻而顺情[7]，其心愉而不伪[8]，其事素而不饰。……机械诈伪[9]，莫藏于心。

[注释]

[1] 太清：理想中的上古淳朴社会。清，有干净、单纯、美好多层含义。　[2] 寂漠：平安无事的安宁状态。　[3] 质真：本性淳朴。素朴：与“质真”同义，是对质真的说明。素，未染之丝。朴，未治之木。　[4] 推：何宁据景宋本，认为当补“移”。推移，变化。故：有目的。　[5]“在内而合乎道”二句：内心与大道一致，

行为与义理协调。在内，内在的心志。出外，与外物接触。调于义，协调于义理。 [6]“发动而成于文”二句：有所举动，一定条理分明，行动敏捷，有利于事物。文，有条理。行快，行动敏捷。便于物，利于物。 [7]侻（tuō）：简易。顺情：符合人情。 [8]“其心愉而不伪”二句：内心愉悦就自然流露，不需要人为掩饰或者夸张表现，做事简朴，不需要刻意修饰。伪，人为。 [9]诈伪：与上文“质真”相对。

逮至衰世，镌山石[1]，锲金玉[2]，擿蚌蜃[3]，消铜铁[4]，而万物不滋[5]。刳胎杀夭[6]，麒麟不游[7]，覆巢毁卵，凤凰不翔，钻燧取火[8]，构木为台，焚林而田[9]，竭泽而渔[10]，人械不足[11]，畜藏有余[12]，而万物不繁兆萌牙[13]，卵胎而不成者，处之太半矣。……及至分山川溪谷，使有壤界[14]，计人多少众寡，使有分数[15]，筑城掘池[16]，设机械险阻以为备，饰职事[17]，制服等[18]，异贵贱，差贤不肖[19]，经诽誉[20]，行赏罚，则兵革兴而分争生[21]。

“衰世”与“太清之治”对应，指乱象丛生的现实。这是《淮南子》常用的古今对照模式。

[注释]

[1]镌（juān）山石：指开采矿产。镌，凿。 [2]锲：雕刻。 [3]擿（tì）：挑开。蜃（shèn）：蛤蜊。 [4]消：熔化。 [5]滋：生长。 [6]刳（kū）：剖开。夭：幼小的生命。 [7]麒麟不游：与下文“凤凰不翔”同义，麒麟、凤凰被认为是祥瑞，只出现在太平之世。 [8]钻

燧取火：原始的取火方法。燧是取火工具，有金燧（阳燧）、木燧两种。 [9] 田：耕作。 [10] 竭泽而渔：使积水干涸而捕鱼。 [11] 人械：供人使用的器物。 [12] 畜（xù）藏：府库里的藏品。畜，同“蓄”。 [13]“而万物不繁兆萌牙”以下三句：超过半数的草木还处于萌芽状态，鸟卵还未孵化成鸟，兽胎还未发育成熟，就已经死亡。繁兆，繁盛。萌牙，萌芽。卵，鸟蛋。胎，兽胎。不成，尚未发育成熟。太半，过半。 [14] 使有壤界：以山川溪谷划分国界。 [15] 分数：份额和数量。指诸侯领有一定数目的人口，即人口都分属于不同的君主了。 [16]“筑城掘池”二句：各国都修筑城墙，挖掘深池，建造机关，设置险隘来相互防备。机械，机关。 [17] 饰职事：设立官吏制度。饰，修饰，这里是设立的意思。 [18] 制服等：制订服饰等级制度，让不同身份地位的人穿戴不同服饰。制，制定。 [19] 差：使有差别。不肖：本义是与父亲不像，转义为品质恶劣。 [20] 经诽誉：区别诽谤和赞誉。经，划分界线。 [21] 兵革兴：指爆发战争。兵，武器。革，铠甲。分争：纷争。

本书《览冥训》：“当此之时，卧倨倨，兴眄眄，一自以为马，一自以为牛，其行蹎蹎，其视瞑瞑，侗然皆得其和。”可参看。

古之人，同气于天地[1]，与一世而优游[2]。当此之时，无庆贺之利，刑罚之威[3]，礼义廉耻不设，毁誉仁鄙不立[4]，而万民莫相侵欺暴虐，犹在于混冥之中[5]。

[注释]

[1] 同气于天地：指古之人没有从自然中分离出来。 [2] 一世：整个世界。优游：悠闲自得。 [3] 刑罚之威：指用奖赏进行鼓励，用刑罚进行威吓。 [4] 仁鄙：仁爱与鄙薄。鄙，粗野，没

有教养。　[5] 混冥：不分彼此的蒙昧状态。

逮至衰世，人众财寡，事力劳而养不足[1]，于是忿争生，是以贵仁；仁鄙不齐[2]，比周朋党，设诈谞，怀机械巧故之心而性失矣，是以贵义；阴阳之情，莫不有血气之感[3]，男女群居杂处而无别[4]，是以贵礼；性命之情，淫而相胁[5]，以不得已则不和[6]，是以贵乐。是故仁义礼乐者，可以救败[7]，而非通治之至也[8]。夫仁者所以救争也，义者所以救失也，礼者所以救淫也，乐者所以救忧也。

“衰世”与“古之人”，也是相对而言，是《淮南子》古今对照模式的一个具体表达。

以“救败”定位仁义礼乐的价值，是《本经训》站在道家立场提出的一个著名观点。

[注释]

[1] 力劳：劳作艰辛。　[2]“仁鄙不齐”以下五句：有的人仁爱，有的人卑劣，彼此不同，又有人拉帮结伙，策划计谋，怀着巧诈的心思，这样本性就偏邪了，所以要提倡正义。比周朋党，指四处拉帮结伙。比，并列。周，环周。诈谞（xū），狡诈的计谋。谞，机谋。巧故，有手段有目的。　[3] 血气之感：指男女之间根据阴阳相吸的原理，会互相吸引。　[4] 无别：指男女不分。　[5] 淫：过度纵情。胁：逼迫。　[6] 不得已：一般指客观情势难以把握，这里指过度放纵性情而难以自持。不和：指人际关系紧张。　[7] 救败：挽救失误。　[8] 通治：普遍有效的治理方式。至：极致。

此处之“善”，仅仅提示良善，与儒家所谓善性蕴含“四端”并不等同。

此段具体发挥《老子》第三十八章：“故失道而后德，失德而后仁，失仁而后义，失义而后礼，夫礼者，忠信之薄，而乱之首。”

此处对言本末、要详，表现了《淮南子》追寻终极根据的价值取向。

神明定于天下而心反其初[1]，心反其初而民性善[2]，民性善而天地阴阳从而包之[3]，则财足而人澹矣[4]，贪鄙忿争不得生焉。由此观之，则仁义不用矣。道德定于天下而民纯朴[5]，则目不营于色[6]，耳不淫于声，坐俳而歌谣[7]，被发而浮游[8]，虽有毛嫱、西施之色[9]，不知说也[10]，《掉羽》《武象》[11]，不知乐也，淫泆无别不得生焉[12]。由此观之，礼乐不用也。是故德衰然后仁生[13]，行沮然后义立，和失然后声调[14]，礼淫然后容饰[15]。是故知神明然后知道德之不足为也，知道德然后知仁义之不足行也，知仁义然后知礼乐之不足修也[16]。今背其本而求其末，释其要而索之于详[17]，未可与言至也[18]。

[注释]

[1] 神明定于天下而心反其初：灵明的精神通行天下，心就会返回到人初生时的纯朴状态。神明，灵明的精神。定，确定无疑。初，指人尚未有情欲、求知等外向追求的纯朴状态。 [2] 民性善：人民纯朴善良。 [3] 包：包润，滋养。 [4] 澹：通“赡”，富足。 [5] 道德定于天下而民纯朴：道德通行天下，人民就纯粹朴实。 [6] 营：惑乱。 [7] 俳：古代指杂戏、滑稽戏，也指演戏的人。这里指嬉笑玩乐。 [8] 被（pī）发：披散头发。被，同“披”。浮游：

没有一定方向和目标的漫游。 [9] 毛嫱（qiáng）、西施：古代美女。 [10] 说：通“悦”。 [11]《掉羽》《武象》：周王朝用于祭祀、朝贺的雅舞。 [12] 淫泆（yì）无别不得生焉：不会发生淫乱放荡男女不分的事。泆，放荡。无别，即上文所言男女无别。“别”属于礼的范围，所以下文说“礼乐不用”。 [13]“是故德衰然后仁生”二句：德行败坏然后确立道义。沮，败坏。 [14] 和失然后声调：音乐走调然后调节音调。和，声音的和谐。 [15] 礼淫然后容饰：礼貌不当然后制订规范。淫，放纵。容饰，穿着打扮。这里指用一整套礼仪来规范人的行为举止。容，人的形体外貌。 [16] 不足修：不值得学习。修，修饰。 [17] 要：纲要，重点。详：细节。 [18] 未可与言至：不能与之言说至理。至，至理，最根本的道理。

逮至尧之时，十日并出，焦禾稼[1]，杀草木[2]，而民无所食。猰貐、凿齿、九婴、大风、封豨、修蛇皆为民害[3]。尧乃使羿诛凿齿于畴华之野[4]，杀九婴于凶水之上[5]，缴大风于青丘之泽[6]，上射十日而下杀猰貐，断修蛇于洞庭[7]，禽封豨于桑林[8]。万民皆喜，置尧以为天子[9]，于是天下广狭险[10]，易远近，始有道里[11]。舜之时，共工振滔洪水[12]，以薄空桑[13]。龙门未开[14]，吕梁未发[15]，江淮遍流，四海溟涬[16]。民皆上丘陵，赴树木。舜乃使禹疏三江五湖，辟伊阙[17]，导廛涧[18]，平通沟陆[19]，流注东海。鸿水漏[20]，九州干，万民皆宁其性[21]，是以称尧舜以为圣。

[注释]

[1]焦：使动用法，使禾苗庄稼焦枯。 [2]杀：使动用法，使草木死掉。 [3]猰貐（yà yǔ）：食人怪兽。凿齿：长齿怪兽。九婴：传说中的九头怪兽。大风：传说中的大鸟。封豨（xī）：大野猪。修蛇：长大的蛇。 [4]羿：传说中的善射者。畴华：古代水泽名。 [5]凶水：古代水名。 [6]缴（zhuó）：系在箭上的绳子。这里用作动词，指用系有绳子的箭射鸟。青丘：古代泽名。 [7]洞庭：南方泽名，即今洞庭湖。 [8]桑林：古代地名，相传商汤在此求雨。 [9]置：拥立。 [10]“于是天下广狭险”二句：因此天下拓宽狭窄危险的道路，容易到达远处。 [11]道里：有路连通民居。道，路。里，民居。 [12]共工：古代神话人物，与他相关的传说有两则，一说他与颛顼争为帝，不胜，怒触不周山，撞断了天柱。一说他为水害，被尧放逐。 [13]薄：迫。空桑：古代地名，指今鲁西豫东一带。 [14]龙门：即禹门，在今山西河津市西北。黄河至此，两岸峭壁对峙，形如阙门，故名。 [15]吕梁：在今山西境内，绵延黄河与汾水之间，北起管涔山，南与龙门山相接。未发：指河道尚未疏通。 [16]溟涬（xìng）：茫茫无边。 [17]伊阙：地名，在今河南洛阳南约12.5公里处。因龙门山（西山）和香山（东山）隔伊河夹峙如门，故名。 [18]廛（chán）涧：洛水的两条支流。 [19]“平通沟陆”二句：平整陆地，疏通沟渠，让水流入东海。 [20]鸿：通“洪”，大。漏：排泄。 [21]宁其性：指百姓都能够安宁地生活。性，生。

晚世之时，帝有桀、纣[1]。为琁室瑶台[2]，象廊玉床[3]；纣为肉圃酒池[4]，燎焚天下之财[5]，罢苦万民之力[6]，刳谏者[7]，剔孕妇[8]，攘天下[9]，虐百姓。于是汤乃以革车三百乘[10]，伐桀于南巢[11]，放之夏台[12]；武王甲卒三千[13]，破纣牧野[14]，杀之于宣室[15]。天下宁定，百姓和集[16]，是以称汤武之贤。由此观之，有贤圣之名者，必遭乱世之患也[17]。

道家不同于儒家，儒家只赞颂尧舜文武的历史丰功，而道家在肯定他们的历史功绩时，还强调他们遭遇了乱世。乱世给普通百姓造成痛苦，也给圣王们带来磨砺。道家要展示辉煌背后的苦难，这正是老子祸福相依思想的特点。

[注释]

[1] 桀：夏朝最后一位君主。纣：商朝最后一位君主。被认为是残暴之君。 [2] 为琁（xuán）室瑶台：用美玉建造宫室楼台。王念孙说，“为琁室”上脱“桀”字。琁，与“瑶”皆美玉名。 [3] 象廊：用象牙装饰的走廊。 [4] 肉圃酒池：意思是肉多如林木，酒多如池水。高诱注：“纣积肉以为园圃，积酒以为渊池。” [5] 燎焚：火烧。指纣靡费天下资财如同放火燃物，焚烧殆尽。 [6] 罢（pí）：通“疲”。 [7] 刳谏者：指纣杀比干一事。 [8] 剔孕妇：传说纣曾经剖开孕妇的肚子，观看胎儿。 [9] 攘：侵夺。 [10] 革车：兵车。 [11] 南巢：地名，今安徽巢县。 [12] 放：流放。夏台：地名，今河南禹县南，夏桀曾在这里囚禁商汤。 [13] 甲卒：穿铠甲的兵卒。 [14] 破：击败。牧野：地名，在今河南淇县西南。 [15] 宣室：宫殿名。 [16] 和集：与离散相对，指百姓安宁聚居。 [17] 遭：遇。

帝者体太一[1]，王者法阴阳[2]，霸者则四时[3]，君者用六律[4]。……是故体太一者[5]，明于天地之情，通于道德之伦。……法阴阳者，德

帝、王、霸、君指不同层次的治理方式，所依据的原则呈逐渐降等的态势。

“德与天地参”表现了天生、地长、人成的“三才”思想。

与天地参[6]，明与日月并。……则四时者，柔而不脆，刚而不鞼[7]，宽而不肆[8]，肃而不悖[9]，优柔委从[10]，以养群类[11]；其德含愚而容不肖[12]，无所私爱。……用六律者，伐乱禁暴，进贤而废不肖[13]，扶拨以为正[14]，坏险以为平[15]，矫枉以为直[16]，明于禁舍开闭之道[17]，乘时因势以服役人心也[18]。

[注释]

[1] 帝者体太一：指最高妙的统治方式体现了太一的品质。帝者，践行帝道之人。体，体会，体现。 [2] 王者：践行王道之人。法：效法。 [3] 霸者：春秋时诸侯联盟的首领，这里泛指为主一方之人。则：取法。 [4] 君者：统治一国之人。用：使用。六律：古代将十二乐律分为阴阳各六，阳为律，阴称吕。 [5] “是故体太一者”以下三句：体现太一境界的人，明白天地之实，通晓道德之理。情，实际情况。伦，条理。 [6] 与天地参（cān）：与天地并列。参，并。 [7] 鞼（guì）：折断。 [8] 肆：放纵。 [9] 肃而不悖：指严肃却不违常情。悖，违背。 [10] 优柔委从：宽容顺从。 [11] 群类：各种不同的人。 [12]“其德含愚而容不肖”二句：他的品德能够包含愚钝之人、没有才干的人，没有偏爱。不肖，原义是长相不像父亲，后转义为品德低劣、才干低下。 [13] 进贤：任用贤人。废：放弃。 [14] 扶拨：矫正偏斜。扶，治理。拨，不正。 [15] 坏险：排除险阻。险，地势不平，引申为险要、险阻。 [16] 矫枉：扶正偏斜。 [17] 明于禁舍开闭之道：清楚知道禁止、允许、开放、限制的道理。 [18] 乘时因势以服役人心

也：顺应时势来驾驭人心。乘时，掌握时机。因势，因顺形势。服，制服。役，役使、驱使。

凡人之性，心和欲得则乐[1]，乐斯动[2]，动斯蹈，蹈斯荡，荡斯歌，歌斯舞，歌舞节则禽兽跳矣[3]。人之性，心有忧丧则悲[4]，悲则哀，哀斯愤，愤斯怒，怒斯动，动则手足不静[5]。人之性，有侵犯则怒，怒则血充，血充则气激，气激则发怒，发怒则有所释憾矣[6]。故钟鼓管箫，干戚羽旄[7]，所以饰喜也。衰绖苴杖[8]，哭踊有节[9]，所以饰哀也。兵革羽旄，金鼓斧钺[10]，所以饰怒也。必有其质，乃为之文[11]。

《本经训》用“文饰”解释礼乐的意义。由于“文”是对“质”的修饰，因此也是第二义的。

[注释]

[1] 欲得：心愿得到满足。 [2] 斯：乃，就。 [3] 歌舞节：王念孙认为，当作“歌舞无节”。禽兽跳：像禽兽那样乱蹦。 [4] 忧丧：为丧事而伤心难过。 [5] 手足不静：指哭丧时捶胸顿足之类的动作。 [6] 有所释憾：以某种激烈行为发泄愤恨。憾，愤恨。 [7] 干戚羽旄：古代乐舞时所持道具。古时舞蹈分文武，文舞举羽旄，武舞举干戚。干，盾。戚，大斧。羽，雉尾的羽毛。旄，旄牛尾。 [8] 衰绖（cuī dié）苴（jū）杖：古代丧事时亲属的服饰。衰，古代丧服，用粗麻布缝制，毛边。根据亲属关系，由近至远递减丧服标准，越亲丧服越粗。绖，丧服中的麻带，或捆腰上，或系头上。苴杖，古代为父母服丧时用的竹杖，表示因悲恸不能

站立。 [9] 哭踊：顿足嚎哭。古时居丧哭踊皆有规矩。 [10] 金鼓：军中所用的金钲和大鼓，鸣金表示收兵，击鼓表示进攻。钺（yuè）：古代兵器，形状如大斧。 [11] 文：文饰。

古者圣人在上，政教平，仁爱洽[1]，上下同心，君臣辑睦[2]，衣食有余，家给人足[3]，父慈子孝，兄良弟顺[4]，生者不怨，死者不恨[5]，天下和洽，人得其愿。夫人相乐[6]，无所发贶，故圣人为之作乐以和节之。

[注释]

[1] 洽：周遍。 [2] 辑睦：和睦。辑，和谐。 [3] 给（jǐ）：丰足。 [4] 兄良弟顺：兄长能够表率，幼弟愿意听从。 [5] 恨：遗憾。 [6] "夫人相乐"以下三句：人与人相处和乐，却不知如何表达，所以圣人为他们制作音乐，使他们能够和谐而有节制地表达情绪。夫，发语词。无所发贶（kuàng），尚未表达出来。发贶，抒发。贶，赐予。以和节之，以和谐加以调节。

末世之政，田渔重税[1]，关市急征[2]，泽梁毕禁[3]，网罟无所布[4]，耒耜无所设[5]，民力竭于徭役[6]，财用殚于会赋，居者无食，行者无粮，老者不养，死者不葬，赘妻鬻子[7]，以给上求[8]，犹弗能澹[9]；愚夫惷妇[10]，皆有流连之心，悽怆之志，乃始为之撞大钟，击鸣鼓，吹竽笙，弹琴瑟，失乐之本矣。

[注释]

[1]田渔：种田和打鱼。重税：一再征税。指税种繁多。 [2]关市急征：关卡和集市检查征税。此指运输和销售货物都要征税。关，关口。市，市场。急，通“稽”，考查。 [3]泽梁毕禁：指完全禁止捕鱼。泽梁，古代在流水中拦鱼的一种装置。毕禁，完全禁止。 [4]罟（gǔ）：网。 [5]耒耜（lěi sì）：翻土的农具。 [6]“民力竭于徭役”二句：百姓的力量全部消耗在徭役上，财用被各种赋税盘剥一空。会赋，各自赋税。 [7]赘妻：将妻子抵押换钱。鬻（yù）：卖。 [8]给（jǐ）：供给。上：统治者。 [9]澹：通“赡”，满足。 [10]“愚夫惷妇”以下八句：百姓的生活如此痛苦，统治者还在撞大钟，敲大鼓，吹奏竽笙，弹奏琴瑟，完全违背了作乐的本义。流连，留恋，指因为赘妻鬻子而产生的不舍之情。悽怆之志，凄惨悲伤之情。乐之本，音乐的本来含义。

古者，上求薄而民用给[1]，君施其德，臣尽其忠，父行其慈，子竭其孝，各致其爱，而无憾恨其间[2]。夫三年之丧[3]，非强而致之[4]，听乐不乐[5]，食旨不甘[6]，思慕之心[7]，未能绝也[8]。

[注释]

[1]薄（bó）：轻微，少。给（jǐ）：丰足。 [2]憾恨：遗憾。 [3]三

年之丧：礼法规定，子孙为父母、祖父母，臣为君服丧三年。 [4]强：强制。 [5]听乐（yuè）不乐（lè）：听到音乐也不快乐。 [6]旨：精美食物。甘：味美。 [7]思慕：带着敬意的思念。 [8]绝：断。

晚世风流俗败[1]，嗜欲多，礼义废，君臣相欺，父子相疑，怨尤充胸[2]，思心尽亡[3]，被衰戴绖[4]，戏笑其中，虽致之三年，失丧之本也。

[注释]

[1]风流俗败：风俗败坏。 [2]怨尤充胸：指满心都是怨恨。尤，怨恨。 [3]思心：思念亡者之心。亡：无。 [4]“被衰戴绖”以下四句：居丧时披麻戴孝，却笑语欢声，即使戴孝三年，也失去了丧礼的本义。被衰戴绖，穿孝服，系孝带。失丧之本，失去了丧礼的本义。

武王伐纣，胜利后“封比干之墓”，表达敬贤之心，与商纣王剖比干之心的虐贤之举形成对照。

古者天子一畿[1]，诸侯一同[2]，各守其分[3]，不得相侵。有不行王道者，暴虐万民，争地侵壤，乱政犯禁，召之不至，令之不行，禁之不止，诲之不变，乃举兵而伐之[4]；戮其君[5]，易其党[6]，封其墓[7]，类其社[8]，卜其子孙以代之[9]。

[注释]

[1]畿：古时，天子领属的土地称畿。方圆一千里为一

畿。[2]同：方圆一百里为一同。[3]分（fèn）：名分，这里指领土。[4]举兵：派遣军队。[5]戮：诛杀。[6]易其党：重新安置居民。党，古代地方行政组织，五百家为党。[7]封其墓：指对被征讨国家已经亡故的贤者，以封墓的方式表达敬意。封，给坟墓培土，这是对死者的一种礼遇。[8]类其社：祭祀土地神，既是感恩土地的赐予，也是表示对土地的领有。类，祭祀。社，土地神。[9]卜其子孙以代之：用占卜的形式选择所灭之国的一位子孙来延续宗祀。即灭国而不断祭祀。卜，占卜。

晚世务广地侵壤[1]，并兼无已[2]，举不义之兵，伐无罪之国，杀不辜之民，绝先圣之后，大国出攻[3]，小国城守[4]，驱人之牛马[5]，傒人之子女[6]，毁人之宗庙[7]，迁人之重宝[8]，血流千里，暴骸满野[9]，以澹贪主之欲，非兵之所为生也[10]。

[注释]

[1]务：追求。广地：扩展领土。侵壤：侵占别人的土地。[2]已：停止。[3]出攻：向外进攻。[4]城守：据城防守。[5]驱人之牛马：指抢夺别人的牲畜。[6]傒（xì）：通“系”，拘系。[7]宗庙：祭祀先祖的地方。[8]迁人之重宝：指灭国。重宝，象征国家权力的重器，例如鼎之类。迁鼎意味着权力转移。[9]暴（pù）骸：尸体暴露。暴，暴露。[10]兵：兴兵，用兵。

故兵者所以讨暴[1]，非所以为暴也；乐者所以致和，非所以为淫也；丧者所以尽哀，非所以为伪也。故事亲有道矣[2]，而爱为务[3]；朝廷有容矣[4]，而敬为上；处丧有礼矣[5]，而哀为主；用兵有术矣[6]，而义为本。本立而道行[7]，本伤而道废。

《本经训》崇尚“质真”，能够接受“文饰”，但排斥“伪饰”。

[注释]

[1]“故兵者所以讨暴”以下六句：军队是用来讨伐暴虐的，而不是制造暴虐的；音乐是用来达致和谐的，而不是制造淫乱的；丧礼是用来寄托哀思的，而不是制造虚伪的。 [2]事亲有道：侍奉父母是有原则的。 [3]爱为务：爱是最重要的。务，追求。 [4]容：容仪，指对人的穿着打扮、行为举止有具体的规定和要求。 [5]处丧：办理丧事。 [6]“用兵有术矣”二句：动用军队有条件，以正义为基础。 [7]“本立而道行”二句：根本建立了，原则就能实行，根本损伤了，原则也就失效了。

[点评]

《本经训》是《淮南子》的第八篇。所谓“本经”，是指具有根本意义的大经大法。本，根本；经，常道。本篇开篇即言“太清之治”，终篇又重申“本立而道行，本伤而道废”，由此来看，《本经训》是以“太清之治”为治理的根本原则的，是以“太清之治”所造就的真纯社会为理想社会的。《本经训》之所以一再进行古今不同的对比性论说，反复以“太清之治”“古之人”“古者”与“衰世”“末世”“晚世”进行方方面面的比照，就是要在理想的映照之下，对衰败不堪的后世也就是现实进行批判，在批判中树立起理想的旗帜。

《本经训》既然以“太清之治”为“本经”，以远古的纯朴社会为理想，自然认为儒家理想的“三代之治”并不具有根本意义。儒家推重仁义礼乐，在汉代兴起的宇宙论思想之下，还以五行比配仁义礼智信，推崇仁义礼智信为宇宙的普遍原则。《本经训》则站在道家的立场，认为仁义礼智信是人定的关系原则，礼乐是人为的制度规范，是为了应对人的历史需要才提出来的。这种论说的言下之意是，既然仁义礼乐是在历史中出现的，当历史改变了，这些原则也会改变甚至被放弃，因此并不是永恒的，也不是普遍的，而是受历史条件制约的。《淮南子》之所以反复言说一个自然的宇宙，不让阴阳五行具有道德价值的含义，就是要把仁义礼乐放置在历史的演变过程之中，取消它们的第一义资格。

《本经训》虽然不让仁义礼乐具有根本义，但并非不承认仁义礼乐的历史意义。关于仁义礼乐，《本经训》提出了一个著名的观点即“救败说”。所谓救败，是指社会在脱离了“太清之治”之后已经败坏，而仁义礼乐针对已经败坏的社会可以进行有限的挽救。《本经训》说：“夫仁者所以救争也，义者所以救失也，礼者所以救淫也，乐者所以救忧也。”“救败说”一方面承认仁义礼乐的历史意义，另一方面也否认了仁义礼乐的终极意义。因为仁义礼乐被认为是在道德丧失后才出现的，只要回到“道德定于天下而民纯朴”的状态，仁义礼乐就失效了。《本经训》批评儒家不懂这个道理，只在枝微末节上计较，所以不值得与他们谈论“至理”也就是《本经训》所谓的“本经”。从《本经训》和《淮南子》其他篇章的类似言论中，可以看到汉初道家和儒家之间的理论争执，也可以看到《淮南子》作者中两种不同价值立场之间的理论较量。

在《淮南子》的作者中，显然存在道家和儒家两派人物。同样明显的是，道家人物更加强势，常常表现出对于儒家的压制。这种压制在《本经训》中也清晰可见。但是，妥协也出现了。“救败说”就已经承认了仁义礼乐的现实意义，“文饰说”则进一步承认了仁义礼乐的积极意义。“文饰说”是《本经训》提出的另一个著名观点。这个观点认为，人性具有表达情感的自然需要，这种表达如果不加节制，即使是喜悦这种美好的情感，即使是歌舞这种美好的行为，如果没有节制，也难免“禽兽跳”。《本经训》说：“钟鼓管箫，干戚羽旄，所以饰喜也。衰绖苴杖，哭踊有节，所以饰哀也。兵革羽旄，金鼓斧钺，所以饰怒也。必有其质，乃为之文。”此说肯定了“文饰”的意义。同时，《本经训》也指出，“文饰”是对实质的修饰，如果没有实质，“文饰”即成虚文。至于《本经训》批评“晚世”风俗败坏，礼乐丧失了原本的意义，这些观点与儒家的相关理解已经没有区别了。

卷九　主术训

人主之术[1]，处无为之事[2]，而行不言之教[3]：清静而不动，一度而不摇[4]，因循而任下[5]，责成而不劳。是故心知规而师傅谕导[6]，口能言而行人称辞，足能行而相者先导，耳能听而执正进谏。是故虑无失策，谋无过事，言为文章[7]，行为仪表于天下[8]，进退应时，动静循理，不为丑美好憎[9]，不为赏罚喜怒，名各自名[10]，类各自类，事犹自然[11]，莫出于己。故古之王者，冕而前旒[12]，所以蔽明也；黈纩塞耳[13]，所以掩聪；天子外屏[14]，所以自障。故所理者远[15]，则所在者迩[16]；所治者大[17]，则所守者小[18]。

《主术训》倡导君主无为而治，以身作则，开篇就把无为、清静、因循、自然等道家的重要观念都提出来了。

夫目妄视则淫，耳妄听则惑，口妄言则乱。夫三关者，不可不慎守也。

[注释]

[1] 术：有方法、手段、策略等多重含义。 [2] 处无为之事：做事以“无为”为原则。 [3] 行不言之教：指身为表率，即下文“行为仪表”的意思。 [4] 一度：统一法度。 [5]“因循而任下”二句：沿袭常规，任用臣下，督促他们完成职责，而不亲自操劳。 [6]“是故心知规而师傅谕导”以下四句：人主知道该怎么做却接受师傅的教导辅佐，知道该怎么说却让使者传达旨意，知道该怎么走却让司仪引导，知道该听什么却让执政官进谏。心知规，知道行为规范。师傅，辅佐国君或太子的人，细分则师教导而傅辅佐。何宁认为：“谕导”当作“谕道”，谕导以正道。行人，官名，掌管礼仪外交。称辞，传达旨意。相者，赞礼的人，负责引导、司仪等。执正，主持政务的人。进谏，下对上提出建议。 [7] 言为文章：发言即成法则。 [8] 行为仪表：行动就是榜样。于天下：俞樾认为“于天下”三字衍。 [9]“不为丑美好憎”二句：不因为美丑而发生喜好和厌恶的感情，不因为赏罚而生出喜悦和愤怒的情绪。 [10]“名各自名”二句：名各自命名，类自归属类。 [11]“事犹自然”二句：事情好像自己如此，并非出自人主的安排。自然，自己如此。己，指人主。 [12] 冕：古代帝王、诸侯、卿大夫戴的礼帽，后专指王冠。旒（liú）：礼帽前后悬垂的玉珠串。旒的数目因身份而异，天子十二旒，诸侯九旒。戴冕时，旒垂眼前，所以称“蔽明”。 [13] 黈纩（tǒu kuàng）：黄丝绵制作的耳球。古代冕制，用丸状黄绵悬于冕之两旁。戴冕时，绵球遮挡耳边，以示不听流言，所以称“掩聪”。 [14] 外屏：屏设在门外。屏，对着门的小墙，用以遮挡，

相当于后世的照壁。 [15] 理：管理。 [16] 所在者迩：指进行管理的原则就在近旁。迩，近。 [17] 治：治理。 [18] 守：奉行的原则。

天道玄默[1]，无容无则[2]，大不可极，深不可测，尚与人化[3]，知不能得。昔者，神农之治天下也，神不驰于胸中[4]，智不出于四域[5]，怀其仁诚之心[6]，甘雨时降[7]，五谷蕃植[8]，春生夏长，秋收冬藏。……当此之时，法宽刑缓，囹圄空虚[9]，而天下一俗[10]，莫怀奸心[11]。

[注释]

[1] 玄默：幽深沉静。 [2] 容：形态。则：规矩。 [3]“尚与人化”二句：指天道常常影响人世，而人凭智力很难掌握天道对人间事务的参与。尚，常，恒。知（zhì），同“智”。 [4] 神不驰于胸中：内心安静，不动心机。神，精神。 [5] 智不出于四域：智慧不显露于身外。四域，四方区域，概指身外的环境。 [6] 仁诚之心：仁爱诚实之心。 [7] 甘雨时降：恰好时节的恰好降雨量。 [8] 蕃植：茂盛生长。 [9] 囹圄（líng yǔ）：监狱。 [10] 一俗：同样风俗。 [11] 莫怀奸心：没有人心怀奸诈之心。

末世之政则不然，上好取而无量，下贪很而无让[1]，民贫苦而忿争，事力劳而无功[2]，智诈

《主术训》虽然宣扬道家的无为思想，但推举的理想人物不是伏羲，而是神农。神农是农业的开创者，农耕是文明的生活形态，而不是伏羲象征的混沌时代了。这意味着《主术训》对现实政治的议论，是立足于现实的关心，而不是拒绝现实的超脱。

“仁诚”是具有儒家色彩的观念，有“关怀”他人外物的意味，与“真诚”所强调的“是其自身”不完全相同。

萌兴[3]，盗贼滋彰[4]，上下相怨，号令不行。执政有司[5]，不务反道[6]，矫拂其本[7]，而事修其末，削薄其德[8]，曾累其刑，……乱乃逾甚[9]。

[注释]

[1] 很：何宁曰："'很'当为'狠'，形近而讹。"贪狠，贪婪狠毒。无让：步步进逼。 [2] 事力劳：做事非常辛苦。 [3] 智诈萌兴：用聪明才智骗人的事情出现了。 [4] 滋彰：不断出现，越来越多。 [5] 有司：管理部门。 [6] 反道：返回正道。反，同"返"。 [7]"矫拂其本"二句：违背大原则，只注意小问题。矫拂，扭曲违逆。事修，管理。 [8]"削薄其德"二句：德政越来越淡薄，刑罚越来越苛刻。曾累，重叠累积。 [9] 逾：更加。

抱薪救火是《淮南子》常用的比喻，卷六《览冥训》也有"抱薪而救火，凿窦而出水"的文句，表达的意思是一样的，都是指用放大灾祸的方式来平息灾祸。

夫水浊则鱼噞[1]，政苛则民乱。……是以上多故则下多诈[2]，上多事则下多态[3]，上烦扰则下不定，上多求则下交争：不直之于本而事之于末[4]，譬犹扬堁而弭尘[5]，抱薪以救火也。故圣人事省而易治，求寡而易澹[6]，……杀戮不足以禁奸，唯神化为贵[7]，至精为神[8]。

[注释]

[1] 鱼噞（yǎn）：鱼张口呼吸的样子。因水浊而缺氧，故鱼只能浮出水面张口呼吸。 [2] 故：巧，指耍花样。 [3] 多态：多

做虚伪姿态。[4]不直之于本：树干不直。这里指在上者不正直。本，树干。末：树梢。[5]堁（kè）：尘埃。弭（mǐ）：止。[6]澹：通“赡”，足。[7]神化：从精神上进行感化，或者在无形中感化。[8]至精为神：最微妙的精气，就是神。

故太上神化[1]，其次使不得为非，其次赏贤而罚暴。衡之于左右[2]，无私轻重，故可以为平；绳之于内外[3]，无私曲直，故可以为正；人主之于用法[4]，无私好憎，故可以为命[5]。……今夫权衡规矩，一定而不易[6]，不为秦、楚变节[7]，不为胡、越改容[8]，常一而不邪[9]，方行而不流[10]，一日刑之[11]，万世传之，而以无为为之[12]。故国有亡主[13]，而世无废道[14]；人有困穷[15]，而理无不通[16]。由此观之，无为者，道之宗[17]。故得道之宗，应物无穷[18]；任人之才[19]，难以至治[20]。

“得道之宗”与“任人之才”相对，指两种不同的施政方式。“得道之宗”是“无为而治”，“任人之才”是“专己之能”。

[注释]

[1]“故太上神化”以下三句：所以最高妙的方式是精神感化，其次是使人不做坏事，然后才是奖励贤良，惩罚暴虐。太上，最上，指最高妙的方式或境界。[2]“衡之于左右”以下三句：秤杆对于两边的事物，没有重此轻彼的私心，所以是公平的标准。左右，秤杆的两边。[3]“绳之于内外”以下三句：墨绳对于远近，没有直

内曲外的私意，所以是正直的标准。引墨绳是从远至近，近己为内，故称内外。 [4] 用法：执行法规。 [5] 命：命令。 [6] 一定：恒定的。 [7] 秦、楚：战国时代的两个强国，这里指强权。节：法度。 [8] 胡、越：胡是北方民族，越是南方民族，这里指地理的远近。容：面貌。 [9] 常一：恒常而确定。 [10] 方行：方正直行。流：放荡。 [11] 刑：通“型”，铸成模型，这里指确定为标准。 [12] 以无为为之：指人们只能不带私心地应用权衡规矩，不能任意改变。 [13] 亡主：亡国的君主。 [14] 废道：失效的道义。 [15] 困穷：走投无路。 [16] 理无不通：没有不通的道理。 [17] 宗：根本。 [18] 应物：回应事物。 [19] 任人之才：指君主只凭自己的才能，故下文又言“专己之能”。 [20] 至治：最好的治理。

汤、武圣主也[1]，而不能与越人乘干舟而浮于江湖[2]；伊尹贤相也[3]，而不能与胡人骑驟马而服騊駼[4]；孔、墨博通[5]，而不能与山居者入榛薄险阻也[6]。由此观之，则人知之于物也[7]，浅矣。而欲以遍照海内，存万方[8]，不因道之数[9]，而专己之能，则其穷不达矣。……而君人者，不下庙堂之上而知四海之外者[10]，因物以识物[11]，因人以知人也。故积力之所举则无不胜也[12]，众智之所为则无不成也。

“因物以识物，因人以知人”，与“专己之能”相对。

[注释]

[1] 汤：商汤，商朝的开创者。武：周武王，伐纣获胜，建

立周朝。 [2] 干舟：小船。 [3] 伊尹：辅佐商汤灭夏，建立商朝。 [4] 骒（yuán）马：赤毛白腹的骏马。服：驯服。騊駼（táo tú）：良马。 [5] 博通：学识广博并且见识通透。 [6] 榛薄：丛生的草木。 [7] “则人知之于物也”二句：人的智力对物的了解是很浅薄的。人知，人的智力。知，同“智”。 [8] 万方：万邦，各方诸侯。 [9] “不因道之数”以下三句：不遵循道理，只靠一己之才能，一定会走投无路，不能成功。 [10] 不下庙堂：指君主没有离开朝廷。 [11] 因：顺。 [12] 积力：汇聚众人的力量。

夫人主之听治也[1]，清明而不暗，虚心而弱志。是故群臣辐凑并进[2]，无愚智贤不肖[3]，莫不尽其能。……乘众人之智[4]，则天下之不足有也[5]，专用其心，则独身不能保也[6]。是故人主覆之以德[7]，不行其智，而因万人之所利。

[注释]

[1] “夫人主之听治也”以下三句：君王听政，要清明而不能昏聩糊涂，要虚心而不能自以为是。听治，国君听取臣下的建议，进行治理。弱志，减少自己的想法。 [2] 群臣辐凑并进：意思是群臣纷纷入朝辅佐。辐凑，像车轮的辐条齐聚车轴。 [3] 无：无论。 [4] 乘：凭借。 [5] 天下之不足有：拥有天下也不算什么。“之”字衍。 [6] 独身：一个人，这里指君主本人。 [7] “是故人主覆之以德”以下三句：君主用道德覆盖天下，不只靠自己的聪明，而是因顺万民的追求。

权势者，人主之车舆[1]，爵禄者，人臣之辔衔也[2]。是故人主处权势之要[3]，而持爵禄之柄，审缓急之度，而适取予之节，是以天下尽力而不倦。夫臣主之相与也[4]，非有父子之厚，骨肉之亲也，而竭力殊死不辞其躯者，何也？势有使之然也[5]。……君臣之施者[6]，相报之势也[7]。是故臣尽力死节以与君[8]，君计功垂爵以与臣[9]。是故君不能赏无功之臣，臣亦不能死无德之君[10]。

《孟子·离娄下》："君之视臣如手足，则臣视君如腹心；君之视臣如犬马，则臣视君如国人；君之视臣如土芥，则臣视君如寇仇。"这里所谓"相报之势"，就与《孟子》思想类似，都强调君臣之间是对等关系。但是，在绝对君权建立之后，臣下被要求无条件忠于君主，这种"相报之势"的关系就终止了，宣扬君臣对等相与的思想也被认为是异端。

[注释]

[1] 车舆：比喻君主治国的工具。 [2] 辔衔：御马的缰绳和嚼子。比喻君主笼络驾驭群臣的手段。 [3]"是故人主处权势之要"以下五句：君主把握权势的关键，控制颁爵赐禄的权柄，把握快慢的进度，来调整褫夺和给予的限度，所以天下都尽力拉车，不知疲倦。 [4] 相与：相处。 [5] 势有使之然也：指君臣关系是客观形势造成的。 [6] 施：给予。 [7] 相报：相互回报。 [8] 死节：奉献生命。 [9] 计功垂爵：依据功劳颁赐爵禄。 [10] 无德之君：没有恩惠的君主。

尧之有天下也，非贪万民之富，而安人主之位也[1]。以为百姓力征[2]，强凌弱，众暴寡[3]；于是尧乃身服节俭之行[4]，而明相爱之仁，以和辑之[5]。是故茅茨不翦[6]，采椽不斫[7]，大路不画[8]，越席不缘[9]，大羹不和[10]，粢食不毇[11]，巡狩行教[12]，勤劳天下，周流五岳[13]。岂其奉养不足乐哉[14]？举天下而以为社稷，非有利焉。年衰志悯[15]，举天下而传之舜，犹却行而脱蹝也[16]。

传说尧以禅让的方式传位于舜，这被认为是天下为公的表现。

[注释]

[1]安：安然享受。[2]百姓力征：百姓相互以力相争。[3]暴：凶狠残酷地对待。[4]身服节俭之行：亲自奉行节俭。服，从事。[5]以和辑之：让人们和睦相处。辑，和谐，和睦。[6]茅茨：茅草盖的屋顶。翦：修剪。[7]采椽不斫（zhuó）：意思是柞木椽子没砍整齐。采，通“棌”，柞木。斫，砍。[8]大路：天子乘坐的大车。[9]越席不缘：席子不缘边。越席，蒲草编织的席子。[10]大（tài）羹不和：指味道不丰厚。大羹，祭祀时所用的肉汁。和，把多种味道调在一起，称“和”。[11]粢（zī）食：稷。毇（huǐ）：舂米。[12]巡狩行教：古代天子巡行境内，进行教化。[13]周流五岳：指走遍了三山五岳。[14]“岂其奉养不足乐哉”以下三句：尧之所以这样做，是因为他的奉养不够用来享乐吗？他是把整个天下当作自己的国家，并不是要从中获取利益。非有利焉，不是要有利于自己。[15]悯：忧愁。[16]犹却行而脱蹝（xǐ）：好像停下来脱鞋一样简单。蹝，草鞋。

衰世对照于尧时代，形式上仍然是古今对言，相互映照。但是，尧代表着理想，与开篇称颂神农一样，是对文明的赞扬，已不同于褒扬伏羲而批评文明异化的立场。

衰世则不然，一日而有天下之富[1]，处人主之势[2]，则竭百姓之力[3]，以奉耳目之欲[4]。志专在于宫室台榭，陂池苑囿[5]，猛兽熊罴，玩好珍怪。是故贫民糟糠不接于口[6]，而虎狼熊罴猒刍豢[7]，百姓裋褐不完[8]，而宫室衣锦绣[9]。人主急兹无用之功[10]，百姓黎民憔悴于天下，是故使天下不安其性[11]。

[注释]

[1] 一日：犹一旦。 [2] 势：位势。 [3] 竭：尽。 [4] 奉：满足。 [5] 陂（bēi）：池塘。苑囿：畜养禽兽、种植花木供观赏游猎的园林。 [6] 糟：酒渣。不接于口：指不够吃。接，续。 [7] 猒：同“厌”，充足。刍豢（chú huàn）：食草的牲口为刍，食谷的牲口为豢。此指牛羊猪狗等牲畜，泛指肉类食品。 [8] 裋褐：粗毛或粗麻织成的短衣。完：完整。 [9] 宫室衣锦绣：指宫殿用锦绣装饰。 [10] 兹：此。 [11] 性：同“生”。

人主者，以天下之目视，以天下之耳听，以天下之智虑，以天下之力争。……得用人之道[1]，而不任己之才者也。故假舆马者[2]，足不劳而致千里；乘舟楫者，不能游而绝江海[3]。夫人主之情，莫不欲总海内之智[4]，尽众人之力。

[注释]

[1] “得用人之道”二句：掌握正确用人的道理，而不专靠自己的才能。任，用。　[2] 假：借。　[3] 不能游：不会游泳。绝：跨过，越过。　[4] 总：聚合。

法者，天下之度量而人主之准绳也[1]。县法者[2]，法不法也[3]；设赏者，赏当赏也。……法生于义[4]，义生于众适[5]，众适合于人心，此治之要也[6]。故通于本者，不乱于末，睹于要者，不惑于详[7]。法者[8]，非天堕，非地生，发于人间，而反以自正。是故有诸己不非诸人[9]，无诸己不求诸人；所立于下者[10]，不废于上，所禁于民者，不行于身。所谓亡国[11]，非无君也，无法也。变法者[12]，非无法也，有法者而不用，与无法等[13]。是故人主之立法，先自为检式仪表[14]，故令行于天下。孔子曰：“其身正[15]，不令而行。其身不正，虽令不从。”故禁胜于身[16]，则令行于民矣。

《论语》：“子曰：君子求诸己，小人求诸人。”此处所论，本于孔子。此篇多儒家观念，故下文又直引孔子，以为根据。

[注释]

[1] 度量：与下文“准绳”均指普遍的准则。　[2] 县法：颁行法令。县，通“悬”。　[3] 法不法：惩罚违法的人。　[4] 义：

应当。 [5] 众适：大家都认为合适。 [6] 治之要：治理的关键。 [7] 详：细节。 [8]“法者”以下五句：法不是从天上掉下来，不是从地下长出来，而是产生于人间（意思是由人制定的），又反过来校正人自己。 [9]“是故有诸己不非诸人”二句：自己具有的，不批评别人也有；自己不具有的，不要求别人具有。 [10]“所立于下者”以下四句：要求下民奉行的，对上层同样有效，不允许人民做的，自己也不做。 [11] 亡国：没有国家。亡，无。 [12] 变法：这里的“变法”，不是指改变法令，而是指法令虚设。 [13] 等：同。 [14] 自为检式仪表：指君主带头守法。检式，法度，标准。仪表，标准，榜样。 [15]“其身正”以下四句：语见《论语·子路》。 [16] 禁胜于身：用法令约束自己。禁，禁令。胜，克制。

这里不仅正面肯定“仁义”，而且认为仁义是人性的内容。这是儒家的人性观点。仁义究竟属“内”还是属“外”？是人性的内容是外在的规范？在儒家和道家之间是有争论的。

凡人之性[1]，莫贵于仁，莫急于智，仁以为质，智以行之[2]。……故不仁而有勇力果敢，则狂而操利剑[3]；不智而辩慧怀给[4]，则弃骥而不式[5]。……国有以存，人有以生[6]。国之所以存者，仁义是也；人之所以生者，行善是也。国无义[7]，虽大必亡；人无善志，虽勇必伤。

[注释]

[1]“凡人之性”以下三句：人性中仁爱最宝贵，智慧最重要。 [2] 智以行之：用智慧来推行“仁”。 [3] 狂而操利剑：狂怒时抓起锋利的刀剑。比喻很危险。 [4] 辩慧怀给（jǐ）：善辩而

花言巧语。辩慧，善于辩论。给，敏捷。 [5] 弃骥而不式：让千里马自己拉着车跑，又不扶横木。比喻危险。骥，千里马。式，车前用以扶手的横木。 [6] 有以：有所依据。 [7] 国无义：何宁说："'义'上当有'仁'。"

治国上使不得与焉[1]，孝于父母，弟于兄嫂[2]，信于朋友，不得上令而可得为也[3]。释己之所得为[4]，而责于其所不得制，悖矣。士处卑隐欲上达[5]，必先反诸己[6]。上达有道，名誉不起，而不能上达矣。取誉有道，不信于友，不能得誉。信于友有道，事亲不说[7]，不信于友。说亲有道，修身不诚[8]，不能事亲矣。诚身有道，心不专一[9]，不能专诚[10]。道在易而求之难[11]，验在近而求之远，故弗得也。

[注释]

[1] 上使：俞樾认为，当作"非上使"。治国非上使不得与焉，治理国家，没有主上的派遣是不能参与的。 [2] 弟：通"悌"，敬爱兄长。这里指爱敬兄嫂。 [3] 不得上令而可得为也：无需主上命令就可以做。 [4] "释己之所得为"以下三句：放弃能做的，要求人在自己不能掌握的地方有所作为，多么荒谬！责，要求。悖，荒谬。 [5] 卑隐：地位低下无人知晓。 [6] 反诸己：返身要求自己。 [7] "事亲不说"二句：不能取悦于父母，也不能取

《孟子》："居下位而不获于上，民不可得而治也。获于上有道：不信于友，弗获于上矣；信于友有道：事亲弗悦，弗信于友矣；悦亲有道：反身不诚，不悦于亲矣；诚身有道：不明乎善，不诚其身矣。"此处所论，同于《孟子》。

《中庸》："诚者天之道，思诚者人之道。"此处所论同于《中庸》思想。

《俶真训》终篇引《诗经·周南·卷耳》表达对远古的追慕，此处正异其趣，要求从正心修身开始，最终取誉而上达。这是《大学》修齐治平的理路。

信于朋友。说，通“悦”。 [8] 诚：内心的真实情感和内外一致的表现。 [9] 专一：指没有杂念。例如为了修身之外的目的而修身等。 [10] 不能专诚：王念孙认为当作“不能诚身”。 [11]“道在易而求之难”以下三句：道在容易的地方，却到艰难处寻找，效验在身边，却到远方去追求，所以无法得到。

［点评］

《主术训》是《淮南子》的第九篇。所谓“主术”，指君主治国理政的原则和方法，所以《主术训》的重点，是论说君主的统治之术。

《主术训》开篇即言，君主行政应该“处无为之事，而行不言之教：清静而不动，一度而不摇，因循而任下，责成而不劳”，认为“无为”作为“道”的主要精神（“道之君”），应该成为君主行政的基本原则。这是道家的理念。因此，说《主术训》开篇就宣示了道家的立场，是没有问题的。但是，《主术训》讨论的，毕竟是现实的政治管理，是非常具体的现实问题，它不可能采取过于空想的虚玄论说，而必须采取更加现实的理性态度，才可能讨论问题。所以，尽管从论说的形式上看，《主术训》也采取了《淮南子》常用的古今比照的论说方式，但是它推崇的，不是伏羲，而是神农和尧。神农是农业的开创者，农耕是文明的生活形态，尧是古代圣王，代表着秩序与和谐，与伏羲象征远古的混沌质朴，已经不同了。这意味着《主术训》对于政治的议论，是立足现实的关心，而不是拒绝现实的超脱。因此，《主术训》中多儒家观念，与《中庸》《大学》《孟子》的思想相通，直接引用《论语》，宣扬儒家的人性理论，就是其内在逻辑的具体展现了。

当然，《主术训》开篇宣示的“无为”原则，也并非虚说，也有丰富内容，只是这些内容，更多地偏向方法而具有了“术”的意味。细加分疏，“无为”蕴含着两个具体施政方法。第一点是，君主治理不能过于依赖自己的才能，而要调动和聚集众人的智慧和力量。《主术训》说：“任人之才，难以至治。”这里所谓的“任人之才”，是指君主任用自己的才能，且只相信自己的才能。《主术训》认为这样会让君主无比烦劳，不仅达不到理想的治理效果即“至治”，甚至“独身不保”，即闹出乱子后让君主丧失自己的地位甚至生命。《主术训》把“任人之才”与“得道之宗”相对照，把“专己之能”与“无为而无不为”相对应，否定了君主只想凭借自己的才能来管理国家的方式。《主术训》说，正确的做法是：“人主者，以天下之目视，以天下之耳听，以天下之智虑，以天下之力争。……得用人之道，而不任己之才者也。”一旦君主懂得这个道理并践行这个方法，能够“乘众人之智”，也就能够轻松地安顿好天下了。这就是《主术训》开篇所说的“因循而任下，责成而不劳”的意思。

《主术训》就“无为”而强调的第二点，是君主的治理是依“法”而行的。《主术训》强调法规的恒定性和普遍性，指出法规一旦建立，就不能任意改变，更不能因人而异，用《主术训》的原话来说，就是“夫权衡规矩，一定而不易，不为秦、楚变节，不为胡、越改容……一日刑之，万世传之”。正因为君主不是凭一己之好恶来治理，而是凭借规矩准绳来衡量，所以是“以无为为之”的。这也是《主术训》开篇“清静而不动，一度而不摇”的意思。

《主术训》的论说是非常丰富的，关于如何把持权柄、如何驾驭臣下、如何量能施用、如何表率天下等等，都有反复甚至冗长的论说，并不止这里选入的内容，有兴趣的读者可以阅读完整的《主术训》。

卷十　缪称训

道至高无上[1]，至深无下，平乎准[2]，直乎绳，圆乎规，方乎矩，包裹宇宙而无表里[3]，洞同覆载而无所碍[4]。是故体道者[5]，不哀不乐[6]，不喜不怒，其坐无虑，其寝无梦，物来而名[7]，事来而应。

此开篇与《原道训》的开篇类似，都是先确定“道”的终极地位，再论说“体道者”的具体表现。但是，《缪称训》的这个开篇不仅比《原道训》简单许多，而且很快转向了儒家立场，似乎是为了理论正确才给自己戴一顶道家的帽子。

[注释]

[1]“道至高无上”二句：这是以至高至深的无可逾越，来说明“道”的终极地位。　[2]“平乎准”以下四句：准绳规矩是检验事物是否规范的标准，而道被认为是标准的根据，可以衡量一切事物。乎，介词，相当于“于”。　[3]包裹宇宙：把时空都囊括其中。这意味着道大于宇宙，而“包裹”凸显了“大于”的空间意味，且有从外包裹的意象，“无表里”则要消解这种有内外

的空间想象。宇，空间。宙，时间。 [4] 洞同覆载：贯通天地。覆载，天覆盖而地承载，故覆载意指天地。无所碍：所行无不通达。 [5] 体道者：亲身悟道之人。与“知道者”不同，仅仅“知道”，只是“知识”，而“体道”不仅知道，更能行道，甚至道成肉身，体现着道。 [6]“不哀不乐”以下四句：此言体道者中正平和，无所偏好。 [7]“物来而名”二句：事物到来，自然了解其特性（名），并给予回应。

这一段虽然顺承《老子》思想，区分道德仁义的价值等列，系联道德仁义于历史的不同时代，描述历史为一个道德下衰的过程，表现了典型的道家理路。但是，论说最终却归结到分辨“仁”“欲”，判别“君子”“小人”，立场又转向了儒家。

道者物之所导也[1]，德者性之所扶也[2]，仁者积恩之见证也[3]，义者比于人心而合于众适者也[4]。故道灭而德用[5]，德衰而仁义生。故上世体道而不德[6]，中世守德而弗坏也，末世绳绳乎唯恐失仁义。君子非仁义无以生[7]，失仁义则失其所以生；小人非嗜欲无以活，失嗜欲则失其所以活。故君子惧失仁义，小人惧失利，观其所惧，知各殊矣[8]。

[注释]

[1] 导：引导，向导。这里作被动用，指物由道引导。 [2] 扶：扶持，支撑。作被动用，指性被德扶持。 [3] 仁者积恩之见（xiàn）证也：仁在恩惠的积累中显现出来，证明了仁确实存在。积恩，积累恩惠，即一再给予好处。见，显现。 [4] 义者比于人心而合于众适者也：这里用人心可并列比较来说明人心相同。比，并列。合于众适，符合众人的心愿。 [5]“故道灭而德用”二句：这里顺承老子思想，认为道德仁义依次下衰，有等列高下的不同。 [6]“故上世体道而不德”以下三句：这里把道德仁义与

历史的不同时代挂钩，把道德仁义的下衰描述为历史的过程。守德而弗坏，这里指不损害德性。弗，不。绳绳，小心谨慎的样子。　[7]“君子非仁义无以生”以下四句：君子没有仁义就无法生存，丧失仁义就丧失了生存的根据；小人不能满足嗜欲就无法活命，丧失嗜欲就丧失了生活的乐趣。　[8] 殊：差别。

圣人之道，犹中衢而致尊邪[1]，过者斟酌多少不同[2]，各得其所宜。是故得一人所以得百人也[3]。人以其所愿于上以交其下[4]，谁弗戴；以其所欲于下以事其上[5]，谁弗喜？

此处发挥《大学》絜矩之道：“所恶于上，毋以使下；所恶于下，毋以事上……此之谓絜矩之道。”

[注释]

[1] 中衢：正当路口。衢，四通八达的道路。致：置。尊：装酒的器具。　[2] 过者：来往的人。斟酌：往杯盏里倒饮料。这里指自己舀酒喝。　[3] 得一人所以得百人：此话的字面含义简单，但在上下文中所言何意，却不甚清楚。　[4]“人以其所愿于上以交其下”二句：如果人希望在上者如何，就如何对待在下者，谁不拥护！戴，尊奉，拥护。　[5]“以其所欲于下以事其上”二句：要求在下者如何，就如何对待在上者，谁不乐意！

君子见过忘罚[1]，故能谏[2]；见贤忘贱[3]，故能让[4]；见不足忘贫[5]，故能施[6]。情系于中[7]，行形于外。凡行戴情[8]，虽过无怨[9]；不戴其情，虽忠来恶[10]。后稷广利天下[11]，犹不自矜[12]；禹无废功[13]，无废财，自视犹觖如也。满如陷[14]，实如虚，尽之者也[15]。

［注释］

[1] 见过：看到君主或者政事有失误。忘罚：不考虑自己是否会因为提意见被君主责罚。 [2] 谏（jiàn）：特指对君主或尊长的规劝。 [3] 忘贱：不考虑自己失去现有职位是否会丧失社会地位。贱，地位低下。 [4] 让：把自己的位置给别人。 [5] 忘贫：不考虑自己是否拥有充分的财物。 [6] 施：给予。 [7] “情系于中”二句：内心有某种情感，就在行为上表现出来。 [8] 戴情：指行为出自真情。戴，通“载”。 [9] 虽过无怨：即使有过失也不会被埋怨。 [10] 忠：竭力办事。来恶：招来灾祸。 [11] 后稷：古代圣人，教民稼穑，被尊为农神。 [12] 自矜：自我夸耀。 [13] “禹无废功”以下三句：大禹的所有劳动都有效果，所有财物都有效利用，（已经做得很好），但是他认为自己仍有不足。觖（jué），不满意。 [14] 陷：缺陷。 [15] 尽之：达到完美。

圣人在上，则民乐其治[1]；在下，则民慕其意[2]。小人在上位，如寝关曝纩[3]，不得须臾宁。故《易》曰：“乘马班如[4]，泣血涟如。”言小人处非其位[5]，不可长也。物莫无所不用：天雄乌喙[6]，药之凶毒也，良医以活人；侏儒瞽师[7]，人之困慰者也[8]，人主以备乐。是故圣人制其剟材[9]，无所不用矣。……戎、翟之马[10]，皆可以驰驱[11]，或近或远，唯造父能尽其力[12]；三苗之民[13]，皆可使忠信，或贤或不肖，唯唐、虞能齐其美[14]：必有不传者[15]。中行缪伯手搏虎[16]，而不能生也，盖力优而克不能及也[17]。用百人之所能[18]，则得百人之力；举千人之所爱[19]，则得千人之心。辟若伐树而引其本[20]，千枝万叶则莫得弗从也。

[注释]

[1] 乐其治：享受圣人的治理。　[2] 慕其意：仰慕圣人的品质。意，指圣人的思想品质。　[3] 寝关：睡在门闩上。关，门闩。古时常用一长木条别门，称"关"。曝（pù）纩（kuàng）：指穿着棉衣晒太阳。曝，晒。纩，丝绵。　[4]"乘马班如"二句：语见《周易·屯·上六》。班，通"般（pán）"，盘旋。　[5] 处非其位：占据不属于自己的位子。　[6] 天雄、乌喙：两种中药名，有毒。　[7] 侏儒：身量特别矮小的残疾人。古时侏儒常以杂耍逗笑为业，故下文以"备乐"称之。瞽师：盲乐师。　[8] 困慰：困怨。　[9] 制其剟（duō）材：量材使用。剟，削，这里指根据木材的大小砍削成合用的材料。　[10] 戎、翟：古代对西部和北部游牧民族的称呼，其地盛产良马。　[11] 驰驱：策马奔驰。　[12] 造父：传说是周穆王的驭者，以善御著称。　[13] 三苗：古代南方部族。　[14] 唐、虞：尧舜。尧为陶唐氏，舜为有虞氏。齐其美：使有美风良俗。　[15] 必有不传者：指尧舜表率和感化民众，不仅靠礼制的具体规范。规矩可以留传，而亲身的表率则随身而去，故称为不传者。　[16]"中行缪伯手搏虎"二句：中

行缪伯力能徒手搏虎，却不能以德驯服。中行缪伯，春秋时晋国大力士，传说能徒手搏虎。生，性，指改变老虎的野性。 [17] 克不能及：王念孙云："当为'克不及'。克，能也，言搏虎之力虽优，而服虎之能则不及也。" [18] 能：才能。 [19] 爱：真心拥护。 [20] 引其本：拽引伐倒的树干。

慈父之爱子，非为报也[1]，不可内解于心[2]。圣王之养民，非求用也[3]，性不能已[4]。若火之自热，冰之自寒，夫有何修焉[5]！及恃其力、赖其功者[6]，若失火舟中。

[注释]

[1] 非为报：不是为了获得回报。 [2] 不可内解于心：这里指父亲的爱子之心是不可消解的。解，除去。 [3] 求用：要求百姓效力。 [4] 已：停止。指出于本性，不能停止。 [5] 修：修饰，这里指有意做。 [6] "及恃其力、赖其功者"二句：等到圣王需要凭借百姓的力量、依赖他们的帮助时，如同船上失火，大家同心救火，是为了自救，并不是百姓为了帮助圣人才出力的。恃，凭借。赖，依赖。

杨树达指出：《北堂书钞》十五及百三十三，《艺文类聚》六十九引《子思子》云："舜不降席而天下治，桀纣不降席而天下乱。"当为《缪称训》所本。

故舜不降席而天下治[1]，桀不下陛而天下乱[2]，盖情甚乎叫呼也[3]。无诸己，求诸人，古今未之闻也。同言而民信[4]，信在言前也；同令而民化，诚在令外也。圣人在上，民迁而化[5]，情以先之也[6]；动于上，不应于下者，情与令殊也[7]。故《易》曰："亢龙有悔[8]。"三月婴儿未知利害也，而慈母之爱谕焉者[9]，情也。故言之用者，昭昭乎小哉[10]！不言之用者，旷旷乎大哉[11]！

[注释]

[1] 降席：离开座位。席，古人席地而坐，席为坐垫。　[2] 下陛：走下殿堂。陛，殿堂的台阶。　[3] 情甚乎叫呼：真情胜过大声呼喊。　[4] "同言而民信"以下四句：说同样的话，人民只相信他，因为信任产生在说话之前；发布同样的命令，人民只服从他，因为真诚存在于命令之外。　[5] 民迁而化：人民接受教化而改变。　[6] 情以先之：先以真情打动人。　[7] 殊：不同。　[8] 亢龙有悔：语见《周易·乾·上九》。亢，极高。　[9] 谕：传递到。　[10] 昭昭乎小：此处指说出来的，影响都有限，故称为小。何宁曰："'昭昭'当作'绵绵'，字之误也。"《广雅·释诂》："绵，小也。"　[11] 旷旷：广大空阔。

子之死父也[1]，臣之死君也，世有行之者矣[2]。非出死以要名也[3]，恩心之藏于中而不能违其难也[4]。故人之甘[5]，甘非正为跖也，而跖焉往；君子之惨怛[6]，非正为伪形也[7]，谕乎人心[8]：非从外入，自中出者也[9]。义正乎君[10]，

此乃《大学》"诚于中，形于外"之思想的发挥。

仁亲乎父。故君之于臣也，能死生之[11]，不能使为苟简易[12]；父之于子也，能发起之[13]，不能使无忧寻[14]。故义胜君[15]，仁胜父，则君尊而臣忠，父慈而子孝。圣人在上，化育如神[16]。

[注释]

[1] 死父：为父亲而死。　[2] 世：三十年为一世。指每个时代都有这样的人。　[3] 出死：奉献生命。要名：求名。　[4] 恩心：感恩之心。违其难：躲避危难。　[5]“故人之甘”以下三句：人喜欢甜味，不是因为四处寻找，而是因为喜欢才去寻找。之甘，喜欢甜味。之，趋向。甘非正为跖（zhí）也，吴承仕云：“‘甘’字误衍，应删。”向宗鲁云：“‘甘’字涉注文而误重。”跖，脚掌，这里引申为行走。　[6] 惨怛：忧伤哀恸。　[7] 伪形：摆摆样子。　[8] 谕乎人心：是内心真情实感的表露。谕，表明。　[9] 自中出：从内心发出。　[10] 义正乎君：正义的尊严来自君主。何宁曰：“‘正’当为‘尊’。”　[11] 能死生之：指君主掌握着臣下的生死大权。　[12] 使为苟简易：吕传元曰：“‘易’字衍文也。”使为苟简，让臣下苟且地附和君主。　[13] 发起：这里指生养孩子。　[14] 使无忧寻：不能让孩子不挂念父母。忧寻，担心挂念。　[15]“故义胜君”二句：仁义比君父更重要。　[16] 化育如神：教化养育的作用如同神灵。

圣人为善，非以求名而名从之，名不与利期[1]，而利归之。……积薄为厚，积卑为高。故君子日孳孳以成辉[2]，小人日怏怏以至辱[3]。其消息也[4]，离朱弗能见也[5]。文王闻善如不及[6]，宿不善如不祥，非为日不足也[7]，其忧寻推之也。故《诗》曰："周虽旧邦[8]，其命维新。"怀情抱质[9]，天弗能杀[10]，地弗能薶也[11]。声扬天地之间[12]，配日月之光，甘乐之者也[13]。苟乡善[14]，虽过无怨；苟不乡善，虽忠来患[15]。故怨人不如自怨，求诸人不如求诸己得也[16]。声自召也，貌自示也，名自命也[17]，文自官也[18]，无非己者。

杨树达云：《中论·贵验篇》引子思语，文与此略同。

[注释]

[1] 名不与利期：圣人并不期待用名声换取利益。期，相约。[2] 孳孳：努力不懈的样子。 [3] 怏怏：向宗鲁说当作"快快"。何宁曰："向说是也。道藏本、中立本、茅本、景宋本皆作'快快'。"快快，恣意放肆。 [4] 消息：消涨。 [5] 离朱：传说中眼睛特别明亮的人。 [6] "文王闻善如不及"二句：文王听到善行，唯恐落后，让不善的事情停留一夜，就好像遭遇不吉利一样。宿，一夜。 [7] "非为日不足也"二句：并非因为时日紧张，而是被深切的忧思所推动。 [8] "周虽旧邦"二句：引诗见《诗·大雅·文王》，意为周虽是古老邦国，却获得了新的天命。 [9] 怀情抱质：内心具有真情，坚持良善本性。 [10] 杀(shài)：减弱。 [11] 薶：同"埋"，掩藏。 [12] 声扬：声名传布。 [13] 甘乐之者也：这才是圣人所追求的。 [14] 乡(xiàng)善：向善。乡，同"向"。 [15] 来患：招来灾祸。 [16] 求诸人不如求诸己得也：即求诸己才是正确的。 [17] 名自命：名声

是自己获得的。 [18] 文自官：当作“人自官”，意为自己管理自己。官，治，管理。

情先动[1]，动无不得，无不得则无莙[2]，发莙而后快[3]。故唐、虞之举错也[4]，非以偝情也，快己而天下治；桀、纣非正贼之也[5]，快己而百事废：喜憎议而治乱分矣[6]。圣人之行[7]，无所合，无所离。譬若鼓，无所与调[8]，无所不比[9]。丝管金石，小大修短有叙[10]，异声而和；君臣上下，官职有差，殊事而调[11]。夫织者日以进，耕者日以却[12]，事相反，成功一也。申喜闻乞人之歌而悲[13]，出而视之，其母也；艾陵之战也[14]，夫差曰[15]：“夷声阳[16]，句吴其庶乎？”同是声而取信焉异[17]，有诸情也。故心哀而歌不乐，心乐而哭不哀。夫子曰[18]：“弦则是也[19]，其声非也。”文者[20]，所以接物也，情[21]，系于中而欲发外者也。以文灭情则失情，以情灭文则失文，文情理通，则凤麟极矣[22]，言至德之怀远也[23]。

[注释]

[1] 情先动：指内在情感先于事情而动。　[2] 莙（jūn）：凝结不通。　[3] 发莙：让内心郁结的情绪抒发出来。　[4] “故唐、虞之举错也”以下三句：尧舜的举措，并非要迎合民情，而是自己快乐，就治理了天下。偕情，满足情感，这里指向外满足百姓之情。　[5] 正贼：一定要残害天下。　[6] 喜憎议而治乱分：虽然尧舜和桀纣是出于自身的好恶而做事，但民议的好憎却反映出治理是有序还是混乱。故高诱注曰：“下有喜议而国治，有憎议而国乱也。”　[7] “圣人之行”以下三句：圣人并未刻意求合于百姓，却未脱离百姓之心。　[8] 无所与调：指鼓不像弦乐，随时需要调音。　[9] 比：匹配，指鼓声可配合各种乐音。　[10] 有叙：有序。叙，次序，秩序。　[11] 调：彼此配合。　[12] 却：退行。指耕者后退锄地。　[13] 申喜：周人。高诱注：“申喜亡其母，母乞食于道。”《吕氏春秋·精通》有更详细的记叙。[14] 艾陵：古地名，春秋齐地，在今山东莱芜东北，一说在泰安东南。前 484 年，齐吴在此交战，齐国失败。　[15] 夫差：春秋吴国国君，前 495—前 473 年在位。　[16] “夷声阳”二句：吴人歌声高亢，句吴大概很富庶吧。夷声，吴越歌曲。古称东部民族为“东夷”。句（gōu）吴，即句无，古地名，在今浙江诸暨南。　[17] “同是声而取信焉异”二句：同样歌曲听出不同意味，是因为内心感受不同。取信，获得信息。　[18] 夫子：指子思。　[19] “弦则是也”二句：弦是准的，但音色不对。[20] 文：指待人接物的礼仪。[21]“情”二句：真情与内心相关，一定会表现出来。　[22] 凤麟极：凤凰麒麟到来。极，至，到达。　[23] 至德之怀远：最高的道德可以安抚远方。

君子不谓小善不足为也而舍之[1]，小善积而为大善；不为小不善为无伤也而为之[2]，小不善积而为大不善。是故积羽沉舟[3]，群轻折轴[4]，故君子禁于微[5]。壹快不足以成善[6]，积快而为德[7]；壹恨不足以成非[8]，积恨而成怨。故三代之称[9]，千岁之积誉也；桀纣之谤，千岁之积毁也。……是故知己者不怨人，知命者不怨天，福由己发，祸由己生。圣人不求誉，不辟诽[10]，正身直行[11]，众邪自息。今释正而追曲，倍是而从众[12]，是与俗俪走而内行无绳[13]，故圣人反己而弗由也[14]。

[注释]

[1] 舍：放弃。 [2] 无伤：无害。 [3] 羽：羽毛，比喻极其轻微的东西。 [4] 群轻折轴：众多轻东西能压断车轴。 [5] 禁于微：君子在小处管束自己。禁，止。 [6] 壹快：做一次好事所获得的内心满足。 [7] 为德：养成内在品性。 [8] 壹恨：做一次错事而造成的悔恨。 [9] 三代之称：指夏商周三代开国君主造就的名声。 [10] 辟：同“避”，回避。 [11] “正身直行”二句：圣人立身端正，行为正直，各种奸邪的事情自然平息。 [12] 倍是：违背正当。倍，通“背”，违背。是，正确的原则。 [13] 俪走：并行。指趋从世俗。内行：指内心的行为准则。无绳：没有衡量的标准。 [14] 反己：回归自身。弗由：不附和世俗。

天下有至贵而非势位也[1]，有至富而非金玉也，有至寿而非千岁也。原心反性则贵矣[2]，适情知足则富矣[3]，明死生之分则寿矣[4]。言无常是，行无常宜者[5]，小人也。察于一事，通于一伎者[6]，中人也。兼覆盖而并有之[7]，度伎能而裁使之者[8]，圣人也。

[注释]

[1] 势位：势力和地位。　[2] 原心：推原本心。反性：回归本性。反，同“返”。　[3] 适情：符合内心愿望。　[4] 死生之分（fèn）：生死各有定数。　[5] 常宜：稳定的准则。　[6] 通于一伎：掌握一种技能。伎，通“技”，技艺。　[7] 并有：全部拥有。　[8] “度伎能而裁使之者”二句：能够测度人们的技能并加以适当使用的，是圣人。度，测度。裁使，剪裁后使用，比喻适当使用。

[点评]

《缪称训》是《淮南子》的第十篇。缪，深奥；称，名。所谓“缪称”，就是深奥的名称，或者是探讨深奥的名称。按照《缪称训》的篇名，它是要言说名称的奥妙，要对名称的奥妙进行探讨。

对“名”的讨论从孔子开始，逐渐成为中国古代思想的一个重要话题，相关的讨论或断定名分，或分辩名实，内容是很丰富的。《缪称训》也屡有对“名”的定义，例如说“道者物之所导也，德者性之所扶也，仁者积恩之见证也，义者比于人心而合于众适者也”，就是以定义的方式阐明道德仁义的内涵；还有“性者，所受于天也，命者，所遭于时也”，“文者，所以接物也”等等，也都是定义的句式。但是《缪称训》绝没有用辩名的主题来贯穿全篇。就全篇风格而言，《缪称训》的主题相当零散，议论十分散漫，任何一个主题，都没有发挥贯穿全篇的作用。可以说《缪称训》是一堆思想资料的杂合。《淮南子·要略》称：“《缪称》者，破碎道德之论，差次仁义之分，略杂人间之事，总同乎神明之德。……所以曲说攻论，应感而不匮者也。”对《缪称训》的基本风格有所提点。

但是，《缪称训》有一个倾向却非常明显，这就是它的价值立场已经移向了儒家。它用仁义和欲望来区分君子和小人，一再称颂圣人，津津乐道于尧舜时代、三代治理以及文王周公的作为，都显示了儒家的趣味和立场。《缪称训》还喜欢引用《易经》和《诗经》来加强论证，据统计，引《易》七次，引《诗》四次，这种引文风格，也是颇具儒家风格的。《缪称训》还数次出现了“夫子曰”和“子曰”，据研究，这个“夫子”并非孔子，而是孔子的孙子子思，例如，其中一处是“夫子曰：弦则是也，其声非也”。杨树达先生指出引文是子思的话。《缪称训》还喜论“情性”，好言“凡行戴情，虽过无怨；不戴其情，虽忠来恶”之类的话，又多有对《大学》《中庸》思想的发挥。根据《缪称训》的这些特点，学术界多认为《缪称训》一篇保留了子思学派的思想材料。我们在旁批中也指出了《缪称训》中有《子思子》的资料来源。

以《缪称训》的儒家风貌与它的开篇对比，可以看到一个非常有趣的现象，这就是，移向儒家立场的《缪称训》有一个非常道家的开篇。《缪称训》开篇说“道”如何如何，然后说“体道者”如何如何，与《原道训》的开篇一样，以“道”作为“体道者”行为方式的根据。然后顺承《老子》，区分道德仁义的价值等列，把道德仁义的依次下衰，与上世、中世和末世的历史相对应，结合价值与历史，把历史的发展描述为一个道德下衰的过程。这是《淮南子》最基本的论说框架，如果按照这个框架，就应该走到返朴归真的理路上去。但是，正如我们指出的那样，《缪称训》的基调是儒家趣味的，所以在这个开篇之后，它离开了返朴归真的理路，而顺着道德仁义的仁义说开了，虽然论说杂芜，但完全无关于上古、中古，而是在儒家三代理想的基调上反复论说。这使它的开篇成为虚说，似乎是为了迁就道家而给自己戴上一顶道家的帽子。这个现象对于今天讨论《淮南子》的作者构成和成书情况，具有提示的作用。

卷十一　齐俗训

《中庸》曰："率性之谓道。"此处似欲调和《中庸》与《老子》。

马宗霍说："'性失然后贵仁'，疑当作'德失然后贵仁'。'德失''道失'紧承上文'谓之道''谓之德'来，与下文'是故仁义立而道德迁矣'相应。"马宗霍此言，不顾此处的调和用心，要让开篇完全回到《老子》的思路。

率性而行谓之道[1]，得其天性谓之德[2]。性失然后贵仁[3]，道失然后贵义[4]。是故仁义立而道德迁矣[5]，礼乐饰则纯朴散矣，是非形则百姓眩矣[6]，珠玉尊则天下争矣：凡此四者，衰世之造也[7]，末世之用也。

[注释]

[1] 率性：循顺天性。率，循。 [2] 得其天性：获得自身的本性。 [3] 性失然后贵仁：天性丧失才推崇仁。 [4] 道失然后贵义：大道丧失才重视义。 [5] 迁：迁移，这里指丧失。 [6] 是非形：是非的观念明确了。眩：迷惑。 [7] 造：人为地制造出来。

夫礼者所以别尊卑、异贵贱[1]；义者所以合君臣、父子、兄弟、夫妻、朋友之际也[2]。今世之为礼者，恭敬而忮[3]，为义者，布施而德[4]，君臣以相非，骨肉以生怨，则失礼义之本也，故构而多责[5]。夫水积则生相食之鱼，土积则生自宂之兽[6]，礼义饰则生伪匿之本[7]。夫吹灰而欲无眯[8]，涉水而欲无濡[9]，不可得也。

上段言仁义礼乐是“衰世之造也，末世之用也”，仁义礼乐是被批评的对象。本段则肯定礼义，批评不恰当的“为礼”和“为义”。而“为礼”“为义”之所以不恰当，是因为它们违背了礼义的本义，成为外在的表演和相互的要求。

[注释]

[1] 夫礼者所以别尊卑、异贵贱：礼的作用是区别尊卑，划分贵贱。 [2] 合……际：协调……之间的关系。际，边界。 [3] 忮（zhì）：忌恨。 [4] 布施而德：给人恩惠是要求回报的。 [5] 构：纠结，这里指构怨。责：相互责备。 [6] 自宂（rǒng）：据王念孙、刘文典考据，“自宂”当作“自肉”。自肉之兽，自相残杀的动物。 [7] 礼义饰则生伪匿（tè）之本：礼义的矫揉造作，是产生虚伪和邪恶的根源。礼义饰，以礼义装点门面。伪匿，虚伪邪恶。匿，同“慝”，邪恶。 [8] 眯（mí）：灰尘入眼。 [9] 濡（rú）：沾湿。

古者，民童蒙不知东西[1]，貌不羡乎情[2]，而言不溢乎行[3]。其衣致暖而无文[4]，其兵戈铢而无刃[5]，其歌乐而无转[6]，其哭哀而无声[7]。凿井而饮，耕田而食。无所施其美[8]，亦不求得。亲戚不相毁誉，朋友不相怨德[9]。

[注释]

[1] 童蒙：儿童天真无知。不知东西：字面含义是分不清方向。这里指没有是非观念。 [2] 貌不羡乎情：外表不超过内心。即外表与内心一致。羡，超过。 [3] 言不溢乎行：说的不多于做的。指言语与行为一致。 [4] 致暖：保暖。文：花纹。 [5] 铢（zhū）而无刃：刀不锋利。铢，钝。 [6] 歌乐：歌声快乐。无转：没有婉转的曲调。 [7] 哭哀：哭泣悲哀。无声：指哭泣时不会大声喊叫，尤其指不以号哭来假装悲痛。 [8]“无所施其美”二句：没有什么需要修饰，也不追求这种做法。 [9] 怨德：怨恨和感恩。

“及至礼义之生”与“古者”对比，是《淮南子》古今映照的典型论说方式。

及至礼义之生[1]，货财之贵，而诈伪萌兴，非誉相纷，怨德并行，于是乃有曾参、孝己之美[2]，而生盗跖、庄蹻之邪[3]。……故高下之相倾也[4]，短修之相形也，亦明矣。

这里以《老子》思想为根据，强调有曾参、孝己的美德，就有与之相反的邪恶，盗跖、庄蹻就代表着邪恶。

[注释]

[1]“及至礼义之生”以下五句：到了礼义产生，看重财物的时候，欺骗和虚伪就出现了，非议和赞誉相互错杂，怨恨和感恩同时流行。贵，看重。这里是被动用法，指财货被看重。相纷，相互错杂。 [2] 曾参：孔子弟子，有孝名，传说是《孝经》的作者。孝己：殷高宗之子，古代著名的孝子。 [3] 盗跖：春秋末期的大盗。《庄子》中有《盗跖》篇。庄蹻：战国楚国大盗。 [4]“故高下之相倾也”二句：语见《老子》第二章。

夫虾蟆为鹑[1]，水虿为蟌莣[2]，皆生非其类[3]，唯圣人知其化。夫胡人见黂[4]，不知其可以为布也。越人见毳[5]，不知其可以为旃也[6]。故不通于物者[7]，难与言化。昔太公望、周公旦受封而相见[8]。太公问周公曰："何以治鲁？"周公曰："尊尊、亲亲[9]。"太公曰："鲁从此弱矣！"周公问太公曰："何以治齐？"太公曰："举贤而上功[10]。"周公曰："后世必有劫杀之君。"其后齐日以大至于霸，二十四世而田氏代之[11]；鲁日以削，至三十二世而亡[12]。故《易》曰："履霜[13]，坚冰至。"圣人之见终始微言[14]。故糟丘生乎象箸[15]，炮烙生乎热斗[16]。子路撜溺而受牛谢[17]，孔子曰："鲁国必好救人于患。"子赣赎人而不受金于府[18]，孔子曰："鲁国不复赎人矣。"子路受而劝德，子赣让而止善。孔子之明，以小知大，以近知远，通于论者也[19]。

这里用了商纣王的故事：商纣王为长夜之饮，造酒池肉林。《齐俗训》认为，这种荒淫无度是从他最初使用象牙筷子开始的。

[注释]

[1] 虾蟆：青蛙和蟾蜍。鹑：一种鸟。古人迷信，以为老虾蟆会变成鹑。　[2] 水虿（chài）：蜻蜓的幼虫。蟌莣：王念孙说当为"蟌"。蟌（cōng），蜻蜓。　[3] 生非其类：指虾蟆变鸟和毛虫

变蜻蜓，是生自不同的东西，故称“生非其类”。 [4]黂（fén）：一种粗麻。 [5]毳（cuì）：鸟兽的细毛。 [6]旃：通“毡”。 [7]不通于物：不能深切了解事物的本质。 [8]太公望：即姜太公。建立周朝后被封于齐，为齐国始祖。周公旦：姬旦，周武王弟，建国后被封于鲁。 [9]尊尊：第一个“尊”作动词，意思是尊重有地位的人。“亲亲”是同样句式，意思是亲近有亲属关系的人。 [10]举贤：推举有能力的人。上功：崇尚功劳。上，通“尚”。 [11]二十四世：君位在父子之间传递一次称一世。齐国共传二十四君。田氏：指田成子，春秋时齐国贵族。齐简公四年，田成子杀简公，任相国，独揽齐国大权。 [12]三十二世而亡：鲁顷公二十四年（前255年），鲁国为楚考烈王所灭，共传三十二君。 [13]“履霜”二句：语见《周易·坤》爻辞。意思是脚踩薄霜，就知道天寒冻冰的时节就要到来。 [14]见终始微：从最初的细微征兆，就知道最终的结果。言：孙诒让说当作“矣”。 [15]糟丘：酿酒的酒渣堆成山丘。糟，酒渣。象箸（zhù）：象牙筷子。 [16]热斗：熨斗。据说纣见熨斗可以烫坏人手，造作了炮烙之刑。 [17]子路：孔子弟子。撜（zhěng）溺：救助溺水者。撜，同“拯”，救助。牛谢：以牛作为谢礼。 [18]子赣赎人而不受金于府：子贡赎回流落异邦的鲁国人，却不领取官府的赎金。子赣，即子贡，孔子弟子。赎人，据《道应训》：“鲁国之法：鲁人为人妾于诸侯，有能赎之者，取金于府。” [19]通于论：深明道理。

故尧之治天下也，舜为司徒[1]，契为司马[2]，禹为司空[3]，后稷为大田师[4]，奚仲为工[5]。其导万民也[6]，水处者渔，山处者木，谷处者牧，陆处者农，地宜其事，事宜其械，械宜其用，用宜其人。泽皋织网[7]，陵阪耕田[8]，得以所有易所无，以所工易所拙[9]，是故离叛者寡，而听从者众。

[注释]

[1] 司徒：官名，掌管土地和人民。 [2] 契：传说中商的始祖，其母简狄，吞燕卵而生契。司马：官名，掌管军事。 [3] 司空：官名，掌管工程建筑。 [4] 后稷：传说中周的始祖，其母姜嫄，踩巨人的脚印而生稷。大田：官名，掌管农业。 [5] 奚仲为工：王念孙云："当作'奚仲为工师'，今本'师'字误在'大田'下。"奚仲，人名，传说是车的发明者。工师，掌管百工。工，即工正。 [6]"其导万民也"以下五句：圣人引导万民，让住在水边的打鱼，住在山上的伐木，住在山谷的放牧，住在平原的务农。处，居住。 [7] 皋（gāo）：沼泽。 [8] 阪（bǎn）：崎岖硗薄的地方。 [9] 所工：擅长的。

原人之性[1]，芜涉而不得清明者[2]，物或堁之也[3]。羌、氐、僰、翟[4]，婴儿生皆同声，及其长也，虽重象、狄騠[5]，不能通其言，教俗殊也[6]。今三月婴儿，生而徙国[7]，则不能知其故俗。由此观之，衣服礼俗者[8]，非人之性也，所受于外也。夫竹之性浮，残以为牒[9]，束而投之

这里的意思是，文明不是人性的内容，而是历史的本质。

水则沉，失其体也[10]；金之性沉，托之于舟上则浮，势有所支也[11]。夫素之质白[12]，染之以涅则黑[13]；缣之性黄[14]，染之以丹则赤；人之性无邪，久湛于俗则易[15]。易而忘本[16]，合于若性。故日月欲明，浮云盖之；河水欲清，沙石涉之；人性欲平，嗜欲害之。惟圣人能遗物而反己[17]。

《齐俗训》认为人性原本纯洁，但外物的影响、习俗的熏染如同灰尘，蒙蔽和污染了本性，必须像圣人那样“遗物而反己”，才能回归本性。这是道家讨论人性的基本逻辑。

[注释]

[1] 原：从根本上考察。 [2] 芜涉（huì）：杂乱污秽。涉，通“秽”，污浊。 [3] 堁（kè）：尘土。这里做动词，指外物像灰尘一样蒙蔽了本性。 [4] 羌（qiāng）：古代西部民族名。氐（dī）：古代西部民族名。僰（bó）：古代西南地区民族名。翟（dí）：古代北方民族名。 [5] 象、狄騠（tí）：古代的翻译官。《礼记・王制》：“五方之民，言语不通，嗜欲不同。达其志，通其欲：东方曰寄，南方曰象，西方曰狄鞮，北方曰译。” [6] 教俗：教养和习俗。 [7] 徙国：迁离故国。 [8]“衣服礼俗者”以下三句：衣服、礼仪和风俗并不是人的本性，而是受外部环境的影响而养成的。 [9] 残：毁坏，这里指破开竹节。牒（dié）：简札，古人用以书写的竹片木片等。 [10] 失其体：失去了原有属性。 [11] 支：支撑，指金下沉的趋势被船托住了。 [12] 素：白色的生绢。 [13] 涅：可做黑色染料的矾石。 [14] 缣（jiān）：双丝的细绢。 [15] 湛（dān）：过度逸乐。易：改变，这里指人性被习俗改变。 [16]“易而忘本”二句：人性改变后，人就忘掉了自己的本性，养成的习气如同本性一样。 [17] 遗物：抛弃外物。反己：返回本性。

夫乘舟而惑者[1]，不知东西，见斗极则寤矣[2]；夫性，亦人之斗极也[3]。有以自见也[4]，则不失物之情；无以自见，则动而惑营。……夫纵欲而失性[5]，动未尝正也，以治身则危，以治国则乱，以入军则破[6]。是故不闻道者，无以反性[7]。故古之圣王，能得诸己[8]，故令行禁止，名传后世，德施四海。是故凡将举事，必先平意清神[9]。神清意平，物乃可正[10]。

此言正己以正物。

[注释]

[1] 惑：迷失方向。 [2] 斗极：在北半球看北极星，位置几乎不变，所以常常被用来确定方向。斗，北斗星。极，北极星。寤：通“悟”。 [3] 人之斗极：这里用斗极喻指本性，强调本性才是确定人之当然的根据。 [4]“有以自见也”以下四句：能够觉悟本性，就不会看不清万物的真实情况；不能觉悟本性，则任何行动都会出错。自见，指觉悟到自身的本性。不失物之情，能够了解事物的真实情况。惑营，惑乱。营，通“荧”，迷惑。 [5]“夫纵欲而失性”二句：放纵欲望就会丧失本性，行动不可能端正。 [6] 入军：指挥军队。 [7] 反性：复归本性。反，同“返”。 [8] 得诸己：持守本性。己，自己的本性。 [9] 平意清神：使精神安定下来。 [10] 物乃可正：事物才能够保持自身应当的样子。

礼者[1]，实之文也；仁者，恩之效也。故礼因人情而为之节文[2]，而仁发怲以见容。礼不过孔子弟子宰我曾主张期丧，即守丧一年，被孔子斥为“不仁”，认为“三年之丧，天下之通丧也”。

实，仁不溢恩也，治世之道也。夫三年之丧[3]，是强人所不及也，而以伪辅情也[4]；三月之服[5]，是绝哀而迫切之性也[6]。夫儒墨不原人情之终始[7]，而务以行相反之制，五缞之服[8]。悲哀抱于情[9]，葬薶称于养[10]，不强人之所不能为[11]，不绝人之所能已。度量不失于适，诽誉无所由生。

[注释]

[1]“礼者”以下四句：礼修饰本质，仁体现恩德。实，实质。效，效果。 [2]“故礼因人情而为之节文”二句：礼顺因人情，也规范和修饰人情，仁流露内心情感并展现在面容表情上。节文：以礼仪来规范情感。发併（pēng），流露，形于颜色。 [3] 三年之丧：儒家主张的丧礼制度，要求为君父服丧三年。 [4] 以伪辅情：用虚伪的礼仪伪装真情。辅，辅助。这里转义为装饰。 [5] 三月之服：服丧期只有三个月。这里指墨家遵从夏代葬礼，主张薄葬。 [6] 绝哀而迫切之性：强行断绝人的哀痛之情，压抑人的本性。迫切，挤压伤害。 [7]“夫儒墨不原人情之终始”二句：儒墨不考察人情的实况，一味推行相反的制度。相反之制，指儒墨对待葬礼的主张是相反的。 [8] 五缞（cuī）：古代服丧的五个等级，以亲疏为差等，分别服丧三年、一年、九月、五月和三月。 [9] 悲哀抱于情：表现的悲哀与内在真情完全一致。抱，衣服恰好合身。 [10] 葬薶（mái）称（chèn）于养：埋葬的花费与供养相当。这里指以孝养父母的条件来举办葬礼，批评当时破家以厚葬的风气。薶，同“埋”。称，相称。 [11]“不强人之所不能为”以下四句：不强迫人做难以做到的事，不断绝人能够自己中止的事。度量适宜，诽谤和赞誉都没有理由产生了。已，止。

义者[1]，循理而行宜也；礼者，体情制文者也。义者宜也，礼者体也。……故明王制礼义而为衣[2]，分节行而为带[3]，衣足以覆形[4]，从典坟，虚循挠，便身体，适行步，不务于奇丽之容，隅眥之削；带足以结纽收衽[5]，束牢连固[6]，不亟于为文句疏短之鞵：故制礼义、行至德[7]，而不拘于儒墨。

这两段点名批评儒墨，认为儒墨的主张并不符合礼义的本义，因而以葬礼为例，对儒墨进行批评，并得出了“制礼义、行至德，而不拘于儒墨”的结论。联系前文称言仁义礼乐是“衰世之造也，末世之用”，而这里批评儒墨却正面肯定仁、义、礼，《齐俗训》的论说前后不一。

[注释]

[1]“义者”以下四句：义，是遵循道理而行为恰当，礼，是体现感情而加以文饰。 [2]明王：何宁说：“‘明王’当为‘明主’，字之误也。”而为衣：如同制作衣服。 [3]分节行而为带：分别操行如同制作衣带。 [4]“衣足以覆形”以下七句：“从典坟，虚循挠”六字，为错简，当删。删去后意思是：衣服能够掩盖形体，使身体舒适，方便行走就行，不必追求外形奇丽和裁剪考究。隅眥（zì）之削，裁出衣领、衣襟等处的斜角。眥，衣领交接处。削，剪裁。 [5]结钮：扣上纽扣。收衽（rèn）：提束衣襟。衽，衣襟。 [6]“束牢连固”二句：束得牢靠，连得结实就行，不必非要有圆形和方形图案的皮革。短，孙诒让曰：“疑当为‘矩’。文句者，圆文也。疏矩者，方文也。”鞵（xié），同“鞋”。何宁曰：“‘鞵’字疑‘鞼’字形误。”鞼（guì），有花纹的皮革。 [7]“故制礼义、行至德”二句：制定礼义，推行崇高道德，不必拘泥于儒家和墨家的理论。

这里先批评时人“离道德之本”，又言“未可与言术”，表明《齐俗训》是要立足道德，讨论实施道德的具体措施：“术”。

世之明事者[1]，多离道德之本[2]，曰“礼义足以治天下”，此未可与言术也[3]。所谓礼义者[4]，五帝三王之法籍、风俗一世之迹也。……夫以一世之变[5]，欲以耦化应时[6]，譬犹冬被葛而夏被裘[7]。夫一仪不可以百发[8]，一衣不可以出岁。仪必应乎高下，衣必适乎寒暑。是故世异则事变，时移则俗易。故圣人论世而立法[9]，随时而举事。尚古之王[10]，封于泰山[11]，禅于梁父，七十余圣[12]，法度不同[13]，非务相反也，时世异也[14]。是故不法其已成之法，而法其所以为法[15]；所以为法者，与化推移者也[16]。夫能与化推移为人者[17]，至贵在焉尔。……五帝三王，轻天下，细万物，齐死生，同变化[18]，抱大圣之心，以镜万物之情[19]，上与神明为友[20]，下与造化为人。今欲学其道[21]，不得其清明玄圣，而守其法籍宪令，不能为治亦明矣。

[注释]

[1]明事者：指对社会事务有发言权的人。[2]离：背离。[3]术：实施道德的具体措施。[4]“所谓礼义者”二句：所谓礼义，不过是五帝三王的法令典籍，过去风俗留下的痕迹罢了。法籍，法令

和典籍。　[5] 一世之变：法籍和风俗在某个特殊时代所具有的样态。　[6] 耦化应时：与变化了的时代完全吻合。　[7] 被（pī）：披在身上或者穿在身上。葛：葛布做的夏衣。裘：皮衣。　[8]“夫一仪不可以百发”以下四句：调整一次标尺，不能射一百次箭，一件衣服，不能一年到头不换。箭弩的标尺必须按照高低的要求来调整，衣服必须根据季节的寒暑来更换。仪，弓弩上用以瞄准的标尺。出岁，跨年。　[9]“故圣人论世而立法”二句：圣人根据世道来设立法规，顺应时代来安排事务。　[10] 尚古：上古。尚，通“上”。　[11]“封于泰山”二句：古代天子在泰山祭天，称封；在泰山祭天之后，在梁父祭地，称禅（shàn）。合称“封禅”。梁父，泰山下的小山丘。　[12] 七十余圣：相传上古举行过封禅的帝王有七十二家。　[13] 法度不同：祭祀的方式不同。　[14] 时世：时代。　[15] 所以为法：制定法规所依据的原则。　[16] 与化推移：随变化而变化。　[17]“夫能与化推移为人者”二句：能够顺应变化而变化，最珍贵的东西就在其中了。能……为人者，能够这样做的人。　[18] 同变化：与变化同时变化。　[19] 镜万物之情：映现万物的实际情况。镜，照，作动词。　[20]“上与神明为友”二句：上与神明交往，下与造化同在。为人，为偶。　[21]“今欲学其道”以下四句：学习先圣如果不领会他们的精神实质，只死守他们遗留的法令典籍，显然不能治理天下。

天下是非无所定，世各是其所是而非其所非[1]，所谓是与非各异[2]，皆自是而非人[3]。由此观之，事有合于己者，而未始有是也[4]；有忤于心者[5]，而未始有非也[6]。故求是者，非求道理也，求合于己者也；去非者，非批邪施也[7]，

绝对的“是”，是没有是非的是，故无非。联系《齐俗训》后文“以道论者，总而齐之”之说，可知它以“道”为立场。而“道”作为存在的终极根据，不在是非的对待关系之中，故而是“至是”。就此而言，《齐俗训》说“至是之是无非”，是有洞识的。但是，《齐俗训》为了对仗，又说“至非之非无是”，这就有问题了。因为说是可以无非，说非（即不是）则必定有是，越不出是非对待。

此处有关“是非”的论说承自《庄子·齐物论》。《齐物论》强调在对待关系中不能分辨是非，只有赞同和反对。《齐俗训》接受了这种观点，也强调“世之所谓是非者，不知孰是孰非”，以这个态度为下文的“以道论者”进行铺垫。

去忤于心者也。忤于我，未必不合于人也；合于我，未必不非于俗也。至是之是无非[8]，至非之非无是，此真是非也。若夫是于此而非于彼，非于此而是于彼者，此之谓一是一非也。此一是非[9]，隅曲也[10]；夫一是非[11]，宇宙也。今吾欲择是而居之[12]，择非而去之，不知世之所谓是非者[13]，不知孰是孰非？

[注释]

[1] 世各是其所是：世人各自自以为是。世，指俗世之人。 [2] 各异：指不同的人持守不同的是非立场。 [3] 自是而非人：认为自己正确别人不对。 [4] 未始有是：未必有正确的。 [5] 忤于心：违背心愿。 [6] 未始有非：未必有错误的。 [7] 批邪施：排除不正当的言行。批，排除。邪施，喻指不正当的言行。施，微曲。 [8] 至是：绝对的是。 [9] 此一是非：指是非相对的是非。 [10] 隅曲：偏狭之见。 [11] 夫一是非：指至是至非，所以用“宇宙也”来表示这样的是非是放之四海而皆准的。夫，彼。 [12] 择是而居之：选择正确的原则来持守。居，留居，这里指持守。 [13] 世之所谓是非：指俗世中各是其是的是非。

商纣王荒淫无度，比干一再劝谏，被纣王剖心。箕子装疯，被纣王囚禁。周武王伐商灭纣，释放箕子并封比干之墓。

今世俗之人，以功成为贤，以胜患为智[1]，以遭难为愚，以死节为戆[2]，吾以为各致其所极而已[3]。王子比干[4]，非不知箕子被发佯狂以免其身也[5]，然而乐直行尽忠以死节[6]，故不为也[7]；伯夷、叔齐[8]，非不能受禄任官以致其功也[9]，然而乐离世伉行以绝众[10]，故不务也[11]；许由、善卷[12]，非不能抚天下[13]，宁海内，以德民也[14]，然而羞以物滑和[15]，故弗受也；豫让、要离[16]，非不知乐家室[17]，安妻子[18]，以偷生也，然而乐推诚行必以死主[19]，故不留也[20]。今从箕子视比干则愚矣，从比干视箕子则卑矣[21]；从管、晏视伯夷则戆矣[22]，从伯夷视管、晏则贪矣；趋舍相非，嗜欲相反，而各乐其务，将谁使正之？……若以圣人为之中[23]，则兼覆而并之[24]，未有可是非者也。……故以道论者，总而齐之。

伯夷、叔齐不赞成武王伐纣，后隐居，不食周黍饿死。

传说尧曾让位许由，舜让位善卷，皆不受而去。

[注释]

[1] 胜患：成功地避开灾祸。 [2] 死节：为保持气节而丧命。戆（zhuàng）：刚直而愚。 [3] 各致其所极：各自实现自己的追求。 [4] 比干：与下文箕子都是商纣王的叔叔。 [5] 被发：披散头发。古人束发戴冠，披头散发是反常装束。佯狂：假装疯狂。免其身：免除被杀的祸患。 [6] 直行：正直的行为。尽忠：无保留地奉行忠诚。 [7] 不为：指比干不像箕子那样装疯。 [8] 伯夷、叔齐：周初贤人。 [9] 受禄：接受俸禄。任官：担任官职。致其

功：做出政绩。 [10] 离世：隐居。伉行：刚直的行为方式。伉，刚直。绝众：与众人不同。 [11] 不务：指伯夷、叔齐不追求受禄任官。 [12] 许由、善卷：传说中的隐士。 [13] 抚天下：安抚天下。 [14] 德民：造福百姓。 [15] 羞：惭愧。以物滑（gǔ）和：以外物扰乱内心的平和。物，外在事物，这里指天子之位。滑，乱。 [16] 豫让：春秋末年晋国人，为智伯报仇，刺杀赵襄子，失败自杀。要离：春秋时刺客，为吴公子光刺杀庆忌，事成后自杀。 [17] 乐家室：享受和乐的家庭生活。 [18] 妻子：妻和子。 [19] 推诚行：指践行承诺。必以死主：一定为主君奉献生命。 [20] 留：留恋生命。 [21] 卑：不高尚。 [22] 管、晏：管仲、晏婴，皆齐国大有作为之相。 [23] 为之中：没有偏向地看待各自不同的追求。 [24]“兼覆而并之”二句：这里指对以上事迹都予以肯定，而不进行有是非的评断。

[点评]

《齐俗训》是《淮南子》的第十一篇，篇名相当直白，意即齐同风俗。就此篇名来看，本篇的重点是探讨风俗的差异如何与统一的价值准则相协调的问题。但是，如同《淮南子》的其他篇章一样，《齐俗训》论说也相当杂芜，勉强归纳，可以说《齐俗训》认为风俗和礼义有时代差别和地区差异，并非永恒不变、千篇一律，因此，泛泛主张“礼义足以治天下”，尤其是把本学派对于礼义的具体解释当作礼义本身，是错误的。它以儒家和墨家对待丧礼的不同态度为例子，对此进行了批评。《齐俗训》说，儒墨所倡导的礼义，不过是“五帝三王之法籍、风俗一世之迹也”，由于风俗是变化的，如果“以一世之变，欲以耦化应时”，如同一年四季穿同一件衣服，是不能应对冬寒夏暑的时令变化的。《齐俗训》因此区分了礼义的具体内容和礼义本身，它以“义者宜也，礼者体也”来定义礼义，认为义的含义是“循理而行宜”，礼的含义是“体情制文者也”。由于礼义不等于礼义的具体内容，不等于某个具体时代的礼义规范，更不等于某些人例如儒家和墨家对于礼义的解释，因此，对待礼义的正确态度是，“不法其已成之法，而法其所以为法”，而“所以为法者”不是别的，就是“与化推移者也”。《齐俗训》的这个说法，与今天所说的“与时俱进”是同样含义。这证明在中国的传统思想中，早就具有“与时俱进”的思想，而“耦化应时”“与化推移”等等，就是古代“与时俱进”思想的具体表达。

细细爬梳《齐俗训》的繁复论说，可以看到它具有几层的观念区分，首先，具体的礼义内容不等于礼义本身；其次，礼义不等于礼义的根据。那么什么是礼义的根据？《齐俗训》的回答是，终极根源的道和内在本质的性。因此，“与化推移”，就是以道和性为根据，来应对时事的变化。《齐俗训》之所以顺承《庄子·齐物论》关于“是非”的讨论，对有对待的是非和真是非进行区分，就是要凸现“道”超越对待的特性，把“以道论者，总而齐之”的立场建立起来，以“道”作为最终的价值判断标准。《齐俗训》开篇持道德仁义礼乐依次“下衰”的立场，也是为了用这样的表述，把“道”的根本地位建立起来。

关于“性”的讨论也是这样。《齐俗训》开篇就说“率性而行谓之道，得其天性谓之德”，又说仁义礼乐是“衰世之造也，末世之用也”。它之所以这样说，并不是要全然否定仁义礼乐的意义和作用，而是要说仁义礼乐并非第一性的终极根据。在后文中，《齐俗训》又说，“衣服礼俗者，非人之性也，所受于外”，仁义礼乐作为衣服礼俗的抽象表达，同衣服礼俗一样，被认为是外在于人性的。尽管它们对人性的影响很大，大到可以让人性“久湛于俗则易。易而忘本，合于若性”，但是，外在的毕竟是外在的，它们不是“天性”，不同于内在的“清明玄圣”，不足以作为“耦化应时”的根据。《齐俗训》说，想要学习五帝三王的人，“欲学其道，不得其清明玄圣，而守其法籍宪令，不能为治亦明矣”，也是从肯定五帝三王的本心本性来立论的，意在把五帝三王的清明玄圣与他们的法籍宪令区分开来。

尽管《齐俗训》的论说显得杂芜，甚至不时给人自相矛盾的感觉，但是细究起来，它要以“道”与“性”为终极根据，不赞成以具体的礼义规范为准则的用心，还是很清楚的。

卷十二　道应训

啮缺问道于被衣[1]，被衣曰："正女形[2]，壹女视，天和将至。摄女知[3]，正女度，神将来舍。德将来附若美[4]，而道将为女居。惷乎若新生之犊[5]，而无求其故。"言未卒[6]，啮缺继以雠夷[7]。被衣行歌而去[8]，曰："形若槁骸[9]，心如死灰，直实不知，以故自持，墨墨恢恢，无心可与谋。彼何人哉！"故《老子》曰："明白四达[10]，能无以知乎？"

这则故事出自《庄子·知北游》。

这则故事以啮缺的形象、被衣的议论来表现道家对纯朴人格的推重。而纯朴人格的特点就是"无知"：不任用才智，不玩弄心机。

[注释]

[1] 啮（niè）缺：与下文"被衣"都是《庄子》中的虚构人物，被认为是上古得道的贤人。啮，咬。　[2]"正女（rǔ）形"以下

三句：端正你的形貌，视听专一（指不听胡言乱语），就能实现和谐。女，通“汝”，你。壹，专一。天和，无需刻意营造的和谐氛围。 [3]“摄女知”以下三句：收敛你的智慧，端正心思，神明就会来到。摄，收敛。度，意度，即思虑。舍，留居。 [4]“德将来附若美”二句：德将展示你的美好，道将留驻你这里。德将来附若美，王念孙说“德将来附若美”本作“德将为若美”。《庄子·知北游》：“德将为女美，而道将为女居。”正可为据。若，你。 [5]“蠢乎若新生之犊”二句：像初生的牛犊一样无知，不追求世故。蠢，无知的样子。故，智巧。 [6]言未卒：话未说完。 [7]雠夷：直视而不言。形容直勾勾空荡荡的眼光。 [8]行歌：边走边唱。 [9]“形若槁骸”以下七句：形体像枯木朽骨，内心像冷寂灰烬，朴实真诚，不懂智巧。浑然无知，没有机心，无意参与谋议，那是怎样一个人呢？直实，率直诚实。墨墨恢恢，混沌无知的样子。 [10]“明白四达”二句：语见《老子》第十章。大意是：明白通达，能够不用才智吗？

这则故事是《道应训》中典型的历史故事。

这里引用孔子的评语，是肯定赵襄子的忧患意识。而文后《老子》引文所表达的，则是守弱思想。相比之下，孔子的评语更加切题，《老子》之语则比较玄虚。

赵襄子攻翟而胜之[1]，取尤人、终人[2]。使者来谒之[3]，襄子方将食而有忧色[4]。左右曰：“一朝而两城下，此人之所喜也，今君有忧色，何也？”襄子曰：“江河之大也[5]，不过三日；飘风暴雨[6]，日中不须臾[7]。今赵氏之德行无所积，今一朝两城下，亡其及我乎！”孔子闻之曰：“赵氏其昌乎！”夫忧所以为昌也，而喜所以为亡也。胜非其难者也，持之者其难也[8]。贤主以此持胜[9]，故其福及后世。齐、楚、吴、越，皆尝胜矣[10]，然而卒取亡焉[11]，不通乎持胜也[12]。唯有道之主能持胜。孔子劲杓国门之关[13]，而不肯以力闻；墨子为守攻[14]，公输般服，而不肯以兵知。善持胜者，以强为弱，故《老子》曰："道冲[15]，而用之又弗盈也。"

[注释]

[1]赵襄子：赵简子庶子，名无恤，其母为翟婢，后赵简子废太子伯鲁，立无恤为太子。翟（dí）：通"狄"，对居住北方的部族的泛称。　[2]尤人、终人：狄人的两个城邑。　[3]谒（yè）：报告。　[4]方将：正要。　[5]江河之大：长江、黄河涨水。　[6]飘风暴雨：俞樾说："'飘风暴雨'下脱'不终朝'三字。"飘风，刮大风。　[7]日中：太阳当顶。须臾（yú）：一小会儿。　[8]持之者：指保持胜利。　[9]以此持胜：指以知道保持胜利不容易的态度来保持胜利。　[10]尝：曾经。　[11]卒：最终。取亡：自己造成了自己的灭亡。　[12]不通乎持胜：不懂得持胜的道理。　[13]"孔子劲杓国门之关"二句：孔子的力气能够拉开城门的门闩，却不肯以力大著称。劲，力量。杓，拉开。关，门闩。　[14]"墨子为守攻"以下三句：墨子设计防御攻城的方案，使公输般认输，却不肯以懂得军事知名。墨子，先秦墨家的创始人。公输般，鲁班，古代著名工匠。　[15]"道冲"二句：语见《老子》第四章。大意为：道空虚，遵循道理办事，也许不会要求事情圆满。冲，通"盅（chōng）"，空虚。弗盈，不满。

鲁国之法，鲁人为人妾于诸侯[1]，有能赎之者，取金于府[2]。子赣赎鲁人于诸侯[3]，来而辞不受金[4]。孔子曰："赐失之矣！夫圣人之举事也[5]，可以移风易俗，而受教顺可施后世[6]，非独以适身之行也[7]。今国之富者寡而贫者众，赎而受金，则为不廉，不受金则不复赎人。自今以来，鲁人不复赎人于诸侯矣。"孔子亦可谓知礼矣[8]。故《老子》曰："见小曰明[9]。"

[注释]

[1] 为人妾于诸侯：在其他诸侯国给别人当奴仆。王念孙云："《吕氏春秋·察微》篇、《说苑·政理》篇、《家语·致思》篇，'妾'上俱有'臣'字，于义为长。"臣，男奴。妾，女奴。 [2] 府：国库。 [3] 子赣：即子贡，姓端木，名赐。赎鲁人于诸侯：指子贡在别的国家赎回了身为奴仆的鲁国人。 [4] 来：回到鲁国。 [5] 举事：做事情。 [6] 受教顺：王念孙云："'教顺'上本无'受'字，此因上文'不受金'而误衍也。"教顺，教训。可施后世：影响后世。 [7] 独：单独。适身之行：合适自己的做法。 [8] 礼：做事的规矩。这里指恰当的做事方式。 [9] 见小曰明：语见《老子》第五十二章。大意为：能够察见细微之处的是明智之人。

太王亶父的故事也见于《孟子·梁惠王下》，孟子以此劝勉滕文公在强国逼压的困境下"强为善而已"。《道应训》所引出自《庄子·让王》，表达的思想是重生，不同于孟子的为善。

太王亶父居邠[1]，翟人攻之，事之以皮帛珠玉而弗受[2]。曰："翟人之所求者地，无以财物为也[3]。"大王亶父曰[4]："与人之兄居而杀其弟，与人之父处而杀其子，吾弗为。皆勉处矣[5]！

为吾臣与翟人奚以异[6]？且吾闻之也，不以其所养害其养[7]。”杖策而去[8]，民相连而从之[9]，遂成国于岐山之下[10]。大王亶父可谓能保生矣。虽富贵，不以养伤身；虽贫贱，不以利累形[11]。今受其先人之爵禄[12]，则必重失之。所自来者久矣[13]，而轻失之，岂不惑哉！故《老子》曰：“贵以身为天下[14]，焉可以托天下，爱以身为天下，焉可以寄天下矣。”

[注释]

[1] 太王亶（dǎn）父：又称古公亶父，周文王祖父。邠（bīn）：通“豳（bīn）”，地名，在今陕西旬邑西。　[2] 事：进奉。弗受：不被接受。　[3] 无以财物为：不以获得财物为目的。　[4] 大（tài）王：即太王。大，同“太”。　[5] 皆勉处矣：都努力过好自己的日子吧。勉，努力。处，过日子。　[6] 翟人：是“为翟人臣”的省语。奚以异：没有什么不同。奚，何。　[7] 不以其所养害其养：不要为了养护生命的东西而伤害了生命。　[8] 杖策：拄着手杖。策，手杖。　[9] 民相连而从之：老百姓络绎不绝地追随大王。从，追随。　[10] 成国：建立国家。岐山：山名，在今陕西岐山县东北。　[11] 累形：让身体受累。　[12]“今受其先人之爵禄”二句：接受了祖传的爵禄，必定不舍得丧失。必重失之，必定看重，不让失掉。　[13]“所自来者久矣”以下三句：生命延续了祖先的血脉，却轻易抛弃，难道不是糊涂吗？王念孙云：“‘所自来者’上当有‘生之’二字。此承上文‘保生’而言，言人皆重爵禄而

轻其生也。脱去‘生之’二字，则文不成义。” [14]“贵以身为天下”以下四句：语见《老子》第十三章。大意是：重视生命如同重视天下的人，才能交付天下给他，爱惜生命如同爱惜天下的人，才能寄托天下于他。贵，看重。焉，乃。

这段故事出自《庄子·天道》篇，文字虽有小异，但基本保持了原文宗旨，即质疑圣人的言论能否代表圣人的精神。道家对语言的局限有深刻洞察，《老子》有“道可道，非常道；名可名，非常名”之说，庄子有“得意忘言”之说，表达的都是同样的质疑。

桓公读书于堂[1]，轮扁斫轮于堂下[2]，释其椎凿而问桓公曰[3]：“君之所读者，何书也？”桓公曰：“圣人之书。”轮扁曰：“其人在焉？”桓公曰：“已死矣。”轮扁曰：“是直圣人之糟粕耳[4]！”桓公悖然作色而怒曰：“寡人读书[5]，工人焉得而讥之哉[6]！有说则可[7]，无说则死。”轮扁曰：“然，有说。臣试以臣之斫轮语之：大疾[8]，则苦而不入；大徐[9]，则甘而不固。不甘不苦，应于手，厌于心[10]，而可以至妙者[11]，臣不能以教臣之子，而臣之子亦不能得之于臣。是以行年七十，老而为轮。今圣人之所言者[12]，亦以怀其实，穷而死，独其糟粕在耳。”故《老子》曰：“道可道[13]，非常道；名可名，非常名。”

[注释]

[1]桓公：齐桓公，春秋时齐国国君。 [2]轮：轮人，即制作车轮的工匠。扁：轮人名。 [3]释：放下。 [4]是直：这

只不过是。糟：酒渣。粕：榨油后的油枯。糟粕比喻没有价值的东西。　[5] 寡人：寡德之人，由君王的谦称，演变成君王的自称。　[6] 工人：做工之人。　[7] 有说：能够解释清楚。　[8]“大疾”二句：太紧了就涩，插不进榫头。大疾，太紧。大，太。苦，涩。　[9]“大徐”二句：太松了就滑，插不牢靠。徐，宽松。甘，滑。　[10] 厌：满足。　[11] 可以至妙者：恰到好处。　[12]“今圣人之所言者”以下四句：圣人的言论也是这样，精妙地装在圣人心里，圣人老死后，就没有了，只有糟粕留下来。怀其实，精华在圣人心里。穷，尽，指生命的尽头。在，留存下来。　[13]“道可道”以下四句：语见《老子》第一章。大意是：可以言说的道，不是永恒之道，可以称呼的名，不是恒常之名。

颜回谓仲尼曰：“回益矣[1]。”仲尼曰：“何谓也？”曰：“回忘礼乐矣。”仲尼曰：“可矣，犹未也[2]。”异日复见曰：“回益矣。”仲尼曰：“何谓也？”曰：“回忘仁义矣。”仲尼曰：“可矣，犹未也。”异日复见曰：“回坐忘矣。”仲尼遽然曰[3]：“何谓坐忘？”颜回曰：“隳支体[4]，黜聪明，离形去知，洞于化通，是谓坐忘。”仲尼曰：“洞则无善也[5]，化则无常矣[6]。而夫子荐贤[7]，丘请从之后[8]。”故《老子》曰：“载营魄抱一[9]，能无离乎？专气至柔，能如婴儿乎？”

这段故事出自《庄子·大宗师》。颜回是孔门高弟，庄子让颜回忘礼乐、忘仁义而达到“坐忘”境界，引动孔子遽然变色并愿意追随颜回。这种反用孔颜师生关系的笔法具有强烈的反讽效果，也表明此处的孔子、颜回只是寓言人物，庄子不过借他们之口来表达“忘”的思想。

[注释]

[1] 益：增加，这里指进步了。 [2] 犹未：还没有领会最高道理。 [3] 遽然：脸色突然改变的样子。 [4] “隳（huī）支体”以下五句：遗忘肢体，废弃聪明，离开形体，去掉智慧，洞察变化，这就叫作坐忘。隳，遗弃。支体，肢体。黜（chù），废弃。洞，洞彻。化通，变化通达。 [5] 洞则无善：能够洞察，就没有偏爱。 [6] 化则无常：懂得变化，就不会固执。 [7] 夫子荐贤：孔子称赞颜回比他先达到了贤人境界。夫子，尊称，这里指颜回。荐，先。 [8] 丘：孔子自称。从之后：追随其后。 [9] “载营魄抱一”以下四句：语见《老子》第十章。大意是：拥抱魂魄以守身，能够不离失大道吗？结聚精气以致柔顺，能像纯洁的婴儿吗？

[点评]

《道应训》是《淮南子》第十二篇，是风格很特别的一篇。本篇由五十六段故事组成，每则故事之后，多以“故《老子》曰”为引导，引用《老子》的某句话或者某段话，为这则故事蕴含的道理提供经典支持。之所以说“多以”而不是“都以”，是因为还有几处例外：故事第四十二，引的是《庄子》，第五十引《慎子》，第五十一引《管子》。除此三处，其他五十三个故事都是引用《老子》。

《道应训》有五十三个故事引用《老子》，引文却有五十八段，因为故事第一、第十一、第十六、第三十一、三十二都是两次引用，所以引文总数达到了五十八段。从引文内容来看，分别出自《老子》第一、二、三、四、五、七、九、十、十三、十四、十五、十六、十八、十九、二十、二十一、二十二、二十三、二十五、二十七、

二十八、三十六、三十七、三十九、四十三、四十四、四十五、四十七、五十二、五十四、五十五、五十六、五十七、五十八、六十二、七十、七十一、七十二、七十三、七十四、七十五、七十八章，涉及《老子》一共四十二章的内容。引用最多的是第二十七章、二十八章、五十二章和七十八章，都是三次引用。其他或者二引，多数只有一引。用《道应训》的引文与《老子》的传世文本对照，虽然文字或有小异，但都没有超出今本《老子》的内容，在今本《老子》中都能够找到对应。

《道应训》讲故事而引《老子》为证，显然是把《老子》的文句视为“道”理，而以相关故事为“道”理的“应”用和效用，这一点也反映在《道应训》的篇名上：“道应”的意思，就是“道”在经验中的“应”用和效用。

从形式上看，《道应训》的五十六个故事都是故事，但是细分起来，这些故事又可分为历史故事和寓言故事。历史故事比较单纯，就是一段过往的往事，而寓言故事则比较特殊，因为这些故事本身，就是在讲某个道理，例如这里引用的“啮缺问道于被衣”，讨论的是“道”与纯朴天性的问题，而颜回与孔子的寓言故事，则在讨论“坐忘”的境界。它们的讨论与文后引用的《老子》文句，就形成了互相解释的关系。

《道应训》里还有一种互释的情况值得注意，这就是《老子》和《庄子》的相互解释。《道应训》的五十六则故事，有十则故事来自《庄子》：第一的“太清问于无穷”、第七的“啮缺问道于被衣”、第三十四的“大司马捶钩”、第四十五的“光耀问于无有”，这四则都来自《知北游》；

第十五的“太王亶父居邠”、第十六的“中山公子牟谓詹子曰”来自《让王》；第十八的“桓公读书于堂”来自《天道》；第三十七的“盗亦有道”来自《盗跖》；第三十九的“颜回坐忘”来自《大宗师》；第四十四的“罔两问于景”来自《齐物论》。这些来自《庄子》的段落，有些与《庄子》高度重合，有些则有部分改写和文字差异，并不都是对《庄子》的逐字照抄。但是，它们都保持了在《庄子》语境中的寓意，携带着原出处的思想主旨。《道应训》摘引了来自《庄子》的寓言，又引《老子》来对庄子通过寓言表达的思想进行经典支持，而《庄子》的寓言也从思想的内涵上形成了对《老子》相关文句的意义诠释。这就是《道应训》中的《老》《庄》互释。

限于篇幅，这里只选了六则故事，它们是第七：“啮缺问道于被衣”；第八：“赵襄子攻翟”，第十二：“子赣赎人不受金”；第十五：“太王亶父居邠”；第十八：“桓公读书于堂”和第三十九：“颜回坐忘”。之所以这样选，是想让《道应训》各种风格的故事，都有样本。

卷十三　泛论训

古者，有鍪而绻领以王天下者矣[1]。其德生而不辱[2]，予而不夺，天下不非其服[3]，同怀其德。当此之时，阴阳和平，风雨时节[4]，万物蕃息，乌鹊之巢可俯而探也[5]，禽兽可羁而从也[6]，岂必褒衣博带句襟委章甫哉[7]！

“古者”被认为是三皇之前，彼时服饰如何，颇难定论。鍪，究竟是一种帽子，还是披散头发？绻领，究竟是反褶为领，还是头发绕颈？注家各有说法。但有一点是明确的，这就是古时服饰简单，没有装饰，与下文的“褒衣博带”形成对照。

[注释]

[1] 鍪（móu）：形似头盔的帽子。绻（quǎn）领：翻领。以王（wàng）天下：称王天下。　[2] 其德：王天下者的品格，也指他们统治天下的风格。不辱：王念孙认为当作“不杀”。　[3]“天下不非其服”二句：天下不非议古时王者的服饰，而感怀他们的德泽。　[4] 风雨时节：何宁认为，此四字当是注文羼入。　[5] 可俯而探：可以俯身掏鸟巢。　[6] 可羁（jī）而从：可以牵着禽兽走。羁，马笼头，这里指以绳牵引。从，跟随。　[7] 褒衣博带：宽衣

大带，古代儒生服饰。褒，衣襟宽大。博，大。句（gōu）襟：曲领衣。委：刘文典根据《太平御览》所引，认为当作“委貌”。委貌，周代的一种礼帽。章甫：殷时冠名，即缁布冠。

古者民泽处复穴[1]，冬日则不胜霜雪雾露[2]，夏日则不胜暑蛰蚊虻。圣人乃作[3]，为之筑土构木，以为宫室[4]，上栋下宇[5]，以蔽风雨，以避寒暑，而百姓安之。

伯余之初作衣也[6]，緂麻索缕[7]，手经指挂[8]，其成犹网罗[9]。后世为之机杼胜复[10]，以便其用，而民得以掩形御寒[11]。

这一段对照古今，立场却不是《淮南子》常见的扬古贬今，而是赞美圣人的文明创造，认为有“圣人乃作”，民生才得以改进。

古者，剡耜而耕[12]，摩蜃而耨[13]，木钩而樵[14]，抱甀而汲[15]，民劳而利薄。后世为之耒耜耰锄[16]，斧柯而樵，桔皋而汲[17]，民逸而利多焉[18]。

[注释]

[1] 泽处：居住在多水的环境。复穴：双层洞穴。 [2]“冬日则不胜霜雪雾露”二句：这里指冬日遭受霜雪雾露之苦，夏日遭受暑热蚊虻之烦。不胜，不能克服。蛰，何宁认为当为“热”，涉下文“蚊虻”而误。 [3] 作：创造。这里指圣人挺身而出，承担解决困难的责任。 [4] 宫室：房屋。 [5] 上栋下宇：上面用栋梁撑着，下面用屋檐遮着。 [6] 伯余：传说是黄帝臣，始作衣裳者。 [7] 緂（tián）麻：搓麻。索缕：使成绳状。 [8] 手经指

挂：一手提着经线，另一只手结织网布。　[9] 其成犹网罗：织成的布如同渔网。　[10] 机杼（zhù）：织布机，机以转轴，杼以穿梭。胜复：繁复。　[11] 掩：遮蔽。　[12] 剡（yǎn）：锐利，这里是使动用法。耜（sì）：农具，类似锹。　[13] 摩：通“磨”，打磨。蜃（shèn）：大蛤蜊。耨（nòu）：除草。　[14] 木钩：用木头做成弯形砍具。樵：打柴。　[15] 甀（zhuì）：古时坛子一类瓦器。　[16] 耒（lěi）：上古木制翻土工具。　[17] 桔皋：井中汲水的工具。　[18] 逸：安逸、从容。

古者大川名谷，冲绝道路[1]，不通往来也。乃为窬木方版以为舟航[2]，故地势有无[3]，得相委输[4]。乃为靼蹻而超千里[5]，肩荷负儋之勤也[6]，而作为之楺轮建舆[7]，驾马服牛[8]，民以致远而不劳。为鸷禽猛兽之害伤人而无以禁御也，而作为之铸金锻铁，以为兵刃，猛兽不能为害。故民迫其难则求其便[9]，困其患则造其备[10]，人各以其所知，去其所害，就其所利。常故不可循[11]，器械不可因也，则先王之法度有移易者矣[12]。

庄子以络马首、穿牛鼻为“以人灭天”，与此立场不同。

这一段继续赞美文明创造，但又有一层新的转折，即认为器物是顺应需要而创制，是与时俱进的，因此，先王的法度也应该随着时代而变化。儒家以“创造”作为圣人之所以为圣的根据，宣扬效法先王，但是，《泛论训》却强调了“创造”的“时变”特点。

[注释]

[1] 冲绝：冲断。指大川名谷对交通的影响。　[2] 窬（yú）木：挖空树木，制成独木舟。窬，空。方版：把木板并接起来。方，并。　[3] 地势有无：地势不再影响交通。　[4] 委输：运送。把货物搬到车船上叫委，转运他处交卸叫输。　[5] 为靼（zǔ）蹻（juē）

而超千里：于是制作了用皮革加固的草鞋，让人可以走到很远的地方。鞮，带嚼口的马笼头。于义不通，王念孙云："鞮"当为"靼"。靼（dá），柔软的皮革。屩，草鞋。靼屩，缠有皮革条子的草鞋。超，越过。 [6] 负儋（dān）：负担。儋，肩挑。勤：辛苦。 [7] 楺轮：使木弯曲制成车轮。建舆：制作车子。 [8] 驾马服牛：驯服牛马。 [9] 迫其难：受到危难的逼迫。迫，逼迫。求其便：寻找方便生活的办法。 [10] 困其患则造其备：受到祸患的困扰而制造备用的器械。 [11] 常故：习惯的做法。循：与下文"因"皆指无所改变，照旧使用。 [12] 移易：随时代而改变。

这里明确提出"礼乐未始有常"的观点，认为圣人应该制礼作乐而不是被旧有礼乐所拘限，而制礼作乐的根据，就是时变。五帝三王都曾经"因时变而制礼乐"，所以不同的时代才有不同的礼乐。有虞氏、夏、商、周的不同葬礼，就是说明礼乐时变的具体事例。

夏后氏殡于阼阶之上[1]，殷人殡于两楹之间[2]，周人殡于西阶之上[3]，此礼之不同者也。有虞氏用瓦棺[4]，夏后氏堲周[5]，殷人用椁[6]，周人墙置翣[7]，此葬之不同者也。夏后氏祭于暗[8]，殷人祭于阳[9]，周人祭于日出以朝[10]，此祭之不同者也。尧《大章》[11]，舜《九韶》，禹《大夏》，汤《大濩》，周《武象》，此乐之不同者也。故五帝异道而德覆天下[12]，三王殊事而名施后世，此皆因时变而制礼乐者。……先王之制，不宜则废之，末世之事，善则著之[13]：是故礼乐未始有常也[14]。故圣人制礼乐，而不制于礼乐。

[注释]

[1] 夏后氏：夏朝。殡：停柩。阼（zuò）阶：大堂前东面的台阶。 [2] 两楹之间：即厅堂正中。两楹，厅堂的柱子。 [3] 西阶：大堂前西面的台阶。 [4] 有虞氏：传说中的部落，以舜为首领。瓦棺：土烧制的棺。 [5] 堲（jí）周：用烧成的土砖砌成棺。堲，烧土为砖。 [6] 椁（guǒ）：套在棺外的大棺。 [7] 墙：装饰灵柩的布帐。翣（shà）：一种扇形棺饰。 [8] 暗（àn）：黄昏。 [9] 阳：这里指白天。 [10] 日出以朝：在日出时分。 [11]《大章》：与下文"《九韶》""《大夏》""《大濩》""《武象》"为传说中不同时代的古乐曲名。 [12]"故五帝异道而德覆天下"以下三句：五帝的道路不同，但德泽同样覆盖天下，三王的事务不同，但声名同样流传后世，他们都是顺应时变而制定礼乐的人。 [13] 善则著之：好就使用。著，使显明，这里指应用。 [14] 未始有常：从来不是一成不变的。

治国有常，而利民为本；政教有经[1]，而令行为上。苟利于民，不必法古；苟周于事[2]，不必循旧。夫夏、商之衰也，不变法而亡；三代之起也[3]，不相袭而王。故圣人法与时变，礼与俗化[4]，衣服器械，各便其用，法度制令，各因其宜。故变古未可非，而循俗未足多也[5]。百川异源而皆归于海，百家殊业而皆务于治[6]。

[注释]

[1] 经：常，这里指政治管理和教化民众的通常方式。 [2] 周

于事：满足事情的需要。 [3]“三代之起也”二句：三代的兴起，并不承袭前代制度来治理天下。袭，沿袭。 [4]礼与俗化：礼仪顺从风俗而变化。 [5]未足多：并不值得夸耀。 [6]百家殊业而皆务于治：百家学说各有不同，但都追求治理天下。

夫圣人作法而万民制焉[1]，贤者立礼而不肖者拘焉[2]。制法之民[3]，不可与远举[4]；拘礼之人[5]，不可使应变[6]。耳不知清浊之分者，不可令调音；心不知治乱之源者，不可令制法。必有独闻之耳，独见之明，然后能擅道而行矣[7]。夫殷变夏[8]，周变殷，春秋变周，三代之礼不同，何古之从！大人作而弟子循[9]。知法治所由生[10]，则应时而变；不知法治之源，虽循古终乱。今世之法籍与时变，礼义与俗易，为学者循先袭业[11]，据籍守旧，教以为非此不治[12]，是犹持方枘而周员凿也[13]，欲得宜适致固焉，则难矣。

这里以“方枘”不周“员凿”为喻，批评据籍守旧之人。

[注释]

[1]制：被动用法，指被法规制约。 [2]拘：被拘束。 [3]制法之民：被动用法，被法规制约的百姓。 [4]远举：高飞。 [5]拘礼之人：被礼仪拘束的人。 [6]应变：应对变化。 [7]擅道而行：自主地选择道路。擅，任意。 [8]变夏：改变夏的制度。“变殷”“变周”同义。 [9]大人：这里指老师先辈。 [10]法治：进

行的治理规则。 [11]“为学者循先袭业”二句：从事学问的人因循前辈，承袭旧业，依据典籍，持守旧教。 [12]教以为非此不治：（他们宣称）不依据典籍持守旧教，就不能够实现治理。 [13]“是犹持方枘（ruì）而周员凿也”二句：这就像拿着方形榫头去对圆卯眼，还希望完全吻合。枘，榫头。周，合。员，通“圆”。凿，卯眼。宜适，指方圆合适。致固，使方枘圆凿套得牢靠。

夫弦歌鼓舞以为乐[1]，盘旋揖让以修礼[2]，厚葬久丧以送死[3]，孔子之所立也，而墨子非之。兼爱、尚贤、右鬼、非命[4]，墨子之所立也，而杨子非之[5]。全性保真[6]，不以物累形，杨子之所立也，而孟子非之。趋舍人异[7]，各有晓心。故是非有处[8]，得其处则无非[9]，失其处则无是。丹穴、太蒙、反踵、空同、大夏、北户、奇肱、修股之民[10]，是非各异，习俗相反，君臣上下，夫妇父子，有以相使也[11]。此之是[12]，非彼之是也；此之非，非彼之非也；譬若斤斧椎凿之各有所施也。

[注释]

[1]弦歌：拨弦而歌。鼓舞：击鼓而舞。 [2]盘旋：周旋，形容礼节的繁复周到。修礼：讲究礼仪。 [3]久丧：服丧的时间长。 [4]兼爱、尚贤、右鬼、非命：墨子的基本主张。尚贤，推重贤能之人。右鬼，崇尚鬼神。右，崇尚。 [5]杨子：杨朱，战

国时哲学家，主张重视生命，孟子批评他“杨子为我，拔一毛而利天下，不为也”。 [6]“全性保真”二句：保全天性，不为外物劳累形体。 [7]“趋舍人异”二句：追求和放弃因人而异，各人都有自己的领会。 [8] 有处：有立场。处，地方，转义指立场。 [9]“得其处则无非”二句：确认了立场，就知道该肯定什么了，丧失立场就不知道什么是对的了。得其处，确认了自己的立场。无非，即“是”。失其处，丧失立场。无是，不知道该肯定什么。 [10] 丹穴、太蒙、反踵、空同、大夏、北户、奇肱、修股之民：皆传说中的边远部族。 [11] 有以相使：有维系相互关系的方式。 [12]“此之是”以下五句：这里认为对的，不一定那里也认为对；这里认为不对，不一定那里也认为不对。就像大斧、小斧、木椎和凿子，各有各的用途。

此处“道德”，意为得道，即获得了道。

孟子曰：“以德行仁者王，王不待大。”

国之所以存者，道德也[1]；家之所以亡者[2]，理塞也[3]。尧无百户之郭[4]，舜无置锥之地[5]，以有天下；禹无十人之众，汤无七里之分[6]，以王诸侯[7]。文王处岐周之间也[8]，地方不过百里，而立为天子者[9]，有王道也；夏桀、殷纣之盛也，人迹所至，舟车所通，莫不为郡县[10]，然而身死人手，而为天下笑者，有亡形也[11]。故圣人见化以观其征[12]。德有盛衰[13]，风先萌焉。故得王道者，虽小必大；有亡形者，虽成必败。……故乱国之君务广其地而不务仁义，务高其位而不务道德，是释其所以存而造其所以亡也[14]。

［注释］

[1] 德：得。 [2] 家：古代大夫的采邑。 [3] 理塞：治理不善。 [4] 郭：城廓。 [5] 舜无置锥之地：舜起于民间，故曰“无置锥之地”。 [6] 分：分封的封地。 [7] 王：称王。 [8] 岐周：岐山下周代旧邑，在今陕西岐山县境。 [9] 立为天子：成为天下的共主。 [10] 郡县：秦代创制的两层行政区划制度。郡县制与分封制不同，是中央朝廷派官员对各地进行行政管理。这里以郡县指称夏、商统治区域的广阔，并非指郡县制在夏商时代就已经建立。 [11] 亡形：败亡的征象。 [12] 圣人见化以观其征：圣人从变化中看到预兆。征，征兆。 [13]“德有盛衰”二句：品德的好与不好，首先会在风俗上表现出来。 [14] 释：放弃。造：造作。

物固有大不若小[1]，众不若少者，及至夫强之弱[2]，弱之强，危之安，存之亡也，非圣人孰能观之[3]！大小尊卑，未足以论也，唯道之在者为贵。何以明之？天子处于郊亭[4]，则九卿趋[5]，大夫走[6]，坐者伏[7]，倚者齐[8]。当此之时，明堂太庙[9]，悬冠解剑，缓带而寝，非郊亭大而庙堂狭小也，至尊居之也[10]。天道之贵也[11]，非特天子之为尊也，所在而众仰之。夫蛰虫鹊巢，皆向天一者[12]，至和在焉尔[13]。帝者诚能包禀道[14]，合至

《本经训》：“帝者体太一，王者法阴阳，霸者则四时，君者用六律。”在《淮南子》的论说中，帝者是比王者更高妙的统治者，代表着政治治理的更高境界。

和，则禽兽草木莫不被其泽矣，而况兆民乎[15]？

[注释]

[1]若：如。[2]之：往，此处指转变。[3]非圣人孰能观之：不是圣人，谁能看明白！[4]郊亭：天子在郊外祭地时的行宫。郊，古以国都百里之内为郊。[5]趋：小步快跑的姿态。[6]走：跑。[7]伏：伏身致礼。[8]齐（zhāi）：后作“斋”，肃敬，此处指端立。[9]“明堂太庙”以下三句：（因为天子在郊外）在明堂和太庙当值的人，倒可以挂起帽子，解下佩剑，宽衣解带，安然歇息。明堂，天子宣明政教的地方。太庙，天子的祖庙。[10]至尊：指天子。居之：在此留宿。[11]“天道之贵也”以下三句：道的尊贵，远过于天子的尊贵，道之所在，万众仰望。天，向宗鲁认为乃“夫”字之误。非特，表示比较。[12]天一：即天。[13]至和：最大的和，即太和。[14]包禀：接受，秉承。[15]兆民：众多的人民。

[点评]

《泛论训》是《淮南子》的第十三篇，内容一如其名，相当广泛而零散。但开篇对于文明的议论，是一个相对集中并且比较重要的话题，所以选本顺承这个话题进行选编。但这并不是《泛论训》的全部内容，就《泛论训》全篇而言，它还有许多这里未能选入的有趣段落，也有很多为说而说的絮叨，这是必须预先说明的。

《泛论训》开篇，就以“古者”发题，在服饰、居室、耕作和交通等各个不同方面，进行了古今对比。古今比照原本是《淮南子》最常用的论说方法，但是《泛论训》

的古今比照，却有一个不同的立场。通常，《淮南子》在古今的比照之下是扬古非今，但是《泛论训》却以古今的不同，来赞美圣人的文明创造，强调“圣人乃作”，发明和改进了各种技术，才改善了民生，使百姓能够享有文明的生活。

桔皋灌溉和驾马服牛都是出自《庄子》的寓言。《庄子·天地》篇有灌园老人拒绝使用桔皋的故事，他拒绝的理由是：“有机械者，必有机事；有机事者，必有机心。机心存于胸中，则纯白不备。”庄子借灌园老人之口表达的思想是，为了保持内心的纯粹，外在的机事和机械必须拒绝，否则人心将被污染，人性不再纯粹。但是《泛论训》却明确说：“抱甄而汲，民劳而利薄。……桔皋而汲，民逸而利多。”表达了与庄子完全相反的态度。驾马服牛也是这样。《庄子·秋水》篇曰：“牛马四足，是谓天，络马首，穿牛鼻，是谓人。故曰无以人灭天。”明确反对“以人灭天”，不赞成“络马首，穿牛鼻”。而《泛论训》却说：“驾马服牛，民以致远而不劳。”庄子在驾马服牛中看到的是“络马首，穿牛鼻”，是牛马的天性受到了人为的戕害，而《泛论训》却赞美驾马服牛给人的生活带来了便利，并进一步对人的制作和聪明才智进行了肯定：“民迫其难则求其便，困其患则造其备，人各以其所知，去其所害，就其所利。”一般说来，道家对于文明、聪明、知识等持“损之又损”的态度，而儒家则持“圣人乃作”的颂扬态度。就此而言，《泛论训》的这一段是在儒家立场上立论的。

从文明的与时俱进，《泛论训》由肯定文明创造转而肯定“时变”。既然在器物上没有“常故”可循，那么，“先王之法度”又如何可能一成不变呢？《泛论训》以有虞氏、夏商周的不同葬礼为例，强调所有礼俗都会随着时代变化而“有移易者矣”，主张“法籍与时变，礼义与俗易”，要根据时代的变迁“因时变而制礼乐”，而不是“循先袭业，据籍守旧”。《泛论训》以“方枘而周员凿”嘲讽守旧之人，尤其是那些固守典章旧籍的人，在《泛论训》不无尖刻的嘲讽中，透露出那个时代关于法先王还是法后王、循旧还是创新的理论争执。

《泛论训》具有调和儒家和道家的明显意图，以古今对比为说却转化为赞美文明，是为一例；坚持“时变”却又言“仁以为经，义以为纪，此万世不更者也”，亦为一例。当然还不在于举例，而在于通篇的气象，在于潜含在各种话语之下的幽远之意，能够让读者清晰感到它协调儒、道的努力。当然，《泛论训》最推重的还是道，所以会强调千变万化“唯道之在者为贵”，而终篇也不忘高标“帝道”的高妙。只是这种高标有刻意之感，反而透露出另一些信息：例如道家立场可能更加强势，例如儒家学者的坚持和退让等等。这些信息有助于我们理解《淮南子》的成书和那个时代的思想走向。

卷十四 诠言训

洞同天地[1]，浑沌为朴，未造而成物，谓之太一。同出于一，所为各异，有鸟、有鱼、有兽，谓之分物[2]。方以类别[3]，物以群分，性命不同[4]，皆形于有。隔而不通，分而为万物，莫能及宗[5]。故动而谓之生[6]，死而谓之穷。皆为物矣[7]，非不物而物物者也。物物者亡乎万物之中。

太一和分物相对，分别指大全之体和具相万物。

物与物物者相对，分别指具体的万物和万物的根据。

[注释]

[1]“洞同天地”以下四句：天地浑然一体，混沌素朴，有形的东西还未造就出现，这叫作太一。洞同，浑然不分的状态。太一，最大的一。 [2] 分物：有区别的东西。 [3] 方以类别：不同的事物以类别相互区分。方，相并的两船。这里指相互对待的不同事物。 [4]“性命不同”二句：万物的本性各不相同，但

都以各自的形貌显示自身的存在。 [5] 莫能及宗：与本源隔开了。宗，本，指万物的来源，即上文的太一。 [6] “故动而谓之生”二句：动起来，就叫作生存，死掉了，就叫作终结。穷，终结。 [7] “皆为物矣”以下三句：万物都是具体的物，而不是非物的造物者，造物者不是万物中的某一个。物物者，使物成为物的创生者，指道或太一。亡乎，不在于。

此处以第一段为基础。“人生于无”，是说人与万物一样，也是“同出于一”的，而“形于有”，是说人凭借自身形貌，才具有了存在的真实性。

稽古太初[1]，人生于无，形于有[2]，有形而制于物[3]。能反其所生[4]，若未有形，谓之真人[5]。真人者，未始分于太一者也[6]。

真人是道家的理想人格。

[注释]

[1] 稽：考核。太初：宇宙之初，人类之初。 [2] 形：人以形貌显示自身的存在。 [3] 制于物：被物所制。指事物陷入彼此的限制之中。 [4] 反其所生：回归本源。 [5] 真人：本真之人。 [6] 未始分于太一：还没有从本源分离出来。

一般说来，“真人”是道家的理想人格，“圣人”是儒家的理想人格。但《诠言训》用“不为名尸，不为谋府，不为事任，不为智主”来描述“圣人”的境界，用“掩明于不形，藏迹于无为”来描述“圣人”的行为方式，故这里的“圣人”是“真人”的现实显现。

圣人不为名尸[1]，不为谋府[2]，不为事任[3]，不为智主[4]。藏无形，行无迹，游无朕[5]。不为福先[6]，不为祸始。保于虚无[7]，动于不得已。

欲福者或为祸，欲利者或离害[8]。故无为而宁者，失其所以宁则危；无事而治者，失其所以治则乱。星列于天而明[9]，故人指之；义列于德而见，故人视之。人之所指，动则有章[10]；人之所视，行则有迹。动有章则词[11]，行有迹则议，故圣人掩明于不形[12]，藏迹于无为。

[注释]

[1] 名尸：声名的承受者。尸，祭祀祖先时，由一人（通常是孙辈男童）上坐代表祖先接受祭祀，此代表者称尸。　[2] 谋府：谋略的府库。府，储藏财物之处。　[3] 事任：事情的承担者。　[4] 智主：聪明的拥有者。　[5] 朕：痕迹。　[6] “不为福先”二句：不成为导致福祸的原因。　[7] “保于虚无”二句：在虚无中保存自身，不得已时才行动。　[8] 离：通“罹（lí）”，遭受。　[9] “星列于天而明”以下四句：星辰散布天空，光芒闪烁，所以人们可以指点；道义通过德行表现出来，所以人们能够看到。　[10] 章：花纹，这里指行星的运行轨迹。　[11] 词：言词，这里指用言词评议。　[12] “故圣人掩明于不形”二句：圣人以不露痕迹来掩盖自己的聪明，以无所作为来隐藏自己的行迹。掩，遮蔽。

为治之本[1]，务在于安民[2]。安民之本，在于足用[3]。足用之本，在于勿夺时[4]。勿夺时之本，在于省事[5]。省事之本，在于节欲。节欲之本，在于反性[6]。反性之本，在于去载[7]。去载则虚，虚则平。平者，道之素也[8]；虚者，道之舍也[9]。

道家认为人性纯朴，这是人的“真性”。但现实中人被“欲望”推动，被“外物”牵引，致使“真性”失落。所谓“反性”，就是回归纯朴“真性”。

[注释]

[1] 本：根本。　[2] 务：任务，指需要做的事情。　[3] 足用：物用充分。　[4] 勿夺时：不耽误农时。　[5] 省事：这里指不让

百姓承担过多的徭役。 [6] 反性：回归本性。 [7] 去载：除去外物加给本性的负担。载，负担。 [8] 素：本来面目。 [9] 舍：留居之处。

此处所论，与《大学》格物、致知、正心、诚意、修身、齐家、治国、平天下的“八条目”相近，但又进一步有全性、明道之说。

能有天下者，必不失其国；能有其国者，必不丧其家；能治其家者，必不遗其身[1]；能修其身者，必不忘其心[2]；能原其心者，必不亏其性[3]；能全其性者，必不惑于道[4]。……能成霸王者，必得胜者也；能胜敌者[5]，必强者也；能强者，必用人力者也；能用人力者，必得人心也；能得人心者，必自得者也；能自得者，必柔弱也。强胜不若己者[6]，至于与同则格[7]。柔胜出于己者[8]，其力不可度[9]。故能以众不胜成大胜者[10]，唯圣人能之。……泰王亶父处邠[11]，狄人攻之，事之以皮币珠玉而不听[12]，乃谢耆老而徙岐周[13]。百姓携幼扶老而从之[14]，遂成国焉[15]。推此意，四世而有天下[16]，不亦宜乎！

所谓“推此意”，是指根据“柔胜出于己”的道理来评价古公亶父迁徙周原的事件。

[注释]

[1] 不遗其身：不会放弃修身。遗，放弃。 [2] 不忘其心：即下文的“能原其心”，也就是能够溯源心的根本。 [3] 不亏其性：不让本性受损。 [4] 不惑于道：不会不懂道理。 [5]“能

胜敌者”以下十句：说人以柔弱自得，因为强力在与外对抗中显示，而自得无关外物，与用力无关，故以柔弱为说。［6］强胜不若己者：力量能够战胜力不如己的人。［7］与同则格：与之相当则相互抗拒。与同，力量相当。格，抗拒。［8］出于己者：力量超过自己的人。［9］度：度量。［10］能以众不胜成大胜：能够以各种不利因素成就最后的胜利。众不胜，各种不利于取胜的条件。［11］泰王亶父：即古公亶父，周文王的祖父，率周族迁徙到周原岐山，奠定了之后兴盛的基础，被尊为太王。［12］事之：指供奉物品。不听：不接受。［13］谢：告罪，辞别。耆（qí）老：老人，这里指村社中德高望重之人。耆，古称六十岁为耆。［14］从：追随。［15］成国：建立国家。［16］四世：指古公亶父以下四代，即古公亶父、王季、文王、武王。武王伐纣，战胜殷商而拥有天下。

无以天下为者[1]，必能治天下者。霜雪雨露[2]，生杀万物，天无为焉，犹之贵天也。厌文搔法[3]，治官理民者，有司也[4]，君无事焉，犹尊君也。辟地垦草者[5]，后稷也；决河浚江者[6]，禹也；听狱制中者[7]，皋陶也；有圣名者[8]，尧也。故得道以御者[9]，身虽无能，必使能者为己用。不得其道[10]，伎艺虽多，未有益也。

［注释］

［1］“无以天下为者”二句：不贪恋天下的，才是能够治理天下的人。无以……为者，不拿……当一回事。［2］“霜雪雨露”

以下四句：生杀万物是霜雪雨露做成的，天并没有做什么，尽管如此，人们崇敬的仍然是天。犹之，尽管这样。 [3] 厌文搔法：烦劳于文牍，折腾于法令。厌，厌倦。搔，扰，折腾。 [4] 有司：具体的管理部门。 [5] 辟地垦草：开垦荒地。 [6] 决河浚（jùn）江：疏通江河。浚，深挖河道使水疏通。 [7] 听狱：裁决案件。制中：处理恰当。 [8]“有圣名者”二句：获得圣王名声的，却是尧。 [9] 得道以御：遵循道来治理天下。御，驾驭车马，这里指治理天下。 [10]“不得其道”以下三句：不遵循道，即使技艺压身，也无济于事。伎艺，技艺。伎，技艺，技能。

圣人不为可非之行[1]，不憎人之非己也[2]；修足誉之德[3]，不求人之誉己也。不能使祸不至，信己之不迎也[4]；不能使福必来，信己之不攘也[5]。祸之至也，非其求所生[6]，故穷而不忧[7]；福之至也，非其求所成，故通而弗矜[8]。知祸福之制[9]，不在于己也，故闲居而乐[10]，无为而治。

[注释]

[1] 可非之行：可能引起非议的行为。 [2] 非己：非议自己。 [3] 足誉：值得赞誉。 [4] 信己之不迎：相信自己不会主动走向它。 [5] 攘：推开。 [6] 非其求所生：不是自己招致了灾祸。 [7] 穷：走投无路。 [8] 通：显达。矜：矜持，自傲的样子。 [9] 祸福之制：对于祸福的把控。制，控制，把握。 [10] 闲居：悠闲地生活。

圣人守其所以有[1]，不求其所未得。求其所无，则所有者亡矣[2]；修其所有，则所欲者至[3]。故用兵者[4]，先为不可胜，以待敌之可胜也；治国者[5]，先为不可夺，以待敌之可夺也。舜修之历山而海内从化[6]，文王修之岐周而天下移风[7]。使舜趋天下之利，而忘修己之道，身犹弗能保，何尺地之有！故治未固于不乱[8]，而事为治者必危；行未固于无非[9]，而急求名者必剉也[10]。福莫大无祸，利莫美不丧。

修己是儒家和道家的共同主张，但是，修己而表率天下，则更具儒家风格。

[注释]

[1] 以：通“已”。所已有，自己已经拥有的。 [2] 亡：失去。 [3] 至：到来。 [4]“故用兵者”以下三句：指挥军队的人，先要做到不被战胜，以便等待可以战胜敌人的机会。 [5]“治国者”以下三句：治理国家的人，先要做到不被剥夺权力，以便等待可以剥夺敌手的机会。 [6] 历山：地名，传说舜曾在此耕种。从化：得到教化。 [7] 移风：改变风俗。 [8]“故治未固于不乱”二句：最稳固的治理就是不乱，刻意治理必定危险。未固于，没有什么比……更稳固。 [9] 无非：没有错误。 [10] 剉（cuò）：折伤。

圣人无思虑，无设储[1]，来者弗迎，去者弗将[2]。人虽东西南北，独立中央。故处众枉之中[3]，在动荡的环境中保持镇静，把持自身，不随波逐流。

淮南王君臣处于皇权的压制之下，有可能爆发与皇权抗争，圣人的表率对于他们有很强的现实指导意义。

不失其直；天下皆流[4]，独不离其坛域[5]。故不为善[6]，不避丑，遵天之道；不为始[7]，不专己，循天之理；不豫谋[8]，不弃时，与天为期；不求得，不辞福，从天之则。不求所无，不失所得。……为者有不成，求者有不得，人有穷而道无不通，与道争则凶[9]。……道与人竞长[10]，章人者[11]，息道者也[12]。人章道息，则危不远矣。

[注释]

[1]设储：储备。 [2]将：送。 [3]枉：弯曲。 [4]流：放荡。 [5]坛域：界域。 [6]“故不为善”以下三句：不刻意求好，不回避批评，遵循自然之道。丑，恶，这里指被人污名指责。 [7]“不为始”以下三句：不倡导，不独断，遵循自然之理。专己，独断专行。 [8]“不豫谋”以下三句：不预设目标，不放弃时机，自然而然地行动。弃时，放弃机会。与天为期，吻合自然到来的时机。 [9]与道争：违背道。 [10]道与人竞长：道与人是此消彼长的关系。人，人为，即刻意的作为。 [11]章：同“彰”，彰显。 [12]息：停止。

“一”的含义复杂，有“整全”“无待”“不偏不倚”“镇静不烦”“独立自主”等多重含义。有时候直接等同于“道”。

君执一则治[1]，无常则乱。君道者，非所以为也[2]，所以无为也。何谓无为？智者不以位为事[3]，勇者不以位为暴，仁者不以位为惠，可谓无为矣。夫无为，则得于一也[4]，一也者，万物之本也，无敌之道也。凡人之性，少则猖狂[5]，壮则暴强[6]，老则好利。一人之身既数变矣，又况君数易法[7]，国数易君，人以其位[8]，通其好憎，下之径衢[9]，不可胜理[10]。故君失一则乱[11]，甚于无君之时。故《诗》曰：“不愆不忘[12]，率由旧章。”此之谓也。

君主象征秩序，无君，则意味着无序混乱。但是《诠言训》认为，如果君主违背了“一”，陷入动乱比没有君主的无序还要危险。

[注释]

[1] 执一：持守一以贯之的原则，也指把握根本。 [2] 非所以为：不凭借君主的地位做什么。 [3]“智者不以位为事”以下四句：聪明人不凭借地位闹事，勇敢者不凭借地位捣乱，仁爱之人不凭借地位施舍恩惠，就称得上无为了。事，生事。 [4] 得于一：符合一。 [5] 猖狂：放肆，没有规矩。 [6] 暴强：逞强争胜。 [7] 易法：改变方式。 [8]“人以其位”二句：人凭借地位放纵自己的好恶。通，通达。这里指任其放逸，不加节制。 [9] 下：指好恶落实到具体的事务。径衢：小路、大道，喻指人间事务的方方面面。 [10] 不可胜理：指好恶没有节制地表现在具体的事务中，人就陷入各种纠纷，根本不可能实现治理。胜，能够承担。 [11]“故君失一则乱”二句：君主违背了“一”，就会陷入动乱，甚至比没有国君的时候更乱。 [12]“不愆（qiān）不忘”二句：见《诗·大雅·假乐》。大意是：不犯过错不忘本，遵循先王旧典章。愆，过失。率，循。由，从。旧章，已经有的典章制度。

君好智则倍时而任己[1]，弃数而用虑[2]。天下之物博而智浅，以浅澹博[3]，未有能者也。独任其智，失必多矣。故好智，穷术也[4]。好勇则轻敌而简备[5]，自负而辞助[6]。一人之力以御强敌，不杖众多而专用身才[7]，必不堪也。故好勇，危术也。好与[8]，则无定分[9]，上之分不定[10]，则下之望无止。若多赋敛，实府库，则与民为仇。少取多与，数未之有也[11]。故好与，来怨之道也[12]。仁智勇力，人之美才也，而莫足以治天下。由此观之，贤能之不足任也，而道术之可修[13]，明矣。

[注释]

[1] 倍：通“背”，违反。任己：与下文“用虑”皆指君主逞一己之能。 [2] 弃数：放弃道理。 [3] 澹：通“赡（shàn）”，满足。 [4] 穷术：使人陷入困窘的方式。 [5] 简备：准备不充分。 [6] 辞助：拒绝援助。 [7] 杖：依靠。身才：一己之才干。 [8] 好与：喜欢施予。 [9] 定分：确定的额度。 [10]“上之分不定”二句：上面的分配标准不确定，下面的期望就没有止尽。无止，没有止尽。 [11] 数未之有：数量不够。 [12] 来怨：招致怨恨。 [13] 修：王念孙云：“修”当为“循”。道术之可循，道术才是可遵循的方法。

“因”是《淮南子》的重要观念，这里把“因”与“无为”结合，标举为当然且有效的行为方式。

三代之所道者[1]，因也。故禹决江河，因水也[2]；后稷播种树谷，因地也[3]；汤武平暴乱[4]，因时也[5]。故天下可得而不可取也，霸王可受而不可求也。……圣人内藏[6]，不为物先倡[7]。事来而制[8]，物至而应[9]。……故宁而能久。

此处所言，对于淮南王君臣有自我劝谏的意义。

[注释]

[1]“三代之所道者”二句：三代遵循的原则，是因顺。三代，夏、商、周三代。道，遵循。因，顺随。 [2] 因水：因顺水性。 [3] 因地：因顺地力。 [4] 汤武平暴乱：商汤、周武王平定桀、纣的暴乱。 [5] 因时：因顺时机。 [6] 内藏：有而不露。 [7] 先：俞樾云：“先”字衍文。先即倡也，言倡不必言先。《文子·上德》篇正作“不为物倡”，无“先”字。 [8] 制：裁断。 [9] 应：回应。

舜弹五弦之琴[1]，而歌《南风》之诗，以治天下。周公殽臑不收于前[2]，钟鼓不解于县[3]，以辅成王[4]，而海内平。……故位愈尊而身愈佚[5]，身愈大而事愈少[6]。譬如张琴，小弦虽急[7]，大弦必缓。

《南风》：“南风之熏兮，可以解吾民之愠兮；南风之时兮，可以阜吾民之财兮。”

[注释]

[1]“舜弹五弦之琴”二句：表现舜无为而治的治理方式。《南风》，古诗歌。 [2] 周公殽臑（yáo nào）不收于前：指周公忙得顾不上吃饭。殽臑，指饭食。殽，通“肴”，鱼肉一类的荤菜。臑，动物的前肢。 [3] 钟鼓不解于县（xuán）：钟鼓总是悬挂着，指

频繁使用。县，同“悬”。 [4]“以辅成王”二句：传说武王去世，成王年幼，周公辅政，清除内忧外患，安定了天下。 [5]身：身体。佚（yì）：同“逸”，安适。 [6]身愈大而事愈少：身份越高，事情越少。身，身份。 [7]“小弦虽急”二句：指小弦的震动频率高，而大弦的震动频率低。

“无为”是《诠言训》的重要主题，执一，守中，顺因，退让，都被《诠言训》描述为“无为”的具体表现。

无为者[1]，道之体也；执后者，道之容也。无为制有为[2]，术也[3]；执后之制先，数也[4]。放于术则强[5]，审于数则宁[6]。今与人卞氏之璧[7]，未受者，先也；求而致之，虽怨不逆者，后也。三人同舍[8]，二人相争，争者各自以为直[9]，不能相听[10]，一人虽愚，必从旁而决之，非以智，不争也。两人相斗，一羸在侧[11]，助一人则胜，救一人则免，斗者虽强，必制一羸[12]，非以勇也，以不斗也。由此观之，后之制先，静之胜躁，数也[13]。……圣人常后而不先，常应而不唱[14]；不进而求，不退而让。

[注释]

[1]“无为者”以下四句：无为是大道的本质；持后是行道的表现。体，根本。容，通“庸”，用。 [2]制：统领。 [3]术：方法。 [4]数：要领。 [5]放（fǎng）：依据。 [6]审：懂得。 [7]“今与人卞氏之璧”以下六句：送人卞氏之璧，对方不

接受，是因为给得太早；如果等对方来要再给，虽然埋怨不主动送来，却不会不接受，是因为给予在要求之后。卞氏之璧，又称和氏璧。春秋时楚国人卞和发现一块玉璞，先后献给楚厉王、楚武王，两位国君不识宝物，反诬卞和欺诈，后来，楚文王命人加工玉璞，果然得到稀世之宝。 [8] 同舍：住在一起。 [9] 自以为直：认为自己正确。 [10] 不能相听：不能听从对方的意见。 [11] 羸：瘦弱。 [12] 制：被动用法，指强者被羸弱之人制服。 [13] 数：规律。 [14] 应：回应。唱：同“倡”，倡导。

“德”言先天秉性，“贱”言社会地位。“德”内在而“贱”外在。

古之存己者[1]，乐德而忘贱[2]，故名不动志[3]；乐道而忘贫，故利不动心。名利充天下[4]，不足以概志[5]，故廉而能乐[6]，静而能澹[7]。故其身治者[8]，可与言道矣。

“贫”不同于“贱”，“贱”指地位低下，“贫”指财用匮乏。

[注释]

[1] 存己：保养自己。 [2] 乐德：自得于自身品性。忘贱：不在意自己地位低下。 [3] 名不动志：名誉不能改变心志。 [4] 名利充天下：指名利可以覆盖整个天下，非常巨大。充，充满。 [5] 概（kǎi）志：牵动心思。概，通“慨”，感慨，这里指动心。 [6] 廉：清廉。 [7] 澹：恬淡。 [8] 身治：自身修养完善。

自身以上至于荒芒尔远矣[1]，自死而天地无穷尔滔矣。以数杂之寿[2]，忧天下之乱，犹忧河水之少，泣而益之也[3]。龟三千岁，浮游不过三日[4]，以浮游而为龟忧养生之具[5]，人必笑之矣。故不忧天下之乱，而乐其身之治者[6]，可与言道矣。

此处言修身，不同于上文“舜修之历山而海内从化，文王修之岐周而天下移风”。上文所言，是修身以表率天下，而此处所言，是独善其身，因为人能做的，只是自我修养，对于天下之治乱是无能为力的。

[注释]

[1]“自身以上至于荒芒尔远矣”二句：从自身追溯到远古洪荒时代，也很久远，从身死延续到天地无穷，也很漫长。荒芒，远古洪荒之时。尔，据王念孙考，此两“尔”当作“亦”。因此，“尔远”当作“亦远”，“尔滔”当作“亦滔”。滔，水流远大，这里指时间久长。 [2]杂：通“匝（zā）”，从子至亥为一匝，一匝十二年。 [3]泣而益之：哭出眼泪来增加河水。比喻以小益大，毫无意义。 [4]浮游：即蜉蝣，一种小昆虫，寿命短促。 [5]具：方法。 [6]乐其身之治：在自身修养中获得满足。

君子为善，不能使福必来；不为非，而不能使祸无至。福之至也，非其所求，故不伐其功[1]；祸之来也，非其所生[2]，故不悔其行。内修极而横祸至者[3]，皆天也，非人也。故中心常恬漠，累积其德[4]；狗吠而不惊，自信其情[5]。故知道者不惑[6]，知命者不忧[7]。万乘之主卒[8]，葬其骸于广野之中，祀其鬼神于明堂之上，神贵于形也。故神制则形从[9]，形胜则神穷[10]。聪明虽用，

“天”与“人”对举，“天”指外部原因，“人”指自身原因。

必反诸神，谓之太冲[11]。

[注释]

[1] 不伐其功：不夸耀是自己的功劳。　[2] 非其所生：不是自己导致的。　[3] 内修极：内在修养很好。横祸：并非由于自身原因而到来的意外灾祸。　[4] 累积其德：培养内德使之淳厚。　[5] 情：真实，这里指自信无愧。　[6] 不惑：知道自己应该怎样做。　[7] 不忧：不操心外在的影响。　[8] “万乘之主卒”以下四句：大国的君主去世，尸身埋葬在旷野之中，却在庙堂上祭祀他的亡灵，可见精神比形体更宝贵。万乘，一万辆战车。古代用兵车数量来表示国家大小，万乘是最大的国家。卒，去世。　[9] 神制：精神发挥制约作用。　[10] 形胜：形体发挥主导作用。　[11] 太冲：即太和。冲，调。

[点评]

《诠言训》是《淮南子》第十四篇，是内容相当精妙的一篇。虽然也繁言絮叨，广论虚己、循性、守一、执中、无为、治身等等问题，但是本篇从太一生物开篇，以复归太冲终篇，首尾呼应，在形式上是比较完整的。

《诠言训》的开篇，极具哲学意味，认为天地原本混沌，万物有共同来源，各自成形之后，才彼此区别开来。因此，就来源而言，万物“同出于一”，就现实表现而言，则万物各有性命，“谓之分物”。“太一”与“分物”是《诠言训》的一对重要概念。《诠言训》开篇还有另一对重要概念，这就是“物”与“物物者”。物是东西，任何东西都可以称之为物，但是“物物者”呢？《诠言训》没有正面界定“物物者”，只是肯定地说“物物者亡乎万物之中”，强调物物者不是万物中的任何一个。就字面来看，“物物者”可以解释为“造物者”，也就是使物成为“物”的根据。《圣经·创世纪》说，上帝用七天时间创造了世界，因此在基督教的信仰中，上帝就是造物者。但是中国传统文化没有这样的造物者，尤其是没有人格的造物者，如何确认《诠言训》所说的“物物者”，在文本上还是有一定困难的。这里只能根据《诠言训》开篇的语境和逻辑，推断“道”或者“太一”大概就是《诠言训》在思考本源问题时所设想的“物物者”。

从“分物”与“太一”的相对，《诠言训》说到了“真人”。真人的观念出自《庄子》，《庄子·大宗师》形象地描述了“真人”的行为方式和处世姿态，认为“真人”不受外物影响，自己就是自己。但是，《庄子》对于“真人”只有描述，没有定义，而《诠言训》却以“真人者，未始分于太一者也”，给“真人”下了定义。这个定义继承了《庄子》的“真人”不在对待关系之中的理解，又进一步以宇宙生成的理论，对“真人”何以不在对待性的关系之中给予了说明：因为真人尚未从太一中分离出来，尚未进入“分物”的类别状态，因此无所谓对待。我们当记得，《精神训》有“所谓真人者，性合于道也”之说，也是强调真人与道合一，不以“对待”的姿态而存在。由此看来，《诠言训》首段关于“太一”与“分物”的对照，“物”与“物物者”的对照，都是理解“真人”的理论铺垫。

一般说来，“真人”是道家的理想人格，而“圣人”

是儒家的理想人格。但是《淮南子》的情况比较复杂，它的“圣人”有双重面相，多数时候是儒家理想的人格象征，有时候又是“真人”的现实体现。《诠言训》正是这样，它刚用“未始分于太一者”界定了“真人”，立马就说“圣人不为名尸，不为谋府，不为事任，不为智主。藏无形，行无迹，游无朕。不为福先，不为祸始。保于虚无，动于不得已……”，往下又把一切当然的行为都以“圣人”的名义表现出来。因此，《诠言训》的圣人，就是活动于现实世界中的“真人”，这样的“圣人”是“执一”的，是“守道”的，是因顺万物的，是崇道息人的。

然而，真人和圣人毕竟难以完全合一，其间的别扭，在自我修养的话题上透露出来。《诠言训》非常重视修身，但是它对修身的论说前后并不完全一致，前面说“舜修之历山而海内从化，文王修之岐周而天下移风”，强调的是自我修养的表率作用，治身有治理天下的意义。但在后文中再次论及修身时，立场却变了，治身不再是表率天下，不过是人能够自我把握的事情而已。《诠言训》说，个人的生命太短暂了，要以自己短暂的生命，去忧虑天下的治理，如同担心河水不够丰沛，自己哭出眼泪去补益，是没有意义的。因为人没有能力把握外部世界，能够管住的只有自己，所以人应当在治身上下功夫，也应该在治身上获得乐趣。用《诠言训》自己的话来说，就是“不忧天下之乱，而乐其身之治者，可与言道矣”。这样，治身就成为道家退身自守的行为，反映了道家忧内而不忧外的致思路向，而使修身表率天下的说法更加具有儒家的色彩了。真人和圣人终于在这个话题上显出了差别。

卷十五　兵略训

开篇明确战争的目的，不是追求利益，而是维护正义。

古之用兵者，非利土壤之广而贪金玉之略[1]，将以存亡继绝[2]，平天下之乱，而除万民之害也。

以“血气之虫”具有相戏相害的天性，指出战争有自然本能的基础。

凡有血气之虫，含牙带角[3]，前爪后距[4]，有角者触[5]，有齿者噬[6]，有毒者螫，有蹄者趹[7]。喜而相戏，怒而相害，天之性也。

[注释]

[1] 略：侵略，夺取。 [2] 存亡继绝：保存灭亡的国家，延续断绝的祭祀。 [3] 含牙带角：嘴里长牙，头上长角。带，通“戴”。 [4] 距：雄鸡跗跖骨后突出像脚趾的坚骨。泛指鸡爪。 [5] 触：相互顶撞。 [6] 噬（shì）：咬。 [7] 趹（guì）：骡马等用后脚踢人。

人有衣食之情，而物弗能足也，故群居杂处，分不均，求不澹[1]，则争。争则强胁弱而勇侵怯[2]。人无筋骨之强，爪牙之利，故割革而为甲[3]，铄铁而为刃[4]。贪昧饕餮之人[5]，残贼天下[6]，万人搔动[7]，莫宁其所[8]。有圣人勃然而起[9]，乃讨强暴，平乱世，夷险除秽[10]，以浊为清，以危为宁，故不得不中绝[11]。兵之所由来者远矣！黄帝尝与炎帝战矣[12]，颛顼尝与共工争矣[13]。故黄帝战于涿鹿之野[14]，尧战于丹水之浦[15]，舜伐有苗[16]，启攻有扈[17]，自五帝而弗能偃也[18]，又况衰世乎！

人们为抢占生活资源发生争斗，这是战争发生的社会原因，而圣人以战弭战，用武力讨强平乱，维持各安其位的天下秩序。

[注释]

[1] 澹：通“赡（shàn）”，满足。 [2] 胁：逼迫恐吓。侵：侵犯。 [3] 甲：铠甲。 [4] 铄铁：冶炼金属。铄，熔化。刃：有利刃的武器。 [5] 贪昧：贪财昧利。昧，隐藏，指隐藏财物。饕餮：传说中一种贪食的恶兽，这里指贪夺他人财物的恶人。 [6] 残贼：摧残伤害。 [7] 搔动：骚动不安。搔，通“骚”。 [8] 莫宁其所：没有安宁的生活环境。 [9] 勃然而起：因激怒而挺身而出。 [10] 夷险：让危险平复。夷，平。除秽：打扫干净，这里指清除为乱之人。 [11] 不得不中绝：不得不清除残暴之人。中绝，指绝灭残暴者如夏桀商纣等人的命。 [12] 黄帝：与下文“炎帝”皆传说中上古帝王。 [13] 共工：传说是炎帝的后代。颛顼：

传说中的古帝名。 [14] 涿鹿：今河北涿鹿东南。 [15] 丹水：今丹江流域，在陕西南部、河南西部。浦：水滨。丹浦之战传说是尧与驩兜之间的一次战争，尧获胜。 [16] 有苗：又称三苗，上古南方部族。 [17] 启：大禹之子。有扈：古国名。 [18] 偃：停止，这里指止息战争。

批评不义之战。

夫兵者，所以禁暴讨乱也[1]。炎帝为火灾，故黄帝禽之[2]；共工为水害，故颛顼诛之。教之以道，导之以德而不听，则临之以威武[3]。临之威武而不从[4]，则制之以兵革[5]。故圣人之用兵也，若栉发耨苗[6]，所去者少，而所利者多。杀无罪之民，而养无义之君，害莫大焉；殚天下之财[7]，而澹一人之欲[8]，祸莫深焉。使夏桀、殷纣[9]，有害于民而立被其患[10]，不至于为炮烙[11]；晋厉、宋康[12]，行一不义而身死国亡，不至于侵夺为暴。此四君者，皆有小过而莫之讨也[13]，故至于攘天下[14]，害百姓，肆一人之邪[15]，而长海内之祸[16]，此大伦之所不取也[17]。所为立君者[18]，以禁暴讨乱也。今乘万民之力[19]，而反为残贼，是为虎傅翼[20]，曷为弗除！夫畜池鱼者必去猵獭[21]，养禽兽者必去豺狼，又况治人乎！

这一段两次说到“禁暴讨乱”，一次说“兵者，所以禁暴讨乱也”，一次说“所为立君者，以禁暴讨乱也”，可见《兵略训》认为发动战争和设立君主，目的都是保障秩序，而不是牺牲无辜百姓的生命，侵夺天下财富来满足个人私欲。

[注释]

[1] 讨：讨伐。　[2] 禽：同“擒”，捕捉。　[3] 临之以威武：以武力加以震慑。　[4] 从：服从。　[5] 制之以兵革：指以战争加以制裁。制，制裁。兵革，兵器和铠甲，这里指代武力。　[6] 栉（zhì）发：梳理头发。栉，梳头。耨（nòu）苗：除去杂草。耨，除草。　[7] 殚：尽。　[8] 澹：通“赡（shàn）”，满足。　[9] 使：假使。　[10] 立被其患：立刻受到战争的制裁。　[11] 炮烙：商纣王发明的酷刑。　[12] 晋厉：晋厉公，春秋晋国君，前580—前573年在位，以残暴著称。宋康：宋康王，战国宋国君，前329—前286年在位，行为残暴，耽于酒色，后齐、魏、楚伐宋，杀康王，瓜分其地。　[13] 莫之讨：没有得到讨伐。　[14] 攘天下：搅乱天下。　[15] 肆：放纵。　[16] 长……祸：让……祸害越变越大。　[17] 大伦：基本道理。　[18] 所为立君者：设立君主的目的。　[19] 乘：凭借。　[20] 傅翼：插上翅膀。傅，加上。　[21] 猵獭（biān tǎ）：一种水獭，在水中捕食鱼类为生。

故霸王之兵[1]，以论虑之[2]，以策图之[3]，以义扶之[4]，非以亡存也[5]，将以存亡也[6]。故闻敌国之君，有加虐于民者，则举兵而临其境，责之以不义，刺之以过行[7]。兵至其郊，乃令军师曰[8]：“毋伐树木，毋抉坟墓，毋爇五谷[9]，毋焚积聚[10]，毋捕民虏[11]，毋收六畜[12]。”……

克国不及其民[13]，废其君而易其政[14]，尊其秀士而显其贤良[15]，振其孤寡[16]，恤其贫穷[17]，出其囹圄[18]，赏其有功。百姓开门而待之，淅米而储之[19]，唯恐其不来也。此汤、武之所以致王[20]，而齐桓之所以成霸也[21]。故君为无道，民之思兵也，若旱而望雨，渴而求饮，夫有谁与交兵接刃乎[22]！故义兵之至也，至于不战而止。

[注释]

[1] 霸王之兵：能够称雄取胜的军队。 [2] 论：通“伦”，伦理。 [3] 策：计谋。图：谋求。 [4] 以义扶之：以道义支持自己。 [5] 亡存：灭亡存在的国家。 [6] 存亡：保存将要灭亡的国家。 [7] 刺：严词指责。过行：错误的行为。 [8] 军师：马宗霍云：《太平御览》二百七十一引“军师”作“军帅”，是也。军帅，军队的统领。 [9] 爇（ruò）：焚烧。 [10] 积聚：囤积粮食和物资等。 [11] 民虏：俘获敌国人民。 [12] 收：掠抢。六畜：马、牛、猪、羊、鸡、狗。 [13] 克国：战胜敌国。克，战胜。 [14] 易其政：撤换当政的公卿。政，指执政的公卿。 [15] 秀士：优秀的读书人。贤良：品德高尚的人。 [16] 振：使兴起。这里指救济孤寡。孤：幼而无父。寡：寡妇。 [17] 恤：怜悯。贫：无财。穷：走投无路。 [18] 出其囹圄（líng yǔ）：释放被关押的人。囹圄，监狱。 [19] 淅（xī）米而储之：把粮食淘洗干净储备着。淅，淘米。 [20] 致王：达到王天下的成就，指成为天子。 [21] 齐桓：

齐桓公，春秋五霸之一，前685—前643年在位。成霸：成就霸业。 [22] 夫有谁与交兵接刃乎：没有人愿意抵抗正义之师。交兵接刃，指兵器交接的战场搏斗。

兵有三诋[1]：治国家，理境内[2]，行仁义，布德惠[3]，立正法，塞邪隧[4]，群臣亲附，百姓和辑[5]，上下一心，君臣同力，诸侯服其威[6]，而四方怀其德，修政庙堂之上，而折冲千里之外[7]，拱揖指挥而天下响应[8]，此用兵之上也。

地广民众，主贤将忠，国富兵强，约束信[9]，号令明，两军相当[10]，鼓錞相望[11]，未至兵交接刃而敌人奔亡[12]，此用兵之次也。

知土地之宜[13]，习险隘之利[14]，明奇正之变[15]，察行陈解赎之数[16]，维枹绾而鼓之[17]，白刃合，流矢接，涉血属肠[18]，舆死扶伤[19]，流血千里，暴骸盈场[20]，乃以决胜[21]，此用兵之下也。今夫天下皆知事治其末[22]，而莫知务修其本[23]，释其根而树其枝也[24]。

用兵有三种方式，最高层次是“修政庙堂之上”的德胜；其次是“未至兵交接刃而敌人奔亡”的气胜；最下等才是白刃交接的战胜。

本末的本义，指树干和树枝，与下文的根枝同义。此处的本末，喻指战争的政治基础和具体战术。

[注释]

[1] 诋（dǐ）：通“柢”，根本。三柢，指用兵有上、中、下三种不同的方法。 [2] 理境内：指国内秩序井然。理，井井

有条。 [3] 布：施予。 [4] 隧：地道，这里指邪路。 [5] 和辑：和睦。辑，和谐。 [6]“诸侯服其威”二句：诸侯臣服于他的威望，天下缅怀着他的德泽。 [7] 折冲：击退敌人的攻城。冲，攻城的战车。 [8] 拱揖：抱拳拱手。指㧑：指挥。㧑，通“挥”。 [9] 约束信：纪律严正。 [10] 相当：对阵。 [11] 鼓錞（chún）相望：看得见对方的鼓錞。錞，古代的军乐器，也叫錞于，青铜制，形如圆筒，常与鼓配，在战争中指挥进退。击鼓进攻，鸣金收兵。 [12] 未至兵交接刃：指作战双方还未真正交战。兵，兵器。 [13] 知土地之宜：指懂得利用地形。 [14] 习险隘之利：能够熟悉利用险隘地势。习，通晓，熟悉。 [15] 奇：偷袭、诱陷等战术。正：列队正面冲击。变：指适时地用奇或用正。 [16] 行陈：行军和布阵。解赎（xù）：解散和集合。赎，通“续”，接合。 [17] 维枹（fú）：用丝绳缠绕鼓槌。枹，鼓槌。绾：系，这里指把鼓槌套在手腕上。鼓之：击鼓进攻。 [18] 涉（dié）血：流血，形容杀人多。涉，通“喋（dié）”。喋血，踏血而行。形容激战杀人很多，血流满地。属肠：肠子流出体外被踩踏。 [19] 舆死扶伤：车上的人战死了，车下的也受了伤。舆，车，这里指乘坐战车的将士。扶，扶翼车轮，这里指在战车两旁拥进的士卒。 [20] 暴骸盈场：尸体铺满整个战场。 [21] 决胜：确定最后的胜利。 [22] 事治其末：指钻研战争的具体战术。末，指战场交兵的“用兵之下”。 [23] 莫知务修其本：指不懂得政治建设对于战争取胜的基础作用。本，指庙堂决胜的“用兵之上”。 [24] 根：本。枝：末。

兵之胜败[1]，本在于政。政胜其民[2]，下附其上[3]，则兵强矣。民胜其政[4]，下畔其上[5]，则兵弱矣。故德义足以怀天下之民[6]，事业足以当天下之急[7]，选举足以得贤士之心[8]，谋虑足以知强弱之势，此必胜之本也。……凡用兵者，必先自庙战[9]：主孰贤[10]？将孰能？民孰附[11]？国孰治？蓄积孰多？士卒孰精[12]？甲兵孰利[13]？器备孰便？故运筹于庙堂之上，而决胜千里之外矣。

[注释]

[1]“兵之胜败”二句：战争的胜败，取决于政治。 [2]政胜其民：政府能够指挥人民。 [3]附：依附，指臣下愿意追随君主。 [4]民胜其政：民意挟持政府。 [5]下畔其上：臣下背叛君主。畔，通“叛”，背叛。 [6]怀：怀柔，安抚。 [7]事业：治国的成就。当天下之急：抵御天下的危机。 [8]选举：选拔和推举。 [9]庙战：朝廷对于战事的筹划和决策。 [10]孰：哪个。下同。 [11]附：依附。 [12]士卒：参战人员。精：精良。 [13]甲兵：铠甲和兵器。

这一段正面论述战场对决的各种情况，以自身的“气势”，客观的“地势”和不利于敌方的各种“因势”为三势，“知权”和“事权”为“二权”，整体概括敌我交战在战术方面的情况。

兵有三势，有二权。有气势，有地势，有因势。将充勇而轻敌[1]，卒果敢而乐战[2]，三军之众，百万之师，志厉青云[3]，气如飘风[4]，声如雷霆，诚积逾而威加敌人[5]，此谓气势。

硖路津关[6]，大山名塞[7]，龙蛇蟠，却笠居[8]，羊肠道，发笱门[9]，一人守隘而千人弗敢过也，此谓地势。

因其劳倦怠乱[10]，饥渴冻暍[11]，推其揞揞[12]，挤其揭揭[13]，此谓因势。

善用间谍，审错规虑[14]，设蔚施伏[15]，隐匿其形[16]，出于不意，敌人之兵，无所适备[17]，此谓知权。

陈卒正[18]，前行选[19]，进退俱[20]，什伍搏，前后不相撚[21]，左右不相干[22]，受刃者少，伤敌者众，此谓事权。

[注释]

[1] 充勇：斗志昂扬。轻敌：藐视敌人。 [2] 卒：战士。果敢：刚毅勇敢。 [3] 志厉青云：斗志直冲云霄。厉，直上。 [4] 飘风：旋风。 [5] 诚：专一的心志。积逾：集聚，超越。 [6] 硖（xiá）：山峡。津关：设在渡口的关卡。 [7] 名塞：著名要塞。 [8] 却笠居：形容地势险峻，人抬头看，头上的斗笠都会掉下来。 [9] 发笱（gǒu）门：形容隘口险要，如同竹笼，人能进不能出。笱，捕鱼的竹笼，鱼能进不能出。 [10] 怠乱：懈怠和混乱。 [11] 暍（yē）：中暑。 [12] 揞（yáo）："摇"之讹字。摇摇，摇摇晃晃快要仆倒的样子。 [13] 挤其揭揭：趁其不稳而推挤。揭揭，动摇不定貌。 [14] 审错：看清楚各自错综复杂的情况。规虑：把各种可能都考虑到。 [15] 设蔚施伏：在林深草密的地方设置伏兵。蔚，草木茂盛貌。 [16] 隐匿其形：隐藏自

己的真实情况。 [17] 适备：适应和防备。 [18] 陈卒：布兵。正：严正。 [19] 前行：向前行进。选：齐整。 [20] "进退俱"二句：进攻和退兵时保持着同进同退的队形，什伍成群进行搏斗。什伍，古代军队编制，五人为伍，十人为什。这里指分小组进行搏击。 [21] 前后不相撚（niǎn）：前队后队不相互践踏。撚，践踏。 [22] 干：冒犯，这里指相互影响。

兵之所以强者[1]，民也；民之所以必死者[2]，义也；义之所以能行者，威也[3]。是故合之以文[4]，齐之以武，是谓必取[5]；威仪并行[6]，是谓至强。夫人之所乐者生也，而所憎者死也。然而高城深池，矢石若雨，平原广泽，白刃交接，而卒争先合者[7]，彼非轻死而乐伤也，为其赏信而罚明也[8]。是故上视下如子[9]，则下视上如父；上视下如弟，则下视上如兄。上视下如子，则必王四海[10]；下视上如父，则必正天下[11]。上亲下如弟[12]，则不难为之死；下事上如兄，则不难为之亡。是故父子兄弟之寇[13]，不可与斗者，积恩先施也。……故良将之用兵也，常以积德击积怨，以积爱击积憎，何故而不胜！

上文言良好的政治是战争的基础，此处言人民的支持是军队强大的根本。皆强调军事要奠基于良政和民意之上。

[注释]

[1] "兵之所以强者"二句：使军队强大的，是人民。 [2] "民

之所以必死者”二句：能够使人民为之献身的，是道义。 [3] 威：权威。 [4]“是故合之以文”二句：因此用仁恩来聚合人民，用威伐来整肃国家。马宗霍云：“《淮南》此文出《孙子·行军篇》。曹操《孙子注》曰：‘文，仁也。武，法也。’李筌注曰：‘文，仁恩。武，威罚。’此文无注，可借彼注释之。” [5] 必取：必胜。 [6] 威仪：马宗霍云：“上文云：‘民之所以必死者，义也；义之所以能行者，威也。’则本文‘威仪’之‘仪’，当作‘义’。‘威义并行’，即承上文而申之也。” [7] 卒争先合：士卒奋勇向前与敌拼杀。合，交战。 [8] 赏信：许诺的奖励必定兑现。 [9]“是故上视下如子”以下四句：与《孟子·离娄》所论相近。 [10] 王（wàng）四海：在四海称王。 [11] 正天下：使天下端正，即使天下安定。 [12]“上亲下如弟”以下四句：主上看待下民像弟弟，就愿意为人民献身；下民看待主上像兄长，就愿意为主上牺牲。亲，王念孙云当为“视”。 [13]“是故父子兄弟之寇”以下三句：上下关系如同父子兄弟的，敌人是不能攻击的，因为他们之间早就累积了恩德。

此处论说君民之间的利益交换，指出二责三望是君民能够合作的现实条件。君主希望人民为他服役，为他战斗献身，而人民期待君主能够保障自己的生活，承认自己的贡献。如果君主在人民承担“二责”的前提下，却“失其三望”，那么，即使国土广大，人口众多，“兵犹且弱也”。这些论说表现出《兵略训》清醒的现实主义态度。

主之所求于民者二[1]：求民为之劳也，欲民为之死也。民之所望于主者三[2]：饥者能食之[3]，劳者能息之，有功者能德之[4]。民以偿其二积[5]，而上失其三望[6]，国虽大，人虽众，兵犹且弱也[7]。若苦者必得其乐，劳者必得其利，斩首之功必全，死事之后必赏[8]，四者既信于民矣[9]，主虽射云中之鸟，而钓深渊之鱼，弹琴瑟，声钟竽，敦六博，投高壶，兵犹且强，令犹且行也。是故上足仰[10]，则下可用也；德足慕，则威可立也。

[注释]

[1]“主之所求于民者二”以下三句：君主要求人民的有两项：要求人民为他服役，要求人民为他战斗献身。 [2]所望于主：寄希望于君主的。 [3]食（sì）之：提供食物。 [4]德之：获得奖赏。 [5]二积：王念孙云：“二积”当为“二责”。偿其二责，指人民承担了为主劳、为主死的两项责任。偿，偿还。 [6]失其三望：不能满足人民对于君主的三项期望。 [7]犹且：仍然。 [8]死事之后：为国捐躯者的后裔。 [9]“四者既信于民矣”以下九句：如果君主能够在上述四个方面取信于民，即使是自己过着享受的生活，兵力仍然会强盛，号令仍然能够通行。声钟竽，指敲钟吹竽。声，发声。敦，投掷。六博，古代的一种棋类游戏，两人参加，每人六枚棋子。投高壶，即投壶，古代的一种游戏，游戏者依次向壶中投掷箭枝，多中为胜。 [10]“是故上足仰”以下四句：因此君主值得景仰依靠，人民就可以使用，德行使人敬慕追随，威风就可以树立。

盖闻善用兵者，必先修诸己[1]，而后求诸人；先为不可胜[2]，而后求胜。修己于人[3]，求胜于敌。己未能治也，而攻人之乱，是犹以火救火，以水应水也[4]，何所能制！

《淮南子·诠言训》：“故用兵者，先为不可胜，以待敌之可胜也。”与此同义。

[注释]

[1]“必先修诸己”二句：意思是先把自己建设好，再去寻找

敌方的破绽。己，己方。人，敌方。 [2]“先为不可胜”二句：先处于不败之地，再追求战胜敌人。 [3]“修己于人”二句：以敌方为参照整饬己方，以敌方为根据（如上文三势二权所论）争取胜利。 [4] 以水应水：用水去堵塞洪水。

凡国有难，君自宫召将[1]，诏之曰：“社稷之命在将军即[2]，今国有难，愿请子将而应之[3]。”将军受命，乃令祝史、太卜斋宿三日[4]，之太庙[5]，钻灵龟[6]，卜吉日以受鼓旗[7]。君入庙门，西面而立；将入庙门，趋至堂下[8]，北面而立。主亲操钺，持头，授将军其柄[9]，曰：“从此上至天者[10]，将军制之。”复操斧，持头，授将军其柄，曰：“从此下至渊者，将军制之。”将已受斧钺，答曰：“国不可从外治也[11]，军不可从中御也。二心不可以事君[12]，疑志不可以应敌[13]。臣既以受制于前矣[14]，鼓旗斧钺之威[15]，臣无还请[16]，愿君亦以垂一言之命于臣也[17]。君若不许，臣不敢将。君若许之，臣辞而行[18]。”乃爪鬋[19]，设明衣也[20]，凿凶门而出[21]。乘将军车，载旌旗斧钺，累若不胜[22]。其临敌决战，不顾必死，无有二心。是故无天于上，无地于

剪指甲，设明衣，凿凶门而出，都表示将军必死的决心。

下，无敌于前，无主于后，进不求名，退不避罪，唯民是保[23]，利合于主，国之实也[24]，上将之道也。如此，则智者为之虑，勇者为之斗，气厉青云[25]，疾如驰骛[26]，是故兵未交接而敌人恐惧[27]。若战胜敌奔[28]，毕受功赏[29]，吏迁官[30]，益爵禄，割地而为调[31]，决于封外[32]，卒论断于军中[33]。顾反于国[34]，放旗以入斧钺[35]，报毕于君曰："军无后治[36]。"乃缟素辟舍[37]，请罪于君[38]。君曰："赦之！"退斋服[39]。大胜三年反舍[40]，中胜二年，下胜期年[41]。兵之所加者[42]，必无道国也，故能战胜而不报，取地而不反，民不疾疫，将不夭死，五谷丰昌，风雨时节，战胜于外，福生于内，是故名必成而后无余害矣。

以正义之师伐无道之国，被伐者理应受罚，所以没有理由报复正义之师。

被割占土地上的百姓愿意归属正义之国。

[注释]

[1] 自宫召将：在宫中召见将军。　[2] 社稷之命在将军即：国家的命运在将军身上。社稷，喻指国家。社，土地神。稷，谷神。即，王念孙云："'即'当为'身'，'在将军身'为句。"　[3] 子：对将军的尊称。将：领兵。应之：抵御外敌。　[4] 祝史：古代祭官名，主管祭祀时作辞向神祷告。太卜：官名，卜筮官之长。斋宿：斋戒独宿，祭祀前整洁身心。　[5] 之：前往。太

庙：国君的祖庙。 [6] 钻灵龟：在龟甲上钻孔烧灼，视裂纹走向而断定凶吉。 [7] 受鼓旗：接受军队的指挥权。鼓旗，战鼓和军旗。 [8] 趋：疾走。 [9] 授……柄：象征授予……指挥权。 [10]“从此上至天者”二句：从此处上至苍天，由将军指挥。制，指挥。 [11]“国不可从外治也”二句：国家不可以从外面治理，军队不可以在宫廷中指挥。 [12] 二心：三心二意。 [13] 疑志：犹豫不决。 [14] 制：国君的诏令。前：在君主面前直接受命。 [15] 鼓旗斧钺：军权的象征。 [16] 还请：向朝廷请示汇报。 [17] 亦以垂一言之命：王念孙云："'以'当为'无'。"据此，此句意为：希望君王不要再对臣下命令。 [18] 辞而行：告辞离开。 [19] 爪鬋（jiǎn）：古葬礼，入殓时为死者剪去手足趾甲。鬋，剪除。 [20] 设明衣：准备好丧服。明衣，死者所穿衣服。 [21] 凶门：向北开的门户。古俗宅门不向北开。将军出征时，凿一扇向北的门，由此出发。 [22] 累若不胜：指将军的面色凝重，好像不能取胜的样子。累，忧虑。 [23]“唯民是保”二句：只求保护百姓，为君主谋利。 [24]“国之实也”二句：这是国家的珍宝，上等将领的治军之道。实，王念孙云："'实'当为'宝'，字之误也。" [25] 厉：直抵。 [26] 驰骛：快马奔驰。 [27] 兵未交接：尚未正式交战。兵，兵器。 [28] 敌奔：敌人溃散逃跑。 [29] 毕：全部，所有人。 [30] 迁官：升迁官阶。 [31] 割地：指给予封地。调（diào）：迁移，指迁移到封地。 [32] 决：决定，指安排胜利后论功行赏等事宜。封外：国境之外。封，疆界。 [33] 卒：最终，指全部事务都在军中处理完毕。 [34] 顾反于国：然后准备回国。顾，回头，这里指从战地转身回国。反，同"返"。 [35] 放旗：把旗帜从旗杆上解下收好。入斧钺：交纳斧钺。 [36] 军无后治：自己不再处理军中事务。 [37] 缟素：白色丧服。辟舍：离开府第，寝于别处，以示不敢安处。　[38] 请罪：有礼仪的含义，并非因为战事失利，因为上文明确说是战胜归国。　[39] 退斋服：脱掉丧服。斋服，即上文的“缟素”。[40] 反舍：与“辟舍”相对，即回到自己的居所。反，同“返”。　[41] 期（jī）年：一周年。　[42]“兵之所加者”以下十一句：军队讨伐的，一定是无道之国，所以能够战胜敌人而不遭受报复，夺取土地而不引起反对，人民不会发生疫病，将帅不会短命夭折，五谷丰登，风调雨顺，在外战胜敌人，在内造福人民。所以名声必定树立，往后不留祸患。无道国，失去道义的国家。报，报复。取地，割占敌国领土。反，反对。

［点评］

《兵略训》是《淮南子》第十五篇，所谓兵略，即用兵的谋略和法则。本篇是一篇军事专论，广泛论述战争的性质、用兵的战略战术、将帅的行为原则和军队内部的管理等诸多问题，还有关于军礼的许多记叙。

本篇的重点是用兵的战略战术，但作者一再强调，政治的治乱、人心的向背，才是战争取胜的前提条件。因此，《兵略训》开篇就把“存亡继绝，平天下之乱，而除万民之害”树立为战争的正当目的，接着以“血气之虫”具有相戏相害的天性，指出战争有生物本能的基础，也有人类生活的社会原因。《兵略训》指出，人类会因为抢占生活资源而发生争斗，在此过程中，强壮的威胁羸弱的，骁勇的侵害胆小的，这就造成了动乱。圣人挺身而出，“讨强暴，平乱世”，为的就是“平天下之乱，而除万民之害”。这种论说重申了战争的正义性：战争是为了恢复秩序，让争斗恢复到各安其位的有序状态。虽然一定有人在战争中丧命，但是战争不可避免，《兵略训》历数黄帝以来的历代战争，证明战争不可避免且具有正义性。因为坚持战争的正义性，《兵略训》一再强调“禁暴讨乱”：一次说“兵者，所以禁暴讨乱也”，一次说“所为立君者，以禁暴讨乱也”。可见，《兵略训》认为无论是发动战争，还是设立君主，目的都是保障秩序，而不是牺牲无辜百姓的生命，侵夺天下财富来满足个人私欲。如果应当“禁暴讨乱”的君主，却只顾一己私利，凭借万民的力量去残害天下，这样的君主，一定会被民众抛弃而亡国失位的。

从强调战争的政治基础，《兵略训》把用兵分为三种方式，最高层次的用兵是“修政庙堂之上，而折冲千里之外”，君主通过治理好自己的国家，以良好的道德形象，让“诸侯服其威，而四方怀其德”。这种用兵并没有实际动用军队，但是《兵略训》认为这也是用兵，并且是用兵的最高境界，因为这也能够让诸侯折服，让天下保持安定和秩序。在战场上以军威制造出震慑的气氛，尚未开战就吓垮敌方，《兵略训》说这是用兵的第二层境界，这样的胜利，可以称为气势的胜利。真正的白刃交接，舆死扶伤，流血千里，暴骸盈场，这样通过血战取得的胜利，在《兵略训》眼里，是用兵的最低境界。《兵略训》感慨，大家都在这个低层次的细微末节上下功夫，却不懂得从根本上思考问题。如果能够“用兵之上”，即通过政治治理获得不战而胜的效果，才是真正懂得了战争。从相关论述可以看到，《兵略训》是把战争视为政治的手段，认为战争应该服从政治的目的。

民心被认为是军队强弱、战力大小的基础。《兵略训》认为，要获得民心，君主与人民应当拥有父子兄弟一样的关系，彼此以父子兄弟相待。这种累积了恩德的君民关系，是最紧密的关系，由这样的人组成的军队，是最有战力的军队，面对这样的军队，要回避与之交战，因为这样的军队是不可战胜的。因此，优秀的统领要让自己的军队成为这样的军队，去打击内部有嫌隙的军队。

《兵略训》清楚地看到了君民之间的利益交换，指出二责三望是君民能够合作的现实条件。君主希望人民为他服役，为他战斗献身，而人民期待君主能够保障自己的生活，承认自己的贡献并给予奖赏。人民承担“二责”，君主就不能“失其三望”，否则，即使国土广大，人口众多，“兵犹且弱也”。《兵略训》的这些论说，表现出其作者清醒的现实主义态度。

《兵略训》的最后一段，记叙了战争的礼仪规程，非常详细。准备开战之前，国君如何召见将军，如何把军队的指挥权以授予斧钺的方式交给将军，将军接受权力之后，又将如何行事，都有清楚而生动的记叙。通常熟悉的“将在外，君命有所不受”，在这里也以国君与将军的对话表达出来：当国君说了“上至天者，将军制之”，“下至渊者，将军制之”之后，将军的回答是“愿君亦以垂一言之命于臣也。君若不许，臣不敢将。君若许之，臣辞而行”，要求君主确认授予的是指挥战争的全权。当然，这段记叙中最值得注意的，还不是指挥权的授受，而是将军出征前和取胜归来后的丧礼姿态，出征前剪去指甲，穿上丧服，凿凶门而出，还可以说是以必死的决心奔赴战场，但战胜归来，仍然一身缟素面见君王，虽然取胜却仍然要请罪于君，之后还要“辟舍”，即离家居住在外，越是大胜，移居的时间越长，这样的一套礼仪，就蕴含着对于战争的理解了。虽然“兵之所加者，必无道国也”，但是，战争毕竟是“凶事”，所以要以丧礼来对待。老子曰：“杀人众，以悲哀莅之，战胜而以丧礼处之。”（参见《老子》帛书本）这样的礼仪蕴含着对于战争的审慎态度，而这样的态度对于任何时代，都是有意义的。

卷十六　说山训

魄问于魂曰[1]："道何以为体[2]？"曰："以无有为体。"魄曰："无有有形乎？"魂曰："无有。""何得而闻也？"魂曰："吾直有所遇之耳[3]。视之无形，听之无声，谓之幽冥[4]。幽冥者[5]，所以喻道，而非道也。"魄曰："吾闻得之矣[6]。乃内视而自反也[7]。"魂曰："凡得道者[8]，形不可得而见，名不可得而扬。今汝已有形名矣，何道之所能乎！"魄曰："言者[9]，独何为者？""吾将反吾宗矣[10]。"魄反顾魂，忽然不见。反而自存[11]，亦以沦于无形矣。

魂魄的区别：魄依附身体而存在，称阴神。魂可以离开身体而存在，称阳神。

此段言"道"不可经验把握，不可成为言说对象。故魂魄最终都以返宗、沉沦与道合一，避免自外于道。

[注释]

[1] 魄：与下文“魂”皆指人的精神。这里的对话把魂魄拟人化了。 [2] 为体：作为基础。体，本体。 [3] 直：只是。有所遇：指对道有所体悟。遇，直面相逢。 [4] 幽冥：幽暗不可以视听。 [5]“幽冥者”以下三句：幽冥只是喻指道，并非说道就是幽冥。 [6] 吾闻得之矣：王念孙认为“闻”字涉上文而衍。吾得之矣，我明白了。 [7] 内视：自己观察自己。自反：返回自身。 [8]“凡得道者”以下五句：凡是得道的，没有形体可以看见，没有名号可以称呼。现在你已经有了形体和名号，什么道是这样的呢？扬，称颂。 [9]“言者”二句：你说这么多，又是为什么呢？ [10] 反吾宗：回归本原。宗，本，这里指无形。 [11]“反而自存”二句：魄也返回自身，隐没于无形之中。沦，沉沦。

“小觉”与“大迷”相对而言，“小慧”与“大愚”相对而言。

人不小学[1]，不大迷；不小慧[2]，不大愚。

[注释]

[1] 小学：在细微末节处用心。高诱注：“小学不博，不能通道，故大迷也。”王念孙云：“‘学’当为‘觉’，字之误也。” [2] 小慧：小聪明。高诱注：“小慧不能通物，故大愚也。”

宣扬道家主静思想。

人莫鉴于沫雨[1]，而鉴于澄水者[2]，以其休止不荡也[3]。

[注释]

[1] 鉴：镜子，这里作动词，指照镜子。沫雨：指下雨时水面

出现泡沫。[2] 澄（chéng）水：水静而清。[3] 休止不荡：静止不晃荡。

兰生幽谷，不为莫服而不芳[1]；舟在江海，不为莫乘而不浮[2]；君子行义，不为莫知而止休[3]。

[注释]

[1] 莫服：无人佩戴。芳：散发芬芳。[2] 莫乘：没有人搭乘。浮：舟漂浮在水面。[3] 止休：停止自己的美善行为。休，美善。

人有嫁其子而教之曰[1]："尔行矣[2]，慎无为善！"曰："不为善，将为不善邪？"应之曰："善且由弗为[3]，况不善乎！"此全其天器者[4]。

道家认为人性纯朴，为善为恶是人的刻意作为，是脱离自然天性的人为即"伪"。这里以无为善无为恶为保全天性，表达的是道家的人性观。

[注释]

[1] 子：女儿。[2] 尔：你。行：前往别处，这里指离开母家，去往夫家。[3]"善且由弗为"二句：善事尚且不去做，何况坏事？且由，表示让步。[4] 天器：天性。

拘囹圄者以日为修[1]，当死市者以日为短[2]，日之修短有度也[3]，有所在而短[4]，有所在而修也，则中不平也[5]。故以不平为平者[6]，其平不

执行死刑有一定时辰，犯人畏死，感到时间过得快，故言"以日为短"。

平也。

[注释]

[1]囹圄(líng yǔ):监狱。修:长。 [2]死市:王念孙云:"'死市'本作'市死'。"市死,在市场上被执行死刑。 [3]有度:有一定的刻度。 [4]有所在:指具体处境。 [5]中:内心。 [6]"故以不平为平者"二句:根据不平正的内心来判断平正,这样的平正是不平正的。

钟之与磬也,近之则钟音充[1],远之则磬音章[2]。物固有近不若远,远不如近者。

[注释]

[1]充:大。这里指声音洪亮。 [2]章:同"彰",显著。

亡羊而得牛,则莫不利失也[1]。断指而免头[2],则莫不利为也。故人之情,于利之中则争取大焉,于害之中则争取小焉。

[注释]

[1]莫不利失:没有谁不以失去为有利。利失,从丢失东西中得到好处。 [2]"断指而免头"二句:截断手指,却因此保全头颅,没有人不认为这是有利的。

东家母死,其子哭之不哀[1]。西家子见之,归谓其母曰[2]："社何爱速死[3]？吾必悲哭社。"夫欲其母之死者[4]，虽死亦不能悲哭矣。谓学不暇者[5]，虽暇亦不能学矣。

［注释］

[1] 哀：内心悲伤。 [2] 归：回到自己家。 [3] 社：母亲。何爱速死：为什么不快点死。爱，爱惜，舍不得。 [4] 之死：去死。 [5] 不暇：无暇，没有时间。

纣为象箸而箕子唏[1]，鲁以偶人葬而孔子叹[2]。故圣人见霜而知冰。

高诱注："见象箸知当复作玉杯，有玉杯必有熊蹯豹胎，以极广侈，故箕子为之惊号啼也。"

《孟子·梁惠王上》："仲尼曰：'始作俑者，其无后乎！'"

［注释］

[1] 象箸（zhù）：象牙筷子。箕子：商纣王叔父。唏（xī）：哀叹。 [2] 偶人：用土木制成的人像，古人用来殉葬。

郢人有鬻其母[1]，为请于买者曰[2]："此母老矣[3]！幸善食之而勿苦。"此行大不义而欲为小义者[4]。

［注释］

[1] 郢：楚国都城。鬻：卖。 [2] 为请：为某人说情。 [3]"此母老矣"二句：这位母亲老了，请让她吃好些，别太辛苦。食（sì），

提供食物。 [4] 行大不义：指卖掉母亲。为小义：指为母亲求情。

为孔子之穷于陈、蔡而废六艺[1]，则惑。为医之不能自治其病[2]，病而不就药[3]，则勃矣[4]。

[注释]

[1] 穷于陈、蔡：孔子周游列国时，在陈国、蔡国之间曾遭到陈、蔡大夫的围困。六艺：六艺有二义：一指礼、乐、射、御、书、数六种技能；二指《诗》《书》《礼》《易》《乐》《春秋》六部典籍。这里指后者。 [2] 医：医生。 [3] 病而不就药：生病也不服药。 [4] 勃：同“悖”，违背道理。

[点评]

《说山训》是《淮南子》第十六篇。说山之“说”，有论说之义，而“山”，是堆积如山的意思。《说山训》汇集许多散碎的故事和寓言，用以说明各种道理，是锦言集性质的篇章。这里略选几则，以显风格，以存篇目。

卷十七　说林训

以一世之度制治天下[1]，譬犹客之乘舟，中流遗其剑[2]，遽契其舟桅[3]，暮薄而求之[4]，其不知物类亦甚矣[5]！夫随一隅之迹[6]，而不知因天地以游，惑莫大焉。虽时有所合，然而不足贵也。比若旱岁之土龙[7]，疾疫之刍狗[8]，是时为帝者也[9]。曹氏之裂布，蛷者贵之[10]，然非夏后氏之璜[11]。无古无今[12]，无始无终，未有天地而生天地[13]，至深微广大矣[14]。

土龙求雨，反映的是类召的思想。龙与降雨有关，所以用土龙来召唤降雨。

[注释]

[1] 一世：一个时代，一个时期。度制：即制度。　[2] 中流：河中间。　[3] 契：刻。桅：据王念孙说当为“䑺”（fán），船舷。

契其舟桅，在遗剑的船舷处刻画记号。 [4] 暮：天色近晚。薄：迫，指船靠岸。求之：寻找失落水中的剑。 [5] 不知物类：分不清事物的类别，指不明道理。 [6]“夫随一隅之迹”以下三句：追寻一个角落的痕迹，不知道顺从天地的变化而遨游，也太糊涂了。一隅，一个角落。 [7] 土龙：土制的龙，干旱时用以求雨。 [8] 疾疫：瘟疫流行。刍狗：草扎的狗，祭祀时用以敬神。这里指用刍狗祈神以免除疾病。 [9] 是时：当使用的时候。为帝：表示居于最尊贵的地位。 [10] 曹氏：善制布者。裂布：断裂的坏布。蛷（qiú）：一种毒疮。据高诱注，“曹布烧以傅蛷蛷疮则愈，故蛷者贵之”。 [11] 夏后氏之璜：夏朝君王使用的玉璧，言其珍贵。璜，半圆的玉璧。 [12]“无古无今”二句：这里指超越时间的变化。 [13] 未有天地而生天地：按照道家“道生天地”的思想，指“道”。 [14] 深微：指“道”发挥作用的方式。广大：指“道”发挥作用的效果。

《庄子·至乐》篇“绠短者不可以汲深”，为《淮南子》所本。

短绠不可以汲深[1]，器小不可以盛大，非其任也[2]。

[注释]

[1] 绠：井中打水的桶绳。汲：打水。深：深井。 [2] 非其任：不是它能够承担的。

怒出于不怒，为出于不为。视于无形[1]，则得其所见矣；听于无声，则得其所闻矣。至味不慊[2]，至言不文，至乐不笑，至音不叫，大匠不斫，大豆不具，大勇不斗，得道而德从之矣。譬若黄钟之比宫、太蔟之比商[3]，无更调焉。

“德”是事物的内在属性，道家认为德以道为根据，所谓“得道而德从之”，是说获得了道，也就具有了自身的内在品质。

[注释]

[1]“视于无形”以下四句：在没有形迹的地方看，就能看到要看的；在没有声音的地方听，就能听到要听的。 [2]“至味不慊（qiè）”以下八句：最美妙的滋味不满足快感，最重要的言辞无需修饰，最深沉的快乐不用欢笑，最巨大的声音不用吼叫，高明的工匠不砍削，巨大的器皿不摆设。真正的勇敢不打斗，获得了道，也就拥有了德。慊，满足，惬意。文，文饰。叫，高呼。斫（zhuó），本义为大锄，引申为砍。豆，一种高足器皿。具，摆设。 [3]“譬若黄钟之比宫、太蔟之比商”二句：就像黄钟与宫声相配，太蔟与商声相配，不需要重新调音。黄钟，与下文“太蔟”为古代音乐十二律中的两个。宫，与下文“商”为五声中的两个。参见《天文训》。比，并。更，改。

人莫欲学御龙[1]，而皆欲学御马；莫欲学治鬼[2]，而皆欲学治人：急所用也[3]。

[注释]

[1]御：驾驭。 [2]治：管理。 [3]急所用：关心有实际用途的事情。

水静则平，平则清，清则见物之形[1]，弗能匿也[2]，故可以为正[3]。

[注释]

[1] 见（xiàn）物之形：让事物的形象显现出来。见，显现。 [2] 匿：逃避，躲藏。 [3] 正：标准。

非规矩不能定方圆[1]，非准绳不能正曲直[2]，用规矩准绳者[3]，亦有规矩准绳焉。

[注释]

[1] 规：测量圆形的工具。矩：测量方形的工具。定：确认。 [2] 准：测量水平的工具。绳：测量曲直的工具。 [3] “用规矩准绳者”二句：使用规矩准绳，也有一定之规。

歧路的寓义，是难以确定生活的方向。染丝的寓义，是感慨俗世对于人性的熏染和改变。

杨子见逵路而哭之[1]，为其可以南[2]，可以北；墨子见练丝而泣之[3]，为其可以黄[4]，可以黑。

[注释]

[1] 逵（kuí）路：四通八达的道路。 [2] 南：指向南。下文“北”用法同。 [3] 练丝：经过漂煮，柔软洁白的熟绢。 [4] 黄：指染成黄色。下文“黑”用法同。

忧父之疾者子[1]，治之者医。进献者祝[2]，治祭者庖[3]。

[注释]

[1]“忧父之疾者子”二句：担忧父亲疾病的人是儿子，治疗的人却是医生。 [2]进献：把供品摆上祭台。祝：负责祭祀的人。 [3]治祭：烹饪祭品。庖：厨师。

[点评]

《说林训》是《淮南子》的第十七篇。说：论说，解说。林：林木，比喻众多。此篇与《说山训》相似，也是锦言隽语的汇集，只是比《说山训》更加散碎。这里也略选几条，以显风格，以存篇目。

就《淮南子》全书而言，《说山训》和《说林训》具有分水岭的意义。在它们之前，虽然不同的篇目中会有不同程度的儒家言论，但总体立场还是道家的，即使具有浓重儒家色彩的篇章，例如《缪称训》被认为保存了子思学派的思想材料，却也戴了一顶道家的帽子，是以全然道家的论说开篇的。而《说山》《说林》之后的三篇，尤其是第十九篇《修务训》和第二十篇《泰族训》，则明显坚持儒家立场，《泰族训》以天论开篇，以赞美仁义终篇，最为典型。据高诱说，《淮南子》的作者里有“毛被、伍被”这样的道家人物，也有“诸儒大山、小山”这样的儒家人物。从《淮南子》全书来看，明显是道家立场更加强势。但是，儒家比道家更有现实感，他们思考的问题不能漠视。所以，当《淮南子》迷醉在道家的高妙理想时，会居高临下地蔑视儒家，说一些“此我所羞而不为”之类的话，而一旦回眸现实，道家也要考虑如何组织社会、如何安顿人间的问题，在这个时候，儒家立场的思考就不那么容易排斥了。阅读《淮南子》很容易获得一个印象，越靠前的篇目，道家的味儿越足，越往后，则纳入的儒家内容越多。至于《说山》《说林》两篇，似乎是《淮南子》编撰者中的道家人物，不舍得废弃用剩的资料，即用锦言集的方式，把它们聚合一处，以充篇目。而在编辑全书时，又把它们缀在道家组的文献之后，成为区别道家和儒家的分界线。《说山》《说林》在《淮南子》篇目编排中所占的位置，是大有意味的。

卷十八　人间训

清净恬愉[1]，人之性也；仪表规矩，事之制也[2]。知人之性，其自养不勃[3]；知事之制，其举错不惑[4]。发一端，散无竟[5]，周八极[6]，总一管，谓之心。见本而知末，观指而睹归[7]，执一而应万[8]，握要而治详，谓之术。居知所为[9]，行知所之[10]，事知所秉[11]，动知所由[12]，谓之道。

这是道家的人性理论。儒家以“善恶”论人性，道家以“真伪”论人性。所以道家认为人性淳朴，淳朴之性的经验显现，就是清净恬愉。

本末、指归、一万、要详相对而言，表达的意思是同样的，即把握住根本，再来处理具体事务。

[注释]

[1] 恬愉：内心和乐的状态。　[2] 制：法度。　[3] 自养：自我修养。勃：乱。　[4] 举错：举措，指自己的言行举止和对外部事务的处置。　[5] 无竟：没有止境。　[6]“周八极”二句：俞樾云：“‘总一管’三字，当在‘周八极’之上，盖言发于一端而散

于无竟，总于一管而周于八极，犹下文所云‘执一而应万’也。两句误倒，失其义矣。”周八极，所有地方都能达到。总一管，有一个统一的通道。 [7] 观指：看清指向。指，用手指指，引申为指向。归：归属，最后的终点。 [8] 执一：与下文“握要”均意为把握根本原则。应万：与下文“治详”均意为处理具体事务。 [9] 居：在家里。知所为：知道应该做什么。 [10] 行：外出。知所之：知道该去什么地方。 [11] 事：处理事情。知所秉：知道根据是什么。 [12] 动：采取行动。知所由：知道理由是什么。

天下有三危：少德而多宠[1]，一危也；才下而位高[2]，二危也；身无大功而有厚禄[3]，三危也。故物或损之而益[4]，或益之而损。

何以知其然也？昔者楚庄王既胜晋于河、雍之间[5]，归而封孙叔敖[6]，辞而不受，病疽将死[7]，谓其子曰：“吾则死矣，王必封女[8]，女必让肥饶之地[9]，而受沙石之间有寝丘者[10]，其地确石而名丑[11]，荆人鬼[12]，越人禨[13]，人莫之利也[14]。”孙叔敖死，王果封其子以肥饶之地[15]，其子辞而不受，请有寝之丘[16]。楚国之俗，功臣二世而爵禄[17]，惟孙叔敖独存[18]。此所谓损之而益也。

[注释]

[1] 少德：内在涵养不足。 [2] 才下而位高：才能低下，地位却很高。 [3] 身无大功：没有建立大的功勋。厚禄：俸禄丰厚。 [4] “故物或损之而益”二句：所以事情有时候是减少反而增加，有时候是增加反而减少。物，事物或者事情。 [5] 楚庄王：春秋楚国君，前 614—前 591 年在位。前 597 年，楚与晋战于邲，大败晋军。河、雍之间：黄河与雍水之间，指邲。邲之战是春秋时代的一场著名战争。 [6] 孙叔敖：楚国人，楚庄王时为令尹。 [7] 病疽：生疮。疽，毒疮。 [8] 女：通“汝”。下同。 [9] 让：推斥。 [10] 寝丘：春秋楚地，在今河南沈丘县东南。寝，容貌丑恶。故下文称寝丘“名丑”。 [11] 确：瘦瘠。 [12] 鬼：指迷信鬼神。 [13] 禨（jī）：迷信鬼神和灾祥。 [14] 人莫之利：指没有人喜欢那里。 [15] 果：果然。 [16] 有寝之丘：即寝丘。有、之为语助词，无实义。 [17] 功臣二世而爵禄：功臣的爵禄传到第二代就收回了。 [18] 惟孙叔敖独存：只有孙叔敖的封地保持着。

何谓益之而损？昔晋厉公南伐楚[1]，东伐齐，西伐秦，北伐燕，兵横行天下而无所绻[2]，威服四方而无所诎，遂合诸侯于嘉陵[3]。气充志骄，淫侈无度，暴虐万民。内无辅拂之臣[4]，外无诸侯之助。戮杀大臣，亲近导谀[5]。明年出游匠骊氏[6]，栾书、中行偃劫而幽之[7]，诸侯莫之救[8]，百姓莫之哀，三月而死。夫战胜攻取[9]，地广而名尊，此天下之所愿也，然而终于身死国亡。此所谓益之而损者也。

[注释]

[1] 晋厉公：春秋时晋国君，前580年即位，前573被杀。 [2]“兵横行天下而无所绻（quǎn）”二句：军队横行天下，从未遭到挫折；声威震服四方，没有遇过阻碍。兵，军队。绻，曲。诎（qū），屈服。 [3] 合诸侯：前575年，晋与楚、郑战于鄢陵，大败楚、郑。嘉陵，即鄢陵。前574年，晋、宋、曹、卫等在嘉陵会盟。 [4] 内：与下文“外”指晋国国内和国外。辅拂（bì）：即辅弼。拂，通“弼”，匡正。 [5] 导谀：曲谀迎奉。 [6] 出游匠骊氏：这里指晋厉公去匠骊氏的封地游玩。匠骊氏，晋国大夫。 [7] 栾书、中行偃劫而幽之：《左传》成公十七年、十八年载，栾书、中行偃趁晋厉公到匠骊氏家游玩时劫持拘禁了他，次年杀晋厉公。栾书，晋国大夫。中行偃，晋国大夫。劫，劫持。幽，囚禁。 [8]“诸侯莫之救”二句：诸侯不救晋厉公，百姓不为他伤感。之，代词，代晋厉公。 [9] 战胜：交战并且取胜。攻取：攻城并且占领。

《老子》曰：“祸兮福之所倚，福兮祸之所伏。孰知其极？其无正？正复为奇，善复为妖。”

事或欲以利之[1]，适足以害之[2]；或欲害之，乃反以利之[3]。利害之反[4]，祸福之门户[5]，不可不察也。

阳虎为乱于鲁[6]，鲁君令人闭城门而捕之[7]。得者有重赏[8]，失者有重罪[9]。圉三匝[10]，而阳虎将举剑而伯颐[11]。门者止之曰：“天下探之不穷[12]，我将出子[13]。”阳虎因赴围而逐，扬剑提戈而走[14]。门者出之，顾反取其出之者[15]，以戈推之，攘祛薄腋[16]。出之者怨之曰：“我非故与子反也[17]，为之蒙死被罪，而乃反伤我[18]。宜矣其有此难也[19]！”鲁君闻阳虎失，大怒，问所出之门，使有司拘之[20]，以为伤者受大赏，而不伤者被重罪。此所谓害之而反利者也。

[注释]

[1] 或：不定代词，指某事、某人。 [2] 适足：恰好。 [3] 乃：于是。 [4] 反：转变。 [5] 门户：出口，这里指关键之处。 [6] 阳虎：鲁国贵族季孙氏家臣，曾专鲁国国政。前 502 年，阳虎劫鲁定公和叔孙州仇以伐孟孙氏，事败奔齐。 [7] 鲁君：指鲁定公，前 509—前 495 年在位。 [8] 得者：抓获阳虎。 [9] 失者：放走阳虎。 [10] 匝（zā）：环绕一周为一匝。 [11] 举剑而伯颐：举剑对着自己的脸，准备自杀。伯，通“迫”，逼近。颐，面颊。 [12] 探：探索，这里指出路。 [13] 出：用作动词，让你出去。 [14] 扬剑提戈：举着剑，提着戈。走：跑。 [15] 顾反：转身回来。 [16] 攘：举戈刺。祛（qū）：袖口，泛指衣袖。薄腋：指戈顺着手臂插入腋下。薄，迫。 [17] 故与子反：我原本并没有参与你谋反。 [18] 而：你。反：反而。 [19] 宜矣其有此难也：这是门人骂阳虎的话，意思是你遭受这样的灾难真是活该。 [20] 有司：管理部门。

何谓欲利之而反害之？楚恭王与晋人战于鄢陵[1]，战酣，恭王伤而休[2]。司马子反渴而求饮[3]，竖阳谷奉酒而进之[4]。子反之为人也嗜酒[5]，而甘之不能绝于口，遂醉而卧。恭王欲复战，使人召司马子反，辞以心痛[6]。王驾而往视之[7]，入幄中而闻酒臭。恭王大怒，曰："今日之战，不穀亲伤[8]，所恃者司马也[9]，而司马又若此[10]，是亡楚国之社稷，而不率吾众也。不穀无与复战矣[11]！"于是罢师而去之[12]，斩司马子反为僇[13]。故竖阳谷之进酒也，非欲祸子反也，诚爱而欲快之也[14]，而适足以杀之。此所谓欲利之，而反害之者也。

[注释]

[1] 楚恭王：即楚共王，前591—前560年在位。前575年，楚国与晋国在鄢陵大战，楚国战败。 [2] 休：休战。 [3] 司马：古代官名，主管军政。子反：楚公子侧，楚中军将领。 [4] 竖：侍仆。阳谷：人名。 [5] 为人：做人的风格。 [6] 辞以心痛：以心口痛为借口推斥。王念孙认为，"心痛"本作"心疾"，此后人以义改之。 [7] 王驾而往视之：恭王驾车前往探视。 [8] 不穀：古代王侯的谦称。穀，善。 [9] 恃（shì）：依赖，依仗。 [10]"而司马又若此"以下三句：子反没有把楚国的社稷放在心上，不顾念楚国的民众。亡，通"忘"。率，王念孙曰："率当为恤。"恤，

顾及，体恤。 [11] 无与复战：不再继续打下去。 [12] 罢师：停止使用军队，即停战。师，军队。去之：离开战场。 [13] 僇（lù）：陈尸示众。 [14] 诚爱：确实是爱护他。欲快之：让子反感到愉快。

有功者，人臣之所务也[1]；有罪者，人臣之所辟也[2]。或有功而见疑[3]，或有罪而益信[4]，何也？则有功者离恩义[5]，有罪者不敢失仁心也[6]。

魏将乐羊攻中山[7]，其子执在城中[8]，城中县其子以示乐羊[9]。乐羊曰："君臣之义[10]，不得以子为私。"攻之愈急。中山因烹其子，而遗之鼎羹与其首[11]。乐羊循而泣之[12]，曰："是吾子。"已，为使者跪而啜三杯。使者归报，中山曰："是伏约死节者也[13]，不可忍也[14]。"遂降之。为魏文侯大开地有功[15]。自此之后，日以不信，此所谓有功而见疑者也。

乐羊虽重君臣之义，但啜饮亲子羹汤的行为大伤父子恩义，击穿了人们的道德心理底线。"大开地"只是利益，既能忍子之死而为功，就可能为了功利而忍君主之亡，因此"有功而见疑"。

[注释]

[1] 务：追求。 [2] 辟（bì）：同"避"，回避。 [3] 见疑：被怀疑。 [4] 益信：增加信任。 [5] 离恩义：背离了恩义。 [6] 失仁心：丧失仁爱之心。 [7] 乐羊：战国魏文侯的将领。中山：春秋战国时的小国，其中心在河北定县一带。 [8] 执：拘捕。 [9] 县其子以示乐羊：把乐羊的儿子吊在城楼上让乐羊看。县，同

“悬”，吊挂。 [10]“君臣之义”二句：君臣大义，不能因为儿子徇私情。 [11]遗：送给。鼎羹：一鼎肉汤。首：乐羊儿子的头。 [12]“乐羊循而泣之”以下五句：乐羊抚摩儿子首级流泪之后，说：“是我的儿子。”面对使者跪下，喝了三杯肉汤。循，抚摩。已，然后。啜（chuò），饮。 [13]伏约：信守誓约。死节：为气节献身。 [14]忍：残酷，这里指用残酷的方式恐吓。 [15]大开地：大面积扩展国土。

乐羊故事言“忍”，秦西巴故事言“不忍”，所肯定的，是不忍。此意与《孟子·公孙丑》言“不忍人之心”相通。

何谓有罪而益信？孟孙猎而得麑[1]，使秦西巴持归烹之[2]。麑母随之而啼。秦西巴弗忍，纵而予之[3]。孟孙归，求麑安在，秦西巴对曰：“其母随而啼，臣诚弗忍，窃纵而予之。”孟孙怒，逐秦西巴[4]。居一年[5]，取以为子傅[6]。左右曰：“秦西巴有罪于君，今以为子傅，何也？”孟孙曰：“夫一麑而不忍，又何况于人乎？”此谓有罪而益信者也。

[注释]

[1]孟孙：鲁国大夫。麑（ní）：幼鹿。 [2]秦西巴：人名，孟孙氏侍从。 [3]纵：把幼鹿放了。予之：还给母鹿。 [4]逐：赶走。 [5]居：用在时间词语之前，表示相隔一段时间。 [6]取：召回。傅：师傅。

事或夺之而反与之，或与之而反取之。

智伯求地于魏宣子[1]，宣子弗欲与之[2]。任登曰[3]："智伯之强，威行于天下，求地而弗与，是为诸侯先受祸也。不若与之。"宣子曰："求地不已[4]，为之奈何？"任登曰："与之使喜，必将复求地于诸侯，诸侯必植耳[5]，与天下同心而图之[6]，一心所得者[7]，非直吾所亡也[8]。"魏宣子裂地而授之[9]。又求地于韩康子[10]，韩康子不敢不予。诸侯皆恐。又求地于赵襄子[11]，襄子弗与。于是智伯乃从韩、魏围襄子于晋阳[12]。三国通谋[13]，禽智伯而三分其国[14]。此所谓夺人而反为人所夺者也。

[注释]

[1] 魏宣子：晋国大夫，名驹。　[2] 弗欲：不想。　[3] 任登：魏宣子谋臣。　[4] "求地不已"二句：智伯如果不断要求割让土地，怎么办？已，停止。　[5] 植耳：竖起耳朵。形容警惕。　[6] 同心而图之：大家联合起来共同对付智伯。图，图谋。　[7] 一心：杨树达认为是衍文。所得者：指智伯得到诸侯的联合抵抗，是他自己找来的。　[8] 非直吾所亡也：（届时要灭亡智伯的）就不只是魏国了。直，只是。　[9] 裂地：划分出一片土地。授：给予。　[10] 韩康子：晋国大夫，名虎。　[11] 赵襄子：晋国大夫，名无恤。　[12] 智伯乃从（zòng）韩、魏围襄子：指智伯联合韩、魏一起围攻赵襄子。从，同"纵"，合纵。晋阳：赵国都城，今山

西太原附近。 [13] 通谋：串通合谋。 [14] 禽：同“擒”，捉住。

何谓与之而反取之？晋献公欲假道于虞以伐虢[1]，遗虞垂棘之璧[2]，与屈产之乘[3]。虞公惑于璧与马[4]，而欲与之道。宫之奇谏曰[5]：“不可。夫虞之与虢，若车之有轮，轮依于车，车亦依轮。虞之与虢，相恃而势也[6]。若假之道，虢朝亡而虞夕从之矣。”虞公弗听，遂假之道。荀息伐虢[7]，遂克之[8]。还反伐虞[9]，又拔之[10]。此所谓与之而反取者也。

[注释]

[1] 晋献公：春秋晋国君，前 676—前 651 年在位。假道：借道。虞：春秋诸侯国名，地在今山西平陆东北。虢：春秋诸侯国名，在虞之南。 [2] 遗：送给。垂棘：晋国地名，出美玉。 [3] 屈产：晋国地名，出良马。乘：马。 [4] 惑：被迷惑。 [5] 宫之奇：虞国大夫。 [6] 相恃而势：指虞虢之间互相支持，如同车与轮的关系。 [7] 荀息：晋大夫。 [8] 克：战胜。 [9] 还反伐虞：回师归国，顺道攻伐虞国。 [10] 拔：指夺取城池。

或无功而先举[1]，或有功而后赏。何以明之？昔晋文公将与楚战城濮[2]，问于咎犯曰[3]：“为奈何？”咎犯曰：“仁义之事，君子不厌忠信[4]；战陈之事[5]，不厌诈伪[6]。君其诈之而已矣。”辞咎犯，问雍季[7]，雍季对曰：“焚林而猎，愈多得兽，后必无兽。以诈伪遇人[8]，虽愈利，后无复[9]。君其正之而已矣[10]。”于是不听雍季之计，而用咎犯之谋，与楚人战，大破之[11]。还归赏有功者[12]，先雍季而后咎犯。左右曰：“城濮之战，咎犯之谋也。君行赏先雍季[13]，何也？”文公曰：“咎犯之言，一时之权也[14]。雍季之言，万世之利也。吾岂可先一时之权，而后万世之利也哉！”

[注释]

[1] 举：推重。　[2] 晋文公：名重耳，春秋晋国君，前636—前628年在位。前632年，晋楚在城濮对阵，晋军以弱胜强，击败楚军。　[3] 咎犯：晋文公舅舅、晋国卿大夫狐偃的别称。　[4] 不厌忠信：尽管追求忠信。不厌，无论如何都不够。厌，满足。　[5] 战陈（zhèn）：战阵，指布阵作战。陈，同“阵”，布阵。　[6] 诈伪：欺骗和伪装。　[7] 雍季：晋国大臣。　[8] 遇人：对待人。遇，迎面相逢。　[9] 后无复：不可重复。　[10] 正：持守正道，这里指用正规的战阵。　[11] 破：击溃敌军。　[12] 还归：撤军回国。　[13] 行赏：进行封赏。　[14] 权：权宜之计。相对于“经”而言。经指恒定且当然的原则。

或有罪而可赏也，或有功而可罪也。

西门豹治邺[1]，廪无积粟[2]，府无储钱[3]，库无甲兵[4]，官无计会[5]，人数言其过于文侯[6]。文侯身行其县[7]，果若人言。文侯曰："翟璜任子治邺而大乱[8]。子能道则可[9]，不能，将加诛于子[10]。"西门豹曰："臣闻王主富民[11]，霸主富武[12]，亡国富库。今王欲为霸王者也，臣故稸积于民[13]，君以为不然，臣请升城鼓之[14]，甲兵粟米可立具也[15]。"于是乃升城而鼓之。一鼓[16]，民被甲括矢[17]，操兵弩而出[18]。再鼓[19]，负辇粟而至[20]。文侯曰："罢之[21]。"西门豹曰："与民约信[22]，非一日之积也，一举而欺之[23]，后不可复用也[24]。燕常侵魏八城[25]，臣请北击之，以复侵地[26]。"遂举兵击燕，复地而后反[27]。此有罪而可赏者也。

[注释]

[1] 西门豹：魏文侯时任邺令。邺：战国魏县名，今河北临漳西南邺镇。 [2] 廪：粮仓。 [3] 府：储存钱币的地方。 [4] 库：存放武器的地方。兵：兵器。 [5] 官：官府。计会：即会计。 [6] 言其过：向文侯汇报他的过失。文侯：魏文侯。 [7] 身行其县：亲

自到邺县去。 [8] 翟璜：魏大夫。任子：任命你。子，对对方的尊称。 [9] 能道：说得出理由。 [10] 加诛：处死。 [11] 王（wàng）主：实施王道政治的君主。 [12] 霸主：实施霸道的君主。 [13] 穑（xù）积：积蓄。穑，积聚。 [14] 升城：登城。鼓之：用鼓声召唤民众。 [15] 甲：铠甲。兵：武器。立具：立刻具备。 [16] 一鼓：第一通鼓。 [17] 被甲：穿上铠甲。括矢：泛指箭，这里指背着箭袋，箭的末端露在外面。括，箭的末端。 [18] 操：手持。弩：可以连发的箭弩。 [19] 再鼓：第二通鼓。 [20] 负：通“服”，驾牛。辇：古代用人拉的车。 [21] 罢之：这里的意思是，让他们回去吧。罢，停止。 [22] 约信：约定的信号。 [23] 一举：一次行动。欺之：欺骗民众。 [24] 后不可复用也：以后这些约好的信号就不管用了。 [25] 燕：燕国，在魏东北方。常：尝，曾经。 [26] 复：收复。侵地：被侵占的国土。 [27] 反：同“返”，返回。

解扁为东封[1]，上计而入三倍[2]，有司请赏之。文侯曰：“吾土地非益广也，人民非益众也，入何以三倍？”对曰：“以冬伐木而积之，于春浮之河而鬻之[3]。”文侯曰：“民春以力耕，暑以强耘，秋以收敛，冬闲无事，以伐林而积之，负轭而浮之河[4]，是用民不得休息也，民以敝矣[5]，虽有三倍之入，将焉用之？”此有功而可罪也。

[注释]

[1] 解扁：战国魏臣。为东封：管理东面边境的官员。封，疆界。 [2] 上计：战国时的官员考评制度，年终向中央报告赋税收入等情况。入：上交纳入国库。三倍：是往年的三倍。 [3] 浮：漂流。鬻：卖。 [4] 负轭：驾车。轭，马具。形状略作人字形，套在马的颈部。 [5] 敝：疲惫。

人或问孔子曰[1]："颜回何如人也[2]？"曰："仁人也。丘弗如也。""子贡何如人也？"曰："辩人也。丘弗如也。""子路何如人也？"曰："勇人也。丘弗如也。"宾曰[3]："三人皆贤夫子[4]，而为夫子役[5]，何也？"孔子曰："丘能仁且忍[6]，辩且讷[7]，勇且怯[8]。以三子之能，易丘一道[9]，丘弗为也[10]。"孔子知所施之也[11]。

[注释]

[1] 人或问：泛指有人问，但不确定问者是谁。 [2] 何如人：怎样一个人。何如，如何。 [3] 宾：宾客。由此可知这是某个客人与孔子的对话。 [4] 贤夫子：贤能超过了孔子。 [5] 为夫子役：为孔子服役，指当孔子的学生。 [6] 忍：耐，指能够克制感情不表现。 [7] 辩：善言。讷：木讷，指能说但不说。 [8] 怯：退让，指并不畏惧但会退让。 [9] 丘：孔子自称。一道：一贯之道。 [10] 弗为：不做这样的事，意思是不愿意交换。 [11] 孔子知所施之也：孔子知道在什么情况下应该采取什么态度，而不

仅仅凭借本性。

仁者，百姓之所慕也[1]；义者，众庶之所高也[2]。为人之所慕[3]，行人之所高，此严父之所以教子，而忠臣之所以事君也。然世或用之而身死国亡者，不同于时也[4]。昔徐偃王好行仁义[5]，陆地之朝者三十二国[6]。王孙厉谓楚庄王曰[7]："王不伐徐[8]，必反朝徐。"王曰："偃王，有道之君也，好行仁义，不可伐。"王孙厉曰："臣闻之，大之与小，强之与弱也，犹石之投卵，虎之啖豚[9]，又何疑焉！且夫为文而不能达其德[10]，为武而不能任其力，乱莫大焉。"楚王曰："善。"乃举兵而伐徐[11]，遂灭之。知仁义而不知世变者也[12]。

[注释]

[1] 慕：仰慕。　[2] 众庶：普通老百姓。高：推崇。　[3]"为人之所慕"以下四句：仁义是父亲用来教育儿子，忠臣凭借事奉君主的准则。严父，严厉的父亲。　[4] 不同于时：不与时代同步，即不合于时代。同，同步。　[5] 徐偃王：春秋时徐国国君。年代不详。　[6] 陆地：相对于海外而言，这里指中原大地。朝：觐见，是以下对上的礼仪。　[7] 王孙厉：楚臣。楚庄王：春秋楚国

国君，前614—前591年在位。 [8]“王不伐徐”二句：大王不去征讨徐国，一定会去朝拜徐国。这里的“朝”，有道德上顺从的意思。 [9]啖（dàn）：吃。豚：小猪。 [10]“且夫为文而不能达其德”以下三句：况且施行文治却不能推广德泽，崇尚武备却不能使用力量，这是最大的祸乱。且夫，况且。 [11]举兵：兴兵。 [12]知仁义而不知世变者也：这里批评徐偃王知道仁义，但是不懂得时代和社会环境已经改变了。世变，时代改变了。

田子方见老马于道[1]，喟然有志焉[2]，以问其御曰：“此何马也？”其御曰：“此故公家畜也[3]，老罢而不为用[4]，出而鬻之[5]。”田子方曰：“少而贪其力，老而弃其身，仁者弗为也[6]。”束帛以赎之[7]。罢武闻之[8]，知所归心矣[9]。

[注释]

[1]田子方：战国时魏人，学于子夏，为魏文侯师。《庄子》有《田子方》篇。 [2]喟然：感慨貌。有志焉：这里指老马奋踢响鼻，有奔驰的意向。 [3]公家畜：公室畜养的牲畜。 [4]罢（pí）：通“疲”，瘦弱衰老。 [5]出：拉出栏。鬻（yù）：卖。 [6]弗为：不做这样的事。 [7]束帛：古制，帛五匹为一束。 [8]罢武：年老疲弱的武士。 [9]归心：衷心认同。这里指老年武士衷心归附田子方。

何谓若然而不然？子发为上蔡令[1]，民有罪当刑，狱断论定[2]，决于令尹前[3]，子发喟然有凄怆之心[4]。罪人已刑而不忘其恩。此其后，子发盘罪威王而出奔[5]，刑者遂袭恩者[6]，恩者逃之于城下之庐[7]，追者至，踹足而怒曰[8]：“子发视决吾罪而被吾刑[9]，怨之憯于骨髓[10]，使我得其肉而食之，其知厌乎[11]？”追者以为然，而不索其内，果活子发[12]。此所谓若然而不然者。

[注释]

[1] 子发：战国时楚国将领。上蔡：地名，在今河南上蔡西南。　[2] 狱断论定：认定罪名并定罪之后。　[3] 决于令尹前：在县令面前来确认。王念孙云：“‘尹’字后人所加。决于令前，谓决于上蔡令之前，非谓令尹也。”　[4] 喟（kuì）：叹息。凄怆：悲伤。　[5] 盘罪：构罪。盘，盘绕。威王：战国楚国君，前339—前329年在位。出奔：仓皇外逃。　[6] 刑者：上文有罪受刑的人。袭：掩护。恩者：指子发。　[7] 庐：房舍。　[8] 踹（duàn）：顿足。何宁曰：“踹足”上当有“刑者”二字。　[9] 视：王念孙云：“‘视’当为‘亲’。”亲决，亲自定我的罪。被吾刑：使我受刑。[10] 憯：惨痛。[11] 厌：满足。[12] 果：果然。活：使动用法，使子发活下来了。

何谓不然而若然者？昔越王句践卑下吴王夫差[1]，请身为臣[2]，妻为妾[3]，奉四时之祭祀[4]，而入春秋之贡职[5]，委社稷[6]，效民力[7]，隐居为蔽[8]，而战为锋行。礼甚卑[9]，辞甚服，其离叛之心远矣。然而甲卒三千人以禽夫差于姑胥[10]。……物类相似若然[11]，而不可从外论者[12]，众而难识矣[13]，是故不可不察也。

[注释]

[1] 卑下：做出谦卑低下的姿态。 [2] 请身为臣：指勾践向夫差称臣。请，请求。身，亲身。臣，臣下。 [3] 妾：女奴。 [4] 奉四时之祭祀：古代天子诸侯四季都要祭祀祖先，这里指句践在吴王祭祀祖先时都奉上祭品。四时，四季。 [5] 贡职：诸侯向天子进贡物产赋税，这里指句践向吴王称臣进贡。 [6] 委社稷：指勾践让越国成为吴国的附属国。 [7] 效民力：让越国百姓为吴国服役。 [8] "隐居为蔽"二句：居住在简陋的偏僻处，打仗时充当前锋。隐居为蔽，王念孙云："当作'居为隐蔽'。" [9] "礼甚卑"以下三句：礼节非常谦卑，言辞极其驯顺，好像没有叛离之心。 [10] 甲卒三千人以禽夫差于姑胥：勾践以甲卒三千人，在姑苏台擒获了夫差。禽，同"擒"。姑胥，即姑苏，山名，山上建有姑苏台。在今江苏苏州西南。 [11] 若然：似乎是这样。 [12] 从外论：从表面现象看。 [13] 众而难识：此类情况很多，很难辨别。

[点评]

《人间训》是《淮南子》第十八篇，顾名思义，这一篇是就各种人间事情发表议论。

在形式上，《人间训》与《道应训》的风格相似，也是以故事来说明道理。但是，《道应训》是在故事之后引

《老子》来印证故事蕴含的道理，而《人间训》则是先说一个一般情况，然后以“何以明之”为引导，讲一个故事或一段历史来对这个情况进行实例的说明。这是《人间训》讲故事的第一个特点。《人间训》讲故事还有一个特点，这就是成对地讲。例如篇末的两个故事，说的就是“若然而不然”“不然而若然”这两种相反的情况。其他故事，也都是这样成对的：例如“物或损之而益，或益之而损”“事或夺之而反与之，或与之而反取之”等等，都是这样。但是，无论《人间训》讲的是什么，它那些在形式上成对且相对的情况，在一点却是相同的，这就是表面现象往往是假象，与实际的真相恰好相反。以篇末的两个故事为例：勾践表面的驯顺和暗中的复仇是相反的；那位假装仇恨子发的人，实际上是感恩子发而要掩护他的人。其他的情况，如“或无功而先举，或有功而后赏”“或有罪而可赏也，或有功而可罪”等等，也都是这样的。因此，《人间训》才会在篇末总结说：“物类相似若然，而不可从外论者，众而难识矣，是故不可不察也。”认为事物看起来似乎相似，但是绝不能根据外表的相似来断定实情，因为外表和实际情况常常是相反的，这种情况很多，要辨别真相很难，所以，必须仔细考察，才不会被表面现象所迷惑。《人间训》在讲了若干具有教训意义的故事之后，就以这样一个普泛的道理对所有故事进行概括，并终结了全篇。

卷十九　修务训

《修务训》开篇，即以神农、尧、舜、禹、汤为说，对无为的观念进行批评。

或曰："无为者，寂然无声[1]，漠然不动[2]，引之不来[3]，推之不往，如此者，乃得道之像[4]。"吾以为不然。尝试问之矣[5]：若夫神农、尧、舜、禹、汤[6]，可谓圣人乎？有论者，必不能废。以五圣观之，则莫得无为明矣。

[注释]

[1]寂然：寂静无声的状态。[2]漠然：漠不关心的样子。[3]引：使之过来。[4]像：模样。[5]尝试：表示假设的引导词。[6]"若夫神农、尧、舜、禹、汤"以下六句：从神农、尧、舜、禹、汤这五位圣人的事迹来看，显然不能奉行"寂然无声，漠然不动，引之不来，推之不往"这样的无为原则。有论者，对这个问题发表意见的人。废，否定。

古者，民茹草饮水[1]，采树木之实，食蠃蛖之肉[2]，时多疾病、毒伤之害[3]。于是神农乃始教民播种五谷，相土地宜燥湿肥垸高下[4]，尝百草之滋味，水泉之甘苦，令民知所辟就[5]。当此之时，一日而遇七十毒[6]。

《修务训》说“古”，是赞美圣人的创造。这是儒家的立场，与开篇批评无为是相互呼应的。

[注释]

[1] 茹：吃。　[2] 蠃蛖（luó bàng）：蚌类生物。蠃，同“螺”，螺类的统称。蛖，蚌蛤。　[3] 毒伤：中毒和受伤。　[4] 相土地：考察土地的情况。宜：适宜。垸（qiāo）：土地瘦瘠多石。　[5] 辟（bì）就：回避和取用。辟，同“避”。　[6] 遇：遭遇。

尧立孝慈仁爱[1]，使民如子弟。西教沃民[2]，东至黑齿[3]，北抚幽都[4]，南道交趾[5]。放讙兜于崇山[6]，窜三苗于三危[7]，流共工于幽州[8]，殛鲧于羽山[9]。

舜作室[10]，筑墙茨屋[11]，辟地树谷[12]，令民皆知去岩穴，各有家室。南征三苗，道死苍梧[13]。

[注释]

[1]“尧立孝慈仁爱”二句：尧确立孝敬慈爱的仁爱原则，使

人民相处如父子兄弟。[2]沃民：传说中的西方国名。《山海经·大荒西经》："西有……有沃之国，沃民是处。" [3]黑齿：传说中的东方国名。 [4]抚：安抚。幽都：即幽州，地在今河北北部及辽宁一带。 [5]道：引导。交趾：泛指今五岭以南地区。 [6]放：放逐。讙（huān）兜：传说是尧舜时代的佞臣，被尧放逐。 [7]窜：驱赶。三危：《水经注》："三危山在敦煌南。" [8]流：流放。 [9]殛（jí）：诛杀。鲧（gǔn）：相传是大禹的父亲，尧时治水无功，被舜杀于羽山。 [10]作室：建造房屋。 [11]茨屋：用茅草、芦苇等盖屋顶。 [12]辟（pì）地：开垦土地。树谷：种植谷物。 [13]道死苍梧：死在了途经苍梧的路上。

禹沐浴霪雨[1]，栉扶风[2]，决江疏河[3]，凿龙门[4]，辟伊阙[5]，修彭蠡之防[6]，乘四载[7]，随山刊木[8]，平治水土[9]，定千八百国[10]。

汤夙兴夜寐[11]，以致聪明；轻赋薄敛，以宽民氓[12]；布德施惠，以振困穷[13]；吊死问疾[14]，以养孤孀[15]。百姓亲附，政令流行，乃整兵鸣条[16]，困夏南巢[17]，谯以其过[18]，放之历山[19]。

［注释］

[1]霪雨：连续不停的过量雨水。 [2]栉（zhì）扶风：指大禹顶着狂风。栉，梳头。扶风，狂风。 [3]江：长江。河：黄河。 [4]凿：与下文"辟"皆谓开通之义，是对前文"决江疏河"的具体解释。龙门：即禹门，在今山西河津市西北。相传为大禹开凿。 [5]伊阙：在今河南洛阳南约12.5公里处。以东西两山隔

伊河夹峙如门，故名。［6］彭蠡：今鄱阳湖。防：堤防。［7］四载：四种交通工具，即下文的“水之用舟，沙之用鸠，泥之用輴，山之用蔂”。［8］刊木：砍伐树木，开通道路。［9］平治：使之得到良好治理。［10］定：安定。［11］“汤夙兴夜寐”二句：汤早起晚睡，招来有才干的人。［12］民氓：人民。［13］以振困穷：让走投无路的人感到有希望。振，振奋。［14］吊：吊唁。［15］孤：幼而无父。孀：寡妇。［16］鸣条：地名，相传商汤伐桀，战于鸣条之野。［17］困：围困。夏：指夏桀。南巢：地名，今安徽巢县。［18］谯（qiào）：同“诮”，责备。［19］放：流放。

此五圣者，天下之盛主[1]，劳形尽虑[2]，为民兴利除害而不懈。奉一爵酒[3]，不知于色[4]，挈一石之尊[5]，则白汗交流[6]，又况赢天下之忧而任海内之事者乎[7]！其重于尊亦远也[8]。且夫圣人者，不耻身之贱而愧道之不行[9]，不忧命之短而忧百姓之穷[10]。是故禹之为水，以身解于阳盱之河[11]，汤旱，以身祷于桑山之林。圣人忧民，如此其明也，而称以无为，岂不悖哉[12]！

以五圣忧民，斥无为之说为荒谬言论。

［注释］

［1］盛主：有盛德的君主。［2］劳形：身体劳累。尽虑：费尽精神。［3］爵：古代饮酒器。奉爵，双手捧起酒杯。［4］不知于色：意谓酒杯轻，捧起来不吃力，不会改变脸色。［5］挈：提起。石（dàn）：古代重量单位。《汉书·律历志上》：“三十斤为钧，

四钧为石。”尊：古代盛酒器。 [6] 白汗交流：大汗淋漓。 [7] 羸：背负。任海内之事：肩负天下重任，这里指身居天子之位。 [8] 其重于尊亦远也：身为天子所担负的责任，比“挈一石之尊”要沉重得多。 [9] 身之贱：没有社会地位。道之不行：正确的原则不能通行。 [10] 穷：走投无路。 [11] 以身解：与下文“以身祷”同义，都是以自己的身体为牺牲来祈祷神灵。解，祈祷神灵，解除祸患。阳盱（xū）之河：流入阳盱的河流。阳盱，古冀州著名水泽，又称杨纡（yū）、阳纡。 [12] 悖：乱。

类似思想可参见《墨子·尚同》：“舍余力不以相劳，隐匿良道不以相教，腐死余财不以相分，天下之乱也。”

且古之立帝王者，非以奉养其欲也；圣人践位者[1]，非以逸乐其身也。为天下强掩弱[2]，众暴寡[3]，诈欺愚，勇侵怯[4]，怀知而不以相教[5]，积财而不以相分，故立天子以齐一之[6]。为一人聪明而不足以遍照海内，故立三公九卿以辅翼之[7]。绝国殊俗[8]，僻远幽闲之处[9]，不能被德承泽[10]，故立诸侯以教诲之。是以地无不任[11]，时无不应[12]，官无隐事[13]，国无遗利，所以衣寒食饥[14]，养老弱而息劳倦也。若以布衣徒步之人观之[15]，则伊尹负鼎而干汤[16]，吕望鼓刀而入周[17]，百里奚转鬻[18]，管仲束缚[19]，孔子无黔突[20]，墨子无暖席[21]。是以圣人不高山，不广河[22]，蒙耻辱以干世主，非以贪禄慕位[23]，欲事起天下利而除万民之害[24]。盖闻传书曰[25]："神农憔悴，尧瘦臞[26]，舜霉黑[27]，禹胼胝[28]。"由此观之，则圣人之忧劳百姓甚矣[29]。

以伊尹、姜太公、孔子、墨子等人的事迹为例，再次声言圣人忧劳百姓，为天下谋福，并非是无为的。

[注释]

[1]践位：指天子或者国君继承王位。 [2]掩：袭击。 [3]暴：强力压制。 [4]侵：侵害。怯：怯懦，胆小。 [5]怀知：拥有某种知识或者技能。相教：互相传授。 [6]齐一：使天下和同，而不是彼此隔绝。 [7]辅翼：辅佐协助。 [8]绝国：偏远的邦国。殊俗：风俗不同。 [9]僻远幽闲之处：远离文明中心的人烟稀少之地。 [10]不能被德承泽：不能蒙受天子的恩德和福泽。 [11]地无不任：土地都开发了。任，承担任务。 [12]时无不应：生产和生活都能够按照时令进行。 [13]隐事：没有及时处理的事务。 [14]衣寒：让寒冷的人穿上衣服。食饥：让饥饿的人吃饭。 [15]布衣徒步之人：指普通百姓。古代礼制，服饰按等级区别，普通百姓只能穿粗布衣服，徒步行走。 [16]伊尹负鼎而干汤：传说伊尹想向汤陈说政事而没有门路，便充当厨师以便接近汤。伊尹，商汤的重要谋臣。负鼎，背上烹调的锅。干，谋求任用。 [17]吕望：即姜太公吕尚，周文王的重要谋臣。鼓刀：操刀。史载姜太公曾经在朝歌宰牛。 [18]百里奚：原为虞大夫，虞亡时被晋俘虏，作为陪嫁之臣送入秦国，逃往楚国，又被楚人俘获，后来秦穆公听说他贤能，以五张羊皮把他赎回。转鬻：被转手买卖。 [19]管仲：春秋齐桓公相。最初辅佐齐公子纠，曾用箭射中公子小白的衣带钩。后来小白为齐君，是为齐桓公，鲁国将管仲囚缚，送回齐国，齐桓公任管仲为相。 [20]无黔突：形容起居匆忙，来不及烧黑烟囱就四处奔波。黔突，烧黑

烟囱。 [21] 无暖席：形容起居匆忙，来不及坐热坐垫就四处奔波。 [22] 不高山，不广河：不因山高、河宽而止步。 [23] 禄：俸禄。位：地位。 [24] 事起天下利：王念孙认为本作“事天下之利”。事，从事。除：消除。 [25] 盖：句首发语词，表示不确定的意思。 [26] 瘦臞（qú）：清瘦。 [27] 霉黑：脏黑。霉，脸色暗黑。 [28] 胼胝（pián zhī）：手掌、足底长的茧。 [29] 圣人之忧劳百姓甚矣：圣人为百姓操心受累，用心深切。

故自天子以下至于庶人，四肢不动[1]，思虑不用，事治求澹者[2]，未之闻也。夫地势水东流[3]，人必事焉[4]，然后水潦得谷行[5]。禾稼春生，人必加功焉[6]，故五谷得遂长[7]。听其自流，待其自生，则鲧、禹之功不立[8]，而后稷之智不用[9]。若吾所谓无为者，私志不得入公道[10]，嗜欲不得枉正术[11]，循理而举事[12]，因资而立权自然之势[13]，而曲故不得容者[14]。事成而身弗伐[15]，功立而名弗有[16]，非谓其感而不应，攻而不动者[17]。若夫以火熯井[18]，以淮灌山[19]，此用己而背自然[20]，故谓之有为。若夫水之用舟[21]，沙之用鸠[22]，泥之用輴[23]，山之用蔂[24]，夏渎而冬陂[25]，因高为田，因下为池，此非吾所谓为之。

此处以顺应自然的作为为“无为”，以“用己而背自然”的荒谬行为为“有为”，表面上维护了“无为”原则，其实是以偷换内涵的方式，来肯定人的作为，即有为。

[注释]

[1] 不动：顾广圻认为当作“不勤”。　[2] 澹（shàn）：通“赡”，足。这里指达到目的，获得满足。　[3] 夫地势水东流：中国地势西高东低，所以水势东流。　[4] 事：做事情，这里指疏导河流。　[5] 水潦：水流盛大。谷行：水流顺河道流动。谷，山谷，这里指水道。　[6] 加功：耕耘。　[7] 遂长：成长。　[8] 鲧、禹之功不立：鲧和禹不能取得治水的成就。　[9] 后稷之智不用：后稷没有教会百姓稼穑。　[10] 私志不得入公道：个人想法不能混同公共道理。私志，个人的意愿。公道，公共的道理。　[11] 枉：扭曲。正术：正当措施。　[12] 循理而举事：遵循道理做事。　[13] 因资而立：王念孙云：“‘因资而立’下脱一字，当依《文子·自然篇》作‘因资而立功’。”因资而立功，在客观条件上施加人为影响。资，资源，这里指客观条件。权自然之势：衡量客观情势。　[14] 曲故：巧诈。不得容：不得用。容，通“庸”，用。　[15] 身弗伐：不夸耀自己的功劳。　[16] 名弗有：不占有名誉。　[17] 攻：推。　[18] 熯（hàn）：用火烘干。　[19] 以淮灌山：引淮河浇灌山岗。　[20] 用己：凭主观行事。　[21] 舟：与下文的“鸠”“輴”“蔂”即前文所谓四载。　[22] 鸠：用于沙路的小车。　[23] 輴（chūn）：古代用于泥路的交通工具，又名橇。　[24] 蔂（léi）：登山的用具。　[25] 夏渎（dú）而冬陂（bēi）：夏天疏通沟渠，冬天修筑池塘。渎，沟渠。陂，池塘。

世俗废衰，而非学者多[1]：“人性各有所修短，若鱼之跃，若鹊之驳[2]，此自然者，不可损益[3]。”吾以为不然。夫鱼者跃、鹊者驳也，犹人马之为人马[4]，筋骨形体，所受于天不可变。

这里把学习与教化等同。道家认为教化是以外在规范约束天性，儒家则肯定教化的人文意义。驾马服牛在庄子那里是受批评的，而此处却作为教化的正面例证来使用。这种差异反映了儒家和道家对于教化的不同理解。

以此论之，则不类矣。夫马之为草驹之时[5]，跳跃扬蹄，翘尾而走，人不能制[6]，龁咋足以噆肌碎骨[7]，蹶蹄足以破卢陷匈[8]。及至圉人扰之[9]，良御教之，掩以衡扼[10]，连以辔衔[11]，则虽历险超堑弗敢辞[12]。故其形之为马，马不可化，其可驾御，教之所为也。马，聋虫也[13]，而可以通气志[14]，犹待教而成，又况人乎？

[注释]

[1]非学：否定学习。 [2]驳：杂，指乌鹊的毛色各异。 [3]损益：减少和增加。 [4]“犹人马之为人马”以下五句：用人是人，马是马，筋骨形体天然生成而不可改变来否定学习的意义，是用不同类的事物做不恰当的类比。犹人马之为人马，刘文典云：“‘犹人马之为人马’，义不可通。疑本作‘犹人之为人，马之为马’。高注言‘人自为人，马自为马’，是其证。” [5]草驹：幼马。马五尺以下为驹，放养草丛之中，故称草驹。 [6]制：禁。 [7]龁咋（hé zé）：啃咬。龁，咬。咋，咬。噆（zǎn）肌碎骨：嚼烂肉体，咬碎骨头。噆，咀嚼。 [8]蹶蹄：扬蹄蹬踢。破卢陷匈：踏破头颅，踩塌胸口。卢，同“颅”，头颅。匈，同“胸”。 [9]圉（yǔ）人：养马人。扰：驯服。 [10]掩：套上。衡扼：马套。衡，车辕前端套牲口的横木。扼，通“轭（è）”，驾在牛马颈上的曲木。 [11]连：控制。辔（pèi）：缰绳。衔：马嚼子，据以控制马的行止。 [12]超堑：跨越沟沟坎坎。 [13]聋虫：无知的禽兽。 [14]通气志：指能够听懂人话。

且夫身正性善[1]，发愤而成仁，帽凭而为义[2]，性命可说[3]，不待学问而合于道者，尧、舜、文王也；沉湎耽荒[4]，不可教以道，不可喻以德[5]，严父弗能正[6]，贤师不能化者[7]，丹朱、商均也[8]。曼颊皓齿[9]，形夸骨佳[10]，不待脂粉芳泽而性可说者[11]，西施、阳文也[12]；啳脬哆呺[13]，籧篨戚施[14]，虽粉白黛黑弗能为美者，嫫母、仳倠也[15]。夫上不及尧、舜，下不及商均，美不及西施，恶不若嫫母，此教训之所谕也，而芳泽之所施。

尧舜生性良善，无需教化，丹朱、商均生性恶劣，不可教化，如同美女不待脂粉，丑女修饰无益一样。但是大多数人处于“上不及尧、舜，下不及商均，美不及西施，恶不若嫫母”的状态，教化是针对这样的普通人。从《修务训》此处所论，可知它持性三品说。这是汉代比较流行的一种人性理论。

[注释]

[1] 身正：就外在形貌举止言其端正。性善：就内在天性言其纯善。　[2] 帽凭：充满正义感。高诱注：帽凭，盈满积思之貌。　[3] 说：悦。　[4] 沉湎（miǎn）：沉溺于酒。耽荒：沉溺于乐（lè）。　[5] 喻：晓喻。　[6] 正：使之端正。　[7] 化：使之被感化。　[8] 丹朱：传说是尧的儿子，品行不端，所以尧禅位于舜而不传丹朱。商均：传说是舜的儿子，品行不端，所以舜禅位于禹而不传商均。　[9] 曼颊皓齿：面色粉白，牙齿整齐有光泽。曼，细腻。　[10]形夸：体态优美。夸，同“姱（kuā）”，美好。　[11]性可悦：指西施天生美貌让人赏心悦目。性，天性。　[12] 西施：越国美女。阳文：楚国美女。　[13] 啳脬（quán kuí）：颧骨高，难看。啳，同“颧”。脬，貌丑。哆呺（chǐ huī）：龅牙嘴歪。哆，

张口。吻，口不正。 [14] 籧篨（qú chú）：身有残疾不能俯身之人。戚施：貌丑驼背之人。 [15] 嫫母：据说是黄帝妃，貌丑。仳倠（pí suī）：古丑女。

且子有弑父者，然而天下莫疏其子[1]，何也？爱父者众也；儒有邪辟者[2]，而先王之道不废，何也？其行之者多也。今以为学者之有过而非学者，则是以一饱之故[3]，绝谷不食，以一蹪之难[4]，辍足不行[5]，惑也。今有良马不待策錣而行[6]，驽马虽两錣之不能进[7]，为此不用策錣而御则愚矣。夫怯夫操利剑，击则不能断，刺则不能入，及至勇武攘卷一捣[8]，则折胁伤干，为此弃干将、镆邪而以手战则悖矣。

[注释]

[1] 疏：疏远。 [2] "儒有邪辟者" 以下四句：儒士有行为不轨的，但先王之道不会废弃，为什么？因为真诚奉行的人多。邪辟，行为不轨。 [3] 饱：据王念孙说，"饱" 当为 "噎"。噎（yē），食物堵住嗓子。 [4] 蹪（tuí）：跌倒。 [5] 辍（chuò）足：止步不前。辍，中止。 [6] 策錣：用马鞭抽打，马刺刺扎，催马快跑。策，马鞭。錣，马刺。 [7] 两：孙志祖云："'两'，考证据别本改 '册'"。册，通 "策"。进：加快前行。 [8] "及至勇武攘卷一捣" 以下三句：勇敢的武士挥拳一击，就能打断肋骨，打伤身

体，但因此丢弃干将、镆邪而空手搏斗，就太荒谬了。勇武，勇敢的武士。攘卷，撸起衣袖，此处表示奋力挥拳。捣，直击。干，躯干。干将、镆邪，皆名剑名。手战，徒手肉搏。

所谓言者[1]，齐于众而同于俗[2]。今不称九天之顶[3]，则言黄泉之底[4]，是两末之端议[5]，何可以公论乎！夫橘柚冬生[6]，而人曰冬死[7]，死者众；荠麦夏死，人曰夏生，生者众。江河之回曲，亦时有南北者，而人谓江河东流；摄提、镇星、日月东行[8]，而人谓星辰日月西移者，以大氐为本[9]。胡人有知利者[10]，而人谓之駤[11]；越人有重迟者[12]，而人谓之訬[13]，以多者名之。若夫尧眉八彩[14]，九窍通洞[15]，而公正无私，一言而万民齐[16]。舜二瞳子[17]，是谓重明[18]，作事成法[19]，出言成章。禹耳参漏[20]，是谓大通，兴利除害，疏河决江。文王四乳[21]，是谓大仁，天下所归，百姓所亲。皋陶马喙[22]，是谓至信，决狱明白，察于人情[23]。禹生于石[24]，契生于卵[25]，史皇产而能书[26]，羿左臂修而善射[27]，若此九贤者[28]，千岁而一出，犹继踵而生！今无五圣之天奉[29]，四俊之才难[30]，欲弃

石生神话，是大禹之子启生于石。本段上文言“禹耳参漏”且归禹于“五圣”，下文又以“四俊”概指契等四人，并与五圣合称“九贤”，因此，此处“禹生于石”，作“启生于石”更恰当。

道家倡导因循性情，这里却认为“循性”等于“弃学”，以不赞同“弃学”而批评“循性”。这种批评的态度亦显示出儒家不同于道家的立场。

学而循性，是谓犹释船而欲蹍水也[31]。夫纯钩、鱼肠之始下型[32]，击则不能断，刺则不能入，及加之砥砺，摩其锋剽[33]，则水断龙舟[34]，陆刳犀甲。明镜之始下型，蒙然未见形容[35]，及其粉以玄锡[36]，摩以白旃[37]，鬓眉微豪，可得而察。夫学，亦人之砥锡也[38]，而谓学无益者[39]，所以论之过。

[注释]

[1] 言：言论。这里指发表议论，讨论问题。 [2] 同于俗：符合常识。 [3] 九天之顶：古人认为天有九重，之顶极言其高。 [4] 黄泉：地下深处。之底：极言其低。 [5] 两末之端议：固执两个极端的偏激言论。末，端。 [6] 橘柚冬生：指橘柚在冬季果熟。 [7] 人曰冬死：人们说植物在冬季枯死。 [8] 摄提：古代岁星纪年法，岁星在寅为摄提，这里指太岁的运行。镇星：中央土星，镇四方，故曰镇。刘台拱认为，“日月无东行之理”，“日月”二字是抄写涉下文日月而误。 [9] 大氐：大概。 [10] 胡人：北方少数民族。知利：知道利害关系。 [11] 駤（zhì）：蛮横无理。 [12] 重迟：行动迟缓。 [13] 訬（chāo）：轻捷。 [14] 尧眉八彩：传说尧的母亲庆都与赤龙合而生尧，尧如赤龙所负之彩图，眉宇有八种颜色。八彩，八种颜色。 [15] 九窍通洞：概指耳聪目明，能够领会天道。 [16] 齐：一致。意思皆听从于尧。 [17] 二瞳子：一只眼睛有两个瞳孔。 [18] 重明：看得特别清楚。 [19] 成法：成为法则。 [20] 参漏：一只

耳朵有三个孔窍。 [21] 四乳：四个乳头。乳可以养人，故曰大仁。 [22] 皋陶：传说是舜之臣，掌管刑狱之事。喙：嘴。 [23] 人情：人们的真实情况。 [24] 禹生于石：高诱注："禹母修己，感石而生禹，折胸而出。" [25] 契：商族始祖，传说其母简狄食鸟卵而生契。 [26] 史皇：即仓颉，传说是文字的发明者。产：出生。书：写字。 [27] 修：长。 [28] "若此九贤者" 以下三句：这九位圣贤，一千年出一个，也像接踵而至呢！意思是非常难得。 [29] 天奉：天赋。 [30] 俊：才能超过千人为俊。才难：难得的才能。 [31] 蹍：履。意思是放弃乘船，赤足蹚水。 [32] 纯钩、鱼肠：皆宝剑名。始下型：刚从模子里取出来。型，铸造器物的模子。 [33] 摩：通"磨"，打磨使锋利。锋剸（è）：利刃。剸，同"锷"，刀剑之刃。 [34] "则水断龙舟" 二句：在水里能够砍断小船，在陆地能够割断铠甲。钊（tuán），割断。犀甲，犀牛皮制作的铠甲。 [35] 蒙然：模糊不清。未见（xiàn）形容：不能照出容貌。见，使显现。 [36] 粉：涂抹。玄锡：铅粉。 [37] 旃：毡。 [38] 砥锡：即上文的砥砺、玄锡。 [39] "而谓学无益者" 二句：认为学习无用，这样的观点是错误的。

昔者，苍颉作书[1]，容成造历[2]，胡曹为衣[3]，后稷耕稼[4]，仪狄作酒[5]，奚仲为车[6]。此六人者[7]，皆有神明之道，圣智之迹，故人作一事而遗后世，非能一人而独兼有之。各悉其知[8]，贵其所欲达，遂为天下备。今使六子者易事[9]，而明弗能见者何[10]？万物至众，而知不足以奄之[11]。周室以后，无六子之贤，而皆修其业[12]；当世之人，无一人之才，而知其六贤之道者何？教顺施续而知能流通[13]。由此观之，学不可已明矣[14]。……夫瘠地之民多有心者[15]，劳也；沃地之民多不才者[16]，饶也。由此观之，知人无务[17]，不若愚而好学。自人君公卿至于庶人，不自强而功成者[18]，天下未之有也。

知识传授对于文明传承具有重大意义。

[注释]

[1]苍颉：传说是黄帝的史官，文字的创造者。 [2]容成：传说是黄帝的大臣，造制历法。 [3]胡曹：传说是黄帝的大臣，制做衣裳。 [4]后稷：相传是舜的农官，周的先祖，教民稼穑。 [5]仪狄：相传是夏禹时发明酿酒的人。 [6]奚仲：相传是夏代的车正，造作车辆。 [7]“此六人者”以下五句：这六个人，都绝顶聪明，具有圣明的智慧，所以每人创制一样东西流传后世，却不能一人独占所有发明。 [8]“各悉其知”以下三句：他们都尽其所知，用在自己发明的东西上，最终为天下提供了必要的生活技能。 [9]易事：交换所致力的发明。 [10]明弗能见（xiàn）：聪明不能表现出来。见，展现。 [11]奄（yǎn）：覆盖。 [12]修其业：从事他们的事业。 [13]教顺：教训。施续：延续。知：智慧，这里指六贤智慧所发明的技能。 [14]已：停止。 [15]瘠地：贫瘠的土地。有心：用心琢磨。 [16]不才：无能。 [17]知人：聪明的人。无务：不动脑子。 [18]功成：获得成功。

三代与我同行[1]，五伯与我齐智[2]，彼独有圣智之实，我曾无有闾里之闻[3]，穷巷之知者何？彼并身而立节[4]，我诞谩而悠忽[5]。今夫毛嫱、西施[6]，天下之美人，若使之衔腐鼠，蒙猬皮[7]，衣豹裘，带死蛇[8]，则布衣韦带之人过者[9]，莫不左右睥睨而掩鼻[10]。尝试使之施芳泽[11]，正娥眉[12]，设笄珥[13]，衣阿锡[14]，曳齐纨[15]，粉白黛黑，佩玉环揄步[16]，杂芝若[17]，笼蒙目视[18]，冶由笑[19]，目流眺[20]，口曾挠[21]，奇牙出[22]，[23]，则虽王公大人，有严志颉颃之行者[24]，无不惮馀痒心而悦其色矣[25]。今以中人之才，蒙愚惑之智，被污辱之行，无本业所修[26]，方术所务，焉得无有睥面掩鼻之容哉？……君子修美[27]，虽未有利，福将在后至。故《诗》云："日就月将[28]，学有缉熙于光明。"此之谓也。

[注释]

[1] 三代：夏商周三代。同行：志向相同。　[2] 五伯：五霸，指春秋五霸。齐智：才智相等。　[3] "我曾无有闾里之闻"二句：我竟然连闾里的声誉、陋巷的名气都没有是为什么。曾，竟

然。闾，古代二十五家为一闾。里，街坊。古代五家为邻，五邻为里。穷巷，冷僻陋巷。 [4] 并身：身心专一。立节：有所建树。 [5] 诞谩：放纵散漫。悠忽：漫不经心。 [6] 毛嫱（qiáng）：传说是越王侍妾，因美得宠。 [7] 蒙猬皮：身披刺猬皮。 [8] 带死蛇：用死蛇做腰带。 [9] 布衣韦带之人：指一般平民。韦带，无装饰的皮带，古代贫贱者的服饰。过者：经过她们身边的人。 [10] 左右睥睨（pì nì）：摇头斜视貌。睥睨，斜视。 [11] 尝试：表示假设的语气词。施芳泽：用香汤沐浴。 [12] 正娥眉：画眉毛。 [13] 设：戴上。笄（jī）：发簪。珥（ěr）：珠玉做的耳饰。 [14] 阿锡（ē xī）：轻细的丝麻织品。 [15] 曳（yè）：拖，拉，这里指长裙曳地。齐纨（wán）：齐地所产的细绢，以精美著称。 [16] 揄（yú）步：当作“揄步摇”，与“佩玉环”为对。揄步摇，形容步履轻盈。揄，拖曳。 [17] 杂芝若：交错佩戴着芷兰和杜若。芝，通“芷”，香草。若，杜若，亦香草。 [18] 笼蒙：目光迷离貌。 [19] 冶由笑：笑容娇媚。冶，艳丽。 [20] 目流眺（tiào）：眼波流转。 [21] 曾挠：向上弯曲，这里指微笑时唇线上曲。 [22] 奇牙：虎牙。 [23] 靥（yè）：脸上的酒窝。酺（fǔ）：脸颊。 [24] 严志：志向高远。颉颃（xié háng）：倔强。 [25] 惮悇（tú）：王念孙云：“‘惮’当作‘憛（tán）’。”憛悇，贪恋。痒心：心动欲求的感觉。 [26] “无本业所修”二句：不去修习分内的职业，不去钻研相关的技能。本业，应当从事的职业。 [27] 修美：培养善行。 [28] “日就月将”二句：引诗见《诗·周颂·敬之》，意思是：一天天奋进，一月月前行，由浅入深，直到光明之境。缉熙，渐积广大。

[点评]

《修务训》是《淮南子》第十九篇。修，修养，研习。

务，具体事务。所谓修务，就是努力学习，积极应对人间的各种事务。

《修务训》开篇，就以神农、尧、舜、禹、汤皆是有为圣人，称言“以五圣观之，则莫得无为明矣”，在具体描述了五圣的事迹之后，《修务训》指出，圣人肩负管理天下的大责任，要推行大道，振起穷困，甚至自为牺牲禳灾而谋福百姓，这样的夙兴夜寐，奔走四方，如何可能是“无为”的呢？所以，《修务训》的结论是：“圣人忧民，如此其明也，而称以无为，岂不悖哉！”对无为进行了否定。

尧、舜、禹、汤是“天下之盛主”，他们要“嬴天下之忧而任海内之事”，当然不能无所作为。那些“布衣徒步之人”又如何呢？他们是否可以无为呢？《修务训》以伊尹、吕望、百里奚、管仲、孔子、墨子为例，指出这些历史上有影响的重要人物，最初都是普通人，但是因为他们心怀天下，所以都同样地想方设法时不我待地为天下奔劳，即使是蒙受耻辱，仍然奋进努力。《修务训》在讲述了他们的事迹之后，得出了同样的结论：“圣人之忧劳百姓甚矣。”他们“起天下利而除万民之害”的各种努力，显然不是无所作为的。

就《修务训》的这些内容来看，说它不赞成无为，批评无为，甚至反对无为，应该是顺理成章的结论。但是，《修务训》自己却话锋一转，对何谓无为何谓有为进行了一番特别的说明，它说：

若吾所谓无为者，私志不得入公道，嗜欲不得枉

正术，循理而举事，因资而立权自然之势，而曲故不得容者。事成而身弗伐，功立而名弗有，非谓其感而不应，攻而不动者。若夫以火熯井，以淮灌山，此用己而背自然，故谓之有为。若夫水之用舟，沙之用鸠，泥之用輴，山之用蔂，夏渎而冬陂，因高为田，因下为池，此非吾所谓为之。

根据这个说明，“无为”是顺势而为，并不是“感而不应，攻而不动”；有为则是“用己而背自然”的胡乱作为，例如“以火熯井，以淮灌山”之类的荒谬举措，就“谓之有为”。因此，无为是正确的行为方式，而有为则是错误的。据此可以推论，《修务训》是肯定无为而反对有为的。

《修务训》既然开篇就批评“无为”，又该如何理解它关于“无为”“有为”的这一段说明呢？我认为，对于这个问题，还是应该从《淮南子》的作者构成来看。《淮南子》有“毛被、伍被”之类的道家人物，也有“大山、小山”这样的儒家人物。从整部《淮南子》来看，显然是道家立场更加强势，道家人物在压制儒家人物。所以，处于劣势的儒家人物，不得不在话语上迁就道家，甚至只能用道家的话语来表达儒家的立场。《缪称训》《人间训》都有一个颇具道家色彩的开篇，可以为证，《修务训》关于“无为”“有为”的辨析，也是明显的例证。

《修务训》开篇批评“无为”，却对“无为”做了一个近乎荒谬的消极描述：“无为者，寂然无声，漠然不动，引之不来，推之不往”；而上段引文说“以火熯井，以淮灌山，此用己而背自然，故谓之有为”，这样的“有为”，也近乎荒谬。与这种荒谬“有为”相对的，则是正确的“无为”，这就是“吾所谓无为者，私志不得入公道……权自然之势，而曲故不得容”。然而这种正确的“无为”，究竟是“无为”呢？还是“有为”呢？联系到《修务训》对于圣人事迹的描述和“圣人之忧劳百姓甚矣”的断语，还有“自人君公卿至于庶人，不自强而功成者，天下未之有也”之类的说法，以及上文已经引用过的“以五圣观之，则莫得无为明矣”，“圣人忧民，如此其明也，而称以无为，岂不悖哉”的论断，我们确实可以质问，《修务训》要肯定的，究竟是“无为”呢？还是“有为”？

《修务训》似乎陷入了混乱，而混乱发生的原因，显然是因为强势的道家已经把“无为”确定为“理论正确”，《修务训》不得不在这样的前提之下，以改换内容的方式，即把原本属于有为范畴的内容放置在无为的观念之下来加以肯定。于是，在《修务训》中才会有荒谬的无为、荒谬的有为、正确的无为三种方式，而正确的无为正好就是圣人们在其历史功绩中所体现出来的大有作为。

现代的研究者经常援引《修务训》关于“无为”“有为”的这一段论说，来说明《淮南子》的无为思想是一种积极的无为，并不是无所作为的消极无为。这种理解其实是一个误会。因为《修务训》的这段话并不能代表《淮南子》的无为思想，它表明的是被道家压制的儒家在理论表达上的纠结。而儒家即使无比纠结，仍然在顽强地表达着自己的观点，这就是充分肯定人的作为，肯定文明的创造。这一点，在《修务训》后半段关于“学习”的讨论中，同样是清晰可见的。

鼓励学习，倡导教化，也是《修务训》的重要主题，这个主题与开篇的批评无为，其实有内在的相关性，都是站在儒家的立场上充分肯定人为的意义。道家重视“自然”，之所以强调“无为”，是认为人为会改变和破坏“自然”，之所以“非学”，也是认为“教化”是外在改造，对于“自然”仍然是干预。而《修务训》则从儒家的立场出发，从各个方面强调学习的重要。开始说不能因为学者中或有过失，就否定学习的必要，然后说不能因为圣贤是天纵之圣，就以天性来否定学习，因为绝大多数人，并不具有“五圣之天奉，四俊之才难”，因此，以普通之才“欲弃学而循性”，就如同放弃乘船，一定要赤足蹚水一样，是不可能渡过深广河流的。《修务训》还举例说，利剑刚刚从模具里取出来的时候，并不锋利，只有在磨砺之后，才成了利剑。明镜也是一样，初出模具不能照现面容，但是在用铅粉打磨之后，细微的毛发都能够清晰映现。《修务训》的结论是“夫学，亦人之砥锡也”，因此“非学”是不对的，必须加以批评。《修务训》还以知识技能的传承，来申说学习的必要。它说苍颉、容成等人各有发明，但也只有自己的一项发明，现在的人并不具备他们的才能，却能够同时拥有他们的所有才能，就是因为知识的传授和流通，人们通过自己的主动学习才成为可能的。因此，“学不可已”是一个简明的道理，聪明人如果无所用心，还不如一个好学的笨人。《修务训》最后引《诗经》来鼓励人们努力“修美”，朝着圣人的境界永不停歇地持续挺进，表达了儒家积极向上的道德挺立精神。

卷二十 泰族训

天设日月[1]，列星辰，调阴阳，张四时，日以暴之[2]，夜以息之[3]，风以干之，雨露以濡之[4]。其生物也，莫见其所养而物长；其杀物也，莫见其所丧而物亡：此之谓神明[5]。圣人象之[6]，故其起福也[7]，不见其所由而福起；其除祸也，不见其所以而祸除。远之则迩[8]，延之则疏[9]；稽之弗得[10]，察之不虚[11]；日计无算[12]，岁计有余。夫湿之至也[13]，莫见其形而炭已重矣[14]。风之至也，莫见其象而木已动矣[15]。日之行也，不见其移，骐骥倍日而驰[16]，草木为之靡[17]，县熢未转[18]，而日在其前[19]。故天之且风[20]，

《泰族训》以“天”为理论基础，不同于《原道训》以“道”开篇，以“道”为理论基础。

春秋战国时代，诸侯扩张，在新开发的边远地区划分行政区域，由国君派官员直接管理。因为远离都城，孤悬在外，故称“县”。县处边境，容易受敌，故设烽火台报警。

草木未动而鸟已翔矣；其且雨也，阴曀未集而鱼已唅矣[21]：以阴阳之气相动也[22]。故寒暑燥湿，以类相从[23]；声响疾徐，以音相应也。故《易》曰："鸣鹤在阴[24]，其子和之。"……天之与人，有以相通也[25]。故国危亡而天文变[26]，世惑乱而虹霓见[27]，万物有以相连，精祲有以相荡也[28]。

这是汉代十分流行的天人感应思想。

[注释]

[1]"天设日月"以下四句：上天设置日月，排列星辰，协调阴阳，展开四季。张：铺开。 [2]暴(pù)：同"曝"，晒。 [3]息：歇息。 [4]濡(rú)：浸湿。 [5]神明：这里指神妙的作用。 [6]象：模仿。 [7]"故其起福也"以下四句：圣人兴起福祉，没有见他发动而幸福已经到来；去除祸害，没有见他动作而祸害已经清除。 [8]迩(ěr)：近。 [9]延：王念孙认为当作"近"。疏：疏远。 [10]稽(jī)：考查。 [11]察：查看。 [12]无算：何宁认为当作"不足"。根据何宁之说，则以下二句意为：按日计算好像不够，按年计算却有富余。 [13]湿：湿气。 [14]炭已重：木炭已经因受潮增加分量。 [15]莫见其象：指风无形象可见。木已动：指树木枝叶摇动。 [16]骐骥：千里马。倍日：背向太阳。倍，通"背"。 [17]草木为之靡：指快马奔驰带起的风让草木倒下，形容奔驰疾迅。靡，倒下。 [18]县(xuán)燧：边远地区设置的报警烽火台。县，同"悬"，悬挂。燧，烽火台。有警报时，前一烽火台点燃，后一烽火台也要点燃，这样依次传递警报。未转：

指下一个烽火台还未点燃传讯的烽火，形容时间极快。 [19] 日在其前：太阳又到了奔马的前面。 [20] 且：即将。 [21] 阴曀（yì）未集而鱼已噞（yǎn）矣：乌云尚未聚集，鱼儿已经浮上水面呼吸了。阴曀，阴暗。噞，鱼露出水面张口呼吸。 [22] 相动：指阴阳之气对事物的影响。 [23] 以类相从：因为同类而相互作用。 [24]“鸣鹤在阴”二句：引文见《周易·中孚·九二》。阴，同“荫”，树荫。子，鸣鹤的配偶。 [25] 相通：相互关联相互影响。 [26] 天文：指日月星辰在天空的位置及其运行轨迹所形成的天象。 [27] 虹霓：被认为是太阳之旁的妖气。见（xiàn）：同“现”，显现，出现。 [28] 精祲（jìn）：阴阳相侵的灾祸之气。相荡：相互影响。

故凡可度者[1]，小也；可数者[2]，少也。至大，非度之所能及也；至众，非数之所能领也[3]。故九州不可顷亩也[4]，八极不可道里也，太山不可丈尺也[5]，江海不可斗斛也[6]。故大人者，与天地合德[7]，日月合明，鬼神合灵，与四时合信[8]。故圣人怀天气，抱天心，执中含和[9]，不下庙堂而衍四海[10]，变习易俗，民化而迁善[11]，若性诸己[12]，能以神化也[13]。……圣人之治天下，非易民性也[14]，拊循其所有而涤荡之[15]，故因则大，化则细矣[16]。

“因”之所以大，是因为“因”能够让对象的内在本质充分显现，发挥出自身的积极性。“作”则细小，是因为“作”是外部强制，容易造成内外对抗，这样相互消耗，不仅不能获得对象的助益，反而抵消了自己原有的力量，所以就小了。

[注释]

[1] 可度：可以度量。 [2] 可数：可以计数。 [3] 领：统

领。 [4] 顷亩：土地面积单位。这里用作动词，指用顷亩为单位测量九州。下文的“道里”“丈尺”“斗斛”同义。 [5] 太山：泰山。 [6] 斛（hú）：容量单位，一斛十斗，后来改为五斗。 [7] 合德：具有与天地同样的德性。下文的“合明”“合灵”“合信”同义。 [8] 信：这里指四季按时到来。 [9] 执中含和：守持中庸，蕴涵和气。 [10] 庙堂：指朝廷。衍：推广。 [11] 迁善：向善。 [12] 性诸己：好像是本性中原本就有的。 [13] 能以神化：能够在不知不觉中感化。 [14] 易民性：改造民性。 [15] 拊循：养护。涤荡：清除污垢。 [16] 化：王念孙云：“‘化’字义不可通。‘化’当为‘作’，字之误也。圣人顺民性而条畅之，所谓因也。反是，则为作矣。”

“因”的观念出自黄老道家，《泰族训》的作者创造性地接受了这一观念，把圣人之“作”，解释为“因”：顺因外在的客观条件和需要，积极地予以满足。

禹凿龙门[1]，辟伊阙[2]，决江浚河[3]，东注之海[4]，因水之流也[5]。后稷垦草发菑[6]，粪土树谷[7]，使五种各得其宜[8]，因地之势也。汤、武革车三百乘[9]，甲卒三千人[10]，讨暴乱，制夏、商，因民之欲也[11]。故能因，则无敌于天下矣。

［注释］

[1] 龙门：黄河狭隘处，传说大禹凿通，河水得以畅流。 [2] 伊阙：黄河支流伊河狭隘处。 [3] 浚：疏通河道。 [4] 东注之海：形容水流通畅，快速奔流入海。注，灌入。 [5] 因水：顺因水往下流的习性。 [6] 垦草：开荒。发菑（zī）：重耕荒废的农田。 [7] 粪土：给土地施肥。 [8] 五种：即五谷。 [9] 革车：兵车。 [10] 甲卒：士兵。 [11] 因民之欲：顺从民心。

夫物有以自然[1]，而后人事有治也[2]。故良匠不能斫金[3]，巧冶不能铄木[4]，金之势不可斫[5]，而木之性不可铄也。埏埴而为器[6]，窬木而为舟[7]，铄铁而为刃，铸金而为钟，因其可也。驾马服牛[8]，令鸡司夜[9]，令狗守门，因其然也。民有好色之性[10]，故有大婚之礼；有饮食之性，故有大飨之谊[11]；有喜乐之性[12]，故有钟鼓管弦之音[13]；有悲哀之性，故有衰绖哭踊之节[14]。故先王之制法也[15]，因民之所好而为之节文者也。因其好色而制婚姻之礼，故男女有别；因其喜音而正雅颂之声[16]，故风俗不流[17]；因其宁家室、乐妻子，教之以顺，故父子有亲；因其喜朋友而教之以悌[18]，故长幼有序。然后修朝聘以明贵贱[19]，飨饮习射以明长幼[20]，时搜振旅以习用兵也[21]，入学庠序以修人伦[22]。此皆人之所有于性，而圣人之所匠成也[23]。

《泰族训》以“匠成”思想改造了“因”的观念，把圣人的制作都描述为因顺人性而成就人性。这样就改变了道家之“因”对于“作”的排斥，为儒家“有圣人作”的历史描述奠定了人性基础。

[注释]

[1] 自然：自己而然，这里指事物的本性。 [2] 人事：人的作用。 [3] 匠：木工。斫（zhuó）：砍削。 [4] 冶：铸造金属器物的工匠。铄（shuò）：融化金属。 [5] 金之势：金属的本质。势，

趋势。这里指由本质所具有的定然态势。 [6] 埏（shān）埴：用水和泥，揉成可以制作器皿的泥坯。埴，黏土。 [7] 窬（yú）木：中空。这里指挖空树木。 [8] 服：驯服。 [9] 司夜：报时。 [10] 好色：求偶。 [11] 飨（xiǎng）：宴请宾客。谊：通“仪”，礼节。 [12] 喜乐（lè）：内心欢喜。 [13] 音：音乐。 [14] 衰绖（cuī dié）：丧服。踊（yǒng）：因悲恸而捶胸顿足。 [15] “故先王之制法也”二句：先王制定法令，是因顺民众的爱好而加以节制和修饰。节文，节制和修饰。 [16] 雅颂：《诗经》分为风、雅、颂三类，风是民间歌谣，雅、颂是庙堂诗歌。这里雅颂喻指高雅乐曲。 [17] 流：放荡。 [18] 悌：敬爱兄长。 [19] 朝聘：诸侯定期朝见天子。 [20] 飨饮：乡人共聚饮酒。习射：学习射术。宴饮时有射礼。飨饮和射礼皆以长幼为序。 [21] 时搜：阅兵。振旅：整顿军队。 [22] 庠（xiáng）序：泛指古代学校。修人伦：学习处理人际关系。修，研习。人伦，人与人之间的伦理关系。 [23] 匠成：匠人把原木制成器皿，这里喻指圣人对于人格塑造的作用。

董仲舒在《春秋繁露·深察名号》中说：“性如茧、如卵，卵待覆而为雏，茧待缫而为丝，性待教而为善。”与《泰族训》同调。由此可见《泰族训》的儒家风格。

故无其性，不可教训；有其性，无其养[1]，不能遵道[2]。茧之性为丝，然非得工女煮以热汤而抽其统纪[3]，则不能成丝。卵之化为雏，非慈雌呕暖覆伏[4]，累日积久，则不能为雏。人之性有仁义之资[5]，非圣人为之法度而教导之，则不可使乡方[6]。故先王之教也，因其所喜以劝善[7]，因其所恶以禁奸[8]，故刑罚不用而威行如流[9]，政令约省而化耀如神[10]。故因其性则天下听从[11]，拂其性则法县而不用。

[注释]

[1] 养：教养。 [2] 遵道：顺道，守规矩。 [3] 统纪：丝的头绪。 [4] 慈雌：母鸡。呕（xū）暖覆伏：指母鸡趴窝孵化小鸡。呕，抚育。 [5] 资：资质。 [6] 乡（xiàng）方：向道。乡，同“向”。方，道义。 [7] 劝：鼓励。 [8] 恶（wù）：厌恶。禁奸：禁止做坏事。 [9] 威行如流：指声威如流水通行无阻。威，声威。行，通行。 [10] 政令约省而化耀如神：（先王的）政令简约，教化如神灵光明照耀。化耀，教化所取得的辉煌成就。 [11] “故因其性则天下听从”二句：因顺人的本性，天下都会听从，违背人的本性，法令会空悬而不起作用。拂，违背。县（xuán），同“悬”。

昔者，五帝三王之莅政施教[1]，必用参五[2]。何谓参五？仰取象于天[3]，俯取度于地，中取法于人，乃立明堂之朝[4]，行明堂之令，以调阴阳之气[5]，以和四时之节，以辟疾病之灾[6]。俯视地理[7]，以制度量，察陵陆水泽肥墩高下之宜[8]，立事生财[9]，以除饥寒之患。中考乎人德[10]，以制礼乐，行仁义之道，以治人伦而除暴乱之祸[11]。

建立符合明堂的政治制度，颁布符合明堂的政策法令。

[注释]

[1] 莅（lì）政：临朝处理政务。莅，临。施教：实施教化。 [2] 参（sān）五：即下文解说的三项基本原则，五种伦理关系。参，三。 [3]“仰取象于天”以下三句：取象就天文而言，取度就地理而言，取法就人理而言。 [4] 明堂：古代帝王发布政令的地方。 [5]“以调阴阳之气”二句：朝廷政治协调于阴阳之气，吻合于四时节律。节，节气。 [6] 辟（bì）：同“避”。 [7]“俯视地理”二句：根据地理来制定度量的标准。 [8] 墽（qiāo）：瘦瘠的土地。 [9] 立事生财：安排各种土地的用途，创造财富。 [10] 人德：人的内在品质，也就是人性。 [11] 治人伦：使人伦关系井然有序。治，理。除暴乱之祸：免除暴乱带来的灾祸。

汉代有五行相生和五行相胜的不同说法，对于五行次序有不同排列。相生说的排序是：木火土金水。相胜说的排序是：金木土水火。

乃澄列金木水火土之性[1]，以立父子之亲而成家[2]；别清浊五音六律相生之数[3]，以立君臣之义而成国[4]；察四时季孟之序[5]，以立长幼之礼而成官[6]。此之谓参。制君臣之义、父子之亲、夫妇之辨、长幼之序、朋友之际，此之谓五[7]。乃裂地而州之[8]，分职而治之[9]，筑城而居之，割宅而异之[10]，分财而衣食之，立大学而教诲之[11]，夙兴夜寐而劳力之[12]。此治之纲纪也[13]。

[注释]

[1] 澄（chéng）列金木水火土之性：充分了解金木水火土五

行的属性，并对五行关系有清楚的排列。澄列，清楚排列。 [2] 立父子之亲而成家：确立父子相亲的原则来维系家庭。成家，成为一个家庭。 [3] 五音六律相生之数：参见《天文训》。 [4] 成国：成为一个国家。 [5] 季孟：一年四季，每季三月，以孟、仲、季为序。 [6] 成官：建成管理体制。 [7] 五：五种最基本的人伦关系以及处理这些关系的原则。 [8] 裂地：划分区域。州：古代地方行政区域，这里作动词，即设立州县。 [9] 职：何宁曰："'职'当为'国'，字之误也。……裂地而州，分国而治，筑城而居，割宅而异，由九州之大，至一宅之细，皆就地域区划以次言之，间以'分职而治'，则不类矣。" [10] 割宅：划分田宅分别居住。 [11] 大（tài）学：设于京城的最高学府。 [12] 夙（sù）：早，早晨。 [13] 此治之纲纪也：这是管理天下的基本原则。

夫物未尝有张而不弛[1]，成而不毁者也，惟圣人能盛而不衰，盈而不亏[2]。神农之初作琴也，以归神[3]，及其淫也[4]，反其天心[5]。夔之初作乐也[6]，皆合六律而调五音，以通八风[7]；及其衰也，以沉湎淫康[8]，不顾政治，至于灭亡。苍颉之初作书[9]，以辩治百官[10]，领理万事[11]，愚者得以不忘[12]，智者得以志远；至其衰也，为奸刻伪书[13]，以解有罪[14]，以杀不辜。汤之初作囿也[15]，以奉宗庙鲜犒之具[16]，简士卒[17]，习射御，以戒不虞[18]；及至其衰也，驰骋猎射，

琴声过度被认为有违心灵本身的需要。

以夺民时，罢民之力[19]。尧之举禹、契、后稷、皋陶[20]，政教平，奸宄息[21]，狱讼止而衣食足，贤者劝善而不肖者怀其德[22]；及至其末，朋党比周[23]，各推其与[24]，废公趋私，内外相推举，奸人在朝而贤者隐处[25]。……天地之道，极则反[26]，盈则损[27]。五色虽朗，有时而渝[28]；茂木丰草，有时而落；物有隆杀[29]，不得自若[30]。故圣人事穷而更为[31]，法弊而改制[32]，非乐变古易常也[33]，将以救败扶衰[34]，黜淫济非[35]，以调天地之气[36]，顺万物之宜也。

《修务训》开篇已有“天之与人，有以相通”的论说，所以这里说人事具有协调天地之气的作用。

[注释]

[1] 张：与下文“弛”原指拉紧和松开弓弦，这里比喻事物的兴盛和衰落。 [2] 盈：与下文“亏”原来指月圆月缺，这里喻指事物的兴盛和衰落。 [3] 归神：恢复精神。 [4] 淫：过度。 [5] 反：违背。天心：天生的心灵。 [6] 夔（kuí）：传说是尧舜的乐官。 [7] 通八风：会通各地风俗。 [8] 沉湎：沉溺于酒。淫康：醉心于享乐。 [9] 苍颉（jié）：传说是黄帝的史官，发明了文字。书：文字。 [10] 辩治：治理。 [11] 领理：整体把握并使之有条理。 [12] “愚者得以不忘”二句：使愚笨的人可以不忘事，聪明的人能够记录和流传自己的经验。志远，记录并流传下去。 [13] 奸刻：不顾事实乱刻。刻，在竹简上刻字。伪书：写假话。书，书写。 [14] 解：开脱。 [15] 囿（yòu）：养动物

的园子。［16］奉宗庙：祭祀时奉献宗庙的祭品。鲜：鲜肉。犒（gǎo）：干肉。［17］简：通“检”，检阅。［18］戒：防备。不虞：意外。［19］罢（pí）民：使百姓疲惫。罢，通“疲”。［20］举：任用。［21］奸宄（guǐ）：犯法作乱的人。［22］劝善：鼓励行善。不肖者：品质低下的人。怀其德：感念尧舜品德的示范作用。［23］朋党：拉帮结伙。比周：结党营私。［24］其与：各自的党羽。［25］隐处：不为人知。［26］极则反：发展到极端就走向反面。［27］盈则损：过分充盈就会减少。［28］渝（yú）：改变。［29］隆杀（shài）：兴旺和衰败。杀，衰微。［30］自若：保持自身模样。［31］穷：走投无路。更为：换一种做法。［32］法弊：规则失效。改制：更新制度。［33］变古：改变传统。易常：废除一直通行的规则。［34］败：衣服朽坏为败，这里指制度失效。［35］黜：革除。济：停止。［36］“以调天地之气”二句：目的是调和天地之气，顺因万物自身的状况。

舜为天子，弹五弦之琴，歌《南风》之诗[1]，而天下治。周公肴臑不收于前[2]，钟鼓不解于悬[3]，而四夷服[4]。赵政昼决狱而夜理书[5]，御史冠盖接于郡县[6]，覆稽趋留[7]，戍五岭以备越[8]，筑修城以守胡[9]，然奸邪萌生，盗贼群居，事愈烦而乱愈生。故法者[10]，治之具也，而非所以为治也。而犹弓矢中之具[11]，而非所以中也。黄帝曰：“芒芒昧昧[12]，因天之威，与元同气[13]。”故同气者帝[14]，同义者王，同力者霸，无一焉者亡。

[注释]

[1]《南风》：古诗名，其辞曰："南风之熏兮，可以解吾民之愠兮；南风之时兮，可以阜吾民之财兮。""歌《南风》之诗"表明舜是无为而治的。 [2]肴臑（nào）：这里指食物。肴，荤菜。臑，牲畜的前肢。 [3]不解于悬：指政务繁忙，钟鼓长期使用以至于一直悬挂着。 [4]四夷：四方的少数民族。 [5]赵政：即秦始皇，名政，生于赵，故称赵政。理书：处理往来文书。 [6]冠盖：这里指官员。冠，礼帽。盖，车盖。接于郡县：指朝廷派往郡县的官员络绎不绝。 [7]覆稽：审查考核。趋留：派出和留驻。 [8]戍：驻军防守。备：防备。越：古时泛指东南地区的部族。 [9]筑修城：建造长城。守：守备。胡：泛指北方民族。 [10]"故法者"以下三句：法律是实现治理的手段，而非导致治理的原因。 [11]"而犹弓矢中（zhòng）之具"二句：如同弓箭是射中目标的工具，并不是能够射中的原因。而犹，王念孙云："当为'亦犹'。"中，射中目标。 [12]芒芒昧昧：混沌不分的样子。芒，同"茫"。 [13]元：初始，指尚未分化的状态。 [14]"故同气者帝"以下四句：通达本源的是帝，崇尚道义的是王，任用力量的是霸，什么都没有的，只能灭亡。

天之所为，禽兽草木；人之所为，礼节制度，构而为宫室[1]，制而为舟舆是也[2]。治之所以为本者，仁义也；所以为末者，法度也。凡人之所以事生者[3]，本也；其所以事死者，末也。本末，一体也[4]，其两爱之[5]，一性也[6]。先本后末谓之君子，以末害本谓之小人，君子与小人之性非异也，所在先后而已矣。……故仁义者，治之本也，今不知事修其本[7]，而务治其末，是释其根而灌其枝也[8]。且法之生也，以辅仁义，今重法而弃义[9]，是贵其冠履而忘其头足也。故仁义者，为厚基者也[10]，不益其厚而张其广者毁[11]，不广其基而增其高者覆。……五帝三王之道，天下之纲纪，治之仪表也[12]。今商鞅之启塞[13]，申子之三符[14]，韩非之孤愤[15]，张仪、苏秦之从衡[16]，皆掇取之权[17]，一切之术也[18]，非治之大本，事之恒常，可博闻而世传者也[19]。

据《韩非子·定法》所引，申不害有“因任而授官，循名而责实，操杀生之柄，课群臣之能”之说。

[注释]

[1] 构：构建房屋。　[2] 舆：车。　[3] 事生者：与下文“事死者”字面含义是有利于生长或导致死亡。但前后合看，前文言仁义为本，法度为末，此处言“事生者，本也”，“事死者，末也”，因此，这里强调了仁义的基础地位。　[4] 一体：这里指仁义与法度的相通性。　[5] 爱：爱惜。　[6] 一性也：王念孙云：“‘性’上不当有‘一’字。”性也，人性就是这样。　[7] 事修其本：培植根本。　[8] 根：即本。枝：即末。　[9]“今重法而弃义”二句：现在重视法度而放弃仁义，是看重帽子和鞋子，却忽视戴帽子的头和穿鞋的足。　[10] 厚基：使基础厚实。基，房屋的基

础。 [11]“不益其厚而张其广者毁”二句：不增加地基厚度却只想宽大，房子一定会倒塌，不拓宽地基的宽度却只想增高，房子一定会倾覆。张其广，增加宽度。 [12]治之仪表：政治的原则。 [13]商鞅：战国时期卫人，入秦助秦孝公变法，秦孝公死，被反对变法的人诬陷，车裂而死。启塞：这里指商鞅奖励耕战、禁止奸邪的变法措施。启，开启。塞，堵塞。 [14]申子：申不害，战国时期郑人，入韩为相，推行法家学说。三符：三方面的验证，此处概指申子思想。符，符验。 [15]韩非：战国时期韩人，法家代表人物，著有《韩非子》，其中有《孤愤》篇。这里以孤愤指代韩非思想。 [16]张仪、苏秦：战国末著名游说家，张仪主张连衡，苏秦主张合纵。从（zòng）衡：即合纵连横。合纵指六国联合抗秦，连横指秦分别联合六国，各个击破。 [17]掇（duō）取：这里指获取利益。掇，拾取。权：权宜之计。与上文“天下之纲纪，治之仪表”相对。 [18]一切：与一个方面相关，这里指权宜之计。 [19]博闻：大家都知道。世传：一代一代传下去。

故仁知[1]，人材之美者也[2]。所谓仁者，爱人也；所谓知者，知人也。爱人则无虐刑矣[3]，知人则无乱政矣[4]。……故仁莫大于爱人，知莫大于知人。二者不立，虽察慧捷巧[5]，劬禄疾力[6]，不免于乱也。

[注释]

[1]知：智。下文“所谓知者”之“知”同。 [2]人材：人性。 [3]虐刑：暴虐的刑罚。 [4]乱政：混乱的政治，指社会秩序紊乱。 [5]察慧：明察聪明。捷巧：敏捷灵活。 [6]劬（qú）

禄：亦作“劬录”，劳苦貌。疾力：用力貌。

［点评］

《泰族训》是《淮南子》的第二十篇，也是正文的最后一篇。泰：总，最。族：聚合。泰族犹言总汇。此篇以总结的姿态调和儒家和道家，但基本立场是儒家的。

《泰族训》的儒家立场在本篇的开篇就表明了。我们当记得，《原道训》的开篇是“夫道者，覆天载地，廓四方，柝八极……”，是以“道”为基础来统领全篇。而《泰族训》则以“天设日月……”开篇，是以“天”为基础来展开论说。这个差别并非偶然，而是与道家和儒家的基本理论预设相关。道家的基本思路是“道生天地”，“天（地）”是“道”在时空中的经验性展开，“道”是“天（地）”的本源，所以比“天”更根本。而儒家的基本思路是“天下有道”，是以“天”的空间性来展示价值的普遍性。“天下有道”之“道”，不是生发性的，而是普遍性的，“道”并非此处有效而他处失效，而是在“天下”的任何地方都是普遍有效的。与此同时，“道”也在“天”的笼罩之下，其普遍性是以“天”为保证的，所以“天”比“道”更根本。儒家与道家的分水岭，就在于是以“道生天地”为基本思路，还是以“天下有道”为基本思路，而《泰族训》开篇的“天设日月……”，清楚地表明了它的儒家立场。

果然，《泰族训》中处处可见儒家情怀：“人之性有仁义之资”，表达的是儒家对人性的理解；政治治理以仁义为本，法度为末，也是典型的儒家态度；还有对天地人三才的取法，对君臣、父子、夫妇、长幼、朋友关系的重视以及推崇五伦关系之原则等等，在在展示的都是儒家立场。

五伦以及五伦的原则，从战国发展到汉初，基本定型，《泰族训》所谓的“君臣之义、父子之亲、夫妇之辨、长幼之序、朋友之际”，可以为证。君臣、父子、夫妇、长幼、朋友，是就关系而言，义、亲、辨、序、际，则是处理五伦关系的基本原则。一般说来，儒家宣扬并肯定五伦和五伦原则，以这些关系的妥善处理、这些原则的完美实现作为理想。而道家从返璞归真的更高理想出发，认为这些关系和原则不过是人不得不面对的现实，它们对于人，是现实的规范和限制，并不是最高理想。道家的最高理想是成为“真人”，最完美的生活状态是逍遥游，与儒家追求秩序、追求和谐是不同的。《泰族训》对于五伦的论说表明，它持守的是儒家立场。

即使对于道家的“因”，《泰族训》也做了儒家式的创造性转化。“因”是道家思想，道家谈“因”，强调事物自有其性，主张放弃人为干扰，顺从事物之性。道家把本性理解为“真”，而以人为施予的影响为“伪”，在真伪对立的观念上建立起崇真斥伪的立场。而《泰族训》的作者接过了“因”的观念，把一切人为制作，都以“因”的观念进行了解释：婚丧嫁娶、宴饮朝享，各种礼仪以及体现在礼仪中的人伦原则，都是圣人因顺事物（人）本身的属性、本身的需求而有所成就而已。用《泰族训》的话来说，就是“此皆人之所有于性，而圣人之所匠成也”。“匠成”是《泰族训》的重要思想，这一思想把圣人的制作描述为因顺人性而成就人性，一方面改变了道家的“因”对于“作”的排斥，另一方面也为儒家的“有圣人作”奠定了人性的基础。

《泰族训》以“匠成”的观念积极地改造了“因”的观念，篇末更强调仁义是政治的基础和社会的根本原则，强调“仁莫大于爱人，知莫大于知人。二者不立，虽察慧捷巧，劬禄疾力，不免于乱也”。这段话是《泰族训》的终篇之语，也是《淮南子》正文的终篇之语。作为《泰族训》的终篇，可以说此篇的立场是以儒始而以儒终的，儒家的立场贯穿了始末；而作为《淮南子》正文的终篇，则可以说《淮南子》以“道”开篇，以“仁智”终篇，正好完成了从道到儒的立场转换。我们一再提示，《淮南子》有道家和儒家两类作者，有道家和儒家两种不同的论说立场，《淮南子》在一部书里，同时容纳道家和儒家，可谓视野阔大；但是它以道家开篇，以儒家终篇，终究没有完成道家与儒家的理论融合，又可谓杂乱。《淮南子》被视为“杂家”的原因固然很多，但是思想立场的迁移，却是根本原因。《汉书·艺文志》把《淮南子》归类“杂家”，诚不诬也。

卷二十一　要略

《淮南子》所说的“道德”，不是社会伦理层面的“仁义道德”，而是宇宙论层面的本源之道和本性论层面的本性之德。

夫作为书论者[1]，所以纪纲道德[2]，经纬人事[3]，上考之天，下揆之地[4]，中通诸理。虽未能抽引玄妙之中才[5]，繁然足以观终始矣[6]。总要举凡[7]，而语不剖判纯朴，靡散大宗，惧为人之惽惽然弗能知也，故多为之辞，博为之说。又恐人之离本就末也[8]，故言道而不言事[9]，则无以与世浮沉；言事而不言道，则无以与化游息。故著二十篇[10]，有《原道》，有《俶真》，有《天文》，有《地形》，有《时则》，有《览冥》，有《精神》，有《本经》，有《主术》，有《缪称》，有《齐俗》，有《道应》，有《泛论》，有《诠言》，有《兵略》，有《说山》，有《说林》，有《人间》，有《修务》，有《泰族》也。

[注释]

[1] 作为书论：著书立说。 [2] 所以：目的是。纪纲道德：纲领性地阐明道德。 [3] 经纬人事：指规划人间事务。经纬，纵线为经，横线为纬。 [4] 揆（kuí）：测度。 [5] 抽引玄妙之中：提炼玄妙的道理。才：通“哉”，语气词。 [6] 繁然：丰富貌。观：观察。终始：事情或者事物的终结和开始。 [7] “总要举凡”以下四句：只是提纲挈领，归纳大意，不从源头上分析纯朴，解构大道，恐怕有人会迷惑，不能理解此书的用意。剖判纯朴，分解原木。靡散，分散。大宗，指“道”。惛（hūn）惛然，迷糊，不清楚。 [8] 本：这里指基本的道理。末：这里指详细的论说。 [9]“故言道而不言事”以下四句：谈论大道而不谈论世事，就无法与人世会通；谈论世事而不谈论大道，又无法与造化相随。化，造化，指道。游息，周游和歇息。 [10] 二十篇：指《淮南子》正文二十篇，没有包括《要略》篇。

[点评]

《要略》是《淮南子》作者亲自撰写的“序言”。早期书籍的特点，是序言置于书末，《要略》亦是如此，排列在《淮南子》全书末尾。并且，《要略》自述“著二十篇”，只以正文二十篇为数，并未把《要略》本身计算在内。

在《要略》的首段，作者交代了《淮南子》本末兼顾的著作原则：既要追踪本源，以大道为根据，又要顾及世事，与俗世相沉浮。尤为重要的是，《要略》顺序列举了《淮南子》正文二十篇的篇名，这保障了《淮南子》在长久的流传过程中篇章始终不乱。

此处的“天”，与“人”相对，指“生而具有的天性”。“真”与“伪”相对，指“本真的天性”。因此，“尊天而保真”，是保持人的天性，拒绝外在的人为改造。这是来自庄子的思想。

《原道》者，卢牟六合[1]，混沌万物[2]，象太一之容[3]，测窈冥之深[4]，以翔虚无之轸。托小以苞大[5]，守约以治广[6]，使人知先后之祸福，动静之利害。诚通其志[7]，浩然可以大观矣。欲一言而寤[8]，则尊天而保真[9]；欲再言而通[10]，则贱物而贵身；欲参言而究[11]，则外物而反情[12]。执其大指[13]，以内洽五藏[14]，瀸濇肌肤[15]，被服法则[16]，而与之终身，所以应待万方[17]，览耦百变也[18]，若转丸掌中[19]，足以自乐也。

[注释]

[1] 卢牟：明察。六合：天地四方。 [2] 混沌万物：探索万物在混沌未分时的统一性。 [3] 象太一之容：呈明太一的形态。象，摹写。太一，混沌未分的整体状态。 [4]“测窈冥之深”二句：探索幽暗玄妙的深远大道，在虚无中漫游。轸（zhěn），通“畛（zhěn）”，田间小路，这里指界域。 [5] 苞：通“包”，包裹。 [6] 守约：遵守简要的原则。治广：应对各种具体事务。 [7] 诚通其志：指切实懂得《原道训》论说的道理。 [8] 寤：觉悟。 [9] 尊天：重视天性。保真：保持真性。 [10] 通：明了

道理。 [11] 参：同“叁”。究：透彻了解。 [12] 反情：复归内在本性。情，实，这里指事物本有的属性。 [13] 执其大指：把握道的精髓。指，通“旨”。 [14] 内洽五藏：滋养五藏。洽，浸润。 [15] 瀸濇（jiān sè）：滋养。瀸，浸润。濇，同“涩”，不光滑。 [16] 被服法则：蒙受道之法则所带来的风化。 [17] 应待：应对。万方：各自事务。 [18] 览耦百变：认识和应对各种变化。览，观察。耦，遇。 [19] 丸：小球。

［点评］

《要略》对《原道训》的总结，特别强调了“人生而静，天之性也”这个主题，用“一言”“再言”“参言”所做的概括，都围绕着这个主题。按照《要略》对《原道训》的概括，领悟《原道训》宗旨的第一句话，是尊重天性，保持真性，第二句话，是轻视外物，珍惜自身，第三句话，是放弃外物，返回自我，都与“天性”的讨论有关。《原道训》还有一句著名的话，叫作“知大己而小天下，则几于道矣”，更能表现《原道训》重视天性的立场。通读《原道训》后我们知道，《原道训》的内容远远超出了《要略》的概括，并不止有重天贵己一个主题。所以，尽管《要略》篇非常重要，但是读者绝不能仅仅凭借《要略》的概括来理解《淮南子》。

“真”是道家的观念。《老子》最早使用“真”，基本含义是“物之实在”和“质之纯朴”。《庄子》继承了“真”的观念，并发展成为一套关于人性的理解：人性本真，但被伪即人为改变了，所以，人必须返朴归真，复归真性。儒家不讨论“真”的问题，《论语》《孟子》不见“真”字。

《俶真》者，穷逐终始之化[1]，嬴垺有无之精[2]，离别万物之变[3]，合同死生之形[4]，使人遗物反己[5]，审仁义之间，通同异之理，观至德之统，知变化之纪，说符玄妙之中[6]，通迴造化之母也[7]。

［注释］

[1] 穷逐：追踪到根本处。化：演化，变化。 [2] 嬴（yíng）垺（hū）有无之精：细致考察事物尚未出现时的微妙情状。嬴，通“婴”，环绕。垺，繁细。精，精妙。 [3] 离别：分析。 [4] 合同：无差别地看待。 [5] 遗物反己：放弃求取外物，返回自身。 [6] 说符玄妙之中：《俶真训》的论说说中了“真”的玄妙。说符，论说且符合。中，中的。 [7] 通迴造化之母也：通晓明察造化的本源。迴，王念孙云：“当为‘迵’。”迵（dòng），通达。造化之母，元气生化的本源。

［点评］

在对《俶真训》的总结中，“遗物反己”的说法再次出现，这与《要略》总结《原道训》所说的“贱物而贵身”“外物而反情”是一致的，由此可见这个主题在《淮南子》中的重要性。所谓“遗物”，是遗忘外物，即不在意外物。所谓“反己”，是回归本真自我。而“俶真”，是对“真”进行追根溯源的探问。“真”的观念出于老子，被庄子发挥成为一套“以真伪论人性”的人性理论，《俶真训》接续《庄子》的真伪理论，推进了道家的人性思想。

《天文》者，所以和阴阳之气[1]，理日月之光[2]，节开塞之时[3]，列星辰之行[4]，知逆顺之变[5]，避忌讳之殃[6]，顺时运之应[7]，法五神之常[8]，使人有以仰天承顺，而不乱其常者也。

“避忌讳之殃”作为《天文训》的内容，说明《天文训》并非纯粹知识，而是混杂了具有谶纬意味的古代信念。

在五行思想的影响之下，五方观念在汉代非常流行。五神就是根据五方观念引申而来。

“仰天承顺”，说明天文对于人的行为有指导意义。

[注释]

[1] 和阴阳之气：使阴气和阳气保持平衡。和，调和。 [2] 理日月之光：让日出日落、月盈月亏皆有条理而不反常。理，有条理。 [3] 节开塞之时：让阳气开张阴气闭合都能够按照时节进行。开塞，阳气开张阴气闭合。 [4] 列星辰之行：排列出星辰的运行轨道。列，排列。 [5] 逆：星辰运行背离正常轨迹。 [6] 忌讳：必须遵守的禁忌。违反将带来灾祸，所以要避免。 [7] 时运：宇宙在时间流程中的运行。 [8] 法：效法。五神：东南西北中五方之神。

[点评]

《天文训》是中国古代最重要的天文学文献之一。天文，指天体及其运行所形成的交错现象。但是，《天文训》的论述并不限于天体运行，而是以日月星辰的运行为纲，广泛探讨天人以及万物之间彼此感应的道理和原则，涉及天文、历法、音律、度量衡、地表测量等各方面的知识。不过，这些相关的知识也混淆着神话与传说，寄寓着当时人的信仰和信念，与现代科学技术只是知识是不同的。

《地形》者，所以穷南北之修[1]，极东西之广，经山陵之形[2]，区川谷之居[3]，明万物之主[4]，知生类之众[5]，列山渊之数[6]，规远近之路，使人通迵周备[7]，不可动以物[8]，不可惊以怪者也[9]。

[注释]

[1] 穷：极。修：远。 [2] 经：度量。 [3] 区：划分。居：居住环境。 [4] 明万物之主：《地形训》要阐明万物有使之如此的统一法则。 [5] 生类：生物的各种类别。 [6]“列山渊之数”二句：罗列山川的数量，规划道路的远近。 [7] 迵：当作“迵（dòng）”，通达。通迵周备，指交通便利，往来方便。 [8] 动以物：被奇异的东西惊吓。物，指奇特少见的异物。 [9] 怪：怪异的东西。

[点评]

地形指大地表面的形貌。《地形训》除了描述大地的山脉、水道、关隘、风向等等，还以方位为根据将大地划分为九个区域，顺序描绘各地的出产和人类特征。这是《地形训》很特别的一种九州之说。除了论说九州，《地形训》还想象了九州之外的人群，想象了人和动物、植物的起源。既包含丰富的古代人文地理知识，也充满了神奇想象。《要略》对《地形训》的概括，远未纳入它实际论说的全部内容。

这里以人有十二节，与一年十二个月相配，表达的是天人同类的思想。

《时则》者，所以上因天时，下尽地力，据度行当[1]，合诸人则[2]，形十二节[3]，以为法式，终而复始，转于无极，因循仿依[4]，以知祸福，操舍开塞[5]，各有龙忌[6]，发号施令，以时教期[7]，使君人者[8]，知所以从事。

[注释]

[1] 度：时节的变化。行当：采取恰当的行为。　[2] 人则：人应该遵守的法则。　[3] “形十二节”二句：指人的四肢各有三节，一共十二节，与一年十二个月正好吻合。因此按照节令行事，就是人应该遵循的行为准则。　[4] 仿依：仿效，这里指人对时节的遵从。　[5] 操舍开塞：根据时节而采取持守、放弃、开启、闭合不同方式。　[6] 龙忌：鬼神的忌日。　[7] 以时教期：教人懂得按节令做事。　[8] “使君人者”二句：使君主知道做事必须以时令为根据。

[点评]

《时则训》所谓“时”，指时令；“则”，指规则。《时则训》以一年四季十二个月为次序和统领，逐月描述当月的星象、物候、音律、数位等各种现象，把它们纳入一个四季五行的配伍系统中，作为统治者行政原则的依据。所以《要略》对于《时则训》的总结，特别强调“时节”。

《览冥》者，所以言至精之通九天也[1]，至微之沦无形也，纯粹之入至清也，昭昭之通冥冥也[2]。乃始揽物引类[3]，览取挢掇[4]，浸想宵类[5]，物之可以喻意象形者[6]，乃以穿通窘滞[7]，决渎壅塞[8]，引人之意[9]，系之无极，乃以明

《览冥训》在事物以类相分的基础上，设想了超越物类的精诚相通。

物类之感，同气之应，阴阳之合，形埒之朕[10]，所以令人远观博见者也。

[注释]

[1] 至精之通九天：精诚可以感动上天。至精，极其专注并且强烈的精神。 [2] 昭昭：极其明亮。冥冥：幽暗。 [3] 揽物引类：指按照类别对事物进行同类的归纳。 [4] 览取：观察并获取。挢掇（jiǎo duō）：拾取。挢，取。掇，拾取。 [5] 浸想：深入地想。宵类：相似的物类。宵，通“肖（xiào）”，相像，类似。 [6] 物之可以喻意象形：因为事物有同类的关系，所以可以用来比喻某个意思（喻意），也可以利用形貌相似来描绘另一个东西（象形）。 [7] 穿通窘滞：打通凝滞阻塞的地方。 [8] 决渎（dòu）：据蒋礼鸿云，当作“决溃”。 [9]“引人之意”二句：把人的思想引向无限深远之处。 [10] 形埒（liè）：有形之物的界线。埒，界域。

[点评]

《览冥训》的“览”，是观览、察知的意思；“冥”指幽暗、微妙。览冥即对幽微境况的察知。所以《要略》概括《览冥训》的主旨，一再说“至精”“至微”“至清”和“冥冥”，来表明《览冥训》所要察知的幽微，是超越了同类相动的“精通”。但是，尽管“精通”超越了同类相动，却又是以同类相动为基础的。因此，《要略》也指点“类”的观念在《览冥训》中的重要性，一再讲“引类”“宵类”和“物类”等等。《览冥训》的这些论说，目的是解释历史，用更加古远的历史想象来表达与儒家不同的另一种社会理想。《览冥训》指出，秩序井然的黄帝时代固然美好，但是，伏羲时代超越了人为秩序，自然而安宁，所以更加宝贵，更值得追求。这是《览冥训》的重要内容，却没有有效地反映在《要略》的概括之中。

《精神》者，所以原本人之所由生[1]，而晓寤其形骸九窍[2]，取象与天[3]。合同其血气与雷霆风雨[4]，比类其喜怒与昼宵寒暑[5]，并明[6]，审死生之分，别同异之迹，节动静之机[7]，以反其性命之宗[8]。所以使人爱养其精神，抚静其魂魄，不以物易己，而坚守虚无之宅者也[9]。

[注释]

[1] 原本：追溯本源。 [2] 晓寤：领会。 [3] 取象：从……获得形象。与：于。 [4] 合同其血气与雷霆风雨：人的血气如同天的雷霆风雨。合同，相同。与，如。 [5] 比类：因同类而相互比较。宵：夜。 [6] 并明：据王念孙说，“并明”为后人所加，当删。 [7] 节……机：把握……关键。机，关键处。 [8] 反：同“返”。宗：本。 [9] 坚守虚无之宅：这里指虚静的状态。宅，住所。

[点评]

《精神训》所谓的精神，不同于现代观念中与物质相对的精神。《精神训》的“精”指精气，“神”指精神，精神是与形体相对应，而不是与物质相对应。《精神训》认为，人的精神来自天，骨骸来自地，人死精神不灭，形体则复归无形之气。因此，人应该内养精神，而不是外养形体，而修养精神的关键，就是节省精气，爱惜精神，不使精神向外追逐过分的嗜欲，因过度损耗而导致生命之衰败。《要略》对《精神训》的概括，抓住了《精神训》的要旨。

追本溯源是《淮南子》的重要思想，这里的“通维初之道”，也反映了这一思想。

大小之辩出自《庄子·逍遥游》，大小意味着不同的人生境界。《淮南子》继承了《庄子》的大小之论，但大小分别的是古今社会的不同生存状态。

《本经》者，所以明大圣之德，通维初之道[1]，埒略衰世古今之变[2]，以褒先圣之隆盛，而贬末世之曲政也[3]。所以使人黜耳目之聪明，精神之感动[4]，樽流遁之观[5]，节养性之和[6]，分帝王之操[7]，列小大之差者也[8]。

[注释]

[1] 维：句首助词，无实义。初：原初，本原。 [2] 埒略：等差类别。于省吾云：“埒为畴等，略为分界，是埒略即等差类别之义。” [3] 曲政：不正常、不正派的政治局面。 [4] 精神之感动：何宁曰：“‘精神’上当有‘静’字。……景宋本正有‘静’字。”补字后，此句意为：平息外物对精神的影响。 [5] 樽：止息。流遁之观：放任而无所节制被外物牵引。 [6] 节养性之和：以节制护养天性的醇和。 [7] 分：分别。操：操守。 [8] 列小大之差：排列出大小不同的生存境界。

[点评]

《本经训》的论说是比较杂芜的，但也有一主导的思路，这就是《要略》所概括的“古今之变”。古今对照也就是“先圣之隆盛”与“末世之曲政”的对照，而理想的政治秩序就存在于远古的先圣时代。因为远古秩序具有永恒意义，所以称之为“经”，所谓“本经”，就是要以“先圣之隆盛”为根据，来改变当前的“末世之曲政”。《本经训》通篇以“太清之治”和“末世之政”、“古之人”和“衰世”相对照，以现实的灾难来展示理想的美好，同时表明理想的价值。

《主术》者，君人之事也，所以因作任督责[1]，使群臣各尽其能也。明摄权操柄[2]，以制群下，提名责实[3]，考之参伍，所以使人主秉数持要[4]，不妄喜怒也。其数直施而正邪[5]，外私而立公，使百官条通而辐辏[6]，各务其业，人致其功，此《主术》之明也。

[注释]

[1] 因作任督责：王念孙认为当作“因任督责”。意为根据臣下的职务来督促其担负相应的责任。　[2]“明摄权操柄”二句：（君主）懂得操纵权势，来控制臣下。摄，操持。　[3]“提名责实”二句：（君主）根据名分来要求臣下，用各种方式考察他们。参伍，错综比较，以为验证。　[4] 秉数：掌握方法。持要：抓住要害。　[5] 其数直施（yí）而正邪：君主要做的，是使斜的变直，使歪的变正。直，与下文“正”都是动词。施，斜行，这里指不

正。 [6]“使百官条通而辐辏（còu）”以下三句：使百官像枝条依附树干，像辐条聚集轴心，各自担负职责，努力工作。条通，枝条连通树干。辐辏，车辐凑集于毂上。

[点评]

《主术训》的“主”，指君主，“术”，指方法。《主术训》论述为君之道的原则和具体的统治方法，以鼓吹道家的无为学说为主，也在无为的框架下，纳入儒家的仁义思想和修身原则，特别强调君主的示范作用。《要略》的概括只强调了君主对于臣下的掌控，并未反映《主术训》的完整内容。

道家之“道”，指宇宙本原，“德”指事物本性。就根本义而言，“道”“德”都是整全的。但是，进入现象界和言说之后，“道”“德”都不得不进入“有限制”“有对待”的状态，所以相对于根本义的“道”“德”，是破碎的。所谓破碎，指“道”“德”的整全性被破坏了。

《缪称》者，破碎道德之论[1]，差次仁义之分[2]，略杂人间之事[3]，总同乎神明之德[4]。假象取耦[5]，以相譬喻，断短为节[6]，以应小具，所以曲说攻论[7]，应感而不匮者也[8]。

[注释]

[1] 破碎：解析，分别。 [2] 差次：安排次序，这里指依次论述仁义的不同含义。 [3] 略杂人间之事：简略论说各种人间事务。略，简略。杂，各种不同的事情。 [4] 总同：会同，归纳。神明之德：指道德具有神圣光辉。 [5]“假象取耦”二句：借助形象的比喻，来说明相关的道理。假，借。 [6]“断短为节”二句：把长篇大论裁成短小论述，以适应才智低浅者的理解。具，才干。 [7] 攻论：马宗霍认为当作“巧论”。曲说巧论，指委曲陈说，机巧论辩。 [8] 应感：回应各种影响。匮（kuì）：匮竭。

［点评］

《缪称训》的“缪”，意思是深奥，“称”的意思是名。缪称的意思是解释称名的奥妙。《缪称训》的主题比较分散，所以《要略》的概括有“略杂人间之事”，“曲说巧论”之语。《缪称训》据说保留了子思学派的一些思想材料，这也是它的论说多有儒家立场的原因。

《齐俗》者，所以一群生之短修[1]，同九夷之风气[2]，通古今之论，贯万物之理[3]，财制礼义之宜[4]，擘画人事之终始者也[5]。

《齐俗训》讨论齐同风俗的问题，原本是一个“空间性”的问题，但是，道家的思路使《淮南子》不能忘怀“时间性”的变化，“通古今之论”和“擘画人事之终始”就体现了这样的意识。

［注释］

[1] 一：使整齐划一。修：长。　[2] 九夷：东方民族的统称，这里泛指不同的地方。　[3] 贯万物之理：使不同事物的道理能够相互贯通。　[4] 财制礼义之宜：裁定礼义的适宜范围。财制，裁制。财，通“裁”。　[5] 擘（bò）画：亦作“擘划”，筹划。擘，拇指。

［点评］

《要略》概括《齐俗训》的旨意，是“一群生之短修，同九夷之风气”，问题是以什么原则来达到“一”和“同”。《齐俗训》不赞同儒家“礼义足以治天下”的观点，因为在它看来，风俗和礼义本身就有时代差别和地区差异，并非一成不变。因此，用以实现“一”“同”的，应当是道德而不是礼义，因为道具有最大的包容性，而礼义则将随着时代和区域的不同而有所差别。

《道应》者，揽掇遂事之踪[1]，追观往古之迹，察祸福利害之反[2]，考验乎老、庄之术[3]，而以合得失之势者也[4]。

[注释]

[1] 揽掇（duō）遂事之踪：捡拾往事的踪迹。揽掇，拾取。遂事，往事。 [2] 反：转变。 [3] 老、庄之术：老子、庄子的思想。 [4] 得失之势：得失的趋势。

[点评]

《道应训》的“道”，指大道，“应”指应用，《道应训》用了五十六段故事来展示大道的实际效验。所引经典除了《庄子》《慎子》和《管子》各有一段，其余都是《老子》。形式上是先叙述一个故事，然后用“故《老子》曰”作结，来表达道理的实际应用。《要略》对《道应训》的概括，十分精当。

《泛论》者，所以箴缕縩繺之间[1]，攕揳唲齵之郄也[2]，接径直施[3]，以推本朴[4]，而兆见得失之变[5]，利病之反[6]，所以使人不妄没于势利[7]，不诱惑于事态，有符曮晲[8]，兼稽时势之变[9]，而与化推移者也[10]。

[注释]

[1] 箴缕縩（cài）緥（shǎi）之间：如同用针线缝制衣物一样细密。箴缕，针线，这里用作动词，指用针线缝。箴，针。縩緥，泛指衣服布料。縩，象声字，行动时衣服摩擦的声音。緥，同"縰"，两幅宽的巾。 [2] 擑（jiān）揳（xiē）唲齵（wā óu）之郄（xì）：削细签剔除参差不齐的牙缝。擑，削。揳，通"楔"，楔子。唲齵，牙齿参差不齐。郄，同"隙"，缝隙。 [3] 接径：捷径。直施（yí）：使斜路变直。施，斜行。 [4] 本：根本，指宇宙的本源。朴：未加工的原木，指未经人为改造的本性。 [5] 兆见：从预兆上看出。 [6] 利病之反：指有利与不利的转变。 [7]"所以使人不妄没于势利"二句：使人不轻易陷于力量的对抗，不被表面现象迷惑。 [8] 有符曮晲（yǎn nǐ）：符合天道。曮晲，太阳运行的轨道，借指天道。 [9] 兼稽时势之变：同时关注时势的变化。稽，考核。 [10] 与化推移：随着变化而改变。

[点评]

《泛论训》的意思是广泛地议论，所以这一篇的主题是比较分散的。其中比较重要的话题是文明的起源和发展，在此话题之下，《泛论训》认为没有不变的法则，所以应该根据时代的变迁而改变具体的策略，这就是《要略》概括的"与化推移"。但是，道是至高的、永恒的，千变万化，终究要以道德为根据，这个思想，被《要略》概括为"以推本朴"。

《诠言》者，所以譬类人事之指[1]，解喻治乱之体也[2]。差择微言之眇[3]，诠以至理之文[4]，而补缝过失之阙者也。

[注释]

[1] 所以譬类人事之指：用比喻来说明人间事务的含义。指，通“旨”，旨意。 [2] 解喻：解释和说明。体：根本。 [3] 差（chāi）择微言之眇（miào）：选择精妙的言辞来论说。差择，选择。差，选择。眇，通“妙”，精微。 [4] “诠以至理之文”二句：用最根本的道理加以诠释，来弥补过失造成的差错。

[点评]

《诠言训》的“诠”，意思是诠释，“言”，指精微的言论。诠言指对精妙言论的诠释。《诠言训》的具体论说相当凌乱，但也有一基本思路隐含其中，这就是认为宇宙始于太一生物，最终应当复归太冲。其他如虚己、循性、反身、治心、适情等等话题，都是在这一思路之下的具体论说。由于《诠言训》本身的凌乱，《要略》的概括也很难恰当，所以只能用一些空泛的大话，来勉强概括。

《兵略》者，所以明战胜攻取之数[1]，形机之势[2]，诈谲之变[3]，体因循之道[4]，操持后之论也。所以知战阵分争之非道不行也[5]，知攻取坚守之非德不强也。诚明其意，进退左右无所失，击危乘势以为资[6]，清静以为常，避实就虚，若驱群羊，此所以言兵也。

[注释]

[1] 所以明战胜攻取之数：《兵略训》要阐明的是战胜敌人、攻取敌阵的方法。数，方法。 [2] 形机之势：造成有利的战机态势。 [3] 诈谲之变：懂得欺诈的变幻莫测。 [4] “体因循之道”二句：懂得因循的道理，采取后发制人的策略。体，体会，懂得。 [5] “所以知战阵分争之非道不行也”二句：所以懂得，战场对抗不遵行大道不可能成功，夺取敌阵或坚守阵地不具备德行不可能做到。 [6] 击危：打击处于危险境地的敌人，乘势：利用对自己有利的形势趁机进攻。以为资：借以壮大自己。

[点评]

《兵略训》是一篇军事专论，广泛论述了战争的性质、用兵的战略战术、将帅的行为原则和军队的内部管理以及军礼等诸多问题。《要略》的概括，特别强调了用兵的战略战术，没有反映本篇对于战争性质的思考，遗失了许多内容。

《说山》《说林》者，所以窍窕穿凿百事之壅遏[1]，而通行贯扃万物之窒塞者也[2]。假譬取象[3]，异类殊形，以领理人之意，解堕结细[4]，说捍抟困[5]，而以明事埒事者也[6]。

此处言“异类殊形”，表明“形”是分类的重要根据。

[注释]

[1] 所以窍窕穿凿百事之壅遏：要打通各种事情的壅塞之处。窍窕，贯通。穿凿，凿通。壅遏，水流不通，堵塞。 [2] 通行

贯扃（jiōng）万物之窒塞：万物被窒息和堵塞的地方，也要贯通。贯扃，打开门户。扃，从外面关门的闩，转义为门或关门。[3]“假譬取象”以下三句：借用比喻和象征，不同的类别用不同的形象来区别，以方便领会和理解别人的意思。[4]解堕：解开。结细：打得很紧的结。[5]说捍抟囷（qūn）：把揉成一团的东西分散开。说捍，解开。说，通“脱”。捍，通“释”，解脱。抟囷，聚合成堆。抟，揉成一团。囷，圆的谷仓。[6]明事埒（liè）事：王念孙云：“下‘事’字因上‘事’字而衍。‘明事埒’者，明百事之形埒以示人也。”埒，界限。

［点评］

《说山训》和《说林训》相同，都是锦言集的性质，各自汇集了一些散碎的故事和寓言，以说明各种道理。相比而言，《说林训》比《说山训》更加散碎，更像是撰写《淮南子》的剩余原始材料，勉强凑合在一起。所以《要略》把两篇放在一起，勉强加以概括。

《人间》者，所以观祸福之变，察利害之反[1]，钻脉得失之迹[2]，标举终始之坛也[3]。分别百事之微，敷陈存亡之机[4]，使人知祸之为福，亡之为得[5]，成之为败，利之为害也。诚喻至意，则有以倾侧偃仰世俗之间[6]，而无伤乎谗贼螫毒者也[7]。

《老子》第五十八章：“祸兮福之所倚，福兮祸之所伏。”为此处思想所本。

［注释］

[1]反：相互转变。[2]钻脉得失之迹：这里指把握得失的

来龙去脉。钻脉，探索。钻，钻研。脉，脉络。　[3] 标举：宣扬。坛：通“嬗（shàn）”，演变。　[4] 敷陈：叙述。机：微妙之处。　[5] 亡：失去。　[6] 倾侧偃仰：身体的不同姿态，形容从容周旋，左右逢源。　[7] 谗贼：用坏话中伤。螫（shì）毒：比喻造谣中伤者像毒虫一样螫人。螫，有毒腺的虫子刺伤人或动物。

[点评]

《人间训》与《道应训》有相似之处，都是以故事来阐明某种普泛的道理。但又有两点不同：一、《人间训》不引用《老子》之类经典来说明道理，而是直接说出一个道理，然后以“何以明之”为引导，讲述一个故事以为证明；二、《人间训》的故事是成对的，有得之而失的故事，就有一个失之而得的故事与之相配，目的是让人透过现象看本质，真正把握事情的实质。整体而言，《要略》对《人间训》的概括是比较准确的。

《修务》者，所以为人之于道未淹[1]，味论未深[2]，见其文辞[3]，反之以清净为常，恬淡为本，则懈堕分学，纵欲适情，欲以偷自佚，而塞于大道也。今夫狂者无忧，圣人亦无忧。圣人无忧，和以德也；狂者无忧，不知祸福也。故通而无为也，与塞而无为也同[4]，其无为则同，其所以无为则异。故为之浮称流说其所以能听[5]，所

《修务训》是一篇儒家立场的文献，其论述方式是用道家的话题和话语，来反驳道家的偏激立场，宣扬儒家观念。这里的“浮称流说其所以能听”，指用道家的流行话语，让自己的论说能够被道家人士所听从。

以使学者孳孳以自几也[6]。

[注释]

[1] 淹：精深广博。 [2] 味论：体会道理。 [3]“见其文辞”以下七句：看到一些说法，就认为清净是常理，恬淡是原则，因此松弛懈怠，放弃学习，放纵嗜欲，贪图安逸，只想苟且闲散，自我放纵，这是没有透彻理解真正的道理啊。反之，对文辞的理解。懈堕分学，以懒散堕落的态度放弃学习。懈，懈怠。堕，堕落。分，离开。偷，苟且。佚（yì），逸乐。 [4] 同：王念孙云："因下文'同'字而衍。" [5] 浮称流说：姑且用流行的话语来论说。 [6] 使学者孳（zī）孳以自几：希望学者以勤奋的学习，自己去接近道理。孳孳，同"孜孜"，勤勉不倦。几，接近，差不多。

[点评]

《修务训》的"修"，是修养、研习，"务"指事务。《修务训》持儒家劝学的立场，认为应当努力学习，加强人格修养和技能培养，强调"自人君公卿至于庶人，不自强而功成者，天下未之有也"。据此，它批评道家对因顺和无为的过度诠释，指出"无为"并不是无所作为，而是顺势而为，并列举神农、尧、舜、禹、汤为例，说明圣人的作为对于建构文明社会具有重大意义，而圣人才是人的榜样。《要略》以圣人与狂者对照，对两种不同的无为进行分辨，准确把握了《修务训》的论说立场。

《泰族》者[1]，横八极[2]，致高崇，上明三光[3]，下和水土，经古今之道[4]，治伦理之序[5]，总万方之指[6]，而归之一本[7]，以经纬治道[8]，纪纲王事。乃原心术[9]，理性情，以馆清平之灵[10]，澄澈神明之精[11]，以与天和相婴薄[12]。所以览五帝三王[13]，怀天气，抱天心，执中含和，德形于内[14]，以君凝天地，发起阴阳，序四时，正流方，绥之斯宁，推之斯行，乃以陶冶万物，游化群生[15]，唱而和[16]，动而随，四海之内，一心同归。故景星见[17]，祥风至[18]，黄龙下[19]，凤巢列树[20]，麟止郊野[21]。德不内形[22]，而行其法藉，专用制度，神祇弗应，福祥不归，四海不宾，兆民弗化。故德形于内，治之大本。此《鸿烈》之“泰族”也[23]。

万方与一本相对，分别指杂多的经验现象和统一的普遍原则。

马王堆汉墓帛书和郭店楚简都有《五行》篇，论及“德形于内”的问题。

此处“德不内形”，与上文“德形于内”相对而言，亦有不同于“德形于内”的效果和影响。

根据《淮南子》作者的称名，《淮南子》原名《鸿烈》。后世或称《淮南子》为《淮南鸿烈》，根据就是《要略》此处的称名。

[注释]

[1]泰：总，最。族：聚合。泰族的意思是总结。 [2]“横八极”二句：这里从纵横两方面做极致描写，以表明《淮南子》的崇高宗旨。横，平展。致，达到。 [3]“上明三光”二句：在天使日月光明，在地使水土和顺。 [4]经：度量。 [5]治：理。 [6]万方：指不同的部分和复杂的现象。指：通“旨”，旨意。 [7]一本：指统一的整体和同样的原则。 [8]“以经纬治道”二句：以井然有序的治国之道，使王者的政务条理分明。 [9]原：追根溯

源。心术：人心的功能。 [10] 馆：安置。 [11] 澄澈：使清明透亮。 [12] 以与天和相婴薄：接近上天的和气。婴薄，接近。婴，通“撄”，碰，触。薄，接近。 [13] “所以览五帝三王”以下四句：考察五帝三王的历史踪迹，体会宇宙的大化流行，感悟上天的生育之心，持守本性，蕴含和气。 [14] “德形于内”以下七句：德性在内心呈明，可以凝聚天地，鼓动阴阳，排列四时，安顿八方，抚慰则天下康宁，推广则天下通行。莙（jūn）凝，使成形。莙，凝结。流方，四面八方。绥，安抚。 [15] 游化：随处化育。 [16] “唱而和”二句：倡导就能得到回应，发动就能获得追随。唱，同“倡”，倡导。 [17] 景星：预兆祥瑞的星象。与下文“祥风”“黄龙”“凤”“麟”都是汉代人心目中的祥瑞，《泰族》以这些现象来说明“德形于内”可能达到的实际效验。 [18] 祥风：高诱注曰“风不鸣条也”，指温和之风。 [19] 黄龙：传说在太平之世出现的龙。 [20] 列树：树一棵一棵地排列着。 [21] 麟：麒麟，想象中的一种神兽。 [22] “德不内形”以下七句：如果德性不能够在内心呈明，只是凭借法令，专用制度，那么，神灵不会护佑，祥瑞不会到来，四海不会宾服，万民不会归化。神祇，天神曰神，地神曰祇。宾，服从。 [23] 此《鸿烈》之“泰族”也：这就是《淮南鸿烈》一书的“总结”。

[点评]

《要略》总结《泰族训》，最后一句是“此《鸿烈》之‘泰族’也”，这说明《淮南子》作者对本书的称名是《鸿烈》。其次，《要略》对于《泰族训》的概括，并非仅仅针对《泰族》一篇，而是对整部《淮南子》的总结，所以才会归结到“《鸿烈》之‘泰族’”一句上。

凡属书者[1]，所以窥道开塞[2]，庶后世使知举错取舍之宜适[3]，外与物接而不眩[4]，内有以处神养气[5]，宴炀至和[6]，而己自乐所受乎天地者也。故言道而不明终始，则不知所仿依[7]；言终始而不明天地四时，则不知所避讳；言天地四时而不引譬援类，则不识精微；言至精而不原人之神气[8]，则不知养生之机[9]；原人情而不言大圣之德，则不知五行之差[10]；言帝道而不言君事，则不知小大之衰[11]；言君事而不为称喻[12]，则不知动静之宜；言称喻而不言俗变[13]，则不知合同大指[14]；已言俗变而不言往事[15]，则不知道德之应；知道德而不知世曲[16]，则无以耦万方[17]；知泛论而不知诠言，则无以从容；通书文而不知兵指[18]，则无以应卒[19]；已知大略而不知譬喻[20]，则无以推明事；知公道而不知人间，则无以应祸福；知人间而不知修务，则无以使学者劝力[21]。欲强省其辞[22]，览总其要，弗曲行区入，则不足以穷道德之意。故著书二十篇，则天地之理究矣，人间之事接矣，帝王之道备矣。其言有小有巨，有微有粗，指奏卷异[23]，各有

汉代论五行，有比相生、间相胜之说，五行以木火土金水为顺序，构成的是相生的关系，例如木生火，火生土等等。而间隔一个，例如火对于金，土对于水，则构成了克制的关系。这种不同的排序关系，就是《要略》所说的“五行之差”。

为语[24]。今专言道[25]，则无不在焉，然而能得本知末者，其唯圣人也。

[注释]

[1]属书：著书立说。 [2]窥道：窥视道，意思是看清道理。开塞：畅通堵塞，意思是开阔眼界。 [3]庶：但愿。举错：同“举措”，措施。 [4]眩：迷惑。 [5]处神养气：安顿精神，滋养气魄。 [6]宴炀至和：餐饮阳气，达到祥和境界。宴，以酒食待客，这里用作动词，指食取。炀，通“阳”。 [7]仿依：模仿，照着做。 [8]原：追根溯源。神气：精神和形体。 [9]机：关键。 [10]五行之差：指五行的次序。五行，指木、火、土、金、水。 [11]衰（cuī）：次序，等级。 [12]称喻：引具体事例来说明。 [13]俗变：社会风俗的改变。 [14]合同大指：把握要义。指，通“旨”。 [15]往事：历史。 [16]世曲：现实的各种具体事务。 [17]耦：应对。万方：各个方面。 [18]书文：典籍文书。兵指：兵法。 [19]卒（cù）：同“猝”，突然，这里指突发事件。 [20]大略：指基本道理。譬喻：用具体事例来说明。 [21]劝力：鼓励积极学习。 [22]“欲强省其辞”以下四句：硬要删减文字，概括要领，而不委婉论述，详尽说明，就不能够充分呈明道德的意旨。曲行区（gōu）入，以弯曲行走来形容委曲而复杂的论说。区，通“勾”，弯曲。 [23]指奏（còu）卷异：每一卷各有宗旨。指奏，主旨集中。奏，通“凑”，会合。 [24]各有为语：各有不同论述。 [25]“今专言道”以下四句：如果只是论述道，那么，道无处不在，但是，能够把握根本又懂得细微的具体问题，就只有圣人了。

［点评］

对正文二十篇分别进行总结之后，《要略》又整体地进行自我总结。它首先阐明著书立说的宗旨，是揭示道理，敞开眼界，让人既能够从容应对外部世界，又能够对内安顿精神，享受生命的愉悦。然后，《要略》从二十篇的相关性入手，论说了各篇主题的逻辑推进，认为《淮南子》充分阐明了天地的道理，论说了人间事务，提出了帝王应当遵循的准则，是一套有大有小、有精有粗的完整论述。最后赞美圣人，认为只有圣人才能够真正懂得本末皆不偏废的道理。

今学者无圣人之才，而不为详说，则终身颠顿乎混溟之中[1]，而不知觉寤乎昭明之术矣[2]。今《易》之《乾》《坤》[3]，足以穷道通意也，八卦可以识吉凶、知祸福矣[4]，然而伏羲为之六十四变，周室增以六爻[5]，所以原测淑清之道[6]，而捃逐万物之祖也[7]。夫五音之数，不过宫商角徵羽，然而五弦之琴不可鼓也[8]，必有细大驾和[9]，而后可以成曲。今画龙首，观者不知其何兽也，具其形，则不疑矣。今谓之道则多[10]，谓之物则少，谓之术则博，谓之事则浅，推之以论，则无可言者，所以为学者，固欲致之不言而

《易经》的成书，有“人更三圣”之说。首先是伏羲画卦，即画出八卦卦象；其次是文王重卦，即把八卦两两相重，成六十四卦，并在卦爻后面系上了卦爻辞；然后是孔子作《易传》，以传解经。这里说“伏羲为之六十四变”，与传统说法并不一致。

已也。夫道论至深，故多为之辞以抒其情；万物至众，故博为之说以通其意。辞虽坛卷连漫[11]，绞纷远缓，所以洮汰涤荡至意，使之无凝竭底滞，卷握而不散也。夫江河之腐胔[12]，不可胜数，然祭者汲焉，大也。一杯酒白[13]，蝇渍其中[14]，匹夫弗尝者，小也。诚通乎二十篇之论[15]，睹凡得要，以通九野，径十门，外天地，捭山川，其于逍遥一世之间，宰匠万物之形，亦优游矣。若然者，挟日月而不烑[16]，润万物而不耗。曼兮洮兮，足以览矣！藐兮浩兮，旷旷兮，可以游矣！

[注释]

[1]颠顿：颠沛困顿。混溟：混沌。 [2]觉寤：觉悟。昭明之术：光明博大的道理。 [3]《乾》《坤》：八卦中最重要的两卦。 [4]八卦：指乾、坤、艮、巽、震、离、坎、兑八个经卦。 [5]周室：指周文王，据说周文王推演《周易》，使之更加复杂细密。 [6]原测：推本求源。淑清：明朗。 [7]捃（jùn）逐：追究。捃，拾取。逐，探究。万物之祖：万物的本始。 [8]然而五弦之琴不可鼓也：并非琴上有五根弦就能够弹奏。鼓，弹奏。 [9]细大驾和：粗弦细弦彼此配合。驾和，互相搭配成为整体。 [10]“今谓之道则多”以下八句：这里对大道的论述比较多，对事物的论述比较少，谈论方法比较深入，讨论事务比较浅显。推论到极致，则无话可说了，学术的目的，不就是要达到无需论说的境界吗？ [11]“辞虽坛卷连漫”以下五句：文辞虽然铺排

委婉，繁复纷纭，目的却是提炼出精粹的思想，使它敞明，而又凝练集中。坛卷连漫，皆形容文词铺排曲折。绞纷，形容文字纷繁复杂。远缓，论说深远，并不是直接进行具体讨论。洮汰，同“淘汰”，清除。涤荡，洗涤。凝竭底滞，壅滞不通。卷握，这里指紧扣主题。　[12] 腐胔（zì）：腐烂的尸骨。　[13] 酒白：俞樾云：“疑本作‘白酒’，而传写误倒之。”　[14] 渍：浸泡。　[15]“诚通乎二十篇之论”以下九句：确实懂得本书二十篇的论述，看清楚它的理路，掌握了它的要领，用来贯通各个领域，敞开各种可能，超越外在约束，不受外物挤压，在世上逍遥自在，主宰万物，也是很惬意的啊。九野，八方及中央。十门，八方及上下。捭（bǎi），分开。宰匠，主宰，控制。　[16]“挟日月而不烑（yáo）”以下七句：手握日月却不炫耀，滋润万物却不损耗。多么宽广啊，纵情观看吧！浩森空阔啊，尽性逍遥吧！烑，光。耗，消耗。曼洮，绵延宽广。曼，长。洮（yáo），通“遥”，远。藐，通“邈”，广远。

［点评］

这一段继续总结，特别强调基本道理落实到具体经验时需要细化，隐含着对极端道家立场的批评，同时具有调和儒、道的立场。段末用诗性的语言抒发《淮南子》境界的美好，并以此境界作为《淮南子》之论的实际功效。

文王之时，纣为天子，赋敛无度，杀戮无止，康梁沉湎[1]，宫中成市[2]，作为炮烙之刑[3]，刳谏者[4]，剔孕妇[5]，天下同心而苦之。文王四世累善[6]，修德行义，处岐周之间，地方不过百里，天下二垂归之[7]。文王欲以卑弱制强暴，以为天下去残除贼而成王道[8]，故太公之谋生焉[9]。

孟子向齐宣王解释武王伐纣的事件时，认为纣已经不是王，只是一个残贼之人，“残贼之人，谓之一夫，闻诛一夫纣矣，未闻弒君也”（见《孟子·梁惠王下》）。所以，武王伐纣不是臣弒君，而是为天下诛杀了一个残贼之人。《淮南子》此处之论，有孟子的影响。

［注释］

[1] 康梁：沉溺于安乐。沉湎：好酒无度。 [2] 成市：聚集的人太多。 [3] 炮烙之刑：商纣王使用的一种酷刑，让犯人抱持铁柱，下面架火烧烫柱子，让人烫死或掉进火堆烧死。 [4] 刳（kū）：从中间破开再挖空。传说纣曾经对劝谏他的比干施用刳心的酷刑。 [5] 剔：从缝隙或孔洞往外挑拨东西。传说纣曾经破开孕妇的腹部，查看母腹中的胎儿。 [6] 四世：指太王、王季、文王、武王四代。累善：积累善德。 [7] 天下二垂归之：指天下三分之二的地方都归顺周室。垂，《太平御览》作“分”。 [8] 残贼：指商纣王。因为商王已经丧失了为王之道，所以被认为只是一个残忍狠毒之人，不再能够以王的身份代表天下。 [9] 太公：姜太公，传说他为周出谋划策，助周灭商。《汉书·艺文志》收《太公》二百三十七篇，其中《谋》八十一篇。

［点评］

从这一段开始，《要略》分别考察了先秦以来各种盛行的学术，指出它们都是因为时代的需要才问世的。例如“太公之谋”，就是由周王朝取商而代之的历史需要而催生的。

文王业之而不卒[1]，武王继文王之业，用太公之谋，悉索薄赋[2]，躬擐甲胄[3]，以伐无道，而讨不义，誓师牧野[4]，以践天子之位。天下未定，海内未辑[5]，武王欲昭文王之令德[6]，使夷狄各以其贿来贡[7]，辽远未能至，故治三年之丧，殡文王于两楹之间[8]，以俟远方。武王立三年而崩[9]，成王在褓褓之中，未能用事，蔡叔、管叔辅公子禄父而欲为乱[10]。周公继文王之业，持天子之政，以股肱周室，辅翼成王。惧争道之不塞[11]，臣下之危上也，故纵马华山，放牛桃林，败鼓折枹[12]，搢笏而朝[13]，以宁静王室，镇抚诸侯。成王既壮，能从政事，周公受封于鲁，以此移风易俗。孔子修成、康之道[14]，述周公之训，以教七十子[15]，使服其衣冠[16]，修其篇籍[17]，故儒者之学生焉。

[注释]

[1] 业之：开展一项事业。卒：完成。这里指文王没有完成推翻商王朝的事业。　[2] 悉索薄赋：只索取少量的兵赋。　[3] 躬擐（huàn）甲胄：指武王亲自身穿铠甲帅师出征。擐，套，穿。　[4] 誓师：出征前告诫将士，表示决心。牧野：地名，在今河南淇县西南。牧野之战是武王伐纣的决胜之战，周武王率领的联军在牧野击溃了商朝军队，取得胜利。　[5] 辑：和同，齐一。　[6] 昭：显明。令德：美好的德行。　[7] 夷狄：对中原周

围少数民族的统称。赙：财物，亦指赠送财物。贡：朝贡，这里指参加文王的丧礼。 [8] 殡（bìn）：停放灵柩。两楹：厅堂两侧的柱子。停灵两楹之间，是商代的葬礼仪式，这里指周初仍然沿用商礼。 [9] 崩：去世。古代对于不同身份的人去世，有不同的说法，帝王去世称“崩”或者“驾崩”。 [10] 蔡叔、管叔：皆周武王弟，分别封于蔡地、管地，故称。禄父：商纣王子武庚。武王灭商，封武庚以继商祀，使蔡、管监视，周公摄政之后，蔡、管散布周公有篡位之心的谣言，并联合武庚反叛，被周公镇压。 [11] 塞：堵塞。 [12] 败鼓折枹（fú）：毁坏战鼓，折断鼓槌。古代作战，击鼓表示进攻，故败鼓折枹意味止息战争。败，坏。枹，鼓槌。 [13] 搢笏（jìn hù）：腰带上插着笏板。搢，插。笏，古代朝会所执手板，用以记事。 [14] 成、康之道：指周代文化。成、康，指周成王和周康王。 [15] 七十子：汉代认为孔子有弟子三千，贤人七十二。这里的“七十子”概指孔门弟子。 [16] 使服其衣冠：古代以服饰表明身份，故儒者服儒服，戴儒冠。这里指孔子把弟子培养成为儒家学者。 [17] 修：研习。

[点评]

这一段论说儒家的产生。值得注意的是，《要略》是在孔子对于周文化的继承中定位儒家的。孔子说过“郁郁乎文哉，吾从周”，《要略》对儒者之学的理解，与孔子的自我定位是一致的。

《庄子·列御寇》有儒墨是兄弟的寓言，最早论及儒墨二家的关系。《淮南子》延续并推进了《庄子》的理解，认为墨家出自儒家，但是对儒家有所改造。

墨子学儒者之业，受孔子之术，以为其礼烦扰而不说[1]，厚葬靡财而贫民[2]，服伤生而害事，故背周道而用夏政[3]。禹之时，天下大水，禹身执蔂垂[4]，以为民先，剔河而道九岐[5]，凿江而通九路[6]，辟五湖而定东海[7]。当此之时，烧不暇撌[8]，濡不给扢，死陵者葬陵，死泽者葬泽，故节财、薄葬、闲服生焉[9]。

[注释]

[1] 说：高诱注："说，易也。"据王念孙考证，当作"倪（tuō）"，简易。　[2]"厚葬靡财而贫民"二句：厚葬浪费钱财并使人贫困，长久服丧损害身体又妨碍劳作。服，服丧。　[3] 夏政：传统认为，夏代崇尚简朴，而周代文明繁盛，以至于繁琐。"背周道而用夏政"，指墨家弃文而尚质。　[4] 蔂（léi）：盛土器。垂：王念孙云"当作'臿（chā）'"，铁锹。　[5] 剔：疏通。河：黄河。九岐：这里指黄河的众多支流。　[6] 江：长江。九路：与"九岐"同义。　[7] 辟（bì）：治，清理。定东海：指海河稳定流入东海，不乱改道。　[8]"烧不暇撌（guì）"二句：取暖的火堆来不及清除，淋湿的身体来不及擦干。撌，清除。扢（gǔ），揩擦。　[9] 闲服：简易的服丧主张。闲，通"简"，简便。

[点评]

《要略》概括墨家的主张，是节财、薄葬和简服，虽然不够全面，但还是准确的。

齐桓公之时[1]，天子卑弱，诸侯力征[2]，南夷北狄，交伐中国[3]，中国之不绝如线[4]。齐国春秋时代，黄河下游河道是“禹河”，也就是所谓“禹贡大河”，入海口比现在更靠北，在今天津东南入海。

之地，东负海而北障河[5]，地狭田少，而民多智巧[6]。桓公忧中国之患，苦夷狄之乱，欲以存亡继绝，崇天子之位，广文、武之业[7]，故《管子》之书生焉[8]。

[注释]

[1] 齐桓公：春秋时齐国国君，前685—前643年在位，春秋五霸之首。 [2] 力征：凭借武力相互征伐。 [3] 交伐：轮番进攻。 [4] 不绝如线：指中国面临灭亡的危险。 [5] 东负海：东面背海。此以朝向内陆为言，故不言临海而言负海。北障河：北面有黄河阻隔。 [6] 智巧：聪明灵活。 [7] 广文、武之业：拓展文王、武王的事业。 [8]《管子》：书名，旧题管仲撰。传世本《管子》被认为是战国时代管子学派的著作总集。管子是齐桓公的谋臣，帮助齐桓公实现了霸业。

[点评]

《要略》认为，齐桓公的争霸需要，催生了《管子》问世。

齐景公内好声色[1]，外好狗马[2]，猎射亡归[3]，好色无辩[4]，作为路寝之台[5]，族铸大钟[6]，撞之庭下[7]，郊雉皆呴，一朝用三千钟赣[8]，梁丘据、子家哙导于左右[9]，故晏子之谏生焉[10]。

[注释]

[1]齐景公：春秋时代齐国君主，前547—前490年在位。内：宫室之内。　[2]外：郊野之外。狗马：指田猎。　[3]亡归：不归，指没有节制。　[4]好色：于鬯认为，上文既言“内好声色”，此不应复出“好色”字。他猜测，“好”字本作“子女”，二字误并为一字，因衍“色”字。子女无辩，是说男女无别。　[5]路寝：古代君主处理政事的宫室。　[6]族铸大钟：指许多人同时作业，铸造大钟。族，聚。　[7]“撞之庭下”二句：大钟在庭院里敲击，郊外的雉鸟都受惊乱叫。呴（gòu），通“雊”，雉鸡叫。　[8]一朝用三千钟赣（gòng）：指齐景公一早上用来赏赐臣下的粮食就达到了三千钟。钟，容量单位，六斛四斗为一钟。赣，赐予。　[9]梁丘据、子家哙：齐景公佞臣。导：诱导。　[10]晏子：齐景公相晏婴，对齐景公多有劝谏，《晏子春秋》记载了许多晏子劝谏景公的故事。

[点评]

《要略》把《晏子春秋》与晏子对齐景公的劝谏联系起来。

晚世之时[1]，六国诸侯，溪异谷别，水绝山隔，各自治其境内，守其分地[2]，握其权柄，擅其政令[3]，下无方伯[4]，上无天子，力征争权[5]，胜者为右[6]，恃连与国[7]，约重致[8]，剖信符[9]，结远援，以守其国家，持其社稷[10]，故纵横修短生焉[11]。

[注释]

[1] 晚世之时：指战国时代。 [2] 分地：指诸侯国受封的领地。 [3] 擅其政令：指诸侯不再听从天子的号令。 [4] 方伯：一方诸侯首领，通常有许多诸侯国君听从他的号令。下无方伯是与春秋五霸对照为说。 [5] 力征：凭借武力相互攻打。 [6] 右：古时尚右，以右为尊。 [7] 连与：同盟。国：王念孙认为“国”为衍文。 [8] 约重致：一再缔结盟约。重，一再。 [9] 剖信符：剖符为信。 [10] 持：保持。社稷：土地神和谷神，这里指祭祀土地神和谷神的场所。古代灭国，以毁坏社稷为象征，反之，保有社稷意味着拥有自己的国家。 [11] 修短：指纵横家的学说。刘家立曰：“‘纵横修短’下当有‘之说’二字，方与上下文相合。此节由文王、周公历述至商鞅而止，此纵横之说，即指苏秦、张仪而言也。无此二字，文义不完。”

[点评]

战国时代，周天子完全丧失了控制力，周的所谓王畿，又分裂为二，周王不再是王，而沦落为东周君和西周君。春秋时代诸侯争霸，挟天子以令诸侯的局面也不再可能。整体秩序瓦解之后，各诸侯国各自为政，相互攻伐。《要略》认为苏秦、张仪的纵横之术，就是在这样的时代背景之下出现的。所谓纵横之术，指六国联合（合纵）攻秦，或者秦分别联合六国（连横），各个击破。无论是合纵还是连横，都是利益联合，以力相抗。这种无道义的利益追求在后世饱受批评。

申子者[1]，韩昭釐之佐[2]；韩，晋别国也[3]，地墽民险[4]，而介于大国之间[5]，晋国之故礼未灭[6]，韩国之新法重出，先君之令未收，后君之令又下，新故相反[7]，前后相缪[8]，百官背乱[9]，不知所用，故刑名之书生焉[10]。

[注释]

[1] 申子：申不害，早期法家人物，主张变法改革。 [2] 韩昭釐：战国韩国国君韩昭侯，前 362—前 333 年在位。佐：辅佐。申不害是韩国的相，辅佐韩昭侯变法。 [3] 晋别国：春秋末韩赵魏三家分晋，前 403 年，周天子正式承认三家为诸侯，所以韩赵魏被称为三晋，被认为是晋之别国。 [4] 墽（qiāo）：土地瘠薄。险：恶。 [5] 大国之间：指韩国西临秦国，南接楚国，东有齐国，都是当时最有实力的大国。 [6]“晋国之故礼未灭”以下四句：晋国的旧礼法没有废除，韩国的新法令又颁行了；前代君王的命令还没有撤销，后代君王的命令又发布了。 [7] 新故：新旧。 [8] 缪（miù）：通“谬”，背反。 [9] 背乱：指新旧相反，前后抵触造成的混乱。背，相反。 [10] 刑名：又称形名，是战国时代出现的一种学说，主张循名责实，名实相符。

[点评]

《要略》认为，刑名思想的出现，与时代的变革有关，因为新旧之间的扞格和错乱，才使得正名成为必要。刑名思想的核心，就是正名。正名有两个定向，一是正名位，二是正名实，前者为儒家所力推，后者是名家的重点。内容都非常丰富。

先秦文献凡虎狼连称，都与秦国有关，以至于虎狼之国成了秦国专称。

秦国之俗，贪狼强力[1]，寡义而趋利[2]。可威以刑[3]，而不可化以善；可劝以赏，而不可厉以名，被险而带河[4]，四塞以为固[5]，地利形便，畜积殷富，孝公欲以虎狼之势而吞诸侯[6]，故商鞅之法生焉[7]。

[注释]

[1] 贪狼：贪婪凶狠。 [2] 寡义：不讲仁义。 [3] “可威以刑”以下四句：（秦国的民风）可以用刑罚来威慑，不能用教化来引导向善；可以用奖赏来鼓动，不能用名节来激励。 [4] 被险：有高山险阻。带河：黄河环绕。 [5] 四塞：周围有高山环绕，形成天然屏障。 [6] 孝公：秦孝公，前361—前338年在位。他在位时的变法为秦国的强大奠定了基础。 [7] 商鞅之法：商鞅帮助秦孝公变法，提出许多改革措施，其中最主要的就是废弃世卿世禄，鼓励耕战。

[点评]

从齐桓公到秦孝公，《要略》简述了春秋战国的历史趋势，指出管子之书、晏子之谏、纵横游说之术、法家的刑名法术理论，到最后的商鞅变法，都是回应当时历史的具体需要而问世的理论，这就为《淮南子》接续先秦理论而进行理论综合做了充分的历史铺垫。

若刘氏之书[1]，观天地之象，通古今之事，权事而立制，度形而施宜，原道之心，合三王之风，以储与扈冶[2]，玄眇之中[3]，精摇靡览，弃其畛挈[4]，斟其淑静，以统天下，理万物，应变化，通殊类，非循一迹之路，守一隅之指，拘系牵连之物，而不与世推移也。故置之寻常而不塞[5]，布之天下而不窕。

[注释]

[1]“若刘氏之书”以下五句：刘氏的这部书，观察天地的现象，贯通古今的事理，权衡事务来建立规矩，度量事态来适当处理。刘氏之书，指《淮南子》。　[2]储与扈冶：涉及的领域非常广阔。储与，高诱注：“犹摄业也。”意指涉及的领域。扈冶，广大。　[3]“玄眇之中”二句：在玄妙之中，精神灵动，没有什么观察不到。精摇，精进。靡（mǐ）览，小处也能看清楚。靡，细小。　[4]“弃其畛挈”以下十句：放弃浑浊，吸取精华，用来统一天下，治理万物，应对变化，贯通不同的类别，并非只走一条路，只守一种学说，被有限的外物拘束，而不跟随时代前进。畛挈，浑浊。斟，取。　[5]“故置之寻常而不塞”二句：（刘氏的学说）放在狭窄之处不会拥挤，散布整个天下也不会留空隙。寻常，古代长度单位，八尺为寻，二寻为常，比喻短小之处。窕（tiǎo），有余地，不充满。

[点评]

在追溯了先秦的学术发展简史之后，《要略》以自夸的姿态宣称，《淮南子》包揽各家，兼采众善，具有集大成的规模。“原道之心，合三王之风”，则表达了《淮南子》并重道家和儒家的特点。

主要参考文献

《淮南子集释》 何宁著 中华书局 1998 年版

《淮南子校释》 张双棣撰 北京大学出版社 1997 年版

《淮南鸿烈集解》 刘文典撰 中华书局 1989 年版

《淮南子译注》 陈广忠译注 上海古籍出版社 2016 年版

《淮南子校注译》 陈一平著 广东人民出版社 1994 年版

《淮南子证闻》 杨树达著 上海古籍出版社 2013 年版

《淮南子书录》 吴则虞撰 《文史》1963 年第二辑

《淮南鸿烈论文集》 于大成著 台湾里仁书局 2005 年版

《淮南论文三种》 于大成著 台湾文史哲出版社 1975 年版

《淮南王书》 胡适著 新月书店 1931 年版

《淮南子版本史》（*The Textual History of the Huai-nan Tzu*）［美］罗浩（Harold D.Roth）著 Association for Asian Studies 1992 年版

《史记》（汉）司马迁撰 （南朝宋）裴骃集解 （唐）司马贞索

隐 （唐）张守节正义 中华书局 1982 年版

《汉书》（汉）班固撰 （唐）颜师古注 中华书局 1962 年版

《四书章句集注》（宋）朱熹撰 中华书局 1983 年版

《庄子集释》（清）郭庆藩撰 王孝鱼点校 中华书局 1961 年版

《春秋繁露校释》（汉）董仲舒著 钟肇鹏整理 山东友谊出版社 1994 年版

《读书杂志》（清）王念孙撰 徐炜君等校点 上海古籍出版社 2014 年版

《推十书》 刘咸炘著 成都古籍书店 1996 年版

《两汉思想史》（卷二） 徐复观著 台湾学生书局 1976 年版

《中国古代的天文与人文》 冯时著 中国社会科学出版社 2006 年版

《〈淮南子〉与〈文子〉考辨》 丁原植著 台湾万卷楼图书有限公司 1999 年版

《出土文献与文子公案》 张丰乾著 社会科学文献出版社 2007 年版

《中华传统文化百部经典》已出版图书

书　　名	解读人	出版时间
周易	余敦康	2017 年 9 月
尚书	钱宗武	2017 年 9 月
诗经（节选）	李　山	2017 年 9 月
论语	钱　逊	2017 年 9 月
孟子	梁　涛	2017 年 9 月
老子	王中江	2017 年 9 月
庄子	陈鼓应	2017 年 9 月
管子（节选）	孙中原	2017 年 9 月
孙子兵法	黄朴民	2017 年 9 月
史记（节选）	张大可	2017 年 9 月
传习录	吴　震	2018年11月
墨子（节选）	姜宝昌	2018年12月
韩非子（节选）	张　觉	2018年12月
左传（节选）	郭　丹	2018年12月
吕氏春秋（节选）	张双棣	2018年12月
荀子（节选）	廖名春	2019 年 6 月
楚辞	赵逵夫	2019 年 6 月
论衡（节选）	邵毅平	2019 年 6 月
史通（节选）	王嘉川	2019 年 6 月
贞观政要	谢保成	2019 年 6 月
战国策（节选）	何　晋	2019年12月
黄帝内经（节选）	柳长华	2019年12月
春秋繁露（节选）	周桂钿	2019年12月
九章算术	郭书春	2019年12月
齐民要术（节选）	惠富平	2019年12月
杜甫集（节选）	张忠纲	2019年12月
韩愈集（节选）	孙昌武	2019年12月
王安石集（节选）	刘成国	2019年12月
西厢记	张燕瑾	2019年12月

书　　名	解读人	出版时间
聊斋志异（节选）	马瑞芳	2019 年 12 月
礼记（节选）	郭齐勇	2020 年 12 月
国语（节选）	沈长云	2020 年 12 月
抱朴子（节选）	张松辉	2020 年 12 月
陶渊明集	袁行霈	2020 年 12 月
坛经	洪修平	2020 年 12 月
李白集（节选）	郁贤皓	2020 年 12 月
柳宗元集（节选）	尹占华	2020 年 12 月
辛弃疾集（节选）	王兆鹏	2020 年 12 月
本草纲目（节选）	张瑞贤	2020 年 12 月
曲律	叶长海	2020 年 12 月
孝经	汪受宽	2021 年 6 月
淮南子（节选）	陈　静	2021 年 6 月
太平经（节选）	罗　炽	2021 年 6 月
曹操集	刘运好	2021 年 6 月
世说新语（节选）	王能宪	2021 年 6 月
欧阳修集（节选）	洪本健	2021 年 6 月
梦溪笔谈（节选）	张富祥	2021 年 6 月
牡丹亭	周育德	2021 年 6 月
日知录（节选）	黄　珅	2021 年 6 月
儒林外史（节选）	李汉秋	2021 年 6 月
商君书	蒋重跃	2022 年 6 月
新书	方向东	2022 年 6 月
伤寒论	刘力红	2022 年 6 月
水经注（节选）	李晓杰	2022 年 6 月
王维集（节选）	陈铁民	2022 年 6 月
元好问集（节选）	狄宝心	2022 年 6 月
赵氏孤儿	董上德	2022 年 6 月
王祯农书（节选）	孙显斌	2022 年 6 月
三国演义（节选）	关四平	2022 年 6 月
文史通义（节选）	陈其泰	2022 年 6 月

书　　名	解读人	出版时间
汉书（节选）	许殿才	2022 年 12 月
周易略例	王锦民	2022 年 12 月
后汉书（节选）	王承略	2022 年 12 月
通典（节选）	杜文玉	2022 年 12 月
资治通鉴（节选）	张国刚	2022 年 12 月
张载集（节选）	林乐昌	2022 年 12 月
苏轼集（节选）	周裕锴	2022 年 12 月
陆游集（节选）	欧明俊	2022 年 12 月
徐霞客游记（节选）	赵伯陶	2022 年 12 月
桃花扇	谢雍君	2022 年 12 月
法言	韩敬、梁涛	2023 年 12 月
颜氏家训	杨世文	2023 年 12 月
大唐西域记（节选）	王邦维	2023 年 12 月
法书要录（节选） 历代名画记	祝　帅	2023 年 12 月
耶律楚材集（节选）	刘　晓	2023 年 12 月
水浒传（节选）	黄　霖	2023 年 12 月
西游记（节选）	刘勇强	2023 年 12 月
乐律全书（节选）	李　玫	2023 年 12 月
读通鉴论（节选）	向燕南	2023 年 12 月
孟子字义疏证	徐道彬	2023 年 12 月
嵇康集	崔富章	2024 年 12 月
白居易集（节选）	陈才智	2024 年 12 月
李清照集（节选）	诸葛忆兵	2024 年 12 月
近思录	查洪德	2024 年 12 月
林则徐集	杨国桢	2024 年 12 月